Das uneheliche Kind und seine Mutter im Recht des neuen Staates

Ein Versuch auf der Basis kritischer Rechtsvergleichung

Von

Dr. jur. Theodor Geiger

1920
München, Berlin und Leipzig
J. Schweitzer Verlag (Arthur Sellier)

Druck der Graphischen Kunstanstalt Jos. C. Huber, Diessen vor München.

Inhalt.

Vorwort.

Schon seit Jahren beschäftige ich mich mit dem Problem der Unehelichkeit; vor Kriegsausbruch hatte ich den Plan, das damals eben neu erschienene norwegische Unehelichen-Gesetz, sowie das dänische von 1908 und die Entwürfe zum finnischen kritisch für die deutschen Fachkreise zu bearbeiten. Indessen machte der ausbrechende Krieg meinen Arbeiten ein Ende.

Die vollkommene Veränderung der inneren Politik hat die Aktualität des Problems erhöht. So erklärt es sich, daß ich heute, meiner Arbeit wiedergegeben, mit weniger und mit mehr an die Öffentlichkeit trete, als ich 1914 beabsichtigt hatte: Die Verkehrsschwierigkeiten hatten die Beschaffung des erforderlichen ausländischen Materiales unmöglich gemacht, sodaß an die Bearbeitung eines vollständigen kritischen Systemes der skandinavischen Kindergesetze — 1915 kam noch der Entwurf, 1917 die endgültige Fassung eines schwedischen „lag om barn etc.". hinzu — nicht mehr zu denken war. Anderseits lag es mir, je tiefer ich in meinen Stoff eindrang, umsomehr am Herzen, nicht nur kritisch zu referieren, sondern unmittelbar „Recht zu konstruieren" und die heute so unendlich wichtige Frage von Grund aus zu behandeln. Daß das Bedürfnis danach vorliegen dürfte, oder doch in nächster Zeit auftreten würde, ergab sich für mich aus der Tatsache, daß zwar eine große Anzahl kleinerer Broschüren mit teils trefflichen Gedanken vorhanden ist, aber — meines Wissens — kein umfassendes Werk, in welchem jedes Für und Wider aller hereinspielenden, teils sehr peinlichen Probleme abgewogen wird.

Den bescheidenen Versuch hierzu — der auf restlose Vollständigkeit keinen Anspruch erhebt, — hat der Leser vor sich. — Wenn vergleichend in erster Linie die skandinavischen Gesetze herangezogen sind, alle anderen nur in bescheidenem Maße, so hat das seinen Grund nicht nur in dem ursprünglichen Arbeitsplane, sondern vor allem in der Vortrefflichkeit der in jenen Gesetzen enthaltenen Gedanken. Sie sind die fortschrittlichsten der Welt.

Das möglichst ausführliche Literaturverzeichnis enthält auch diejenigen Werke, die der Verfasser nur gelesen hat, ohne sie unmittelbar zu verwenden. Es wird dem wissenschaftlichen Arbeiter hoffentlich von einigem Nutzen sein können. —

Möge meine Arbeit ihr Teilchen dazu beitragen, um den unehelichen Kindern und ihren Müttern in der Zukunft ein besseres Los zu bereiten, als sie es bisher hatten.

Berlin-Friedenau, Ostern 1920.

Dr. Th. Geiger.

Literatur-Nachweise.

I. Monographien.

1. d'Alleux, K. Zur Pflegschaftslehre des B.G.B. Erlangen 1915.
2. v. Arnold, Dr. Christian. Ueber die Beschränkung der Deflorations- und Alimentations-, dann der Injurienklagen. Erlangen 1851.
3. Bergmann, Alf. Die Beendigung der elterlichen Gewalt und der Vormundschaft. Berlin 1912.
4. Birnstiel. Versuch, die wahre Ursache des Kindermordes aus der Natur- und Völkergeschichte zu erforschen und zugleich daraus einige Mittel zur Verhinderung dieses Staatsverbrechens zu schöpfen. Straßburg 1785.
5. Bösch, Hans. Kinderleben in der deutschen Vergangenheit. Bd. 5 der Monographien der deutschen Kulturgeschichte. Leipzig 1900.
6. Bré, Ruth. Keine Alimentationsklage mehr! Schutz den Müttern! Leipzig 1905.
7. Bré, Ruth. Staatskinder oder Mutterrecht? Leipzig 1904.
8. Buengner. Zur Theorie und Praxis der Alimentationspflicht. Leipzig 1879.
9. Bulling. Die Rechte der unehelichen Kinder nach dem Entwurf eines B.G.B. für das Deutsche Reich. Berlin 1895.
10. Busch, F. B. Theoretisch-praktische Darstellung der Rechte geschwächter Frauenspersonen gegen ihre Verführer und der unehelichen Kinder gegen ihre Erzeuger, aus dem Gesichtspunkte des gemeinen bürgerlichen Rechts betrachtet. Ilmenau 1828.
11. Dernburg. Lehrbuch der Pandekten.
12. Dünsing, Dr. Frieda. Verletzung der Fürsorgepflicht gegenüber Minderjährigen. München 1903.

12a. Edling, Holdo. Barn utom äktenskap, Adoption, m. m. Stockholm 1917.

13. Egger, August. Das schweizerische Zivilgesetzbuch und die Jugendfürsorge. Zürich 1908.
14. Engel, Sigmund. Grundfragen des Kinderschutzes. Dresden 1911.
15. Engelmann. Die rechtliche Stellung der unehelichen Kinder nach bayerischem Landrecht. München 1896.
16. v. Erdmannsdorff, Otto. Einige Fragen aus dem Rechte der Fürsorgeerziehung. Leipzig 1912.
17. Feld, Wilhelm. Die Kinder-Armenpflege in Elsaß-Lothringen und Frankreich. Dresden 1908.
18. Ferriani. Cav. Lino. Entartete Mütter. Berlin 1897.
19. Forel, Die sexuelle Frage. München 1906.
20. Förster, Sexualethik und Sexualpädagogik. Kempten und München 1909.
21. Frank, F. H. Die Ansprüche des unehelichen Kindes und der unehelichen Mutter etc. Kassel 1890.
22. Frank, Felix. Die Alimentationsverbindlichkeit des außerehelichen Vaters in rechtsvergleichender Darstellung. Leipzig 1916.

23. Frauböse, Max. Das Rechtsverhältnis zwischen dem unehelichen Kinde und seinem Erzeuger, mit besonderer Berücksichtigung des Rechtsgrundes der Unterhaltspflicht. Greifswald 1916.
24. Gett, Dr. Adam Friedrich. Rechtsverhältnisse aus der unehelichen Geschlechtsgemeinschaft sowie der unehelichen Kinder. München 1836.
25. Gett, Dr. A. Fr. Theoretisch-praktische Ausführungen über die rechtlichen Verhältnisse der außerehelichen Kinder sowie der Deflorations-Entschädigung. Nördlingen 1851.
26. Grimmerthal, Theodor. Der menschliche Wille als Quelle aller obligatorischen Verbindlichkeiten und insbesondere dessen Bedeutung für die Ernährungspflicht des Konkumbenten bei der außerehelichen Schwängerung. Arnstadt 1892.
27. Hardtrodt, Ernst Kurt. Begriff und Feststellung der unehelichen Vaterschaft. Leipzig 1916.
28. Haun, Erich. Ehelichkeitserklärung nach sächsischem Landrecht und nach Reichsrecht. Leipzig 1915.
29. Hegar, A. Der Geschlechtstrieb. Stuttgart 1894.
30. Hesse. Deutsches Vormundschaftsrecht. Berlin 1900.
31. Hesselbarth, Joh. Die Ehelichkeitserklärung nach dem B.G.B. des deutschen Reiches. Leipzig 1915.
32. Hirsch, Gustav. Die Rechtsverhältnisse bei einer Mehrheit von Ansprüchen auf den Unterhalt nach dem B.G.B. Borna-Leipzig 1904.
33. Hirsch, Dr. Robert. Die Rechtsverhältnisse der unehelichen Kinder nach dem B.G.B. Stuttgart 1897.
34. v. Hoffmann, Géza. Rassenhygiene in den Vereinigten Staaten von Nordamerika. München 1913.
35. Jastrow, Herm. Das Recht der unehelichen Kinder. Berlin 1901.
36. Jens, Ludwig. Was kosten die schlechten Rassenelemente den Staat und die Gesellschaft? im Archiv f. soz. Hyg. 1913.
37. Kappler. Das Recht der unehelichen Kinder nach französisch-badischem Recht und nach dem B.G.B. Straßburg 1898.
38. Kluckhohn. Ueber die Neugestaltung des Unterhaltsanspruchs gegen den außerehelichen Vater. In Zeitschr. f. Rechtspfl. in Bay. 1918.
39. Knitschky. Das Rechtsverhältnis zwischen Eltern und Kindern nach dem B.G.B. Berlin 1899.
40. Köhne-Feist. Die Nachlaßbehandlung, das Erbrecht, Familienrecht und Vormundschaftsrecht. Berlin 1912.
41. Korn, Oskar. Der außerordentliche Unterhaltsanspruch der unehelichen Kinder aus § 1708 II B.G.B. in Gruchots Beiträgen 1911.
42. Korniker, Paul. Die rechtliche Bedeutung der Anerkennung der unehelichen Vaterschaft nach B.G.B. Breslau 1916.
43. Kuttner. Die Klagen auf Feststellung des Bestehens oder Nichtbestehens der unehelichen Vaterschaft in Ihernigs Jahrb. Bd. 50.
44. Lagrange. Les enfants assistés en France. Paris 1892.
45. L'Allemand. Histoire des enfants abandonnés et délaissés. Paris 1885.
46. Landsberg. Vormundschaftsgerichte und Ersatzerziehung. Berlin 1913.
47. Linckelmann, K. Die Unterhaltspflicht des unehelichen Vaters. Berlin 1890.
48. Lindner. Die unehelichen Geburten als Sozialphänomen. Leipzig 1900.
49. v. Liszt, Dr. Eduard. Die Pflichten der außerehelichen Konkumbenten. Wien und Leipzig 1907.

50. Mantegazza. Hygiene der Liebe.
51. Mantegazza. Physiologie der Liebe.
52. Mantey. Die Rechte des unehelichen Kindes und seiner Mutter nach dem preußischen Recht im Gebiete des allgemeinen Landrechts und nach dem Bürgerlichen Gesetzbuch für das deutsche Reich. Königsberg 1897.
53. Marcuse. Uneheliche Mütter. Großstadtdokumente Band 27. Berlin.
54. Mehliss, Werner. Der Rechtsmißbrauch in den §§ 1353 und 1666 B.G.B. Göttingen 1911.
55. Menger. Das bürgerliche Recht und die besitzlosen Volksklassen. Tübingen 1904.
56. Minist. roy. de l'Int. de Hongrie. Le droit de l'enfant abandonné Budapest 1909.
57. Natter. Uneheliche Vaterschaft, insbes. Klagen auf Feststellung des Bestehens oder Nichtbestehens der unehelichen Vaterschaft. Z.P.O. § 644. Arch. für Zivil-Praxis. Bd. 95, S. 123 ff.
58. Nehrmann. Föreläsningar över ärvdabalken. Uppsala 1752.
59. Neumond, Hartwig. Die Vaterschaftsklage nach dem B.G.B. f. d. deutsche Reich. Frankfurt-Main 1897.
60. Opet. Verwandtschaftsrecht des B.G.B. f. d. deutsche Reich. Berlin 1911.
61. Pilet, Karl. Der Rechtsgrund der Alimentationsverbindlichkeit des außerehelichen Vaters mit besonderer Berücksichtigung der exceptio plurium concumbentium. Magdeburg 1900.
62. Raape. Ueber den Begriff der Vaterschaft. In Jherings Jahrbuch Bd. 51, S. 239—252.
63. Rauhe, C. Die unehelichen Geburten als Sozialphänomen. Diss. Monac.
64. Reicher. Kinderschutz und Kinderfürsorge in der alten und neuen Welt. Berlin 1911.
65. Scheel. Personretten, fremstillet efter den danske lovgivning. Kjóbenhavn 1876/77.
66. Schoch, Otto. Die körperliche Mißhandlung von Kindern durch Personen, denen die Fürsorgepflicht obliegt. Zürich 1907.
67. Schröder, Alb. Verlöbnis und Ehe sowie die Rechtsverhältnisse der unehelichen Kinder nach dem neuen B.G.B. Wiesbaden 1897/98.
68. Schwarz, Kurt. Rechtliche Fürsorge für die von Jugend an körperlich Gebrechlichen. München und Leipzig 1915.
69. Seeler. Entwurf eines russischen Zivilgesetzbuches. Berlin 1911.
70. Seitz, G. Alimentationspflicht des außerehelichen Erzeugers nach gemeinem Recht. 1891.
71. Spann, Othmar. Die Lage und das Schicksal der unehelichen Kinder. In: Vorträge der Gehe-Stiftung, Dresden, Bd. I. Dresden und Leipzig 1909.
72. Statistisches Jahrbuch f. d. Deutsche Reich 1918.
73. Statistisches Jahrbuch f. d. Königreich Bayern 1915.
74. Statistisk Centralbureau. Om bórn fódte udenfor ægteskab. Kristjania 1907.
75. Stölzle, Wilhelm. Die Sorge für die Person des Kindes. Würzburg 1911.
76. Taube, M. Das Haltekinderwesen. Berlin 1899.
77. Taube, M. Der Schutz der unehelichen Kinder in Leipzig. Leipzig 1893.
78. Thomae, Fritz. Die rechtliche Stellung des unehelichen Kindes zu seinem Vater nach B.G.B. Erlangen 1916.

79. Webb, Sidney und Beatrice. Das Problem der Armut. Jena 1912.
80. Weininger. Geschlecht und Charakter. 1905.
81. Wendel. Kinderrecht und Kinderschutz. Leipzig und Berlin 1913.
82. Westdahl. Uttydning over Sveriges riges lag. Stockholm 1770.
83. Westermarck. Geschichte der menschlichen Ehe. Jena 1893.
84. Wilda. Von den unrecht geborenen Kindern. In Ztschr. f. deutsch. Recht. Bd. 15.
85. Wolf, Dr. Franz. Die Rechtstellung der unehelichen Kinder im B.G.B. und ihre Reform. Stuttgart und Berlin 1918.
86. Zahn, Dr. Friedrich. Familie und Familienpolitik. Berlin 1918.

II. Gesetze und Materialien.

Deutschland.

87. Bürgerliches Gesetzbuch für das Deutsche Reich.
88. Zivilprozeßordnung.
89. Gerichtsverfassungsgesetz.
90. Gesetz über die Beurkundung des Personenstandes und die Eheschließung.
91. Gesetz über die Angelegenheiten der freiwilligen Gerichtsbarkeit.
92. Reichs-Gesetz-Blatt.
93. Motive zum Entwurf eines B.G.B. für das deutsche Reich.
94. Mugdan. Materialien zum B.G.B.
95. Begründung zum Entwurf einer Z.P.O.
96. Begründung zur Z.P.O.-Novelle.

Dänemark.

97. Forordning angaaende, at den, som er fader til et uægte barn, skal lige med moderen bære omsorg for dets opdragelse etc. av 14. 10. 1763.
98. Placet angaaende en forandret Bestemmelse i Lovgivninger om alimentationsbidrag til uægte bórn. av 6. 12. 1839.
99. Lov, indeholdende Bestemmelser om bórn udenfor ægteskab og disses forældre. 27. 5. 1908.
100. Lov indeholdende nogle bestemmelser om Hustruers og Aegtebórns Retsstilling av 27. 5. 08.
101. Lov om andringer i Lov av 27. 5. 1908 indeholdende nogle Bestemmelser om Hustruers og Aegtebórns Retsstilling. av 29. 4. 1913.

Norwegen.

102. Lov om arv av 31. 7. 1854.
103. Lov om Formuesforholdet mellem ægtefæller av 29. 6. 1888.
104. Norwegisches Gesetz betr. die Behandlung verwahrloster Kinder vom 6. 6. 96. Berlin 1896.
105. Lov om adgang til oplósning av egteskap av 20. 8. 1909.
106. Lov av 10. 4. 1915 om forældre og egtebarn.
107. Lov av 10. 4. 1915 om barn, hvis forældre ikke har indgaat egteskap med hverandre.
108. Lov av 10. 4. 1915 om forsorg for barn.
109. Lov av 10. 4. 1915 om forandringer i lov om formuesforholdet mellem egtefæller av 29. 6. 1888.
110. Lov av 10. 4. 1915 om forandringer i lov om arv av 31. 7. 1854.
111. Lov av 7. 4. 1916 indeholdende forandringer i lov om arv av 31. 7. 1854.
112. Lov av 31. 5. 1918 om indgaaelse og oplósning av egteskap.
113. Motiv til Udkast av: lov om barn, hvis forældre ikke har indgaat egteskap med hverandre; lov om forandringer i arveloven;

lov om forandringer i loven om formuesforholdet mellem egtefæller; lov om forandinger i loven om adgang til oplósning av egteskap; lov om forældre og egtebarn; lov om forsorg for barn. av 10. 4. 1915. (Ot. prp. Nr. 5, 1914).

Schweden.

114. Lag om barn utom äktenskap av 14. 6. 1917.
115. Lag om äktenskaplig börd av 14. 6. 1917.
116. Lag om adoption av 14. 6. 1917.
117. Lag om äktenskaps indgående och upplösning und ändring av 14. 6. 1917.
118. Lag om införsel i avlöning, pension eller livränta av 14. 6. 1917.
119. Lag om förbud för vissa underhollsskyldiga att avflytta från riket av 14. 6. 1917.
120. Förslag till lag om harn utom äktenskap. Stockholm 1915 (Motive zu Nr. 114 mit 119.)
121. Edling, Holdo: Lagar om barn utom äktenskap, adoption m. m. Stockholm 1917 (Materialien zu Nr. 114—119 mit Verwaltungsverfügungen hierzu.)

Uebriges Ausland.

122. Annuaire de la legislation étrangère.
123. Bulletin de loix de la République Francaise.
124. „Burgerlijk Wetboek“ für die Niederlande von 1837. (Ausgabe Fruin, s'Gravenhage.)
125. Novelle hierzu vom 16. 11. 1909.
127. Belgisches Kinderschutzgesetz vom 15. 5. 1912.
128. Code civil francais mit Novellen.
129. Portugiesisches B.G.B. von 1867 mit Novelle v. 15. 12. 1910.
130. Thimus, Joseph. Commentaire de la loi du 6. 4. 08 sur la recherche de la paternité et la maternité de l'enfant naturel. Namur 1909.
131. Oesterreichisches Reichsgesetzblatt.
132. Oesterreichisches Allg. B.G.B. mit Novellen.
133. Schweizerisches Zivilgesetzbuch.

III. Commentare, Enzyklopädien, Sammelwerke.

134. Becher Heinrich, Die Ausführungsgesetze zum B.G.B. mit Ergänzungsband. München 1901, 1911.
135. Carlebach. Kommentar zum Reichsgesetz über die Angelegenheiten der freiwilligen Gerichtsbarkeit. Stuttgart 1913.
136. Egger, Kommentar zum schweizerischen Z.G.B.
139. Enzyklopädisches Handbuch des Kinderschutzes und der Jugendfürsorge, von Heller-Traube-Schiller. Leipzig 1910/13.
140. Gutachten aus dem Anwaltstande über die 1. Lesung des Entwurfs eines B.G.B. Berlin 1890.
141. Fürsorgewesen. Acht Vorträge von Meier, Dörnberger, Gruber, Turtur, Kerschensteiner, Freudenberger und Kopp.
142. Handwörterbuch der sozialen Hygiene. Leipzig 1912.
143. Holtzendorffs Enzyklopädie, 7. Aufl.
144. Jahrbuch des deutschen Rechts.
145. Keller-Klumker. Säuglingsfürsorge und Kinderschutz. Berlin 1912.
146. Klinik, die Deutsche am Eingang des 20. Jahrhunderts.
147. Kommentare zum B.G.B.: Achilles, Biermann, Fischer-Henle, Plank, Reichsgerichtsräte, Staudinger.
148. Scherer: Die 5 ersten Jahre B.G.B. (und die Supplemente).

149. Verhandlungen des 3. Deutschen Juristentages.
150. Die Jugendfürsorge, Berlin. Herausgegeben von Pagel.
151. Bericht des 3. Kongresses der Gesellschaft zur Bekämpfung der Geschlechtskrankheiten. Leipzig.

IV. Entscheidungen und Zeitschriften.

152. Allgemeine österreichische Gerichtszeitung.
152a. Annalen der großherz. badischen Gerichte.
153. Archiv für bürgerliches Recht.
153a. Archiv der Entscheidungen.
154. Archiv für Rassen- und Gesellschaftsbiologie.
155. Archiv für soziale Hygiene.
156. Archiv für zivilistische Praxis.
157. Blätter für Rechtspflege in Thüringen und Anhalt.
158. Blätter für Rechtspflege im Bezirke des Kammergerichts.
159. Deutsche Juristenzeitung.
160. Entscheidungen des Reichgerichts in Zivilsachen.
161. Entscheidungen des Reichsgerichts in Strafsachen.
162. Entscheidungen in Angelegenheiten der freiw. Gerichtsbarkeit.
162a. Gruchots Beiträge zur Erläuterung des Deutschen Rechts.
162b. Hessische Rechtssprechung.
163. Jherings Jahrbücher.
164. Juristische Wochenschrift.
165. Juristische Zeitschrift f. d. Reichsland Elsaß-Lothringen.
166. Monatschrift für Kriminalpsychologie etc.
167. Das Recht.
168. Rechtsprechung der Oberlandesgerichte.
169. Oesterr. Zeitschrift für Rechts- und Staatswissenschaft.
170. Oesterr. Zentralblatt für juristische Praxis.
170. Die Schwester, Berlin.
171. Seufferts Archiv.
172. Soziale Praxis, Berlin.
173. Württembergische Zeitschrift für Rechtspflege und Verwaltung.
174. Zeitschrift für das Deutsche Recht.
175. Zeitschrift für Jugendwohlfahrt.
176. Zeitschrift für Rechtspflege in Bayern.
177. Zeitschrift für vgl. Rechtswissenschaft.
178. Zeitschrift für Zivilrecht und Prozeß.
179. Zentralblatt für Vormundschaftswesen etc.

Einleitung.

Die unehelichen Kinder machen einen nicht geringen Teil unserer Gesamtbevölkerung aus. Es wurden im Deutschen Reich geboren:

Jahr	Im Ganzen	Davon eheliche Kinder	Uneheliche Kinder	Prozentsatz der Unehelichen
1912	1 925 883	1 742 026	183 857	9,5 %
1913	1 894 598	1 710 621	183 977	9,7 „
1914	1 874 389	1 690 475	183 914	9,8 „
1915	1 425 596	1 266 174	159 422	11,2 „

Nun mag allerdings die Steigerung der Ziffer der Unehelichen während der letzten Jahre zum Teil als Kriegserscheinung aufzufassen sein. Aber jedenfalls nur zum Teil. Denn nachdem von 1866 an die Verhältniszahl der unehelich Geborenen bis 1903 mit mehrfachen Schwankungen von 12 % auf 8,3 % herabging, stieg sie von da an stetig und erreichte 1915 11,2 %. Es muß also auch abgesehen von den Kriegswirkungen dem Unehelichkeitskoeffizienten eine Tendenz nach oben innewohnen. Die Gründe dafür werden wir im ersten Abschnitt behandeln.

Jedenfalls sehen wir aus diesen Zahlen, daß Deutschland ein großes Interesse am unehelichen Kinde nehmen muß, da mehr als $^1/_{10}$ seiner Geburten unehelich sind.

Besonders in Bayern ist die Zahl der unehelichen Kinder sehr groß. 1915 waren es 15,6 %. Im rechtsrheinischen Bayern allein nahmen sie sogar 16,7 % der Gesamtgebürtigkeit in Anspruch.

Zahlen geben zu denken!

Man kann moralisch, sozial, politisch über die Unehelichkeit denken, wie man will; sicher ist das Eine, daß kein Staat seine Unehelichen vernachlässigen darf; daß er, — sieht er schon die uneheliche Geburt nicht gerne, — doch dem unehelich Gebornen alle nur erdenkliche Fürsorge angedeihen lassen muß.

Wie sieht es nun mit dem Schicksal der Unehelichen aus? Ich kann mich hier nicht in Einzelheiten verlieren, die im Verlauf der Darstellung jeweils an geeigneter Stelle eingehende Würdigung finden werden.

Nur einige Tatsachen, die zugleich richtunggebend für den Verlauf der vorliegenden Untersuchung sind, mögen hier kurz betont sein. Ich habe sie schon in einer kurzen Abhandlung im Statistischen Archiv 1919 zusammengefaßt.

Die Säuglingssterblichkeit stellt sich für das deutsche Reich folgendermaßen dar:

Jahr	Kinder		Verhältniszahl
	eheliche	uneheliche	
1911	18,2%	29,9%	1,64
1912	13,9 „	23,2 „	1,67
1913	14,2 „	23,7 „	1,67
1914	15,4 „	25,3 „	1,64
1915	14,4 „	23,3 „	1,62

Daß demnach die Sterblichkeit der unehelichen Säuglinge mehr als 1½ mal so groß ist, wie die der ehelichen ist schon ein recht bedenklicher Umstand.

In Bayern war die Gesamtsäuglingsmortalität höher als im Reich; die der Unehelichen allein genommen war ungefähr dieselbe, so daß die Unehelichen in Bayern relativ günstiger stehen. Das tabellarische Bild ist das folgende:

Jahr	Kinder		Verhältniszahl
	eheliche	uneheliche	
1911	21,3%	29,3%	1,38
1912	16,9 „	23,4 „	1,38
1913	17,3 „	24,3 „	1,40
1914	18,5 „	24,7 „	1,34
1915	18,6 „	24,3 „	1,31

Nun ist feststellbar, daß 48,35% aller innerhalb kürzerer Zeit nach der Geburt verstorbenen Unehelichen in öffentlichen Anstalten zur Welt kamen, in Privatwohnungen nur 16,75%. Dagegen sind 50,6% aller am Leben Gebliebenen in Privatwohnungen geboren (vgl. Othmar Spann, a. a. O. S. 19). Das sagt nicht etwa, daß die öffentlichen Entbindungsanstalten minderwertig und darum ursächlich für die Säuglingsmortalität seien. Sondern die Schlüssigkeit ist umgekehrt: Von den am meisten durch Säuglingssterblichkeit heimgesuchten Bevölkerungsschichten werden die öffentlichen Anstalten am stärksten frequentiert. Und diesen Schichten gehört die weit überwiegende Mehrzahl der Unehelichen an.

Und doch brauchte dem nicht so zu sein. Tatsache ist nur, daß die unehelichen Mütter zum größten Teile dem Proletariat angehören — und danach richtet sich allein das Schicksal der Kinder.

Nach Engel (S. 12) gehören 80% aller unehelichen Mütter zum Proletariat, aber nur 45% aller unehelichen Väter. Es brauchten demnach nur — höchstens! — 45% aller unehelichen Kinder in proletarischen Verhältnissen aufwachsen.

Nach Spann sind von 100 Vätern der schulpflichtigen Unehelichen von Frankfurt a. Main 1904:

24,9 aus gehobenen Schichten,
51,6 sind gelernte Arbeiter,
21,5 sind ungelernte Arbeiter.

Nach einer auf anderem Wege gewonnenen Tabelle bei Spann (S. 35) sind es:

17,9—22,1 % ungelernte Arbeiter,
39,3—40,3 „ gelernte Arbeiter,
42,8—37,6 „ Sonstige.

Dabei muß bedacht werden, daß auf dem Lande die Verhältnisse sich noch günstiger gestalten würden, wie in einer proletarischen Großstadt.

Hier liegt nämlich das Geheimnis des Unehelichen-Jammers: Die unehelichen Kinder sind zum größten, allergrößten Teil in die Reihen des Proletariats gebannt, obgleich ihre Abstammung ihnen zum großen Teil eine bessere soziale Stellung zuweisen würde. Das Gesetz läßt sie dem Stand der Mutter folgen; der des Vaters und dessen finanzielles Leistungsvermögen bleiben außer Betracht. Dazu kommt dann noch die rohe Mißachtung, mit welcher überall — auch in den untersten Schichten — dem unehelichen Kinde begegnet wird.

Wir hören immer wieder behaupten, die Unehelichen seien zum größten Teil minderwertige Menschen. Die Statistik scheint es zu bestätigen:

Nach Spann (S. 38) sollen sie einen 1⅓ mal so großen Anteil an der Kriminalität haben wie die Ehelichen. Sigmund Engel macht ähnliche Angaben.

Um nur noch eine zweite moralstatistische Tatsache zu bringen: nach Engel sind 30% aller Prostituierten „angeblich" unehelicher Herkunft.

Das wirft auf die Unehelichen nur scheinbar ein schlechtes Licht. Die Erscheinung ist erklärt, wenn man bei Engel liest, daß von 100 Unehelichen ungefähr 10 einen gehobenen Beruf ergreifen, 22,5% gelernte und 67,5% ungelernte Arbeiter werden, also der nachweislich in der Moralstatistik am ungünstigsten vertretenen Schicht angehören! Man nehme noch die geächtete

Stellung der Unehelichen innerhalb dieser Schicht hinzu, die sie wegen ihrer unehelichen Abstammung einnehmen, — und man weiß ohne zahlenmäßigen Beweis, wieviel vom Elend der Unehelichen auf das Konto der Rechtssätze unseres B.G.B. zu setzen ist:

§ 1707: „Der Mutter steht nicht die elterliche Gewalt über das uneheliche Kind zu.“

§ 1589: „Ein uneheliches Kind und dessen Vater gelten nicht als verwandt.“

§ 1708: „Der Vater ..... ist verpflichtet, dem Kinde ..... den der Lebensstellung der Mutter entsprechenden Unterhalt zu gewähren.“

I. Abschnitt.

Allgemeine Feststellungen.

1. Familie, Ehe und Staat.

Die Misere der Unehelichen ist eine vorhandene Tatsache. Will ich ihre Gründe erforschen, will ich sie bekämpfen, so muß ich mich vorerst mit der Familie und der sie begründenden Ehe befassen.

Bei einer wenig ernst zu nehmenden Schriftstellerin (Ruth Bré „Staatskinder oder Mutterrecht") las ich die Behauptung, die monogamische Ehe sei eine vom Manne zur Durchsetzung seiner kapitalistischen Tendenzen getroffene Einrichtung, durch welche die Frau zum „Gebärapparat" erniedrigt werde. Nun — der halbwegs klar denkende Mensch weiß, daß die Ein-Ehe viel älter ist, als der Kapitalismus. Und wie wir gleich sehen werden, war es gerade der Kapitalismus, welcher durch seine in der verflossenen Epoche aufgetretene Uebersteigerung Ehe und Familie in Gefahr brachte.

Der Staat baut sich auf der Familie auf. Die Familie hatte seit Urzeiten die Aufgabe, das junge Menschenkind solange in ihrem engen Rahmen zu erziehen, bis es tüchtig war, im weiten Kreise des Staats zu wirken, und dann selbst wieder in einem neuen Familienverband eine neue Generation für den Staat heranzuziehen. (Vgl. über die Aufgaben der Familie die treffliche kleine Schrift von Zahn: „Familie und Familienpolitik").

So war es denn selbstverständlich, daß der Staat die Familie, und die Ehe als deren Begründungsform und Basis, in seiner Gesetzgebung besonders beachtete; daß er die Erzeugung von Nachkommen auf die Ehe beschränkt sehen wollte, weil er bei der ehelichen Familie allein die nötigen Garantien für die Aufzucht der jungen Generation zu tüchtigen Staatsbürgern voraussetzte. Die Ehe wurde zur privilegierten Form des geschlechtlichen Verkehrs. —

Am besten und sichersten war die Familie imstande ihre sozial-politischen Aufgaben zu erfüllen, als die Menschheit noch rein (oder doch weit überwiegend) agrarisch lebte.

Mit dem Augenblick, wo der Grund und Boden aufhörte jedes Menschen letzter und eigentlicher Kraftquell zu sein, begann sich jene Zersetzung der Familie vorzubereiten, vor der wir heute mit Entsetzen und beinahe ratlos stehen. Und mit Zunahme der Einstellung unserer Volkswirtschaft auf bewegliche Werte, mit Abnahme der Bodenständigkeit unserer Bevölkerung hat die Familie an innerer Kraft verloren. Heute noch können wir beim Bauernstand ein viel intensiveres Familiengefühl beobachten, als es der Städter hat. Solange noch die Familienglieder räumlich vereinigt sind, solange wenigstens — trotz räumlicher Entfernung — ein von der Familie bebautes Stück Scholle in der Vorstellung jedes in der Fremde lebenden Mitgliedes auftauchen kann, ist dem Familiengedanken ein stark konservierendes Moment gegeben.

Allein die Mehrzahl der Menschen hat heute den wirtschaftlichen Zusammenhang mit der Scholle verloren und ist nicht mehr bodenständig. Sobald die Kinder erwachsen sind, zerstreuen sie sich in alle Winde und sind dann die Eltern gestorben, so ist das stärkste gemeinsame Band zerrissen. Zeigt sich so ein Mangel an Dauerhaftigkeit des Familienbandes, so ist gleichzeitig eine Verminderung seiner Intensität festzustellen. Das Leben des heranwachsenden Menschen beginnt schon früh nicht mehr auf die Familie beschränkt zu bleiben, sondern sich im weiteren Rahmen der Oeffentlichkeit abzuspielen. Draußen empfängt der junge Mensch frühzeitig die stärksten Eindrücke, Schule oder in jungen Jahren beginnende Erwerbsarbeit stellen die Verbindung mit dem öffentlichen Leben her und lassen den Familien-Instinkt verblassen. Dies alles sind Folgen unserer wirtschaftlichen Entwickelung.

Man spricht so viel von sittlichem Verderb als der Wurzel, aus welcher Eheflucht und Lockerung der Familie entstanden seien. Gehen wir aber diesem „sittlichen Verderb" bis an seine Quellen nach, so finden wir als letzte Ursache: die kapitalistische Wirtschaftsverfassung und den kapitalistischen Geist.

Die Familie, die Ehe selbst, sind von ihm angekränkelt. Nur im Zusammenhang mit der Familie konnte er gedeihen, da Wertaufspeicherungen für die Person sinnlos sind; nur im Gedanken an Vererbung haben sie einen Zweck; nur dann, wenn sie dazu dienen, den Arbeitseffekt des Vorfahren auf die Nachkommen zu übertragen, die ihrerseits an der Vermehrung der Erbgüter fortarbeiten können. Was war also natürlicher, als daß der Kapitalismus sich für seine Tendenzen der Ehe bemächtigte, der staatlich mit dem Monopol der Familienbegründung privilegierten Form des sexuellen Verkehrs?

So sank die Ehe zum Ein- und Zweikindersystem herab; so wurde bei Eingehung der Ehe neben die Geschlechterwahl als neues Moment die wirtschaftliche Erwägung gestellt und immer mehr betont. Ist es ein Wunder, wenn großenteils der Familienbesitz heute in den Familien der besitzenden Klassen ein stärkeres Band ist, als das gemeinsame Blut?

Auf der anderen Seite haben die durch den Kapitalismus sekundär erzeugten wirtschaftlichen Verhältnisse die Neigung zur Eheschließung vermindert.

Dem Nicht-Besitzenden ist es in vielen Fällen unmöglich gemacht, eine Ehe einzugehen zu der Zeit, wo er körperlich dazu reif wäre. Insbesondere zeigt sich diese bedauerliche Erscheinung beim Mittelstande und hier wieder am deutlichsten beim geistigen Arbeiter. Eine unverhältnismäßig lange Ausbildungszeit, eine unwürdig niedrige Anfangsbezahlung zwingen den jungen geistigen Arbeiter dazu, entweder eine „kapitalistische Ehe“ einzugehen oder seine besten Jahre als Hagestolz zu verbringen. Oft genug wäre auch wohl die Eingehung einer Ehe bei bescheidenen Ansprüchen möglich. Aber entweder ist der junge Mann selbst von dem durch die Ueberzivilisation gezüchteten Bazillus der Genußsucht angesteckt und verzehrt sein Einkommen lieber allein, als daß er es mit einer Lebensgefährtin teilen und eine Familie davon ernähren möchte. Oder die zunehmende Genußsucht der jungen Mädchen und Frauen schreckt den Mann von der Ehe ab, da er fürchtet, für die Luxusansprüche einer Frau nicht aufkommen zu können. (Hier zeigt sich eine offenkundige Wechselwirkung: die Genußsucht der jungen Mädchen rührt zweifellos zum Teil daher, daß sie infolge der Eheflucht der Männer ihren Beruf als Frauen nicht erfüllen können. Aber sie verstärkt ihrerseits auch wieder ebendiese Eheflucht.)

Hat aber der Mann ein gewisses Alter überschritten, und wäre er nun imstande eine Familie zu gründen, so ist er inzwischen zum eingefleischten Hagestolz geworden und kann sich aus Bequemlichkeit und Mangel an Hingabefähigkeit nicht mehr entschließen, zu heiraten. Oder er muß fürchten, infolge seines vorgeschrittenen Alters bei seinem Tode die Kinder unversorgt zurückzulassen.

Endlich ist auch der Geschlechtstrieb — infolge der zunehmenden Hypertrophie der Zivilisation einer verhängnisvollen Perversion verfallen: er wirkt nicht mehr eigentlich als der von der Natur gegebene Anreiz zur Fortpflanzung, sondern wurde von diesem natürlichen Zweck losgelöst und wird befriedigt unter möglichster Meidung der natürlichen Folge: der Befruchtung. Das Genußmoment hat das Uebergewicht bekommen — nicht durchweg, aber doch in leider recht weitgehendem Maße. —

Dazu kommt nun noch, daß der junge Mann, eben wegen der Verurteilung zu einem späten Heiratsalter (durchschnittlich 30 Jahre) sich von vorneherein daran gewöhnt, den Geschlechtstrieb außerehelich zu befriedigen und dann, wenn die Möglichkeit der Eingehung einer Ehe gegeben wäre, dem ehelichen Geschlechtsleben vermindertes Interesse entgegenbringt.

Entschließt er sich dennoch zur Ehe, so ist vielfach mehr der Wunsch nach Häuslichkeit und Versorgung maßgebend, als das erotische Moment. Es ist — was wenigstens den Mittelstand angeht, — zweifellos etwas wahres an dem Wort: „Die Frau heiratet, um sich auszuleben, der Mann, um sich auszuruhen." Das ist nicht nur bezeichnend für die Heiratslust des wirtschaftlich heiratsfähigen Mannes, es ist gleichzeitig die Quelle der mangelnden Harmonie und damit des Familienunglücks in vielen Ehen.

Die Frauen scheinen ja gerade in der letzten Zeit wieder mehr zum Bewußtsein ihres wahren Berufs, des mütterlichen, zu kommen und von ihnen ist vielleicht, wenn nicht die Sanierung des Geschlechtslebens, so doch die lebhafte Mitwirkung daran zu erwarten. Der Hauptträger des Kapitalismus ist ja in der Tat der — weit mehr im wirtschaftlichen Leben stehende und weit spekulativer angelegte — Mann. Ganz natürlich, daß sich bei ihm die Konsequenzen des kapitalistischen Gedankens stärker ausprägen. Die Frau hat ja eigentlich als Frau unter diesen Verhältnissen nur gelitten. Sie ist durch die Eheflucht der Männer in unendlich vielen Fällen zur Ehelosigkeit verurteilt. Anderseits aber kann sie nicht immer, wie der Mann, sich außerhalb einer Ehe schadlos halten, da sie durch das gesellschaftliche Urteil und die moralische Kritik der Mitwelt im allgemeinen daran verhindert wird.

Ich habe im vorstehenden wesentlich auf die Verhältnisse im Mittelstande abgezielt und glaube dazu berechtigt zu sein durch die Tatsache, daß in der Tat gerade im Mittelstand die sexuelle Not am schlimmsten ist und auch das Familienproblem am meisten im Argen liegt.

Auch beim vierten Stand macht sich freilich eine starke Auflösung der Familie bemerkbar. Die Eheflucht oder die wirtschaftliche Unfähigkeit in jungen Jahren zu heiraten kommt zwar hier kaum in Betracht. Die Ehehäufigkeitsziffer gestaltet sich somit günstiger. Dafür lassen hier die Ehen selbst mehr zu wünschen übrig. Vielfach verdienen Mann und Frau; die persönliche Hingabe an die Kindererziehung ist daher kaum möglich; die Kinder wachsen meist sich selbst überlassen auf; wenn es gut ist, sind sie tagsüber in Kinderhorten untergebracht, wo sie wenigstens seelisch nicht Schaden nehmen. Aber ein Ersatz für die elterliche individuelle Erziehung ist das nicht. Sind sie dann halbwegs herangewachsen, so beginnen sie meist selber zu verdienen, oder sie kommen in die Lehre und fühlen sich bald — mit wirtschaftlicher Unabhängigkeit vom Elternhaus — auch dem idealen Familienband entwachsen.

Dies nur nebenbei. Eine bedeutende — und in diesem Hinblick nicht gerade begrüßenswerte Rolle spielte die deutsche Sozialgesetzgebung. Die zunehmende Fürsorge für alle unvorhergesehenen Aufwendungen hat dem Arbeiter die konkrete Verantwortung für seine Familie abgenommen. Damit wurde naturnotwendig das Verantwortungsgefühl des Familienhauptes für die wirtschaftlich von ihm abhängigen Existenzen allmählich untergraben, zumal nicht durch eine mit der sozialen Fürsorge gleichen Schritt haltende Demokratisierung in dem dadurch gepflegten politischen Verantwortungsgefühl ein sittlicher Ersatz für das Schwinden der wirtschaftlichen Familienverantwortung geschaffen wurde.

Genug! Wir sehen heute die Familie in einem traurigen Zustande der Lockerung. Und sehen zugleich, daß die Ursache dieser Auflösung nicht eigentlich sittlicher Verfall, also eine Abstumpfung des Sinnes für das Ethische, ist, sondern daß sie in unseren Wirtschaftsverhältnissen liegt. Die wirtschaftlichen Bedingungen haben eine Wandlung der ethischen Wert- und Unwertbegriffe hervorgerufen. Es muß der Behauptung Försters (a. a. O. S. 49 ff.) unbedingt widersprochen werden: „Die soziale Lebensgemeinschaft habe gewisse ewige und unveränderliche Bedingungen ihrer Vervollkommnung, die von allen wirtschaftlichen Umwandlungen unabhängig seien" —: Die moralischen Begriffe sind — in geheimnisvoller Wechselwirkung mit den wirtschaftlichen Verhältnissen — ewigen Wandlungen unterworfen. Der Diktator unserer gegenwärtigen Moral ist der Kapitalismus, weil er der Tyrann unserer Wirtschaftsverfassung war.

Nicht mit ethischen Mitteln, nicht mit Pädagogik kann also die Familie saniert werden, sondern einzig und allein aus dem wirtschaftlichen Fundamte heraus, auf dem der Mensch sein Leben, auf dem er seine Familie aufbaut.

Die Folge und Begleiterscheinung der geschilderten Zustände ist die Tatsache, daß der junge Mann mehr und mehr auf außereheliche Befriedigung des Geschlechtstriebes angewiesen ist. Es gibt ja immer noch eine ganze Menge von Menschen, welche der Anschauung sind, der junge Mann müsse sich beherrschen, dazu sei man Mensch, daß man nicht seinen animalischen Instinkten blind nachgebe. Aber diese strengen Sittenprediger vergessen, daß jede Beherrschung ihre Grenzen hat. Der Sexualtrieb heischt, ebenso wie der Hunger, Befriedigung und es ist mehrfach von ernstzunehmenden und gewissenhaften Fachmännern, wie Forel u. a., dargetan worden, daß seine Unterdrückung von den nachteiligsten gesundheitlichen Folgen sein kann. Beim Manne ist dies in weit höherem Grade der Fall, als bei der Frau. Bei ihm tritt auch der Trieb mehr akut auf, während die unberührte Frau häufig kaum ein irgendwie quälendes Geschlechtsbedürfnis empfindet. Insoferne besteht auch für den außerehelichen Verkehr des geschlechtsreifen Mannes als Regel mehr Rechtfertigung, als für den der Frau.

Wenn der Staat ein Interesse daran hat, den sexuellen Verkehr möglichst auf die Ehe beschränkt zu sehen, so muß er auch dem geschlechtsreifen Menschen durch die wirtschaftliche und soziale Verfassung die Möglichkeit zur Eingehung einer Ehe geben. Tut er das nicht, k a n n er es nicht, so darf für den außerehelichen Geschlechtsverkehr nicht dem jungen geschlechtsreifen Bürger die m o r a l i s c h e, es muß dem Staate die p o l i t i s c h e Verantwortung dafür überbürdet worden.

So sah sich denn auch der Staat veranlaßt, zwar aus politischen Gründen die Ehe allein als privilegierte Form des Sexuallebens anzuerkennen, andernteils aber doch den außerehelichen Verkehr als natürliche Notwendigkeit zu dulden. Ja, er befaßte sich sogar verwaltungsrechtlich mit der Frage durch seine Stellungnahme zum Bordellwesen und zur Prostitution. Denn, was er tun konnte, war einzig und allein: Sorge für möglichste Reduktion der hygienischen und sozialen Gefahren des außerehelichen Sexuallebens.

Wir haben gesehen, wie verkehrt die Behauptung ist, daß die Familie — und mit ihr, als seinem Fundamente, der Staat — durch Zunahme der freien Sexualbetätigung in ihrem Bestande gefährdet würden: das Ursachenverhältnis ist zunächst umgekehrt. Daß s e k u n d ä r auch wiederum der freie Geschlechtsverkehr nachteilige Rückwirkungen auf die Familienverfassung habe, haben wir gleichfalls erkannt, zugleich aber, daß hier Heil nur von sozialer und ökonomischer Sanierung zu erwarten sei.

Zwei Behauptungen sind es, die ein falsches Licht über das Problem verbreiten und auf falsche Wege zur Besserung der Verhältnisse zu führen geeignet sind:

1. Das innerste Wesen jeder sexuellen Verbindung fordere die Unauflöslichkeit. (So Förster S. 85.)

2. Die Duldung des außerehelichen Verkehrs sei geeignet dem Respekt vor der Ehe und der ehelichen Familie Abtrag zu tun. —

Nicht das Sexuelle fordert Unauflöslichkeit, sondern gerade das an der Verbindung zwischen Mann und Frau, was über das Bloß-Sexuelle hinausgeht. Insoferne kann die Ehe nicht nur als die „staatlich anerkannte Form d a u e r n d e r Geschlechtsgemeinschaft“ (und somit nach Försters Meinung als deren einzig moralische Form) definiert werden. Aufbauend auf mehr, als einer bloßen sexuellen Zuneigung, gegründet auf eine geistige Gemeinschaft viel tieferer Wurzel, ist ihre Bedeutung nicht die der bloßen Kindererzeugung (oder gar nur der Befriedigung des Sexualtriebes). Ihre Bedeutung liegt darin, daß sie vom Staat als dauernde Lebensgemeinschaft anerkannt ist. Und hierin liegt auch ihr Privileg als Familiengrundlage. Nur die dauernde nur die (mehr als sexuelle, nämlich) geistige Lebensgemeinschaft zwischen einem Mann und einer Frau ist geeignet einer Familie, d. i. einer sittlichen und wirtschaftlichen Gemeinschaft zur Grundlage zu dienen.

Der Sexualtrieb kann sich aber sehr wohl unabhängig von der Empfindung so tiefer Zusammengehörigkeit äußern und führt dann zu der nur vorübergehenden (unehelichen) Geschlechtsverbindung, welche ethisch indifferent, keineswegs aber unsittlich ist.

Es leuchtet auch von vornherein ein, daß die Duldung des außerehelichen Verkehrs durch den Staat unter gar keinen Umständen geeignet sein kann, die Bedeutung der ehelichen Familie und die Achtung vor ihr zu beeinträchtigen — es handelt sich ja um zwei vollkommen verschiedene Dinge.

Was uns in diesem Buche beschäftigt, ist die Frucht der vorübergehenden Geschlechtsgemeinschaft, das uneheliche Kind. Ist es, wie wir sahen, der Segnungen einer staatlich anerkannten, ehelichen Familie beraubt, so muß es umsomehr unsere Sorge sein, ihm diesen Mangel auf andere Weise möglichst zu entsetzen. Das tun wir aber nicht, indem wir die Mutter als Büßerin behandeln (Förster, S. 83/93) und dem Kinde für's ganze Leben das quälende und verbitternde Bewußtsein oktroyieren, es sei die Frucht einer Verfehlung.

Wir können dies Experiment auch nicht etwa machen, um dadurch unsere Stellungnahme zur Familie als der staatlich anerkannten Form des sexuellen Verkehrs zu dokumentieren. Denn es handelt sich um Menschen, um lebende Menschen, geboren unter gleichen Schmerzen, wie die eheliche Mutter gebiert. Das Menschenleben aber muß dem Staate heiliger sein, als seine „politischen Grundsätze." Oder vielleicht besser: Die Achtung vor dem Menschenleben muß der oberste politische Grundsatz des Staates sein!

Die Destruktion der Familie würde ja auch durch schlechte Behandlung der Unehelichen nicht aufgehalten. Sie entspringt viel tieferen, allgemeinen Entwicklungstendenzen, welche die Moral in ihrem Sinne beugen. Denn was ist Moral letzten Endes als der Standpunkt, den die persönliche Verantwortlichkeit zu den gegebenen Tatsachen einnimmt?

Mag der Staat gegen die Destruktion der Familie ankämpfen — er hat vollkommen recht damit. Doch darf er es nicht unter Verkennung der tatsächlichen Verhältnisse und keinesfalls auf Kosten der unehelichen Kinder, an denen er nicht nur Pflichten als Beschützer der Schwachen zu erfüllen hat; nein, die zugleich als ein großer Teil seiner künftigen ökonomischen Kraft die Aufmerksamkeit des Staates, des Repräsentanten der Wirtschaftsgesamtheit, verdienen.

---

2. Gesichtspunkte und Richtlinien.

Unter den gegenwärtigen Verhältnissen ist es unmöglich, dem außerehelichen Geschlechtsverkehr zu steuern oder gar, ihn ganz auszuschalten. Der Staat muß sich also zum außerehelichen Verkehr selbst und noch mehr zu dem ihm entstammenden Kinde auf irgend einen Standpunkt stellen. Denn vollkommen indifferent kann er sich zu nichts verhalten, was innerhalb seiner Machtsphäre vorgeht und Beziehungen unter Menschen zu erzeugen imstande ist, Beziehungen, welche in's Rechtliche herüberspielen, Rechtsfragen aufrollen können. Und gar gegenüber dem außerehelichen Sexualverkehr kann der Staat nicht gleichgiltig bleiben, da doch hieraus sogar neue Rechtssubjekte, neue Staatsbürger entstehen können. Die Stellungnahme des Staates aber ändert sich in diesem Punkte, genau wie in jedem anderen, nach dem jeweils maßgebenden Staatsgedanken, nach den Grundsätzen, welche den Staat beherrschen.

Das mittelalterliche Recht verurteilt den außerehelichen Beischlaf als ein Delikt, belegt ihn mit Strafe, entsprechend dem Standpunkte der im Staat dominierenden katholischen Kirche, welche in jeder nicht durch die Ehe sakramental vor Gott gerechtfertigten Befriedigung des sexuellen Triebes eine schwere Sünde erblickt. Das uneheliche Kind ist dementsprechend Frucht einer Sünde, ist mit einem Makel behaftet und darum nicht fähig, gleichberechtigter Bürger zu werden. Es ist „unecht“, „unehrlich“, ist persona juris minoris und kann weder im Staat noch in der Kirche eine öffentliche Stellung einnehmen. Ja, dem Beispiel der öffentlich-rechtlichen Körperschaften folgend, dulden auch die Innungen und die ihnen verwandten Organisationen keinen unehelich Gebornen in ihren Reihen. Das uneheliche Kind ist somit im mittelalterlichen Staat von jeder „ehrlichen Beschäftigung“ ausgeschlossen.

Es ist nicht meine Aufgabe, die Wandlungen zu verzeichnen, welchen die Rechtsstellung des unehelichen Kindes zu allen Zeiten unterworfen war. Es war nur notwendig, des Vergleiches wegen in ein paar Worten den Tiefstand seiner Rechtslage im Mittelalter zu zeigen.

Der moderne Rechtsstaat hat eingesehen, daß es nicht in seinen Rahmen paßt, einen Mitmenschen aus Gründen, die er nicht zu verantworten hat, vor dem Gesetze schlechter zu behandeln, als alle anderen. Als die Kirche aufhörte, den Staat restlos zu beherrschen, begann für das uneheliche Kind die Lage besser zu werden. Die Verbindung der kirchlichen und staatlichen Macht war es, welche ihm so vernichtend geworden war. Die Kirche, mehr auf ihre religiöse Machtsphäre beschränkt, konnte dem unehelichen Kinde im Rahmen ihrer religiösen Moral nicht abstreiten, was die kirchliche Gemeinschaft begründete: die Kindschaft Gottes. Der Staat aber, von der kirchlich-konfessionellen Diktatur befreit, mußte in jedem Menschen den Bürger sehen, gleichviel welcher Abstammung er war, und mußte, — vor dem Forum des bürgerlichen Rechtes wenigstens, auch dem unehelich geborenen Bürger gleichen Rechtsschutz gewähren, wie jedem anderen. Wie lange diese Entwickelung gedauert hat, wissen wir; es war selbstverständlich, daß sich die einmal tief in's Volksbewußtsein eingefressenen Vorurteile nicht zwischen Abend und Morgen ausmerzen ließen — und mit ihnen ihre praktischen Folgen.

Nach dem heute geltenden bürgerlichen Gesetzbuche für das deutsche Reich steht vor dem bürgerlichen Rechte das uneheliche Kind (von den familien- und erbrechtlichen Beziehungen abgesehen) dem ehelichen vollkommen gleich. Und auch vor dem Strafrechte und im öffentlichen Recht ist seine Vollwertigkeit offiziell anerkannt. (Daß im öffentlichen Leben das uneheliche Kind nicht anerkannt ist, liegt nicht unmittelbar am Staate, sondern an dem Widerstande der ihn beherrschenden Gesellschaft!)

Wesentlich zwei Faktoren sind es, welche die Rechtsstellung des unehelichen Kindes und die Beurteilung des außerehelichen Beischlafes bedingen;

1. Die Wertung der Familie als ethisches Staatsfundament und

2. die tatsächlichen sozialen Verhältnisse und die Weltanschauung der herrschenden Gesellschaftsklasse.

Die Familie ist heute noch die Grundlage, die Zelle des Staates, sie ist die Basis der Gesellschaft und der Stellung des Bürgers in ihr. Aus diesem Grunde sieht der Staat die uneheliche Verbindung ungern — vor allem wegen der Möglichkeit des Hervorgehens von Nachwuchs aus ihr. Wir haben ja von der Bedeutung der Familie im Staat schon ausführlich gesprochen. Die Familie gewährleistet dem Staat am besten die gesunde und gediegene Aufzucht seines Nachwuchses. Sie wird nicht so leicht ohne die entsprechenden existenziellen Garantien begründet; für das eheliche Kind ist also in den weitaus meisten Fällen eine zweckentsprechende Erziehung und eine wirtschaftlich geordnete Umgebung sichergestellt. Uneheliche Verhältnisse werden meist von jungen Leuten eingegangen, die zur Begründung einer Familie mangels der nötigen Existenzgarantien nicht in der Lage wären. In sehr vielen Fällen geht die Mutter einem Erwerbe nach, kann sich also persönlich nur wenig um das Kind bekümmern; sie ist finanziell nur in wenig Fällen so gestellt, daß sie imstande ist, das Kind in der wünschenswerten Weise zu erziehen.

Dazu kommt nun in sonderbarer und verhängnisvoller Wechselwirkung die Beurteilung der bürgerlichen Gesellschaft, deren Weltanschauung bis heute den Staat beherrscht hat.

Das Bürgertum ist am Bestand und der Reputation der Familie nicht nur politisch, wie der Staat, interessiert. Seine kapitalistische Verfassung gibt ihm ein gewissermaßen persönliches Interesse für die Familie, die ja, wie wir sahen, der kapitalistischen Idee dienstbar gemacht wurde. Es ist also klar, daß die bürgerliche Gesellschaft sich durch die Existenz unehelicher Kinder in ihrem Bestande bedroht sieht, da eben das uneheliche Kind außerhalb der staatlich-kapitalistisch anerkannten Institution der Familie steht. Doch ist die Stellung des Bürgertums wenig konsequent: einerseits sieht es eine möglichste Benachteiligung des unehelichen Kindes „im Interesse der Aufrechterhaltung der Familie als privilegierter Institution" nicht ungern; andernteils aber steht gerade die bürgerliche Gesellschaft dem außerehelichen Verkehr mit viel Nachsicht gegenüber, solange nur die Sphäre der legitimen Familie ungestört bleibt und das Skandalöse vermieden wird.

Der kapitalistische Ausbau der Gesellschaft (und der Familie als ihrer Grundlage) selbst ist es also, welcher, wie wir genugsam erkannten, den unehelichen Verkehr förderte; zugleich aber erfordert die kapitalistische Verfassung der Gesellschaft auch die möglichste Benachteiligung des unehelichen Kindes.

Durch diese mindere soziale Stellung, die ihm von der Gesellschaft zugewiesen wird, ist dem gesunden Gedeihen des unehelichen Kindes ein neuer Stein in den Weg gelegt. Es wird in's Proletariat — die unterworfene Kaste des kapitalistischen Staates — hineingedrängt, wird dadurch, daß es die Mißachtung der Gesellschaft am eigenen Leibe ständig fühlt, mit Haß und Mißtrauen gegen die Gesellschaft erfüllt und wird so nicht nur ein Feind der Gesellschaft, sondern des Staates selbst in seinem gegenwärtigen Bestande, sofern er sich auf jener aufbaut.

So sehr also scheinbar Gesellschaft und Staat in der Beurteilung des unehelichen Verkehres Hand in Hand gehen, so scharf ist innerlich der Widerspruch zwischen den beiden Auffassungen. Dem Staate ist es im Wesentlichen darum zu tun, das prozentuale Verhältnis zwischen der Zahl der unehelichen und derjenigen der ehelichen Geburten möglichst zugunsten der zweiten zu verschieben, weshalb er den außerehelichen Beischlaf mißbilligt. Die Gesellschaft dagegen steht dem außerehelichen Verkehr ziemlich indifferent gegenüber und wehrt sich nur mit allen Kräften gegen die Gefahren, die ihrem Bestande vonseiten der Unehelichen drohen, ist also zufrieden, wenn diese nur ihren, der Gesellschaft, legitimen und anerkannten Mitgliedern entsprechend nachgesetzt sind.

Daraus ergibt sich klar: von seinem Standpunkte aus hat der Staat allen Grund, gegen das Werturteil der bürgerlichen Gesellschaft über die unehelichen Kinder anzukämpfen; denn es ist mit ein Hauptgrund, warum der Staat die Mehrung der unehelichen Geburten ungünstig beurteilen muß. Trägt es doch in hohem Grade dazu bei, daß die Unehelichen zu einem starken Prozentsatz nicht die wünschenswerten staatsbürgerlichen Qualitäten besitzen!

Hat so die herrschende Gesellschaftsklasse die Tendenz den unehelich Geborenen durch rechtliche Benachteiligung möglichst im Bannkreise des Proletariats festzulegen, ihn nicht aufsteigen zu lassen, so muß umgekehrt der Staat danach trachten, den Unehelichen, wenn er schon einmal existiert, so günstig als möglich zu stellen, um die entsprechenden Verknüpfungen zwischen sich und ihm herzustellen, ihn an sich zu ketten und dadurch die Mehrung des Proletariats zu meiden.

In diesem Streben gab es für den Staat eine Grenze: es ist selbstverständlich, daß die allmähliche Besserstellung der Unehelichen nicht soweit gehen durfte, daß der Bestand der Familie und die Geneigtheit des Bürgers, eine solche zu begründen, beeinträchtigt wurde.

Aber selbst innerhalb dieses Maßes von Zurückhaltung, dem berechtigten Staatsinteresse an der Ehe und Familie zuliebe, mußte eine gewisse Vorsicht walten im Hinblick auf die bürgerliche Gesellschaft, die in einer auch vom bisherigen staatlichen Standpunkt aus u n b e r e c h t i g t e n Weise sich gegen eine Begünstigung des Unehelichen wehrte: Die Staatsklugheit verbot es, die an sich wünschenswerten Maßnahmen zugunsten der unehelichen Kinder rücksichtslos durchzuführen, insoferne die bürgerliche Gesellschaft immerhin die Hauptmacht im vergangenen Staat darstellte und ihr daher nicht vor den Kopf gestoßen werden durfte. In dieser Erwägung also mag ihrem an sich verdammenswerten Vorurteil in etwas nachgesehen worden und die Durchführung der Maßnahmen zur rechtlichen und sozialen Hebung der unehelichen Kinder mit einiger gesetzgeberischen Reserve geschehen sein.

Hingegen hatte der Staat sehr wohl die Möglichkeit, das Vorurteil der Gesellschaft zu bekämpfen; nicht direkt, sondern indirekt. Nimmt der Staat sich schützend der Unehelichen an, so beeinflußt er dadurch allein schon das Werturteil der Gesellschaft und schraubt so allmählich die sozialen Grundlagen auf ein Maß, welches ihm gestattet, die rechtliche Stellung der unehelichen Kinder in der entsprechenden Weise zu bessern. Und gerade das hat der Staat m. E. in viel zu geringem Maße getan. Hier konnte mehr geschehen und dadurch, daß es nicht geschah, wurde viel Schaden angestiftet.

Sehr stark fällt allerdings in's Gewicht, daß gerade in dieser Rechtsfrage das ethische Werturteil eine ganz erhebliche Rolle spielt, eine Bedeutung hat, die auch der Staat nicht ganz unbeachtet lassen darf. Für die Ethik aber ist die Gesellschaft maßgebend — und nicht der Staat.

Diese Diskrepanz der Tendenzen des Staates einerseits und der ihn beherrschenden Gesellschaftskaste anderseits macht es hier — wie auch in anderen ausgesprochen sozialen Rechtsfragen — schwer, den jeweils günstigsten Kompromiß zu finden.

In ganz kurzen Strichen habe ich hier versucht, ungefähr die ethischen und sozialen Erwägungen zu rekonstruieren, die bei Abfassung unseres B. G. B. maßgebend gewesen sein mögen. Seitdem sind 20 Jahre vergangen und die Anschauungen haben sich geändert; noch wesentlicher die äußeren Verhältnisse und — was das Wichtigste ist: die Konstellation in der inneren Politik. —

Die Entwickelung der Volksauffassung vom außerehelichen Geschlechtsverkehr ließ sich — rückschauend auf die vergangene Entwickelung — vorausahnen; die Gestaltung der sozialen Verhältnisse und der bevölkerungspolitischen Notwendigkeiten nur zum Teil.

Es war von vorneherein klar, daß mit zunehmender Zivilisation die ethische Wertung des außerehelichen Geschlechtsverkehrs minder strenge Standpunkte einnehmen würde. Der Einfluß der Kirche auf die Volksmoral sinkt und damit ist für die minder aufgeklärten und durch konventionelle Vorurteile minder gebundenen Volksschichten ein Hauptmotiv gegen den außerehelichen Beischlaf — oder vielleicht sogar das einzige Gegenmotiv — erheblich geschwächt. Diese Wirkung wird verstärkt durch bedeutende finanzielle Aufbesserung der Arbeiterklassen, wodurch — bei dem infolge Fürsorge- und Versicherungseinrichtungen verhältnismäßig geringen Sparbetrieb dieser Bevölkerungsschicht — Wohlleben und Luxus gefördert werden, welche ihrerseits wiederum der Befriedigung sexueller Instinkte förderlich wirken. Zwar können im Arbeiterstande die Ehen früh geschlossen werden; werden auch in der Tat vielfach früh eingegangen. Aber **noch** früher setzt erfahrungsgemäß die außereheliche sexuelle Betätigung ein. Halbwüchsige Burschen und Mädchen lernen schon den Genuß — und den Ueberdruß — des Geschlechtslebens kennen. Beim Mittelstande aber und bei der in Deutschland so stark ins Gewicht fallenden Beamtenkaste sahen wir eine Umkehrung der Verhältnisse: die Steigerung des Einkommens hielt mit der Entwertung des Geldes und dem Wachsen der Ansprüche nicht gleichen Schritt; die sogenannten Ausgaben der Standesgemäßheit nahmen einen immer höheren Prozentsatz des Einkommens in Anspruch. So kam eine Ehe erst in späteren Jahren in Betracht. Der Anreiz zur sexuellen Auswirkung war infolge der stetig steigenden Zivilisation stark; die Widerstandskraft gegen ihn infolge der allgemeinen nervösen Ueberreizung und eines einschneidenden Wandels in der Weltanschauung schwächer als ehedem.

Unter dem Einfluß dieser Verhältnisse änderten sich die moralischen Ansichten. Man sah im allgemeinen ein, daß man dem jungen Mann, der mit 35 vielleicht an's Heiraten denken konnte, aus vorehelichem sexuellem Verkehr keinen Strick drehen dürfe. Es gab ja wohl auch nur wenig Männer, die als „Jünglinge" in die Ehe traten. Bezeichnend für die Wandlung der ethischen Anschauungen ist es, daß heute das heiratsfähige junge Mädchen, auch der bürgerlichen Stände, kaum noch besonderen Wert darauf legt, einen noch sexuell unerfahrenen Mann als Gatten zu bekommen. Die feinere psychologische Differenzierung — man kann auch sagen die Not der Verhältnisse — hat es dahin gebracht, daß die Beziehungen zwischen Männern und Frauen verschieden beurteilt werden, je nachdem sie nur der Not des körperlichen Bedürfnisses entspringen, oder auf einer inneren Zärtlichkeit und seelischen Gemeinschaft aufgebaut sind. In diesem letzten Sinne nur will das junge Mädchen von heute die „erste Liebe" ihres Mannes sein.

Durch die späteintretende wirtschaftliche Heiratsfähigkeit des Mannes aber wurden in den von ihr besonders betroffenen Bevölkerungsschichten verhängnisvolle Folgen gezeitigt. Ein immer größerer Prozentsatz Mädchen blieb unverheiratet. So ergab sich für jene, die der Ehe zustrebten, von selbst der Zwang, minder wählerisch zu sein. Mehr und mehr begann die Liebe als Basis der Ehe zu fehlen und damit die Ehe an sittlichem Wert zu verlieren. Der Mann heiratet, um versorgt zu sein, die Frau — leider oft genug — nur um der günstigeren gesellschaftlichen Stellung und um der größeren persönlichen

Freiheit willen. Mancher Frau war die Ehe nur eine Möglichkeit, sich auszuleben, eine gesellschaftliche und sexuelle Operationsbasis. Zumal häufig der Mann — des Geschlechtsgenusses schon satt, oder im Berufsleben verknöchert — nur wenig geneigt ist, der Frau zu geben, was sie von der Ehe erwartete und erwarten durfte, beginnt diese, was sie in ihrer Ehe nicht findet, bei anderen Männern zu suchen und beschwichtigt ihr Gewissen mit der Erwägung, daß der Gatte ja schon vor der Ehe sein Teil genossen habe. Warum also sollte sie, die Frau, das ihre nicht neben der Ehe suchen? Unter solchen Verhältnissen leidet nicht nur das eheliche Einvernehmen — dieses oft am wenigsten! — wohl aber die Kindererzeugung und die Kindererziehung. Es liegt mir fern, mit diesen Ausführungen eine Regel aufzustellen — aber sie treffen, soviel ist sicher, auf eine jährlich wachsende Zahl von Ehen zu.

Eine andere Folge des zwangsweisen Zölibates der jungen Mädchen zeigte sich deutlich in unserer Frauenrechtsbewegung. Mehr und mehr trat die Frau mit der Forderung hervor, sich von der doppelten Moral zu emanzipieren. Und wenn die Verhältnisse sich in der Richtung weiter entwickeln, wie in den letzten Dezennien, so wird man kaum zweifeln dürfen, daß die sexuelle Hingabe junger oder alternder Mädchen an Häufigkeit zunimmt. Die bestehenden gesellschaftlichen Schranken werden unter dem Druck der sozialen Verhältnisse, unter dem Drang nach sexueller Betätigung und dem Hunger nach Mutterschaft über kurz oder lang niedergerissen. Ob es tunlich war, die in dieser Richtung bestehende Tendenz als befreiend zu preisen, wie es Frau Adams-Lehmann auf dem 3. Kongreß der Gesellschaft zur Bekämpfung der Geschlechtskrankheiten tut (Verhandlungen darüber S. 270), das ist ebenso zu bezweifeln, wie der Wert der krampfhaften Versuche Försters diese Erscheinungen als eine Emanation heruntergekommener Moral und Selbstzucht darzustellen. Man sollte sie lieber als das betrachten, was sie sind: als bedauerliche aber naturnotwendige Folgen der wirtschaftlichen Evolution. Man könnte die offene Propagierung der „geschlechtlichen Befreiung“ nur etwa in dem Sinne begrüßen, als sie für die dem außerehelichen Geschlechtsleben schon ergebenen Mädchen der bürgerlichen Gesellschaft die Motive für Verhinderung der Empfängnis oder Fruchtabtreibung vermindert. — Jedenfalls beweisen uns Aeußerungen, wie die Adams-Lehmann'sche, wie stark die Tendenz schon geworden ist, und daß wir zu ihrer allgemeinen Umsetzung in die Praxis keinen weiten Weg mehr haben. —

Man mag mir vorwerfen, ich legte in meinen bisherigen Ausführungen den Schwerpunkt allzusehr auf die bürgerliche

Seite, während doch in Wirklichkeit das Bürgertum durchaus nicht die Mehrheit des Volkes sei, die bürgerlichen Verhältnisse nicht die maßgebenden. Allein: es lag mir daran gerade die bürgerliche Entwicklung zu zeigen; denn bis an die Schwelle, auf der wir heute stehen, war das bürgerliche Element, wenn auch nicht das quantitativ überlegene, so doch zweifellos das effektiv herrschende. Die von uns verfolgte Entwickelung der bürgerlichen Gesellschaft, insbesondere der bürgerlichen Familie, zeigte uns aber zur Genüge, daß eine Wandlung in den Verhältnissen unabweisbar ist.

Indessen kam die Revolutionierung des Staates, welche das Bürgertum seiner bisherigen Allmacht beraubte und dem vierten Stande die politische Gleichberechtigung in Wahrheit verlieh, die er auf dem Papier schon vorher hatte. Mit diesem Augenblicke aber änderten sich alle Verhältnisse von Grund aus. Wir müssen uns einige wesentliche Gesichtspunkte klar machen, ehe wir zu dem Versuch schreiten, das positive Recht zweckentsprechend umzumodeln.

Die Aufhebung der Hegemonie des Bürgertums führt von selbst zu einer successiven, doch wahrscheinlich sehr schnell fortschreitenden, Austilgung der bürgerlichen Moral aus dem öffentlichen Leben, zumal diese Moral zum großen Teile, dies ist nicht zu leugnen, vom einzelnen bürgerlichen Individuum oft als drückend empfunden wurde und in einem guten Stück aus Convention und Vorurteilen bestand. Die Ansichten des Proletariates, — ich möchte lieber sagen: des vierten Standes — über den außerehelichen Verkehr waren bedeutend weitherziger. Der Mann ist ja dem außerehelichen Geschlechtsleben in allen Ständen so ziemlich im gleichen Grad ergeben. Die Frau aus dem vierten Stande jedoch zweifellos in höherem Grade, als die aus dem bürgerlichen. Auch hat — und das ist der Kernpunkt — der vierte Stand von der Mehrung der unehelichen Geburten keine Gefahr für seine soziale Stabilität zu fürchten, wie dies beim Bürgertum wegen seiner kapitalistischen Verfassung der Fall war.

So muß denn von vornherein klar sein, daß der Standpunkt eines sozialistisch geleiteten Staates gegenüber den Unehelichen weitaus zuvorkommender sein wird, als es bisher der Fall war.

Man muß zunächst annehmen, daß die erwähnte Umorientierung unserer öffentlichen Moral zu einer weiteren Destruktion der Familie, zu einer Steigerung des außerehelichen Verkehrs führen wird. Doch ist hier immerhin einiges zu erwägen: es ist nicht anzunehmen, daß die monogamische Verbindung der Geschlechter aufhört, das sexual-moralische Ideal des kultivierten Menschen zu sein. Daß sie es bis heute war, darf als sicher unterstellt werden — soweit es sich nicht nur um dem augenblicklichen Bedürfnis entspringende, vorübergehende Verbindungen gehandelt hat. Wenn uns nun aber auch gegenwärtig bleibt, daß die kapitalistischen Auswüchse und Verirrungen unseres Wirtschaftslebens es waren, welche mehr als eine zur monogamischen Dauerverbindung geeignete Geschlechtsbeziehung in ihrer Realisierung zur Ehe niedergehalten haben, wenn uns das gegenwärtig bleibt, dann werden wir sagen müssen: der sozialistische Staat wird die kapitalistischen Schranken beseitigen. Er wird die wirtschaftlichen Verhältnisse ausnivellieren und die Vorurteile der „Standesgemäßigkeit" beseitigen; damit ist die Ehe wieder in vielen Fällen ermöglicht, wo sie vorher wirtschaftlich und sozial unmöglich erschien. Mögen also immerhin die Hemmungen gegenüber der außerehelichen Betätigung fortfallen, es wird gleichzeitig durch die gesteigerte Heiratsmöglichkeit das Bedürfnis nach außerehelichem Verkehr in solchem Grade gemindert werden, daß der Fortfall der moralischen und sozialen Hemmungen mehr als ausgeglichen wird.

Wenn also vom sozialistischen Staate im Hinblick auf die Familienbewegung etwas zu erwarten ist, so kann es nur eine Konsolidierung der durch den Kapitalismus korrumpierten Verhältnisse sein.

Welche Richtpunkte müssen für den Gesetzgeber bei Neuregelung des Rechtes der unehelichen Kinder maßgebend sein?

Nach wie vor wird der Staat ein Interesse daran haben, ein gesundes Verhältnis zwischen Bevölkerungszahl und Bevölkerungszuwachs zu erhalten d. h. einen Rückgang der Geburtenziffer zu vermeiden. Allerdings fallen zwei Momente für den Geburtenhunger fort, die im alten Staate eine ungeheure Rolle gespielt haben: das militärische und das produktionswirtschaftliche Moment.

Wir haben kein Interesse mehr daran, möglichst viele gesunde Männer zu haben, um sie für den Heeresdienst ausbilden zu können. Wir haben aber auch kein Interesse mehr, mit einer möglichst hohen Zahl produktionsfähiger Proletarier eine möglichst große industrielle Gesamtleistung der Nation zu erzielen, um im Kampf der Nationen auf dem Weltmarkte Sieger zu bleiben. Denn das schreckliche Ende des kapitalistischen Staates lehrte uns, daß eben diese Produktionsmanie mit Notwendigkeit zu Kriegen führt und damit zu allgemeinen weltwirtschaftlichen Katastrophen.

Aber ein anderer Grund ist es, der den sozialistischen Staat an einer gesunden Geburtenziffer interessiert: der Gesichtspunkt der Arterhaltung. Denn allgemein menschliche Erwägungen und Motive sind es, die nunmehr an die Stelle der spekulativ-wirtschaftlichen treten müssen.

Es kann kaum zweifelhaft sein, daß an sich die Kinderzahl unter sozialistischer Lebensform steigen wird, da ja die Existenzbedingungen günstiger und damit die Motive für Verhinderung des Nachwuchses geringer werden. Aber nicht um das Quantum des Nachwuchses allein darf der Staat besorgt sein, sondern um seine Qualität vor allem. Da aber diese am besten in der Familie gewährleistet ist, so muß der Staat auf ein für die Ehelichkeit möglichst günstiges Verhältnis der ehelichen Geburten zu den unehelichen bedacht bleiben. Denn nach wie vor bietet das geschlossene Familienleben den gesundesten Boden für die Aufzucht des staatsbürgerlichen Nachwuchses.

Der Staat könnte also seinen Zweck, die unehelichen Geburten möglichst einzuschränken auf sehr einfache Weise erreichen: dadurch, daß er das uneheliche Kind rechtlich sehr benachteiligt und es jeglichen Anspruchs an den Vater beraubt. Dies steht aber im diagonalen Widerspruch zu dem Bestreben des Staates, die Geburtenziffer an sich (ohne Rücksicht auf Ehelichkeit oder Unehelichkeit) zu steigern — oder nicht sinken zu lassen und zu dem natürlichen Rechte jedes im Staatsverbande geborenen menschlichen Individuums, eine ebenbürtige Stellung einzunehmen. Die unmittelbare Folge der rechtlichen Benachteiligung des unehelichen Kindes ist ja auch nicht ein Zurückgehen des außerehelichen Geschlechtsverkehrs, sondern gesteigerte Anwendung von empfängnisverhindernden Mitteln und Stärkung der Motive der Fruchtabteilung. Namentlich das letzte aber ist eine Gefahr, insoferne die Abtreibung nicht nur dem werdenden Kinde das Leben kostet, sondern durchweg auch die Gesundheit und künftige Gebärfähigkeit der Mutter aufs Spiel setzt. Aber auch die gesteigerte Anwendung von Antikonzeptionalien ist durchaus unerwünscht, nicht nur vom bevölkerungspolitischen sondern auch vom volksethischen Standpunkte aus: sie setzt das sexuelle Verantwortungsgefühl herab, macht den Coitus als solchen zur bloßen Bedürfnisbefriedigung und löst ihn aus dem natürlichen Zweckverhältnis los, in welchem er zur Art-Fortpflanzung steht.

Strafrechtliches Einschreiten aber gegenüber der Anwendung von Antikonzeptionalien und der Abtreibung ist erfahrungsgemäß von geringem Erfolge, wenn starke Motive für diese Handlungen vorliegen. Da die geschlechtlichen Vorgänge sich durchweg in tiefster Verborgenheit abspielen, ist eine Aufdeckung der Empfängnisverhinderung kaum möglich. Und das Verbot, empfängnishindernde Mittel zu handeln, hat geringen Nutzen. Sie werden teils durch Mißbrauch ärztlicher

Verordnung dennoch erlangt, teils durch klug organisierten Schleichhandel trotz des Verbotes in Verkehr gebracht; und endlich gibt es Methoden der Empfängnisverhinderung, die besonderer Medikamente oder Gerätschaften nicht bedürfen.

Daß aber die Abtreibungen und Abtreibungsversuche nur sehr selten der Bestrafung zugeführt werden können, ist eine bekannte Tatsache, die der Erörterung nicht bedarf.

Die Konsequenz der Rechtloserklärung des unehelichen Kindes gegenüber seinem Erzeuger wäre also: Schwächung des Verantwortlichkeitsgefühles der Männer, die keine finanziellen Nachteile mehr vom außerehelichen Beischlaf zu erwarten haben. Ja, die weitere Folge wäre: Demoralisierung des ehelichen Lebens und Rückgang der Verehelichungsziffer, (also das Gegenteil der verfolgten Absicht!); denn der Mann zöge es vor, eine Ehe gar nicht einzugehen oder im Verkehr mit der Ehegattin die Konzeption möglichst zu vermeiden. — Die Folge auf der weiblichen Seite wäre — beileibe nicht etwa Minderung der Geneigtheit zum außerehelichen Beischlaf — sondern nur eine Steigerung der Abneigung gegen außereheliche Empfängnis. —

Was wäre nun die Folge, wenn die finanzielle Belastung des Mannes dem unehelichen Kinde gegenüber unverhältnismäßig hoch wäre? Eine Stärkung des Familienbegriffs, Steigerung der ehelichen Geburten und Minderung der außerehelichen Betätigung des Mannes? Kaum! Wenigstens nicht, wie heute die Verhältnisse noch liegen:

Wir sahen, daß die Abneigung gegen die Ehe beim Mann im wesentlichen wirtschaftliche — nicht moralische Motive hat. Ob die Steigerung der Ansprüche des unehelichen Kindes über ein gewisses — später zu erörterndes — Maß hinaus den jungen Mann dazu bewegen wird, über die finanziellen Schwierigkeiten sich hinwegsetzend dennoch eine Familie zu gründen, ist nicht nur fraglich; es wäre auch von zweifelhaftem Wert, wenn diese Folge einträte; denn eine auf unsicherer wirtschaftlicher Basis aufgebaute Familie ist volkswirtschaftlich und bevölkerungspolitisch durchaus nicht erstrebenswert. — Nein, die Folge der übermäßigen pekunären Heranziehung des Vaters wäre abermals: gesteigerte Neigung zur Empfängnisverhütung — diesmal auf Seiten des Mannes, der dazu ohne Einwilligung und Mitwirkung des Mädchens schwerer in der Lage ist. Allein er wird schon Mittel und Wege finden, das Mädchen seiner Absicht geneigt zu machen. Namentlich dann, wenn das Mädchen weiß, er sei unvermögend, könne also auch bei Anwendung der äußersten gesetzlichen Zwangsmittel nicht viel leisten. Die Folge wäre also, daß der Staat von denjenigen Männern, denen die Familiengründung und damit die Erzeugung ehelicher Kinder wirtschaftlich unmöglich ist, nicht einmal mehr unehelichen Nachwuchs bekäme, daß sie also für die Arterhaltung ganz ausfallen müßten.

Auch die Einführung einer hohen Junggesellensteuer würde an diesem Ergebnis wenig ändern, d. h. sie würde die Zahl der Eheschließungen kaum nennenswert erhöhen.

Es ist aber auch zu bedenken, ob eine bedeutende Steigerung der Ansprüche des unehelichen Kindes diesem selbst immer förderlich wäre. Für's erste wird naturgemäß das Bestreben des Mannes, die Vaterschaft von sich abzuwälzen, eine bedeutende Stärkung erfahren. Für's zweite aber steht zu befürchten, daß die uneheliche Mutter den größeren oder einen großen Teil der väterlichen Leistungen für sich verbraucht, sodaß die Lage des Kindes nicht durchweg gebessert würde.

Wir sind am Ende unserer allgemeinen Betrachtungen angelangt und ziehen das Fazit:

Die rechtliche Besserstellung des unehelichen Kindes ist notwendig, wenn es ein gleichwertiger bürgerlicher Faktor werden soll.

Die Hebung seiner rechtlichen und sozialen Stellung ist dem Prestige der auf die Ehe gegründeten Familie nicht abträglich oder muß es doch nicht sein, wenn die nötigen Kautelen eingeschaltet werden.

Es muß eine Linie gefunden werden, auf welcher die Interessen des unehelichen Kindes und seiner Mutter einerseits, des unehelichen Erzeugers anderseits in gerechter, d. h. sozial zweckmäßiger Weise vereinigt werden.

Diese Linie ist es, welche wir im Verlauf unserer Darstellungen und Erwägungen suchen. Sie ist ein Ideal, das wir in der Praxis kaum jemals vollkommen erreichen werden. Doch hoffen wir, ihm näher gekommen zu sein, als unser heute geltendes Recht.

II. Abschnitt.

1. Die familienrechtliche Stellung des unehelichen Kindes im Allgemeinen.

Nach dem heutigen Stande des Gesetzes ist das uneheliche Kind dem ehelichen in Deutschland vollkommen gleichberechtigt — mit einer Ausnahme: im Familien- und Erbrecht nimmt es eine Sonderstellung ein. Diese Sonderstellung findet ihre Quelle vor allem in einem Satze des bürgerlichen Gesetzbuches. Er lautet:

„Ein uneheliches Kind und dessen Vater gelten nicht als verwandt.“ (§ 1589 B.G.B.)

Die Motive zum B.G.B. (S. 851) führen für ihren Standpunkt in dieser Frage als Grund an: für die Begründung einer Verwandtschaft zwischen Vater und unehelichem Kind fehlen die notwendigen moralischen Grundlagen, da diese nur durch die Familie gewährleistet werden. Auch sei die uneheliche Vaterschaft immer etwas Unsicheres. Sie könne zwar festgestellt werden, aber doch nur mit erheblichen Schwierigkeiten und oft genug nur im prozessualen Wege und unter Zuhilfenahme einer Präsumption. Gerade die — aus anderen Gründen von den Motiven für notwendig erachtete — Präsumption werde bedenklich, wenn man auf sie nicht nur eine Unterhaltspflicht sondern sogar eine Verwandtschaft aufbauen wolle.

Mit dieser Begründung müssen wir uns eingehend befassen; denn hier liegt der Urgrund alles des Elends der Unehelichen, das von einem weisen Gesetzgeber gemildert werden kann — nicht allmächtig ist ja leider das Gesetz! — und von der Widerlegung dieser Begründung nimmt auch letzten Endes jeder Vorschlag seinen Ausgangspunkt, den dieses Buch bringt. —

Es muß doch auffallen, daß gerade die Vermutung der unehelichen Vaterschaft aus der Beiwohnung ein Grund sein soll, keine Verwandtschaft zwischen dem unehelichen Kinde und seinem Vater anzuerkennen. Ist denn nicht auch die eheliche Vaterschaft auf einer Präsumption begründet? Ruht also nicht am Ende auch die durch die Familie vermittelte, durch die geheiligten Bande der Ehe begründete Verwandtschaft — auf einer Präsumption? (Vgl. Mugdan V S. 1393, die Aeußerung von Stadthagen. Ferner Burghart im Zentr.-Bl. Vorm. Wes. VII. 121). Ist denn die Vaterschaft des Ehemannes an dem von seiner Ehefrau geborenen Kinde an sich so viel wahrscheinlicher, als die Vaterschaft des von einem geschwängerten Mädchen als Vater bezeichneten Mannes? Der Unterschied ist nur der, daß beim Bestehen einer Ehe die Person des mutmaßlichen Vaters schon von vornherein durch äußerlich erkennbare Tatsachen — nämlich eben durch die Ehe — definiert ist.

In beiden Fällen — bei der ehelichen und bei der unehelichen Vaterschaft — arbeitet das Gesetz mit Vermutungen; es ist auf Vermutungen angewiesen, da nicht nur der Beischlafsakt im Verborgenen stattzufinden pflegt sondern ausserdem noch die Zeugung selbst in ein von der Wissenschaft noch nicht entschleiertes Geheimnis gehüllt ist.

Aber in beiden Fällen wird auf die Vermutung, — wenn diese als gegeben erachtet wird — nicht etwa eine vor dem Gesetz wahrscheinliche sondern eine wirkliche Vaterschaft gegründet. Es sind allerdings Gelehrte mit der Behauptung aufgetreten, die uneheliche Vaterschaft sei nicht nur de facto sondern auch de lege eine nur Wahrscheinliche. Darüber haben wir uns im Kapitel über die Feststellung der unehelichen Vaterschaft näher zu verbreiten. Hier mag uns als Tatsache gelten, daß das Gesetz auf der de facto nur wahrscheinlichen ehelichen Vaterschaft eine Verwandtschaft aufbaut, während es das bei der de facto ebenso wahrscheinlichen unehelichen Vaterschaft nicht tut.

Man kann auch nicht behaupten, daß die bestehende Ehe durch ihr moralisches Gewicht die Wirklichkeit der Vaterschaft wahrscheinlicher mache als sie durch den Nachweis oder das Zugeständnis der außerehelichen Beiwohnung erscheint. Im Gegenteil; will der Gesetzgeber die Verwandtschaft nur auf ein mit möglichster Sicherheit der objektiven Wahrheit angenähertes Verhältnis gründen, so mußte er das noch vielmehr bei der unehelichen Vaterschaft tun, als bei der ehelichen. Denn die stärkere moralische Macht der Ehe drückt sich aus in einer bedeutend stärkeren Wirkung der Präsumption: Die Vermutung der ehelichen Vaterschaft kann nicht, wie die der unehelichen, durch den Beweis der cohabitatio cum pluribus umgestoßen werden. (vgl. auch ot. prp. Nr. 5, 1914 S. 26). Ja, es wird nach § 1591 bis zum Gegenbeweise sogar die Tatsache der Beiwohnung der Ehegatten miteinander vermutet, so daß wir hier mit einer doppelten Präsumption arbeiten: nicht nur tatsächliche Beiwohnung begründet die (durch exceptio plurium concumbentium unwiderlegliche) Vaterschaftsvermutung sondern auch die Beiwohnung braucht nicht nachgewiesen zu sein; sie wird aufgrund des Bestehens der Ehe vermutet.

Nur der Nachweis der Unmöglichkeit der Vaterschaft ist geeignet die durch das Bestehen der Ehe begründete Vaterschaftsvermutung zu durchbrechen. Diese gesetzlich ungleich stärkere Wirkung der Ehe ist gesetzgeberisch notwendig — gewiß; aber sie gibt keinen Anlaß dazu, der unehelichen Vaterschaft, wenn diese einmal, aufgrund viel schwerer zu erfüllender Bedingungen, festgestellt ist, geringere Wirkungsmacht beizumessen, ihr also die verwandtschaftsbegründende Kraft zu entziehen.

Man kann auch nicht einwenden, die Ehe habe mit Recht ein erhöhtes tatsächliches Gewicht, gegenüber der außerehelichen Beiwohnung; denn — trotz aller Beweise der Vaterschaft oder mißlungenen Beweise der Beiwohnung mehrerer — habe eben doch eine Frau, die sich nachweislich einmal hingegeben habe, damit dargetan, daß sie dem außerehelichen Verkehr an sich nicht abgeneigt sei. Sie habe die sozialen Hemmungen gegen den außerehelichen Verkehr einmal durchbrochen und könne daher ebensogut noch mit anderen Männern verkehrt haben. Bei der Ehefrau dagegen bestehe an sich die begründete Vermutung, sie habe sich keinem anderen als ihrem Ehemanne hingegeben; es liege kein Anlaß vor zu der Annahme, es seien bei ihr die entsprechenden Hemmungen nicht vorhanden. — Die Behauptung richtet sich ja von selbst; aber sie wird von E. v. Liszt und einigen anderen allen Ernstes aufgestellt. Es ist doch wirklich leider keine vereinzelt vorkommende Erscheinung mehr, daß eine verheiratete Frau die Ehe bricht; und andernteils ist, gerade in Anbetracht der schon ausführlich besprochenen wirtschaftlichen Heiratserschwerung, der außereheliche Verkehr nicht immer ein Beweis von Leichtsinn und sexueller Flatterhaftigkeit sondern kann mit vollkommen monogamischer Veranlagung und strengster sexueller Treue wohl vereinbar sein. Es ist ungeheuer verhängnisvoll, daß der außereheliche Verkehr immer nur aus dem Gesichtspunkte der „Verfehlung“ betrachtet wird und somit aus ihm ohne weiteres recht wenig vorteilhafte Schlüsse auf die Moral im allgemeinen gezogen werden. Die Hälfte alles sexuellen Elends entspringt vielleicht dieser sozialen Aechtung des außerehelichen Verkehrs in der Oeffentlichkeit.

Haben wir so — hoffentlich zur Genüge — dargetan, daß die Vermutung als Basis der unehelichen Vaterschaft kein Grund sei, die Verwandtschaft zwischen Vater und Kind abzulehnen, so müssen wir kurz auch widerlegen, daß die Tatsache der prozessualen Feststellung der Vaterschaft dieser den moralischen Boden entziehe und sie somit als Fundament einer Verwandtschaft ungeeignet erscheinen lasse.

Für's erste ist es durchaus nicht immer der Fall, daß die uneheliche Vaterschaft gerichtlich festgestellt werden muß. Die freiwillige Anerkennung kommt doch durchaus nicht selten vor. Es müßte also vom Gesetzgeber, wollte er von dieser Erwägung ausgehen, wenigstens die freiwillig anerkannte Vaterschaft als verwandtschaftsbegründend angesehen werden. — Zum zweiten ist doch auch die eheliche Vaterschaft zuweilen Gegenstand eines Prozesses, ohne daß dadurch die Verwandtschaft zerstört würde.

Aus der in vielen Fällen auftretenden Notwendigkeit einer gerichtlichen Feststellung kann also das Fehlen der moralischen Berechtigung eines Verwandtschaftsverhältnisses nicht generell gefolgert werden. Die Verwandtschaft als solche ist überhaupt etwas, das nicht in seiner Gänze vom Gesetz erfaßt werden kann. Der Gesetzgeber kann sich nur mit den tatsächlichen Grundlagen und den rechtlichen Folgen der Verwandtschaft befassen, während die moralischen Beziehungen seiner Reglementierung entzogen sind.

Von diesem Standpunkt aus haben wir auch alles zu betrachten, was sonst noch für das Fehlen der moralischen Basis einer Verwandtschaft zwischen unehelichem Kind und Vater vorgebracht wird.

Man sagt: nur die Familie sei imstande, sittlich eine Verwandtschaft zu begründen. Nun, dann müßte auch die Verwandtschaft der unehelichen Mutter mit ihrem Kinde gesetzlich ignoriert werden. Denn auch sie bilden keine Familie. Tatsache ist aber, daß das bürgerliche Gesetzbuch überhaupt nicht die Familie als Fundament der Verwandtschaft ansieht, — und ansehen muß — sondern die leibliche Abstammung. Die Familie ist ja eben dasjenige Gebilde, welches auf der Verwandtschaft, d. h. auf der Blutgemeinschaft, sich aufbaut und in welchem diese Blutsgemeinschaft sich durch wirtschaftliche Gemeinschaft und Gemeinsamkeit der Lebenshaltung kundtut. Gerade das Fehlen der Lebensgemeinschaft nun ist es, was offenbar den deutschen Gesetzgeber und eine Reihe von Schriftstellern davon abschreckt, die Verwandschaft zwischen dem unehelichen Vater und seinem Kinde anzuerkennen. Aus dem eben gesagten geht aber hervor, daß die Lebensgemeinschaft nicht Grundlage sondern natürliche, sittliche und wirtschaftliche Folge der Verwandtschaft ist. Und es käme somit darauf an, zu sehen, ob nicht diese Lebensgemeinschaft zwischen unehelichem Vater und Kinde mehrfach hergestellt würde, hörte nur das Gesetz damit auf, durch seine Behandlung der unehelichen Kindschaft beim Vater jegliches Zugehörigkeitsempfinden zum Kinde im Keime zu ertöten. Das B.G.B. nimmt dem Vater von vornherein jegliche Möglichkeit, seine vielleicht doch der natürlichen Blutgemeinschaft entsprechenden Gefühle dem Kinde gegenüber zu betätigen; und zwar eben durch Ablehnung der Verwandtschaft zwischen beiden. Wenn die Motive darauf hinweisen, daß dies auch ohne gesetzliche Anerkennung einer Verwandtschaft möglich sei: durch Adoption oder einfache Uebernahme der Erziehung, so läßt sich dagegen einwenden: die Adoption ist nicht immer rechtlich möglich wegen der dafür vorgeschriebenen tatsächlichen Voraussetzungen. Und die Uebernahme der persönlichen Fürsorge kann nur geschehen im Einverständnis mit der Mutter. Auch kann die Erziehungsübernahme an sich doch keinen Ersatz für die Verwandtschaft darstellen; es dreht sich doch nicht nur um die Tragung von Unterhaltskosten über das gesetzliche Pflichtmaß hinaus; auch nicht nur um die Erbfolge, die ja, wie die Motive eigens anführen, per testamentum herbeigeführt werden könne, wo sie ab intestato fehle. Es handelt sich doch vor allem darum, dem Kinde alle diejenigen äußeren Vorteile und inneren Stützpunkte zu gewähren, die mit der Verwandtschaft verbunden sind; um nur etwas zu nennen: den Namen des Vaters und den Vorzug seiner sozialen Stellung. — Die Ehelichkeitserklärung begründet zwar enge Beziehungen zwischen Vater und Kind — aber den Vatersnamen bekommt das Kind nicht; und zudem ist die Ehelichkeitserklärung auf sehr prekärer Basis aufgebaut, da sie ohne nähere Begründung abgelehnt werden kann. (vgl. §§ 1723 III 1734 B.G.B.)

Wie will der Gesetzgeber die Betätigung besonderer väterlicher Gefühle erwarten, wenn er seinerseits die Beziehungen zwischen Vater und Kind auf die Alimentenzahlung beschränkt, ohne daß daraus dem Vater das Recht erwüchse, in die Art der Alimentenverwendung hineinzureden?

Es wird auch behauptet, besonders von weiblichen Schriftstellern, das Kind stehe dem Vater von Natur weit fremder gegenüber, als der Mutter; aus diesem Grunde schon habe die Verwandschaft zwischen Vater und Kind keinerlei Rechtfertigung. Auch die Motive zum B.G.B. S. 855 sprechen sich ja in diesem Sinne aus. Eine Menge von Beweisen werden dafür angeführt: „der uneheliche Vater kenne sein Kind oft gar nicht, wisse in mehr als einem Fall gar nichts von dessen Existenz. Er habe keine anderen Beziehungen zu ihm, als jene durch die eine „schwache Stunde“ begründeten, die ihn mit der Mutter des Kindes verbunden habe. Gerade an diese Stunde aber denke der Vater oft genug mit Scham, ja mit Ekel zurück oder er habe sie über anderen ähnlichen längst vergessen. Die Mutter dagegen habe sie nicht vergessen, habe die Folgen davon durch dreiviertel Jahre getragen, habe endlich mit Schmerz und Leid das Kind geboren, zu dem sie doch schon dadurch hinreichend tiefe Beziehungen habe, weit tiefere, als der Mann, dem sie all das „verdankt“.

Dem mag wohl — leider — oft so sein. Aber es muß betont werden: wer so über die außerehelichen Beziehungen spricht, faßt sie von vornherein von ihrer finstersten Nachtseite auf und — ich habe schon einmal darauf hingewiesen — stiftet dadurch unabsehbaren moralischen Schaden, daß er schlecht macht, was durchaus nicht immer schlecht ist. Mit zwei Worten kann man diesen Standpunkt widerlegen: Auch die uneheliche Mutter empfindet nicht selten keineswegs mütterlich und verwandtschaftlich für das Kind, das sie geboren hat. Sie sieht vielleicht in ihm die demütigende und häßliche Erinnerung an die Stunde, in der sie dem — inzwischen längst verhaßten — Liebhaber unterlag. Sie stößt das arme unschuldige Kind vielleicht erbarmungslos herum und läßt es büßen, wofür sie selbst eigentlich büßen sollte. Das aber ist schlimmer, als Gleichgültigkeit, wie sie beim Vater oft vorliegt. — Wird man wegen solcher einzeln — oder auch häufiger — auftretender Erscheinungen allen unehelichen Müttern die Verwandtschaft mit ihrem Kinde, die Mutterschaft, absprechen? Keineswegs! Und wird man den ehelichen Vätern die Verwandtschaft mit ihren Kindern absprechen, — weil der und jener ein Schuft ist und sich um seine Familie nicht bekümmert?

Und noch etwas: es ist oben schon darauf hingewiesen worden, daß dieser Mangel an väterlichem Empfinden wohl zum großen Teil durch das Gesetz selbst verschuldet ist.

Es ist überhaupt eine sonderbare Behauptung: „Das uneheliche Kind steht der Mutter näher, als dem Vater“. — Wenn ich denn schon mit Physiologie beweisen will, dann muß ich jedenfalls allgemein sagen: „das Kind — auch das eheliche — steht der Mutter näher“. Aber wieso denn? Die Verwandtschaft wird begründet durch die Abstammung. An dieser aber ist eben von Natur die Mutter in stärkerem Grade beteiligt, als der Vater. Damit ist noch gar nicht gesagt, daß das Kind der Mutter näher stehe. Wem es näher steht, das muß die Zukunft erweisen; es hat mit der Verwandtschaft an sich gar nichts zu tun. Für Urvölker mögen solche, rein physiologische, Gesichtspunkte Geltung haben; aber für uns nicht mehr; wir leben in einer anderen Zeit; die Blutbande als solche haben — das ist eine nicht zu leugnende Tatsache — an Intensität der Wirkung verloren. Denken wir nur daran, um wieviel enger noch zu Zeiten unserer Großeltern die Beziehungen auch zwischen entfernteren Verwandten waren als heute. Mehr und mehr tritt die Blutsverwandtschaft hinter der durch Lebens- und Geistesgemeinschaft begründeten Zusammengehörigkeit zurück. Wenn man also in.

der Tat sagen kann, das uneheliche Kind stehe der Mutter näher als dem Vater, dann muß man hinzusetzen — nicht von Natur sondern kraft Gesetzes, da das Gesetz die Lebensgemeinschaft von Vater und Kind nicht begünstigt. Gebt dem Vater die Möglichkeit sich seiner unehelichen Kinder anzunehmen — und ihr werdet sehen, daß die uneheliche Verwandtschaft so wohlberechtigt ist, wie die eheliche!

Gerade die gesetzliche Anerkennung der Verwandtschaft zwischem Vater und unehelichem Kinde — welche in der Tatsache der Abstammung ihre reale Grundlage hat, — könnte das außereheliche Abstammungsverhältnis auf jenes moralische Niveau heben, welches der Natur der Sache entspricht. Wir werden davon noch ausführlich zu sprechen haben.

Mit seiner Mutter ist das uneheliche Kind verwandt. Das heißt es steht zu ihr im allgemeinen im gleichen Verhältnis, als ob es ehelich wäre. (§ 1705 B.G.B.) Nur eines fehlt: die Mutter hat nicht die elterliche Gewalt über das Kind. (§ 1707 B.G.B.)

Dagegen steht der Mutter die persönliche Obsorge für das Kind zu, wodurch — wie die Motive sich bezeichnenderweise ausdrücken, „dem gänzlichen Verkommen des Kindes vorgebeugt ist". „. . . dem gänzlichen Verkommen" dies Wort spricht Bände: daß das uneheliche Kind eine Person minderen Charakterwertes wird, scheint der Gesetzgeber ohne weiteres anzunehmen; und er hat recht, insoferne es bei der Rechtsstellung, die er dem Kinde gibt, in der Tat sehr wahrscheinlich — und durch die Tatsachen zu einem großen Teile auch bestätigt ist.

Um also „dem gänzlichen Verkommen vorzubeugen", wird die Verwandtschaft des Kindes mit der Mutter anerkannt; und damit dem Kind — namentlich bei frühem Tode der Mutter — nicht jeder Halt genommen sei, damit es dann des Rückhaltes an einer Familie nicht ganz entbehre, ist diese Verwandtschaft auch auf die Angehörigen der Mutter ausgedehnt.

Das Kind ist somit ganz auf die Mutter und ihre Familie angewiesen. Inwieweit das — abgesehen von den vorhergehenden Erörterungen — tunlich und dem Kinde heilsam ist, muß erst noch erwogen werden.

In einer leider recht großen Zahl von Fällen ist die Mutter eine liederliche Person, die das Kind verkommen läßt. Mit Rücksicht darauf begründet allerdings, — wie eben gesagt — das

B.G.B. laut seinen Motiven die Verwandtschaft des Kindes auch mit der mütterlichen Familie; und in der 2. Plenarsitzung meint Stadthagen: „bei der mütterlichen Großmutter sei erfahrungsgemäß das Kind am besten aufgehoben.“

Das hindert aber nicht, daß ebenso erfahrungsgemäß das Kind in der mütterlichen Familie als der lästige „Bankert“ angesehen und so schlecht wie möglich gehalten wird. Ob hieran eine Erhöhung der väterlichen Unterhaltsleistungen allein etwas ändern würde, mag zunächst dahingestellt bleiben. Fehlt es an der nötigen Sorgfalt und Liebe, so darf man mit großer Wahrscheinlichkeit annehmen, daß der vom Vater bezahlte Unterhalt nach Möglichkeit am Kinde eingespart und eigennütziger Verwendung zugeführt wird.

Die Aufnahme in die mütterliche Familie schützt also nicht, wie es Absicht des Gesetzes war, das uneheliche Kind vor Verwahrlosung, sondern sie ist in einer ganzen Anzahl von Fällen geradezu der Grund zum vollständigen Verkommen.

So und so oft wird ja das Kind gar nicht in die mütterliche Familie aufgenommen, sondern für möglichst billiges Geld gewinnsüchtigen Kosteltern übergeben, die es von Klein auf mißhandeln, peinigen und, sobald es größer wird, in der unerhörtesten Weise ausbeuten. Ich will nicht sagen, daß immer die uneheliche Mutter an diesen Verhältnissen schuld ist: wenn sie einem Berufe nachgeht, so bleibt ihr ja gar nichts anderes übrig, als das Kind fortuzgeben. Aber dadurch, daß die Mutter keine Schuld trifft, wird das tatsächliche Elend des Kindes nicht gemildert.

So sehen wir denn: auch die Verwandtschaft des Kindes mit seiner Mutter findet durchaus nicht immer eine entsprechende Relation in den tatsächlichen und moralischen Zuständen.

Damit haben wir zwei Argumente gegen die Verwandtschaft zwischen dem Vater und dem unehelichen Kinde entkräftet: das juristische Argument der mangelnden tatsächlichen Begründung und das philosophische der fehlenden moralischen Grundlagen für eine Verwandtschaft.

Die wesentlichsten — m. E. einzig wesentlichen — Einwendungen bleiben ja noch bestehen: die praktischen Bedenken. Auf sie hier ganz generell einzugehen, hätte nur wenig Zweck, wäre fast unmöglich. Der Inhalt der hier zu bringenden Vorschläge selbst muß die Widerlegung in sich tragen, wenn überhaupt sie gelingen soll. So werden wir denn jeweils am geeigneten Platze auf diese praktischen Schwierigkeiten zu sprechen kommen und hier uns auf ihre Darstellung in den Hauptpunkten beschränken.

Sie liegen ebenso, wie die praktischen Vorteile, um derentwillen wir die Verwandtschaft zwischen dem unehelichen Kind mit seinem Vater fordern, in den gesetzlichen Folgen der Verwandtschaft zwischen Eltern und Kindern im allgemeinen. Diese Folgen sind vor allem: Elterliche Gewalt, Recht zur Erziehung (Recht der persönlichen Obsorge), Pflicht zum Unterhalt, Recht des Kindes auf den elterlichen Namen, gegenseitiges Erbrecht.

Handelt es sich um ein eheliches Kind, so entstehen bei Abwickelung dieser gesetzlichen Verwandtschaftskonsequenzen keinerlei Schwierigkeiten, denn die Elternteile, welchen Rechte und Pflichten nach besonderen gesetzlichen Regeln gemeinsam zufallen, leben normalerweise zusammen — es besteht zwischen ihnen das Band der Ehe. Anders beim unehelichen Kinde: seine Eltern sind durch keinerlei gesetzlich anerkannte Beziehungen verbunden; Rechte und Pflichten können daher von ihnen nicht gemeinsam ausgeübt werden, vielmehr muß eine tatsächliche Teilung vorgenommen werden. Als Muster könnte man die geschiedene Ehe und die Rechtsverhältnisse der aus ihr hervorgegangenen Kinder heranziehen. Es läßt sich in der Tat mancher von dort entlehnte Gedanke auf unser Problem okulieren. Eine Anzahl Einzelfragen bleibt allerdings dennoch ungelöst, weil eben jene Beziehungen doch einmal zwischen den geschiedenen Gatten bestanden haben, die zwischen den unehelichen Eltern ganz fehlen.

---

2. Die verwandschaftlichen Beziehungen.

Wir haben zur Genüge dargetan, daß die Grundlagen für die Verwandtschaft des unehelichen Kindes mit seinem Vater gegeben sind und mußten nur anerkennen, daß der Durchführung aller hieraus sich ergebenden Konsequenzen Schwierigkeiten entgegenstehen.

Der Gesetzgeber hat nun jederzeit die Möglichkeit, einen gewissen Grundsatz zwar aus prinzipiellen Erwägungen in das Gesetz aufzunehmen, im Hinblick auf praktische Folgerungen jedoch einzelne tatsächliche Konsequenzen des allgemeinen Grundsatzes zu unterbinden oder abzuschwächen oder ihr Eintreten von gewissen Bedingungen abhängig zu machen. Es sind das Kompromisse, zu denen wir gezwungen sind und immer gezwungen sein werden, solange der Zustand absoluter, objektiver Gerechtigkeit eine ideale Vorstellung bleibt gegenüber dem tatsächlich erreichbaren Gerechtigkeitsrekord, welchen diesem Ideale mehr und mehr anzugleichen wir bestrebt sein müssen. So kann wohl der Gesetzgeber die Verwandtschaft des unehelichen Kindes mit seinen Eltern als

Grundsatz festlegen, kann aber das Platzgreifen gewisser Folgerungen derselben von Bedingungen im Sinne der praktischen Tunlichkeit abhängig machen.

Von diesem bescheiden gefaßten Programm müssen wir ausgehen, wenn wir in unseren endlich gefolgerten Forderungen uns nicht zu unrealisierbaren idealen Phantastereien verstiegen sehen wollen. Etwas mißtrauisch wird man fragen, was denn damit erreicht sein soll, wenn das Gesetz im Prinzip die Verwandtschaft zwischen dem unehelichen Kinde und seinem Vater anerkenne, letzten Endes aber sei der Weg zu den praktischen Konsequenzen aus dieser Verwandtschaft durch Klauseln und Bedingungen verstellt. Es sei wohl besser, man lehne die Verwandtschaft selbst gleich unserem B.G.B § 1589 ab und anerkenne nur die für tunlich befundenen Konsequenzen im Einzelnen. Aber es besteht doch ein ganz wesentlicher Unterschied zwischen den beiden Standpunkten der Negierung mit Zugeständnissen und der grundsätzlichen Bejahung mit Klauseln im Sinne der praktischen Durchführbarkeit. Selbst wenn unsere praktischen Konsequenzen aus der gesetzlich anerkannten Verwandtschaft nicht viel weiter führten, als die positiven Zugeständnisse des B.G.B., so wäre durch grundsätzliche Anerkennung der Verwandtschaft schon insoferne viel erreicht, als dem künftigen Fortschreiten der Reform zu allmählich stets erhöhter Gleichstellung der ehelichen und unehelichen Kinder der Weg geebnet wäre; keiner grundsätzlichen Aenderungen bedürfte es dann in Zukunft mehr, sondern nur der Beseitigung einer Bedingung, einer Klausel, um auf dem Wege der Reform weiterzuschreiten. Und, was nur die auf den unter dem Gesetze stehenden Staatsbürger angewandte Ausstrahlung derselben psychologischen Erwägung wäre: der uneheliche Vater fühlte sich wenigstens mit seinem Kinde verwandt. Es wird ihm zum Bewußtsein gebracht, daß seine Unterhaltspflicht z. B. nicht eine gesetzliche Unterhaltspflicht schlechthin ist, beruhend auf den Folgen eines leichtfertigen Augenblickes — welche Auffassung leider im Volke sehr verbreitet ist, — nein, daß er Unterhalt leistet als Vater, aufgrund der Blutsverwandtschaft mit dem Kinde. Und umgekehrt wird im Kinde einer der Hauptgründe beseitigt, die es in seine jetzige bejammernswerte Stellung gebracht haben: hat es einen Vater — einen wirklichen Vater, der nicht nur „zahlen muß", sondern von bluts- und rechtswegen mit ihm verwandt ist, so ist dem Minderwertigkeitsgefühle, diesem stärksten Faktor bei der Erzeugung sozialen Hasses, der Boden entzogen, auf dem es wuchern kann.

Hier ist einer der Punkte gegeben, wo es dem Staate als Gesetzgeber möglich ist, die Ethik und die allgemeine Volksauffassung in dem Sinne zu beeinflussen, wie es der Staat als soziales Gebilde bedarf.

Die Verwandtschaft als solche, — ohne Rücksicht auf ihre gesetzlichen Folgen; ich möchte in der Sprache Hegel's sagen: „die leere Verwandtschaft" — kann zwischen Vater und Kind hergestellt werden aufgrund der Anerkennung oder der Feststellung der Vaterschaft — ohne daß dadurch irgendeine Komplikation entstehen könnte. Wenn auch Vater und Mutter in keinem familienrechtlichen Verhältnis zueinander stehen, — noch je gestanden haben, — so können sie doch beiderseit mit einer dritten Person, nämlich mit dem gemeinsamen Kinde, verwandt sein.

1. Wenn die Motive zum B.G.B. ihre ablehnende Stellungnahme zur Verwandtschaft zwischen dem unehelichen Kinde und seinem Vater mit der „Rücksicht auf die Heiligkeit der Ehe" begründen, so ist in der Tat nicht einzusehen, wo in dieser Begründung die Logik liegen soll. Daß die bürgerliche, eheliche Familie dadurch irgendwie gestört würde, kann doch kaum angenommen werden (immer betont, daß hier zunächst von der „leeren Verwandtschaft" gesprochen wird!) Die Ehe und die Familie heiligen sich von selbst. Ihre spezifischen Werte sind nicht derart, daß sie beeinträchtigt, entwürdigt, im Kurse herabgesetzt werden könnten, wenn wir dem unehelichen Kinde *de lege zusprechen*, was es *de natura hat*: seinen Vater. Was die Familie zu einem besonderen ethischen, des staatlichen Sonderschutzes würdig befundenen Werte macht, ist die auf dem wirtschaftlichen Zusammenleben und der geistigen Gemeinschaft zwischen Erzeugern und Abkömmlingen beruhende sittliche Atmosphäre.

Wir müssen zwischen zwei Fällen unterscheiden: zwischen der unehelichen Geburt (Erzeugung) *neben* einer bestehenden Ehe und im Falle des Nichtbestehens einer solchen.

Beim unverheirateten Manne wird kaum durch die Tatsache seiner Verwandtschaft mit einem von ihm erzeugten unehelichen Kinde ein ausschlaggebendes Gegenmotiv gegen spätere Eingehung einer Ehe eingeschaltet werden. Was ihn bedenklich machen könnte, wären nur die finanziellen Verpflichtungen, die mit der Verwandtschaft an sich *in diesem Sinne* nichts zu tun haben. Auch dürfte diese „leere Verwandtschaft" der Neigung eines Mädchens, mit diesem Mann die Ehe einzugehen, kaum abträglicher sein, als die bloße Tatsache des Vorhandenseins eines unehelichen Kindes, — worüber übrigens heute die Frau bei Eingehung der Ehe in Unkenntnis zu sein pflegt.

Es wird sich bei späteren Erörterungen zeigen, daß es in Zukunft dem Manne zur Pflicht gemacht werden muß, vor Eingehung der Ehe die Frau über das etwaige Vorhandensein unehelicher Kinder aufzuklären — aus vermögens- und güterrechtlichen Gründen. Dem kommt entgegen die schon in der allgemeinen Einleitung kurz gestreifte Tatsache, daß ein „sexuelles Vorleben" des Mannes nach heutigen Begriffen für die Frau kaum noch eine Abschreckung von der Ehe mit ihm darstellt.

Wird aber ein verheirateter Mann außerhalb seiner Ehe Vater — ein Fall, der glücklicherweise nicht allzuoft eintritt — so liegen die Dinge ähnlich: bekommt die Frau Kenntnis davon, so wird ein etwa sich ergebendes eheliches Zerwürfnis nicht herbeigeführt durch die Tatsache, daß das außereheliche Verhältnis lebendige Folgen hatte, — auch nicht dadurch, daß das Kind mit dem Vater verwandt ist, sondern —: eben durch die Tatsache der ehelichen Untreue selbst.

Und sonderbar: man spricht von „Reinhaltung" der Ehe — aber man läßt die dahingehenden Bestrebungen nur der bestehenden oder vielleicht später zu gründenden Familie des Mannes, des Kindes-Vaters zugute kommen. Von der Mutter und ihrer allenfallsigen künftigen Ehe und ehelichen Familie spricht niemand, obgleich doch hier die gleichen Gründe und Erwägungen maßgebend sein müßten — es sei denn, daß man annimmt, die uneheliche Mutter sei von vornherein für die Gründung einer den sittlichen Anforderungen des Gesetzgebers entsprechenden Ehe außer Betracht zu stellen.

Mit Recht sagt der norwegische Gesetzgeber, daß keine „moralischen oder auf die Ehe hinzielenden Gründe für die ungleiche Stellung des Kindes zu Mutter und Vater vorliegen können" (ot. prp. Nr. 5, 1914 S. 1). und im Zusammenhang damit: „Unsere Gesetzgebung ist noch aufgebaut auf der anstößigen und unnatürlichen Fiktion, daß ein solches (uneheliches d. V.) Kind nur eine Mutter, rechtlich aber keinen Vater hat."

„Vor lovgivning er endnu bygget paa den stótende og unaturlige fiktion, at et saadant barn alene har mor, retslig har det ingen far." ot. prp. No. 5 1914 S. 2. — Die Stelle bezieht sich — sie ist aus den Motiven zum jetzt geltenden norwegischen Gesetz entnommen — auf den damaligen status legis. Das neue Gesetz von 1915 hat demzufolge die Verwandtschaft voll anerkannt.

Im Gegenteil: gibt der Gesetzgeber der natürlichen Blutsverwandtschaft die rechtliche Anerkennung, so kann er damit nur zugleich die Familie, die Ehe in ihrer Stellung fördern;

die Grundlagen der Ehe, Achtung vor der Frau und Verantwortungsgefühl gegenüber den gezeugten Kindern werden im Manne gestärkt; und wenn das Gesetz als solches und in Bestandteile des Volksbewußtseins aufgelöst dem Manne diese sittlichen Gedanken und Wertungen für seine freien sexuellen Beziehungen näher bringt, so wird darunter seine spätere Ehe niemals zu leiden — im Gegenteile, nur davon zu gewinnen haben.

2. Wodurch soll nun die Verwandtschaft zwischen Vater und Kind begründet werden?

In England ist sie weder zwischen dem Vater noch zwischen der Mutter und dem unehelichen Kinde anerkannt.

Die Länder des napoleonischen Rechtes haben ja den Grundsatz „la recherche de la paternité est interdite“ oder wie man in dem hier an zweiter Stelle in Betracht kommenden Holland sagt: „het onderzok naar het vaderschap is verboden“. Demgemäß kommt die Feststellung der Vaterschaft nur in den Fällen in Frage, für die sie im Laufe der Zeit in Form eines unabweisbaren Bedürfnisses nach Kompromissen nachträglich zugelassen wurde. Im übrigen kennen diese Länder und ihre Gesetze nur eine freiwillige Anerkennung der Vaterschaft. Und nur sie ist imstande, das Verwandtschaftsverhältnis zwischen Anerkennendem und Anerkanntem zu begründen.

Das würde dem Grundsatze entsprechen, daß eine Verwandtschaft nur gesetzlich anerkannt werden darf, wenn die erforderlichen moralischen Grundlagen gegeben sind — es wäre also die Konsequenz, welche dem Standpunkte seiner Motive folgend, auch das B.G.B. hätte einnehmen müssen.

Wir haben indes schon gezeigt, daß die Verwandtschaft eine natürliche Tatsache ist, welche ihrerseits die Basis sittlicher Beziehungen werden soll und um das zu können, der gesetzlichen Anerkennung bedarf.

Damit ist unser Standpunkt bereits gekennzeichnet: die Verwandtschaft zwischen dem unehelichen Kinde und seinem Vater muß begründet werden durch die Tatsache der Vaterschaft. Rechtlich relevant kann sie natürlich nur sein, wenn diese Vaterschaft feststeht — gleichviel, ob durch freiwillige Anerkennung oder gerichtliche Feststellung im Klageweg.

Man darf nicht die Rechtsstellung des Kindes abhängig machen von dem guten Willen des Vaters, es anzuerkennen oder nicht. Schon nicht, um der absoluten Gerechtigkeit willen. Dann aber auch deshalb, weil eine Beschränkung der Verwandschaft auf die Fälle der Anerkennung eine demoralisierende Wirkung haben könnte: Männer, denen aus irgend einem Grunde die Verwandtschaft unbequem ist, würden es unter allen Umständen auf die gerichtliche Feststellung ankommen lassen. Gerade das aber ist es, was unbedingt vermieden werden muß, soll im allgemeinen das außereheliche Verhältnis samt seinen Folgen auf eine höhere sittliche Stufe gehoben werden.

Man wird sagen: was h a t denn das arme Kind von der Verwandtschaft mit seinem Vater, wenn der sie nur widerwillig und gezwungen anerkennt? — Dieser Gesichtspunkt kommt natürlich gegenüber den ebenerwähnten gar nicht in Betracht. Gewiß wird das Kind verhältnismäßig wenig Nutzen (materiellen und psychischen) aus solchen aufgezwungenen Verwandtschaftsbanden ziehen. Aber das ist kein Grund, deshalb die Bande selbst gar nicht zu knüpfen, oder vielmehr: ihr Bestehen gesetzlich anzuerkennen. Kein Zweifel, daß in solchen Fällen gerade es am schwersten sein wird, die aus der Verwandtschaft sich ergebenden praktischen Folgerungen zu regeln. Darauf werden wir dann in den folgenden Abschnitten näher einzugehen haben.

J e d e n f a l l s: die G r u n d l a g e muß immer gegeben sein, gleichviel ob Anerkennung oder prozessuelle Feststellung der Vaterschaft vorliegt. Manchmal mag sich vielleicht später — — a u f dieser Grundlage und d u r c h ihre gesetzliche Anerkennung — ein wahrhaft sittlich-verwandtschaftliches Verhältnis ergeben, wenngleich im Anfang der Vater seinem Kinde sehr ablehnend gegenüber stand.

3. Die Verwandtschaft des Kindes mit seinem unehelichen Vater wird nun normalerweise dazu führen, daß es auch mit der gesamten Familie des Vaters verwandt wird.

In Frankreich ist allerdings diese Konsequenz abgeschnitten. Das uneheliche Kind wird durch die Anerkennung mit seinem Vater und dessen übrigen unehelichen Abkömmlingen verwandt, nicht aber mit einer sonstigen, d. i. legitimen Familie. Der Grund dafür mag die „Heilighaltung der ehelichen Familie" sein.

Es ist auch schon die Anschauung vertreten worden, man solle die legitime Familie des Vaters aus dem Spiel lassen, da sie ja doch das uneheliche Kind nicht kenne und selten irgendwelche Beziehungen zu ihm habe.

Daß die väterliche Familie (sowohl die, welche er selbst durch Eingehung einer Ehe gründet, als auch diejenige, welcher er als Deszendent angehört) durch die Verwandtschaft mit dem unehelichen Kinde keineswegs in ihren ethischen Grundlagen irritiert wird, haben wir schon besprochen. Die Tatsache aber, daß die väterlichen Verwandten das Kind meist nicht kennen, ist m. E. kein Grund, die Verwandtschaft der Kinder mit ihnen abzulehnen. Es ist ja heutzutage etwas durchaus gewöhnliches, daß sogar verhältnismäßig nahe Verwandte sich nicht kennen. Und es wäre nicht einzusehen, warum man ohne triftigen Grund die Folgerungen eines generell anerkannten Prinzipes abschneiden sollte.

Das uneheliche Kind soll also sowohl mit seiner Mutter und der Vatersfamilie verwandt sein nach den gleichen Grundsätzen, wie ein eheliches Kind. Diesen Standpunkt nimmt auch das norwegische Gesetz vom 10. 4. 15 in seinem § 1 ein: „Barn, hvis forældre ikke har indgaat egteskap med hverandre, ... har samme retsstilling i forhold til faren som i forhold til moren.“

Mit den Aszendenten des Vaters (und der Mutter) ist es im zweiten Grade der geraden Linie verwandt, im Verhältnis zur Ehefrau des Vaters ist es Stiefkind, zu den ehelichen oder sonstigen (nicht von derselben Mutter stammenden) unehelichen Abkömmlingen steht es im Verhältnis der Halbgeschwisterschaft. (Gemäß § 1589 Abs. I, Satz 2, B.G.B.)

---

3. Das Recht der persönlichen Obsorge.

Aus technischen Gründen muß hier die Frage der persönlichen Obsorge für das Kind antizipiert werden, obgleich logischerweise zuerst vom Recht der Namenstragung und der elterlichen Gewalt zu sprechen wäre.

Bei diesem Punkte beginnen die Schwierigkeiten. Denn, da die beiden Eltern nicht gemeinsam leben, so sind sie auch nicht in der Lage, die persönliche Sorge für das Kind gemeinsam auszuüben, wie es beim ehelichen Kinde gemeinhin der Fall zu sein pflegt. Es bleibt somit nichts anderes übrig, als einem der beiden Teile allein die Obsorge zu übertragen. Dies tut unser B.G.B., indem es mit seinem § 1707, Satz 2 generell der unehelichen Mutter allein das Recht und die Pflicht der Sorge für das Kind zuspricht.

Die Mutter ist natürlich an sich die gegebene Erzieherin des Kindes; besonders in der ersten Zeit fällt ihr schon von Natur die alleinige Pflege zu. Das ist ja auch in der Ehe der Fall. Die Mutter nährt das Kind — sollte es wenigstens tun — und auch im übrigen muß sie und sie allein für sein Wohl sorgen. Der Vater wüßte mit dem kleinen Wesen ja gar nichts anzufangen. Dennoch bringen uns verschiedene Erwägungen dazu, dem Gedanken der persönlichen Sorge des Vaters für das uneheliche Kind näherzutreten; — selbstverständlich mit zweckentsprechenden Einschränkungen, die im Einzelnen genau zu präzisieren sind.

Wir haben schon einmal erwähnt, daß der Aufenthalt bei der Mutter oder in der mütterlichen Familie nicht immer das für das Kind Wünschenswerte und allein Vorteilhafte ist. Wir wissen alle aus Erfahrung, daß nicht jede Mutter die erforderliche Sorgfalt auf das Kind verwendet; wissen, daß man es oft als den „Bankert", als den überzähligen Esser herumstößt. Wir wissen aber auch, daß nicht selten die Mutter gar nicht daran schuld ist, wenn sie ihrem Kinde nicht die erforderliche Pflege kann zuteil werden lassen. Sie ist gezwungen, ihrem Beruf als Arbeiterin, Ladenbedienstete, Schneiderin usw. nachzugehen und das Kind entweder ganz zu fremden Leuten in Kost zu geben, oder doch wenigstens tagsüber bei Bekannten unterzubringen. Aus diesen Quellen schreibt sich die ungeheure Säuglingssterblichkeit der unehelichen Kinder her, die wir auf den ersten Blättern durch Zahlen beleuchtet haben; hierauf beruht auch zum weitaus größten Teil der hohe Grad der Verwahrlosung, der bei den Unehelichen zu beobachten ist.

Wenn man natürlich auch nicht dem Vater die Sorge für einen Säugling übertragen kann, so ist doch die Möglichkeit gegeben, ihm über das schon etwas herausgewachsene Kind — wir werden die Frage noch genau erörtern — die persönliche Obsorge zu übertragen, um gegebenenfalls das Kind in einem noch bildungsfähigen Alter aus ungesunder Umgebung zu entfernen.

Mitbestimmend tritt hinzu ein gewisses, aus der Alimentationspflicht resultierendes Anrecht des Vaters, Erziehung und Werdegang des Kindes zu beeinflussen oder doch mindestens mitzubeeinflussen.

Endlich aber — und darin sehe ich einen sehr wesentlichen Beweggrund! — könnte dadurch, daß unter Umständen dem Vater die persönliche Sorge für das Kind übertragen würde, ein Weg gegeben sein, um dem Kinde den Aufstieg in eine höhere soziale Stufe zu ermöglichen. Das kommt natürlich nur da in Betracht, wo der Vater sozial über der Mutter steht; und dies ist ja, wie man weiß, in nicht wenigen Fällen so. Ein statistischer Nachweis darüber existiert bislang zwar in Deutschland nicht; Norwegen dagegen hat 1907 eine dahingehende Erhebung gepflogen und ich möchte nicht versäumen die dort gefundenen Zahlen hier mitzuteilen; die sämtlichen Kindesväter und -Mütter wurden nach Stand und Beruf in zwei Klassen eingeteilt, von denen die erste die obere und mittleren Schichten, die zweite die unteren Schichten der Bevölkerung umfaßt. (Entnommen aus dem vortrefflichen Heft: „Om barn, fódte udenfor Aegtenskab." Norges offizielle Statistik V. 37. Christiania 1907.) Es handelt sich um eine Enquete zur Vorbereitung des damals in Arbeit befindlichen neuen norwegischen Gesetzes (in Kraft seit 1. 1. 1916). Die hier geleistete Arbeit — besonders die sorgfältige Untersuchung über Stand und Beruf sowie Alter und Familienstand der unehelichen Eltern kann unseren statistischen Aemtern nur zur Nachahmung empfohlen werden. Wir würden aus einem mit gleicher Gewissenhaftigkeit für Deutschland zusammengetragenen Material die wertvollsten Winke für die Gesetzesreform entnehmen können. (Vgl. auch Einleitung, S. 3, ferner meinen Artikel im Statist. Arch. 1919.)

Die unehelichen Kinder der Jahre 1897—1898 stammen ab von

einem Vater aus der	und einer Mutter aus der	
	1. Klasse	2. Klasse
1. Klasse	413	1633
2. Klasse	655	6468

In etwa 17,8 Prozent aller Fälle also ist die soziale Stellung des Vaters gegenüber jener der Mutter eine bevorzugte. Nun sind natürlich die norwegischen Zahlen nicht ohne weiteres auch für Deutschland schlüssig. Aber sie bieten — in Ermangelung näherliegenden Materials — einigen Anhalt. Und es ist anzunehmen, daß sich für Deutschland eine noch bedeutend höhere Prozentzahl ergibt, da die Großstädte und Städte erfahrungsgemäß eine bedeutend höhere Zahl von ausserehelichen Verbindungen zwischen Mädchen der unteren und Männern der mittleren Stände aufweisen, als das platte Land.

Jedenfalls ist das eine klar: die Zahl der auf diesem Wege dem sozialen Aufstieg näher gebrachten Unehelichen wäre nicht gering.

Das Neugeborene ist seines Vaters Kind doch letzten Endes nicht weniger, als das seiner Mutter und es ist — wir alle fühlten das längst innerlich — doch wahrlich kein plausibler Grund vorhanden, dem Kinde deshalb, weil es keiner ehelichen Verbindung entstammt, die Möglichkeit der Nachfolge in den Stand des Vaters ganz allgemein zu beschneiden. Daß es auch aus eigener Kraft und mit Hilfe der — später zu besprechenden — erhöhten Alimentationsansprüche zu einem sozialen Aufstieg befähigt ist, kann nicht als Gegenargument gelten. Nimmt der sozial höher stehende Mann eine um mehrere Schichten tieferstehende Frau zur Ehe, so wird das dieser Ehe entstammende Kind ohne weiteres in die soziale Stufe des Vaters hineingeboren. Ihm sind alle jene Bedingungen schon in die Wiege gegeben, die der „Emporkömmling" (in des Wortes bestem Sinne!) sich erst mühsam erarbeiten muß. Daß ein solches Emporkommen dem unehelichen Kinde nach dem heutigen Rechtsstande ungemein schwer gemacht ist, davon wird noch mehrmals die Rede sein. Nicht nur, daß die Alimentation nicht entfernt zu einem sozialen Aufstieg die Mittel an die Hand gibt; das uneheliche Kind hat ja nicht nur — ebenso, wie die ehelich geborenen Genossen seiner sozialen Schicht — die pekuniäre Misere zu überwinden; ihm ist auch noch seine uneheliche Geburt selbst im Wege, die ihm auf Schritt und Tritt die Bewegung hemmt. Die Gerechtigkeit verlangt es, hier gleiches Recht zu schaffen.

Wählen wir dazu als Mittel die Zulassung oder Anordnung der väterlichen Obsorge für das uneheliche Kind, was werden die Konsequenzen davon sein?

Der schwedische Entwurf (§ 2 Abs. 2) läßt eine solche Maßnahme zu und dort hat man sich scheinbar keine Bedenken wegen etwaiger unliebsamer Folgen gemacht. Ebenso ist der Standpunkt des norwegischen Gesetzgebers (§ 3 Abs. 2 Lov om barn etc.). Es hieße aber blind sein, wollte man, wie nun einmal die Dinge liegen, leugnen, daß hier ganz bedeutende und unter Umständen sehr unwillkommene Rückwirkungen vor allem auf die eheliche Familie des Mannes eintreten können. Zwar wird die Heiratslust des heiratsfähigen Mannes wohl kaum eine Einbuße erleiden durch die Tatsache, daß er sein uneheliches Kind selbst erzieht. (Dabei wird von der Frage der Erziehungskosten abgesehen. Davon erst später!) Ganz anders aber steht es mit dem Mädchen, welches die Eingehung einer Ehe mit diesem Manne in Erwägung zieht. Solange es von den unehelichen Abkömmlingen seines künftigen Gatten nichts sieht, solange sie außerhalb seiner Lebens-Sphäre bleiben, fühlt es sich durch ihr Vorhandensein kaum gestört. Hier aber träte der Fall ein, daß die Ehegattin gezwungen wäre, mit Eingehung der Ehe die Hausgemeinschaft mit dem unehelichen Kinde des Mannes auf sich zu nehmen. Dies wird ohne Zweifel bei mancher an sich zur Eingehung einer Ehe geeigneten Frau eine Minderung der Heiratslust verursachen. Und das wäre natürlich — im Interesse der Ehe-Häufigkeit — — sehr zu bedauern. Aber, betrachten wir einmal die Sache von der anderen Seite: das Vorhandensein eines unehelichen Kindes ist ein Beweis dafür, daß der Mann schon vor der Ehe sexuellen Verkehr gepflogen hat. Das aber ist eine Tatsache, die fast jedes Mädchen heute ohne weiteres annimmt, durch die es sich kaum noch besonders unangenehm berührt fühlt; jedenfalls bildet sie bei keiner vernünftig denkenden Frau einen Grund, um eine an sich in Erwägung gezogene Heirat zu unterlassen. Daß der künftige Gatte sich eines Kindes, das solch einem Verhältnis entstammt, persönlich annimmt, ist doch nur das Zeichen eines guten Charakters, ja es legt in gewissem Sinne seiner künftigen Ehefrau Zeugnis von einer väterlichen und familientüchtigen Gesinnung ab. Der Gedanke, das Kind immer um sich zu haben, ja sogar an seiner Erziehung mitzuwirken, mag nun allerdings für die

Frau nicht angenehm sein. Wenn wir aber der Sache mit Vernunftgründen zuleibe rücken, so ist kein allzugroßer Unterschied zwischen einem Witwer oder geschiedenen Mann mit einem ersteheIichen Kind und demjenigen, der sein uneheliches Kind bei sich hat; er besteht nur darin, daß eben das letztere nicht in ehelicher Verbindung erzeugt ist; da aber das außereheliche Verhältnis kaum noch in die Waage fällt, wäre auch dieser Grund hinfällig. — Nun soll nicht etwa mißkannt werden, daß eben innerlich die Erwägungen mit geringerer logischer Klarheit gepflogen werden, daß da gewisse Gefühlsmomente, Imponderabilien sozialer und ethischer Wesenheit, mitspielen, die durch tausend Vernunftgründe nicht zu übertönen sind. Diese Gefühlsmomente sind natürlich gerade da am stärksten wirksam, wo es uns am meisten um die Durchführung des Projektes zu tun ist: bei den sozial gehobenen Schichten. In den sozialen „Unterschichten" sind diese Widerstände weit minder schwerwiegend in Ansatz zu bringen. Dort denkt man in diesen Dingen natürlicher und mit weniger konventioneller Prüderie. Aber, wollen wir denn ganz vergessen, daß das bestehende, vom Staate gesetzte Recht durch Anerkennung gewisser Maximen ebendiese dem sozialen Empfinden näher bringt und, wenn auch nur allmählich, so doch mit großer Sicherheit die Volksauffassung korrigiert?

Mag man immerhin diese Argumentation kühn und verwegen nennen: sie ist es weniger, als sie es scheint. Freilich ist sie ein Wechsel auf lange Sicht. Aber die erwartete Wirkung beginnt schon in dem Augenblick, wo das Gesetz beschlossen wird. Je eher das aber geschieht, desto früher sehen wir den Erfolg.

Es ist aber noch ein Umstand zu bedenken, wenn er auch nicht allzuschwer in's Gewicht fällt: wir protegieren die eheliche Familie staatlicherseits doch vor allem als den Hort eines sozial gesunden und politisch zuverlässigen Nachwuchses. Würde in der Tat die Zahl der Eheschließungen bedauerlicherweise unter dem Einfluß einer solchen Maßnahme etwas zurückgehen (ein bedeutender Rückgang ist nicht zu erwarten!) so wäre ein guter Trost dafür enthalten in dem Umstande, daß eben durch dieselbe Maßnahme eine nicht unerhebliche Anzahl unehelicher Kinder den ungesunden Einflüssen der Sphäre, in die sie jetzt gebannt sind und in der sie sich stets in der Gefahr des Verkommens befinden, entzogen und zu dem gemacht würden, was der Staat braucht und von der Familie in erster Linie erwartet: brauchbare, in gesundem Boden wurzelnde Staatsbürger.

Alle diese Erwägungen und Bedenken müssen wir scharf im Auge behalten, wenn wir eine geeignete Form suchen, wie die persönliche Obsorge des Vaters für das uneheliche Kind im Gesetz geregelt werden kann. Außerdem ist natürlich der praktischen Durchführung noch mehr als ein Hindernis bereitet.

1. Die Pflicht zur Wahrnehmung der persönlichen Sorge für das Kind und der Anspruch darauf sind an sich auf beiden Elternseiten gleich. Gemeinsam kann sie nicht von beiden ausgeübt werden, da die Teile getrennt leben (es läge denn Konkubinat im eigentlichen Sinne vor!) Und die Zuerkennung nach der einen oder anderen Seite kann immer nur Sache der praktischen Erwägungen sein, wobei an erster Stelle das Wohl und Interesse des Kindes selbst maßgebend ist, während die für den einen oder anderen Elternteil etwa sprechenden Gefühlsmomente in den Hintergrund treten müssen.

Während der ersten 6 Lebensjahre des Kindes kommt die väterliche Obsorge praktisch nicht in Frage. Was soll denn der Vater mit einem noch ganz kleinen Kinde anfangen? Dies ist ja auch die Altersgrenze im § 1635 B.G.B., wo es sich um den Verbleib der Kinder bei Scheidung der Ehe handelt. Dabei möchte ich bemerken, daß unter Umständen nicht nur für unsere Frage, sondern auch im Hinblick auf § 1635 in Erwägung zu ziehen wäre, ob man nicht statt der fixen Grenze des § 1635 eine nach oben verschiebbare Minimalgrenze ansetzen soll: „das Kind muß mindestens bis zum Schuleintritt bei der Mutter bleiben; über seine längere Belassung bei der Mutter über diesen Zeitpunkt hinaus bestimmt nach Anhörung der Beteiligten und gegebenenfalls eines Arztes der Vormundschaftsrichter". Dies nur nebenbei.

2. Hinsichtlich der Folgezeit könnte man die Frage, wer das Kind bei sich haben soll, in erster Linie zum Gegenstand eines Vertrages zwischen den unehelichen Eltern selbst machen. Dieser Fall ist vorgesehen in Finnland und in Norwegen (§ 3 der Lov om barn etc.); ferner im schwedischen Entwurf § 2 Abs. 2. Eine Einigung zwischen den Eltern wird in vielen Fällen leicht zu erzielen sein. Es bedarf natürlich keiner besonderen Erwähnung, daß bei einer derartigen Abrede der Eltern das Vormundschaftsgericht genehmigend mitzuwirken hat. Denn es müssen die nötigen Kautelen gegeben sein, daß nicht etwa eine solche Möglichkeit in einem den Interessen des Kindes zuwiderlaufenden Sinne ausgebeutet werde. Diejenigen fremden Gesetze, welche eine derartige Vereinbarung der Eltern kennen, haben auch die Genehmigung des Vormundschaftsgerichtes als Voraussetzung für die Giltigkeit statuiert. So nehmen die schwedischen Motive (S. 87) ausdrücklich Stellung gegen den Standpunkt des „kungl. Dom af 14. 5. 13", welches

die Angelegenheit der willkürlichen Verabredung der Eltern überließ.

Nicht beizustimmen ist m. E. dem dänischen Gesetze, welches keine Vereinbarung der Eltern kennt, sondern die Erziehung durch den Vater nur anordnet auf einseitiges Ansuchen der Mutter im Einverständnis mit dem Vormundschaftsrat. (Dän. lov om bórn § 10[5]). Wenn die Erziehung durch den Vater überhaupt in Frage kommt, dann soll doch nicht allein die Initiative der Mutter maßgebend sein, sondern, wie oben erwähnt, in erster Linie das wohlerwogene Interesse des Kindes, innerhalb der Grenzen aber, die es der Beurteilung zieht, sollen die beiden Elternteile grundsätzlich gleichberechtigt sein. Schon deshalb, weil die Einrichtung den sozialen Aufstieg des Kindes ermöglichen und fördern soll, gerade aber da, wo er durch Uebertragung der Erziehung auf den Mann in Aussicht stünde, also da, wo der Mann über reichlichere Geldmittel verfügt, eine gewissenlose Mutter erhebliches Interesse daran hat, das Kind zu behalten — und damit über die Alimente schalten zu können!

3. Kommt eine solche Einigung zwischen den Eltern nicht zustande, so ist es Sache des Vormundschaftsgerichtes, darüber zu entscheiden, wem die Erziehung des Kindes zu übertragen sei. Die beiden Parteien sind zu hören. Und dabei sind die Interessen des Kindes wiederum das Maßgebende; und zwar nicht nur etwa in dem Sinne, daß man das Kind einer Prostituierten möglichst nicht ihr zur Erziehung überläßt, sondern insbesondere auch mit Rücksicht auf die Möglichkeit des sozialen Aufstieges.

Hier sind nun allerdings einige heikle Punkte zu überwinden: sind die Verhältnisse der Mutter nicht geordnet, bietet ihr Charakter keinerlei Gewähr dafür, daß sie auch ordentlich für das Kind sorgt, ist dagegen der Vater in guten Verhältnissen, befindet er sich in sozial gehobener Stellung, so würde an sich alles dafür sprechen, ihm die persönliche Sorge für das Kind anzuvertrauen.

Allein: für's erste ist es kaum ratsam, dem Vater gegen seinen Willen das Kind zu oktroyieren. Will er es nicht zu sich nehmen, so wird es aller Voraussicht nach bei ihm auch nicht besonders gut versorgt sein, sodaß man Gefahr läuft, wenn man das Kind der Mutter fortnimmt, es vom Regen unter die Traufe zu bringen. Der Vater würde unter Umständen nur versuchen, sich der ihm aufgebürdeten Last möglichst schnell wieder zu entledigen. Darum hat man auch in Finnland die Bestimmung, daß dem Vater das Kind nur überlassen werden darf, wenn er bereit ist, es zu sich zu nehmen. — Die Mutter anderseits ist doch die von der Natur bestimmte Versorgerin des Kindes während seiner ersten Lebensjahre.

Wäre mit einem Wechsel der persönlichen Fürsorge nach Ablauf der unter Ziff. 1 am Ende festgelegten Frist ein wirklicher und erheblicher Vorteil für das Kind nicht verbunden, so hat dieser Wechsel auch keinen Zweck und wird darum besser unterlassen.

4. Im Falle, daß der Vater zur Zeit der Erzeugung des Kindes Ehemann war, kann ihm wohl die Erziehung unter keinen Umständen übertragen werden. Es kann der Frau doch keinesfalls zugemutet werden, daß sie das aus einem ehebrecherischen Verkehr ihres Gatten entstammende Kind in ihrem Haushalt aufnehme, auch, wenn sie nicht Veranlassung nimmt, wegen des Ehebruches auf Scheidung zu klagen. Würde man hier — sogar das unwahrscheinliche Einverständnis der Ehefrau vorausgesetzt — die väterliche Obsorge zulassen, so wäre damit einerseits der weitere Bestand der Ehe gefährdet, anderseits aber auch dem unehelichen Kinde kaum gedient. Die Frage soll daher in solchen Fällen gar nicht ventiliert werden dürfen. Für besonders gelagerte Fälle bleibt der Weg gemeinsamer Annahme an Kindesstatt offen.

Ist die Mutter des Kindes zur Zeit der Empfängnis und der Geburt verheiratet, so werden derartige Fragen kaum aktuell. Solange die Ehelichkeit des Kindes nicht angefochten wird, gilt es als ehelich; der uneheliche Vater steht somit gar nicht im Spiel; wird aber die Ehelichkeit angefochten, dann darf wohl auch immer angenommen werden, daß die Ehescheidung herbeigeführt wird, eine Aufnahme des Kindes in den ehelichen Hausstand somit nicht in Frage kommt, auch wenn das Kind der Mutter zugesprochen wird.

Wie aber steht es, wenn der mit der Erziehung schon betraute Elternteil nachträglich die Ehe mit einer dritten Person eingeht? Diese Frage kann nur erörtert werden im Zusammenhange mit dem Problem der nachträglichen Aenderung der einmal vom Vormundschaftsgerichte getroffenen oder mit seiner Genehmigung vorgenommenen Regelung der persönlichen Obsorge.

5. Die Regelung der die persönliche Obsorge betreffenden Fragen wird am besten alsbald nach der Geburt des Kindes erfolgen. Wenn auch die Uebertragung des Erziehungsrechtes auf den Vater erst nach Vollendung des sechsten Lebensjahres des Kindes erfolgen kann, so wird doch die Anordnung hierzu tunlich schon von vornherein erfolgen und zwar mit Rücksicht auf die damit in Konnex stehende elterliche Gewalt, von der im nächsten Abschnitt die Rede sein wird.

Nun können zweifellos oft genug Fälle eintreten, die eine Aenderung der zunächst getroffenen Anordnung wünschenswert machen. Sei es, daß die Anordnung, daß der Vater das Kind bekommen soll, noch gar nicht wirksam geworden ist (mangels entsprechenden Alters des Kindes) und sich hintennach ihre Untunlichkeit herausstellt, sei es weil die zurzeit wirksame und bisher gut befundene Regelung in einem bestimmten Zeitpunkte aufgrund irgendwelcher Aenderung in den Verhältnissen nicht mehr aufrecht erhalten werden kann oder will. —

§ 3 Abs. 3 des norwegischen Gesetzes erlaubt nun dem zuständigen Amtmann die jederzeitige Aenderung der über die persönliche Obsorge getroffenen Bestimmung. „Amtmanden kan omgjóre sin beslutning og atter overlate barnet til morens omsorg, hvis særlige grunde taler derfor, og det er ubetænkelig av hensyn til barnets tarv.“

Aehnlich das schwedische Gesetz § 2 Abs. 3: „Finnes modern ej vara lämplig förese barnet, eller dör hon, förordne rätten fadern eller annan till förmyndare för barnet.“ Eine derart allgemeine Anordnung in's Gesetz aufzunehmen erscheint mir nun doch nicht ratsam. Sie führt allzuleicht dazu, daß von der Machtbefugnis zu ausgiebig Gebrauch gemacht wird. Das aber liegt keineswegs im Interesse des Kindes. Liegen nicht ganz schwerwiegende Gründe vor, ist nicht ein erheblicher Vorteil für das Kind damit verbunden, so soll eine Aenderung unter keinen Umständen vorgenommen werden. Es ist daher notwendig, im folgenden diejenigen Tatbestände zu behandeln, welche eine solche Aenderung rechtfertigen:

a) Stirbt derjenige Elternteil, welchem die Erziehung zugesprochen ist, so geht natürlich das Erziehungsrecht in erster Linie auf den Ueberlebenden über. Hatte z. B. der Vater das Kind bei sich und stirbt er, so wird man zunächst daran denken, das Kind seiner Mutter zurückzugeben. Ebenso wird nach dem Tode der Mutter der Vater das Erziehungsrecht bekommen; es sei denn — dies gilt für beide Fälle —, daß der Uebergang des Erziehungsrechts an den Ueberlebenden aus irgendwelchen Gründen untunlich erscheint. Das wäre z. B. temporär, d. h. vorübergehend der Fall, wenn die Mutter eines dem Vater zugesprochenen Kindes stirbt, bevor dieses das geeignete Alter erreicht hat. In diesen Fällen müßte dann Anstalterziehung eintreten — sei es dauernd, sei es nur vorübergehend.

b) Zeigt sich, daß der erziehende Elternteil unfähig zur Erziehung ist, oder geworden ist, so wäre eine Aenderung der einmal getroffenen Anordnung ebenfalls am Platze. Im Hinblick auf den schon mehrmals betonten Grundsatz, daß nur triftige Gründe zu einer solchen Maßnahme führen dürfen, braucht kaum noch erwähnt zu werden, daß Mangel an eigentlichem Erziehungstalent natürlich nicht in Frage kommt. Es kann sich nur um ganz ernste, tiefgreifende Tatsachen handeln, wie: einwandfrei nachgewiesene physische oder psychische Unfähigkeit, die Sorge für das Kind wahrzunehmen oder ernste Gefahr für das sittliche Wohl des Kindes, mit Rücksicht auf die Umgebung, in der es sich bei seinem gegenwärtigen Erzieher befindet. Mit einem Wort, wenn die Voraussetzungen der §§ 1665 oder 1666 B.G.B. vorliegen, dann ist eine Aenderung hinsichtlich der Obsorge über die Person der Kinder angebracht. Ein, besonderer Hervorhebung würdiger, Fall wäre der, daß die uneheliche Mutter sich nachmals der Prostitution in die Arme wirft!

Würde sich in solchem Falle auch der andere Elternteil als ungeeignet erweisen, so hätte, wie oben unter b), Anstaltserziehung Platz zu greifen.

c) Nachdem die Uebertragung des Erziehungsrechtes auf den Vater in erster Linie den Zweck der Ermöglichung des sozialen Aufstiegs hat, könnten noch weitere Gründe für Erziehungswechsel in Frage kommen.

α) Wenn beide Eltern der gleichen sozialen Stufe angehören und der mit der persönlichen Obsorge betraute Teil hat nachmals das Unglück, von seiner ursprünglichen Stufe herabzusinken. Handelt es sich um schuldhaftes Verkommen, so wird ja meistens litera b) Anwendung finden. Handelt es sich aber nur um finanzielles Unglück, so ist m. E. ein Grund zur Aenderung der Anordnungen nicht gegeben. Denn — da wir im folgenden für die Heranziehung beider Elternteile zur Alimentation nach ihrem Vermögen plädieren — ist ja eine Schlechterstellung des Kindes nicht zu befürchten — es sei denn, daß der erziehende Elternteil die vom andern zu leistende Alimentation wegen seiner eigenen bedrängten Lage zum Teil für sich, anstatt ganz für das Kind verwendet. Allein das gehört in ein anderes Kapitel, von dem wir nachher noch sprechen müssen. Im Uebrigen soll das Kind, wie das Gute so auch das Schlimme mit dem erziehenden Elternteil teilen.

β) Der mit der persönlichen Obsorge nicht betraute Elternteil steigt in seiner sozialen Stellung erheblich und erscheint sonst geeignet zur Erziehung des Kindes. In diesem Falle wird man gegeneinander halten müssen, was schwerer in die Wagschale fällt: der Vorteil, den das Kind bei dem sozial besser gestellten Elternteile etwa genießt, oder der Nachteil, der ihm aus einem Wechsel der erziehenden Hand erwächst. Eine allgemeine Regel läßt sich da nicht geben. Aber jedenfalls kann man sagen, daß in vorgeschritteneren Jahren ein Wechsel überhaupt nicht mehr ratsam ist; doch immerhin ein Wechsel vom Vater hinüber zur Mutter dann weniger bedenklich erscheint, als umgekehrt.

γ) Aehnlich ist es, wenn an sich die Erziehung durch den Vater wünschenswert erschien, er jedoch deshalb nicht damit betraut wurde, weil er nicht wollte; nachmals aber stellt er — aufgrund irgendwelcher inzwischen eingetretener Umstände — doch den Antrag ihm die Obsorge zu übertragen. Auch hier: größte Vorsicht und Vornahme einer Aenderung nur dann, wenn wirklich bedeutende Vorteile für das Kind zu erwarten sind.

d) Wir kommen zurück auf den Fall einer späteren Verheiratung des erziehenden Elternteiles mit einem Dritten. Auch darin können Schwierigkeiten liegen. Zum Teil ist ja diese Frage schon in den allgemeinen Vorbemerkungen zum gegenwärtigen Abschnitt behandelt: Wenn der Vater das Kind bei sich hat und später eine Ehe eingehen will mit einer Frau, die in der Tat an dem „fremden" Kinde Anstoß nehmen sollte, so könnte man daran denken, das Kind seiner Mutter zurückzugeben. Doch möchte ich mich dafür nicht aussprechen. Es würde unseren Grundsätzen doch sehr widerstreben, wollte man die Stellung des Kindes bei seinem Vater so prekär gestalten, daß es sozusagen „dem Besseren" d. i. der Ehe weichen muß. M. E. käme ein Wechsel der erziehenden Hand in diesen Fällen nur dann in Frage, wenn — bedauerlicherweise — der Vater unter dem Einfluß seiner Frau dem Kind gegenüber seine Pflichten vernachlässigen würde — also in dem allgemeinen Falle des § 1666 B.G.B.

Verheiratet die erziehende M u t t e r sich nachträglich, so werden die Schwierigkeiten weit geringer sein. Vor allem in den unteren Schichten, wo der Mann gegenüber dem unehelichen Kind seiner Frau einen natürlicheren und weniger durch konventionelle Vorstellungen beeinflußten Standpunkt einnimmt. Vor allem wäre in solchen Fällen darauf hinzuwirken, daß der spätere Gatte der Mutter das Kind adoptiert oder ihm doch wenigstens seinen Namen gibt.

Die letztere Möglichkeit ist durch den § 1706 B.G.B. ohnehin gegeben; die Adoption des unehelichen Kindes der Frau durch deren späteren Ehemann aber muß bedeutend erleichtert werden. Davon später noch in einem besonderen Abschnitte.

Keinesfalls aber sollte das Kind aus Anlaß einer späteren Verehelichung seiner Mutter von dieser an den Vater übertragen werden — es sei denn wiederum, daß die Ehe unter dem Einflusse des Mannes zu den Voraussetzungen des § 1666 B.G.B. führt.

6. Schon mehrmals war im Vorhergehenden von der Möglichkeit der Anstaltserziehung die Rede. Wir müssen uns auch mit dieser Frage eingehender befassen.

Das eheliche Kind wird wohl nur selten seinen Eltern fortgenommen werden. Den Anhaltspunkt für eine derartige Maßnahme bieten die §§ 1665, 1666 B.G.B. Aber es ist klar, daß man von diesen Vorschriften nur selten Gebrauch machen wird: einmal, weil man nicht gerne von staatswegen ohne zwingenden Grund in die Familie eingreift, zum andern aber auch deshalb, weil man es meist gar nicht kann; denn es fehlt der öffentliche Einblick in die internen Verhältnisse.

Anders beim unehelichen Kinde. Hier besteht kein staatlich sanktioniertes Familienband, vor dem der öffentliche Arm zurückschrecken wird. Hier ist auch — durch die vormundschaftlichen Einrichtungen — viel eher die Möglichkeit gegeben, Einblick in die Verhältnisse zu nehmen und das Unerquickliche abzustellen. Endlich ist aber auch beim unehelichen Kinde der Fall der Vernachlässigung zweifellos häufiger, als beim ehelichen — und sie wirkt auch beim Unehelichen weit verhängnisvoller; denn das feste, schon durch sein bloßes Bestehen Rückhalt bietende, Familienband läßt manchen Mißstand erträglich erscheinen, der beim unehelichen Kinde schon als absolut verderblich erachtet werden muß.

Aus diesem Grunde spreche ich der Anwendung eines strengeren Maßstabes in Ansehung der Entziehung der persönlichen Obsorge über das uneheliche Kind das Wort, als er gemäß § 1666 B.G.B. beim ehelichen gehandhabt wird.

Es wird also wohl öfter vorkommen, daß man das uneheliche Kind keinem der beiden Elternteile zur Erziehung überlassen will, oder daß man die Sorge für das Kind dem einen Elternteil zu entziehen gezwungen ist, ohne sie doch dem anderen übertragen zu können. In diesen Fällen bleibt natürlich nichts anderes übrig, als das Kind — natürlich auf Kosten der Unterhaltungspflichtigen — in einer Anstalt zu erziehen. Gewiß kann Anstaltserziehung kein Ersatz für die individuelle elterliche sein; aber — wenn die elterliche Erziehung keine Erziehung ist, so ist immerhin die in der Anstalt noch vorzuziehen.

Natürlich kann die Ueberweisung in eine Anstalt — genau wie die Uebertragung der Erziehung an den Vater — erst von einem bestimmten Alter des Kindes an erfolgen, d. h. dann, wenn das Kind der Mutter nicht mehr unbedingt bedarf. Würde jedoch zunächst Aufnahme in ein Kinder- (Säuglings-) Heim stattfinden, so könnte die Trennung von der Mutter schon stattfinden, sobald das Kind entwöhnt ist.

In welchen Fällen Anstaltserziehung in Frage kommt, geht ja aus früher Gesagtem (vgl. auch Ziff. 5, lit. b. dieses Abschnittes) schon sattsam hervor. Nur ein besonderer Fall muß noch erwähnt werden: der Vater kann das Kind, wenn es ihm zugesprochen ist, erst in einem bestimmten Alter übernehmen. Sind die Verhältnisse bei der Mutter derart, daß man ihr nicht einmal bis zu diesem Zeitpunkt das Kind überlassen kann, so käme vorübergehende Aufnahme in eine Anstalt in Betracht — nämlich bis zu dem Zeitpunkt, wo der Vater das Kind zu sich nehmen kann. —

Statt Anstaltserziehung kann natürlich auch Erziehung in einer Familie gewählt werden. Und es bedarf kaum besonderer Erwähnung, daß die elterliche Familie der Mutter — falls sie geeignet erscheint — hier an erster Stelle in Frage kommt. Immer aber sollte sich das Vormundschaftsgericht durch den Berufsvormund und der Vormund des Kindes um die Art der Unterbringung kümmern. Nur dadurch kann einer dem Wohl des Kindes schädlichen Wahl des Unterbringungsortes vorgebeugt werden.

Man empfindet vielleicht die weitgehende Kasuistik der vorstehenden Erörterungen unangenehm. Es war mir aber darum zu tun, nicht nur die Behauptung aufzustellen, daß die Obsorge für das Kind vom Vater übernommen werden könne, sondern auch bis in's Kleinste den Weg und die Modalitäten zu zeigen. Auch kommt uns die Weitläufigkeit dieses Abschnittes im folgenden zugute. —

Ich verkenne nicht, daß die Sorge für die Person des Kindes durch den Vater, ganz allgemein erwogen, ihre Bedenken hat:

1. Wird sich überhaupt ein unehelicher Vater finden, der gewillt wäre, sein Kind zu sich zu nehmen? Das ist natürlich eine Frage für sich — und wie zugegeben werden muß — eine Frage, die erst beantwortet werden kann, wenn die gesetzliche Möglichkeit dazu gegeben ist. Daß es **heute**, unter der Herrschaft unseres gegenwärtigen Gesetzes, fast kein ausserehelicher Vater tut, darf uns kein Kriterium sein; wird er doch, wie schon oft erwähnt, geradezu vom Gesetze am Schicksal seines Kindes systematisch desinteressiert. Die Quittungen über die Alimentenzahlungen sind die einzige Verbindung, die normalerweise besteht. Es kann aber angenommen werden, daß — gerade, wenn die Heiratsmöglichkeiten so schlecht bleiben oder noch schlechter werden, wie sie sind — sich doch verhältnismäßig viele Männer finden werden, die auf diese Weise sich so etwas wie ein Familienleben zu begründen suchen.

2. Ist es wirklich zum Besten des Kindes, wenn es in die Hände des Vaters kommt, vorausgesetzt auch, daß dieser seine Vaterpflichten gewissenhaft erfüllt? **Kann** ein Mann überhaupt ein Kind (über 6 Jahre natürlich!) erziehen? **kann** er es entsprechend versorgen? —

Es muß hier ergänzend bemerkt werden, daß auch der Verfasser davon überzeugt ist, die Unterbringung eines Mädchens bei seinem Vater werde wohl erheblich weniger in Frage kommen, als die eines Knaben. Mädchen bedürfen in viel ausgedehnterem Maße einer weiblichen Hand. Steht im Haus des Mannes eine solche zur Verfügung, so ist ja dem Uebel abgeholfen. Aber wie gesagt: in vorderster Linie ist an Knaben gedacht. Für sie ist es auch viel wichtiger, daß sie dem sozialen Stande des Vaters folgen. Für Mädchen kommt dieser Hauptpunkt des ganzen Problems weniger in Frage, da ihre künftige soziale Stellung vor allem durch die Ehe bedingt ist, die sie eingehen.

Was macht nun aber der Vater mit seinem 6—8jährigen Kind? Er kann es doch nicht allein daheim lassen, während er seinem Beruf nachgeht? Das Kind bleibt ja doch sich selbst überlassen! Nun — diesem Uebelstande bietet sich befriedigende Lösung durch die allerorts bestehenden Kinder-Tagesheime und zum Teil auch durch die Schule. Und — denken wir einmal daran, wie sehr das uneheliche Kind meist bei seiner Mutter sich selbst überlassen bleibt. Man könnte auch sagen: was hat das Kind von der mütterlichen Hand, wenn die Mutetr von Früh bis Nacht in der Fabrik oder beim Waschtrog in fremden Häusern steht?

Und dann: gibt es denn nicht genug Witwer mit kleinen Kindern (— oft noch viel kleineren!)? Auch die müssen sich zurechtfinden — und finden sich zurecht. Und genau ebenso liegen auch die Verhältnisse nach § 1635 B.G.B. für die Knaben aus einer wegen beiderseitigen Verschuldens geschiedenen Ehe.

Endlich aber: es wird ja schon durch das entscheidende Vormundschaftsgericht einer entsprechenden Anwendung des Gesetzes Rechnung getragen werden: wenn nicht wesentliche Vorteile für das Kind daraus erwachsen, daß es vom Vater erzogen wird — oder die mütterliche „Erziehung" in erheblichem Grad mißtrauenerweckend ist — dann wird eben die Mutter als der zur Erziehung geeignetere Teil bezeichnet werden. Und mit Recht. Nur möchte ich nicht den Weg wählen, den das schwedische Gesetz einschlägt und ebenso das norwegische; daß nämlich zunächst die persönliche Obsorge ganz generell der Mutter zugesprochen ist und ihre Uebertragung auf den Vater nur als Ausnahme erscheint. (vgl. § 3 Norw. Ges., § 2 schwed. Ges.)

Es liegt m. E. eine Ungerechtigkeit gegen den Vater darin, der, nimmt er Anteil daran, genau soviel Recht am Kinde hat, wie die Mutter. Praktisch geht übrigens das schwedische Gesetz genau so weit, wie wir hier gehen. Das erhellt aus den schwedischen Motiven, welche (S. 87) sagen: „Wenn der Vater das Kind nach seinem Stande erzieht, z. B. ihm akademische Bildung angedeihen läßt, so kann dadurch die Mutter als ungeeignet zur Erziehung erscheinen". Und daran ist insoferne etwas wichtiges, als man nach Möglichkeit Unterhalts-Standard und Erziehungsmilieu im Einklang halten soll.

4. Die elterliche Gewalt.

Das B.G.B. kennt eine elterliche Gewalt über uneheliche Kinder nicht. Sie stehen vielmehr immer unter Vormundschaft.

Daß dem unehelichen Vater nicht die elterliche Gewalt über das Kind gegeben wird ist selbstverständlich im Rahmen des Gesetzes. Warum aber spricht sie der § 1707 B.G.B. auch der Mutter ab, welche doch die persönliche Obsorge für das Kind hat?

Hören wir darüber die Motive zum B.G.B.:

„Man kann der Mutter die elterliche Gewalt nicht übertragen, weil nicht die nötigen Garantien für eine in körperlicher und geistiger Beziehung gute Ausbildung gegeben sind, noch dafür, daß das Kind zu einem nützlichen Gliede der Gesellschaft erzogen werde". (Mot. B.G.B. S. 860, 861.)

„. . . . weil es dann an einem Aufsichtsorgan fehlen würde, das vom Mißbrauch der elterlichen Gewalt der Mutter Anzeige macht". (S. 861 a. a. O.)

„weil sie kein Interesse am Kind hat" (— warum hat sie das nicht?!!) . . . und weil sie doch meist keinen Hausstand hat und darum das Kind zu Fremden in Pflege gibt". (S. 861 a. a. O.)

„. . . weil mit der elterlichen Gewalt die Nutznießung am Vermögen des Kindes verbunden ist und darum die Gefahr besteht, daß die Mutter das Geld des Kindes vergeuden würde". (S. 861, 862 a. a. O.)

Den Vogel schießt folgender Grund ab: „Die Mutter ist in vielen Fällen leichtsinnig und verschwenderisch. Es ist zu vermeiden, daß die Mutter aus ihrer Unsittlichkeit (!!) irgend einen wenn auch indirekten Vorteil bezieht". (Sc. durch das Nutznießungsrecht S. 862 a. a. O.)

Nun, setzen wir uns einmal mit diesen Gründen auseinander und sprechen wir dabei zunächst nur von der elterlichen Gewalt der Mutter!

Wenn das B.G.B. die elterliche Gewalt der Mutter ablehnt, weil sie, — mangels eines eigenen Hausstandes — doch oft nicht in der Lage sei, die elterliche Gewalt tatsächlich auszuüben, oder weil man dem sittlichen Einfluß der Mutter nicht traut, dann wäre das vor allem ein Grund dafür gewesen, der Mutter die persönliche Obsorge über das Kind zu entziehen. Denn nicht in dem Bestehen oder Nichtbestehen der elterlichen Gewalt liegt die Gefahr, sondern in dem mit der persönlichen Sorge für das Kind gegebenen tatsächlichen Einfluß der Mutter. Kann doch die elterliche Gewalt sogar bestehen bleiben und trotzdem ihrem Inhaber die persönliche Obsorge für das Kind entzogen werden, eben wegen des schlechten Einflusses, den man befürchtet. (vergl. § 1666 B.G.B.)

Hieran anknüpfend möchte ich späteren Erörterungen vorgreifen: wenn in der Tat von der Mutter manchmal nicht der beste Einfluß auf das Kind zu gewärtigen ist, so gibt ja das B.G.B. in seinen Regeln über die elterliche Gewalt im allgemeinen hinreichende Handhaben, um das Kind dagegen zu schützen. Und es wäre nichts dagegen einzuwenden, wenn man zum Schutze des unehelichen Kindes diese Rechts-Schutzregeln etwas strenger handhaben würde. Und um das zu können, würde man — ohne irgendwelche Bedenken — eine gewisse Aufsicht einführen können. Doch davon nachher!

Ebenso ist es mit der Nutznießung am Kindervermögen, woran die Motive sich ganz besonders gestoßen haben. Gewiß besteht die Gefahr (an sich!) daß die mit dem Nutznießungsrechte ausgestattete Mutter verschwenderisch mit dem Kindesvermögen hausen könnte. Aber: besteht denn diese Gefahr nicht auch bei den Inhabern der elterlichen Gewalt nach B.G.B. und hat man nicht Möglichkeiten gefunden, um das Kind gegen diese Gefahr zu schützen? Ferner: wie viele Fälle gibt es denn, wo das uneheliche Kind ein „Vermögen" hat, das die Mutter vergeuden könnte? Die Gefahr der unzweckmäßigen Verwendung der laufenden Alimente aber besteht — ob nun die Mutter die elterliche Gewalt hat oder nicht — aufgrund des bloßen Rechts der persönlichen Fürsorge. Endlich aber: muß denn immer und immer wieder der häßliche Gedanke zum Vorschein kommen, die uneheliche Mutter sei von vornherein so viel weniger vertrauenswürdig als die ehelichen Eltern — nur, weil sie unehelich ist? Es ist geradezu eine Schande, wenn man lesen muß: „die Mutter soll keinesfalls auch nur einen indirekten Vorteil aus ihrer „Unsittlichkeit" haben". Gerade, als ob es sich bei den Alimenten um den Sündenlohn einer Prostituierten handelte!

Haben wir so die Gründe gegen die elterliche Gewalt der Mutter entkräftet, so müssen wir auch anerkennen, daß — im Zusammenhang mit den Darlegungen des vorhergehenden Abschnittes — der Vater gleichermaßen berechtigt ist, Inhaber der elterlichen Gewalt zu sein, wenn die tatsächlichen Verhältnisse es rechtfertigen.

Die elterliche Gewalt ist der Inbegriff der Befugnisse und Pflichten, welche sich aus der Handlungsunfähigkeit und Fürsorge- sowie Erziehungsbedürftigkeit des Kindes für diejenigen Personen ergeben, welche die Erzeuger des Kindes sind.

Sie umfaßt demnach: Recht und Pflicht der persönlichen Fürsorge für das Kind, die Erziehungsgewalt, mit ihren Nebenerscheinungen (Strafgewalt usw.), die Geschäftsvertretung, Vermögensverwaltung; außerdem aber — und dadurch unterscheidet sie sich von der Vormundschaft —: das Recht der Bestimmung über die Person des Kindes und die Nutznießung am Kindesvermögen.

Die persönliche Sorge für das Kind haben wir schon vorweggenommen. Sie ist wohl der wichtigste und zugleich verantwortungsvollste Bestandteil der elterlichen Gewalt. Denn bei ihrer Wahrnehmung handelt es sich nicht um Geld und Gut, es handelt sich um das ganze Lebensschicksal des Kindes, um die Grundlegung desselben durch Charakterbildung und Regelung seiner Lebensverhältnisse. Und darum meine ich: kann man der Mutter —, wie das B.G.B. es tut, — kann man dem Vater, — wie ich es fordere, — die persönliche Fürsorge am Kinde anvertrauen, so kann man ihnen auch die elterliche Gewalt in ihrem ganzen Umfang zusprechen.

1. Somit sollte man unbedingt demjenigen Elternteile, welchem die Erziehung des Kindes übertragen ist, auch die elterliche Gewalt geben. Er verdient sie durch die Mühe und Sorge, die er mit dem Kinde hat. Nimmt er sich des Kindes an, wie eines ehelichen, so soll ihm auch das Recht zu teilwerden, das eheliche Eltern haben, und die Autorität, die ihnen zukommt. Wenn der Vormundschaftsrichter den einen Elternteil für geeignet befindet, die Erziehung des Kindes in die Hand zu nehmen, dann kann er ihm auch ohne Bedenken die elterliche Gewalt übertragen. Und wir haben ja im vorhergehenden Abschnitt deutlich gesagt, daß der Vormundschaftsrichter gewissenhaft das wohlverstandene Interesse des Kindes zu prüfen hat, ehe er seinen Entscheid trifft.

Wenn überhaupt, so bekommt der Vater die persönliche Fürsorge für das Kind schon alsbald nach dessen Geburt zugesprochen; doch wird sein Anspruch erst aktuell nach Ablauf der im Hinblick auf das Wohl des Kindes festgesetzten Wartezeit. Bis dahin verbleibt es bei der Mutter. Das norwegische Gesetz nun (§ 5 Abs. I) und das schwedische (§ 2 Abs. 2) bestimmen, daß derjenige Elternteil Vormund des Kindes sein soll, welcher es bei sich hat. (diese Rechte kennen die „elterliche Gewalt" nicht sondern haben nur einen „verge" oder „förmyndar".) Wo aber, wie in unserem Fall, der Vater schon von vornherein als künftiger Erzieher des Kindes in Aussicht genommen ist, die Mutter also nur aus praktischen Gründen vorläufig mit ihrer Person für das Kind sorgt, da sollte m. E. auch die elterliche Gewalt von Anfang an dem Vater zustehen. Einmal deshalb, weil das Kind keinerlei Vorteil davon hat, wenn es mit 6 Jahren vollkommen von einer Hand in die andere übergeht, dann aber vor allem aus dem Grunde, weil der Vater als künftiger Herr über das Schicksal des Kindes und als künftig verantwortlicher Erzieher schon von Anfang an Machtbefugnisse haben muß, die ihn befähigen, entscheidend in die Art der Behandlung und Erziehung des Kindes einzugreifen. Unrichtig ist darum die Schweizer Bestimmung, welche der Mutter das Recht gibt, Antrag darauf zu stellen, daß zuerst bis zu einem gewissen Zeitpunkt ihr, hierauf erst dem Vater die Elterngewalt übertragen werde. (Art. 326 Abs. II. Schw. Z.G.B.) Mit großem Nachdruck heben auch die schwedischen Motive hervor, wie untunlich es sei, einen Wechsel der elterlichen Gewalt eintreten zu lassen. (vgl. Sv. Mot. S. 87.)

Etwas ganz anderes ist es natürlich, wenn das Kind nach Maßgabe der früher dargelegten Grundsätze während seiner Minderjährigkeit aus den Händen des einen Elternteils in die des anderen übergeht. Damit muß dann selbstverständlich auch ein Wechsel der elterlichen Gewalt verbunden sein.

Wie ist es nun in den Fällen, wo keiner der beiden Elternteile die Sorge für die Person des Kindes hat? Hier müssen wir m. E. unterscheiden zwischen den Fällen, wo das von Anfang an der Fall ist und jenen, wo erst nachträglich dem erziehenden Elternteil die persönliche Pflege entzogen wird. Diejenigen Länder, welche eine elterliche Gewalt im eigentlichen Sinne überhaupt nicht kennen, sondern nur eine Vormundschaft (wie Norwegen, Schweden, Finnland) lassen — naturgemäß mit der Fortnahme des Kindes auch Verlust der Vormundschaft eintreten und einen besonderen Vormund bestellen. (Vgl. die oben zitierten Textstellen aus dem norw. und dem schwedischen Gesetze.) Das ist nun m. E. auch hinsichtlich der elterlichen Gewalt vollkommen gerechtfertigt, sofern eine solche von Anfang an nicht bestanden hat. Kommt das Kind — wegen Mangels an Vertrauenswürdigkeit beider Elternteile, oder deshalb weil die Mutter nicht vertrauenswert war, der Vater aber nicht zur Uebernahme der Erziehung bereit — von anfang an in eine Kinderbewahranstalt, später in ein Erziehungsheim, dann besteht in der Tat nicht die Spur eines Anlasses, den Eltern die elterliche Gewalt zu übertragen. In diesem Falle ist ein Vormund zu bestellen.

Wenn aber ursprünglich eine elterliche Gewalt bestand, nachmals jedoch ihrem Inhaber die persönliche Obsorge entzogen wurde, so ist damit noch nicht die Notwendigkeit gegeben, ihm auch die elterliche Gewalt zu entziehen. Denn hier hätten die §§ 1665, 1666 B.G.B. Platz zu greifen. Doch muß ich allerdings die Frage aufwerfen, ob nicht hinsichtlich des unehelichen Kindes die Gründe des § 1666 B.G.B. zur Entziehung der elterlichen Gewalt führen sollten. Und erweiternd möchte ich hinzufügen, daß m. E. auch für die elterliche Gewalt der legitimen Eltern die Gründe des § 1666 B.G.B. als Beendigungsgründe gelten sollten. Man muß nicht erst abwarten, bis es zu den widernatürlichen Tatbeständen des § 1680 kommt. Doch das nur nebenbei, da es über den Rahmen unseres Problems hinausgreift. —

Jedenfalls aber kann man, selbst wenn die entsprechenden Bestimmungen hinsichtlich der elterlichen Gewalt über eheliche Kinder nicht geändert werden, doch beim unehelichen Kinde einen entsprechend strengeren Maßstab für Entziehung der Elterngewalt anlegen.

Das eheliche Kind wird ja in das Rechtsverhältnis der elterlichen Gewalt hineingeboren, als dessen Objekt es durch seine kraft Geburt erworbene Familienangehörigkeit erscheint. Von solch einer Familienangehörigkeit aber kann beim unehelichen Kind nicht gesprochen werden — wenigstens nicht a priori. Das Uneheliche bringt nur die Verwandtschaft mit seinen Eltern zur Welt. Da diese aber getrennt leben, nicht gemeinsam einer (von ihnen gegründeten) Familie angehören, so muß sich erst entscheiden, ob überhaupt eines und welches der beiden Verwandtschaftsverhältnisse nun im Hinblick auf die „Familienzugehörigkeit" praktisch werden soll. Das hängt, so sahen wir, davon ab, welchem der Elternteile das Kind zugesprochen wird. Da die elterliche Gewalt aber ohne Familiengemeinschaft keinen Sinn haben kann, so muß sie hier, wo eine eigentliche Familie gar nicht vorhanden ist, an die mit der Erziehung verbundene Lebensgemeinschaft geknüpft werden und wird, wie sie mit deren Begründung erworben wird, so auch mit ihrer Auflösung verloren.

Es möchte vielleicht daraus sogar gefolgert werden, daß eben wegen des Mangels einer Familienangehörigkeit im eigentlichen Sinn die Anerkennung einer patria potestas nicht angebracht sei. Allein es ist dabei zweierlei zu bemerken:

1. ist eine doppelte — zwar nicht Familienzugehörigkeit im engsten Sinne aber doch — Verwandtschaftsbeziehung gegeben; nur ist es zunächst fraglich, ob eine derselben und welche aktuell wird.

2. Daß beim ehelichen Kinde auf die natürliche Familienangehörigkeit unmittelbar die elterliche Gewalt aufgebaut werden kann, ist in rein tatsächlichen Verhältnissen begründet, weil eben hier die Haus- und Familiengemeinschaft unter allen Umständen eintritt. Wird diese aber beim unehelichen Kinde durch ausdrückliche Zusprechung der persönlichen Obsorge an einen Elternteil begründet, so stellt sie ein der echten Familienzugehörigkeit so gleichgeartetes Verhältnis dar, daß man darauf die elterliche Gewalt ohne Bedenken basieren kann. Nur muß sie logischerweise auch mit Aufhebung dieser tatsächlichen Beziehungen endigen.

Wo aber der erziehende Elternteil nur vorübergehend oder ohne seine Schuld die persönliche Fürsorge für das Kind nicht ausüben kann (§ 1665) oder es aus irgendeinem anderen, mit dem Interesse des Kindes kompatiblen, Grund in fremde (Familien- oder Anstalts-)Pflege gibt, da besteht wohl keine Veranlassung, ihn deshalb auch der elterlichen Gewalt für verlustig zu erklären. Analog sprechen sich auch die schwedischen Motive (S. 98) dafür aus, daß die „vardnad", das Bestimmungsrecht des erziehenden Elternteils, nicht fallen soll, wenn das Kind von ihm in Pflege gegeben wird.

2. Die Nutznießung am Kindesvermögen ist es hauptsächlich, die unser B.G.B. veranlaßt hat, der Mutter die elterliche Gewalt zu versagen.

Aehnliche Bedenken bestanden ja scheinbar auch anderorts. So dürfte es sich erklären, daß z. B. vor Einführung des B.G.B. in Mecklenburg-Schwerin, Waldeck, Reuß ä. L. die Mutter zwar ipso jure Vormund ihres Kindes war, die elterliche Gewalt aber nicht besaß. Ebenso liegen die Dinge noch heute in Ungarn, wo die großjährige Mutter berufener Vormund ihres Kindes ist. Aehnlich in Holland. Dort hat die Vormundschaft der anerkennende Elternteil. (Art. 361 Borg. wetb. „Naturlijke, wettiglijk erkende Kinderen staan uitsluitend onder voogdij.")

Allein, die vollkommene Uebernahme der persönlichen Fürsorge für das Kind, wie für ein eheliches, rechtfertigt wohl auch diese Nutznießung. So hat denn z. B. in Rußland der Gesetzgeber ohne Bedenken der Mutter die uneingeschränkte elterliche Gewalt übertragen. Einen besonderen, beachtenswerten Standpunkt nimmt das Schweizerische Zivilgesetzbuch in seinem Art. 327 ein. Hier ist mit der elterlichen Gewalt — welche die unehelichen Eltern bekommen können — nicht ohne weiteres auch die Vermögensnutznießung verbunden. Sondern hinsichtlich der Uebertragung dieses Rechtes entscheidet der Vormundschaftsrichter gesondert. Das hängt allerdings damit zusammen, daß laut den Art. 290 und 293 sowie 273 auch beim ehelichen Kinde die elterliche Gewalt und das Recht der Vermögens-Verwaltung u. -Nutznießung getrennt sind.

Nun umfaßt aber die Vormundschaft des B.G.B. auch die Vermögensverwaltung. Und das ist m. E. der heikle Punkt — viel mehr als die Nutznießung. Diese ist vielmehr eine aus dem patriarchalischen Verhältnis zwischen Vater (oder Mutter) und Kind mit einer gewissen Selbstverständlichkeit hervorgehende Berechtigung der Eltern.

Die Möglichkeit und Gefahr einer Benachteiligung des Kindes wäre also im Rahmen des deutschen Rechtes auch dann gegeben, wenn wir dem erziehenden Elternteil nur die „natürliche Vormundschaft" statt der elterlichen Gewalt übertragen.

Hier wären nun in der Tat Sicherungen angebracht. Da aber solche Sicherungen nicht nur im Zusammenhang mit dem

Vermögensrecht in Frage kommen, sondern ganz allgemein, so müssen sie auch allgemein besprochen werden.

3. Es ist in der Tat nicht zu leugnen, daß — nach den gegenwärtigen Verhältnissen — das Kind gegenüber seinen unehelichen Eltern eines stärkeren Schutzes zu bedürfen scheint, als das eheliche Kind seinen Eltern gegenüber. Der Grund dafür liegt freilich zum größten Teil in den von unserem bürgerlichen Recht geschaffenen Zuständen, in der Gleichgiltigkeit, welche als Folge der gesetzlichen Knebelung bei den unehelichen Eltern eintreten mußte. Aber gleichviel — die Tatsache besteht und es muß ihr Rechnung getragen werden.

Der Möglichkeiten sind hier mehrere:

Die Schweiz gewährt die elterliche Gewalt überhaupt nicht unter bestimmten Voraussetzungen automatisch, sondern sie läßt immer den Vormundschaftsrichter besonders darüber entscheiden. Und zwar kann die Mutter in allen Fällen die elterliche Gewalt bekommen, der Vater dagegen nur dann, wenn er das Kind entweder freiwillig anerkannt hat oder wenn es ihm „mit Standesfolge" zugesprochen ist. Art. 325 Abs. 3, 324 Abs. 3 Schw. Ziv.-Ges.-Buch. Es liegt natürlich eine gewisse Sicherung darin, daß nach keiner zwingenden Regel ein Anspruch eines Elternteiles auf die patria potestas besteht, sondern immer das Vormundschaftsgericht zu entscheiden hat. Gegenüber dem Vater aber ist durch die Beschränkung der Möglichkeit besonders auf die Fälle freiwilliger Anerkennung noch eine besondere Garantie gegeben, da die freiwillige Anerkennung immerhin ein besonderes, väterliches Interesse am Kind voraussetzt.

Wolf in seiner kleinen Schrift über die Unehelichen (S. 58) will der Mutter die elterliche Gewalt erst nach Ablauf eines Jahres auf Anhörung des Vormundes geben. Dieses eine Jahr wäre also eine Art Probezeit, in der die Mutter sich bewähren soll. Der Gedanke scheint mir aber doch mehr gute Absicht als weiten Blick zu verraten. Denn die Mutter kann sehr wohl ein Jahr lang ihre Aufgaben gewissenhaftest erfüllen, um die elterliche Gewalt zu bekommen und dann nach Belieben in ihrem Interesse schalten zu können.

M. E. ist an sich eine weitgehende Sicherung schon darin gelegen, daß die elterliche Gewalt nur dem erziehenden Elternteile zugesprochen werden darf, die persönliche Obsorge ihrerseits aber nur nach eingehender vorheriger Prüfung der Verhältnisse übertragen wird. Und zwar soll diese Prüfung sich auf das Heim und den ganzen Habitus des in Frage kommenden Elternteiles erstrecken. Zu diesem Zwecke dient uns nur eine vernünftig angelegte obervormundschaftliche Organisation, der es schon vor der Geburt des Kindes möglich ist, Einblick in die Verhältnisse zu nehmen. Zu dem Ende müssen wir eine

Pflicht der Schwangeren zur Anmeldung ihres Zustandes beim Vormundschaftsgerichte einführen. Dem Vormundschaftsgerichte aber muß eine zuverlässige Organisation entsprechend geeigneter Leute zur Verfügung stehen, die ihres Amtes nicht vom Polizeistandpunkte aus, sondern als wohlmeinende Berater walten und dadurch Vertrauen erwecken. Wir werden dieser Organisation einen besonderen Abschnitt widmen müssen, in dem wir ihren Aufbau genau erörtern und ihre Aufgaben eingehend darstellen.

Der gleichen Organisation kann dann auch eine gewisse Aufsicht übertragen werden, welche laufend auszuüben ist. Nicht etwa in der Art, daß sie als Kontrolle und Spitzeltum in Erscheinunng tritt und so nur schädlich wirken kann. Damit würden wir alles verderben. Es kann kein Zweifel sein, daß die Gewährung der elterlichen Gewalt die Verantwortlichkeit der unehelichen Eltern und ihr Interesse am Kind hebt; und wir dürfen keinesfalls den so gewonnenen Vorteil durch eine Mißtrauen und Feindseligkeit erweckende Kontrolle wieder zunichte machen. Die Ausübung dieser Aufsicht erfordert Takt und Geschick. Es wird Sache dessen sein, dem sie obliegt, selbst zu entscheiden, bis zu welchem Grade seine Wirksamkeit im Einzelfalle notwendig ist. Danach muß die Häufigkeit seiner Besuche und die Art seiner Tätigkeit sich richten.

Insoweit betreffen die Sicherungen die P e r s o n des Kindes. Was nun das Kindes v e r m ö g e n anlangt, so könnte man ja in der Weise helfen, daß man dem mit der elterlichen Gewalt ausgestatteten Elternteile eine Rechenschaftspflicht auferlegt, wie der Vormund sie hat. In Finnland müssen ja auch die Eltern — sogar die e h e lichen — dem Vormundschaftsgerichte Rechenschaft über die Verwaltung des Kindesvermögens ablegen. Deshalb ist es m. E. nicht notwendig, den Eltern gleichzeitig das Nutznießungsrecht zu entziehen, wie es in Finnland der Fall ist. —

Eine gewisse Kontrolle liegt übrigens schon in dem Rechte des nicht mit der Elterngewalt ausgestatteten Elternteiles, mit dem Kinde zu verkehren. Dies Recht muß natürlich vor allem der Mutter zugesprochen werden, welcher das Kind entzogen wurde, um ihm die Nachfolge in den Stand des Vaters zu ermöglichen. Aber auch der Vater hat ein Anrecht darauf, mit seinem Kinde zu verkehren. Darum ist der Standpunkt des Schweizer Zivilgesetzbuchs nicht zu billigen, wonach wohl der Mutter das Recht zusteht, mit dem beim Vater erzogenen Kind zu verkehren, nicht aber dem Vater die Befugnis, mit dem Kinde Beziehungen zu unterhalten, wenn es bei der Mutter erzogen wird. (Art. 326 Abs 2.) (Wo natürlich der Verkehr mit dem andern Elternteil die Gefahr eines Schadens für das Kind mit sich bringt, kann er vom Vormundschaftsgerichte sistiert werden; z. B. wenn die Mutter Prostituierte ist, oder in ähnlichen Fällen.)

Darin ist natürlich zugleich auch eine Art Kontrolle gegeben: der besuchende Elternteil sieht das Kind, sieht seinen allgemeinen Zustand und kann daraus auf die Verhältnisse schließen, in denen das Kind aufwächst. Doch — das muß ich eigens betonen — möchte ich das nur beiläufig als naturgemäße Begleiterscheinung des Verkehrsrechtes betrachten. Es wäre in meinen Augen ein ganz unheilvoller Fehler, wollte man bewußt Vater und Mutter gegeneinander ausspielen. Ansätze dazu finde ich z. B. im norwegischen Gesetz § 5 Abs. 1, wonach die Mutter das Recht hat, die Bestellung eines Vormundes zu fordern — auch wenn das Kind sich beim Vater befindet. Dagegen bin ich entschieden; die Mutter hätte dadurch die Möglichkeit, nach Willkür und Belieben dem Vater einen Vormund vor die Nase zu setzen. Das Umgekehrte finden wir in der russischen Novelle vom 3. 6. 1902, Art. 132 Abs. 1: Die Mutter hat bekanntlich in Rußland ohne weiteres die elterliche Gewalt. Weil aber und insoweit der Vater einen Unterhaltsbeitrag zahlt, hat er die Aufsicht über Erziehung und Unterhalt des Kindes. — Eine m. E. sehr mißglückte Bestimmung. Sie erweckt den Eindruck, als kaufe sich der Vater durch seine Alimentations-Leistungen einen gewissen Einfluß auf den Lebensgang des Kindes. Gibt man schon der Mutter ohne weiteres die elterliche Gewalt, so soll man ihr auch das Schicksal des Kindes allein anvertrauen!

---

5. Das Recht der Namensführung.

Nach unserem B.G.B. § 1706 führt das uneheliche Kind den Familiennamen der Mutter und zwar deren Mädchennamen, auch falls die Mutter inzwischen durch Verheiratung einen anderen Namen (den ihres Mannes) erworben haben sollte. Die außerdeutschen Gesetze nehmen in dieser Frage ganz verschiedene Stellungen ein. Die einzelnen Modi seien zum Vergleich kurz erwähnt:

Frankreich: Das Kind führt den Namen des anerkennenden Elternteiles. Bei Anerkennung durch beide Eltern den des Vaters. Ist es von keinem anerkannt, einen Phantasienamen.

Schweiz: Im allgemeinen gilt der Muttername. (Art. 324 Z.G.B.) Nur bei freiwilliger Anerkennung durch den Vater oder, wenn ihm das Kind laut Art. 323 Z.G.B. „mit Standesfolge“ zugesprochen wird, führt das Kind den Vaternamen. (Art. 325 Z.G.B.)

England: Das Kind führt weder den Vaters- noch den Muttersnamen.

Finnland: Es bekommt den Namen der Mutter, wobei zu bemerken ist, daß nach finnischem Rechte das Mädchen, bei schuldhafter Auflösung des Verlöbnisses durch den Mann, zur Führung des Mannesnamens berechtigt ist, das sogenannte „Brautkind" somit den Namen des Vaters bekommen kann — aber nur durch Vermittlung der Mutter!

Rußland kann wegen seines eigenartigen Namensrechts kaum zum Vergleich herangezogen werden; dort bekommt das Kind den Familiennamen des Vaters, aber das (typisch russische) Patronymikon des Taufpaten.

Schweden: Regelmäßig ist der Muttername und zwar, wie nach B.G.B., der Mädchenname der Mutter; doch kann der Vater des Kindes oder der etwaige Gatte der Mutter dem Kind seinen Namen geben. (§ 1.) Das Wahlrecht des Kindes (oder der Mutter) hinsichtlich des Namens wird von den Motiven verpönt.

Dänemark im großen Ganzen ebenso (§ 11 Lov om börn.)

Norwegen: Dem Kinde (seinem gesetzlichen Vertreter) steht das Wahlrecht zu, ob es den Vater- oder Mutternamen führen will. Doch muß das Wahlrecht alsbald ausgeübt werden. Spätere Aenderungen sind nur nach den allgemeinen Grundsätzen über Namensänderung zulässig (§ 1 Abs. 2 Lov om barn etc.)

Der Standpunkt, den wir hier einzunehmen haben, ist eigentlich in der Hauptsache schon aus dem Vorhergehenden klar: da das Kind mit beiden Eltern durch Abstammung verwandt ist, hat es auch den Anspruch auf beider Namen. Nachdem es aber nur einen Namen führen kann, so entsteht die Frage: welchen von beiden? und wie ist die Entscheidung in dieser Sache zu treffen?

Zunächst möchte ich mich der Ansicht der schwedischen Motive (S. 79) anschließen, welche es für das Beste halten, wenn das Kind den Namen desjenigen Elternteiles führt, der es bei sich erzieht. Dies ist insoferne das Natürliche, als doch eine Familiengemeinschaft zwischen den Beiden besteht und eine Abweichung des Namens bis zu einem gewissen Grade nach außen auffällt. Von diesem Grundsatze möchte ich ausgehen und alles andere, die näheren Modalitäten der Namensbestimmung sowohl, als die notwendigen Ausnahmen, um ihn gruppieren.

Wird das Kind nach seiner Mutter genannt, so soll es deren derzeitigen — nicht ihren Mädchennamen führen.

Ein eigentliches Wahlrecht des Kindes (oder seines gesetzlichen Vertreters) kommt in diesem Rahmen nicht in Frage. Die Namensangelegenheit wird — wie die Frage der Erziehung und der elterlichen Gewalt — vom Vormundschaftsgerichte entschieden. Und zwar im Interesse des Kindes.

Damit ist natürlich klar, daß das dem Vater zugesprochene Kind schon bei seiner Geburt den Vaternamen bekommt, ihn also führt auch zu der Zeit, wo es sich noch bei seiner Mutter (oder in einer Kinderanstalt) befindet.

Wird das Kind keinem der beiden Elternteile zugesprochen — kommt es also in eine Anstalt oder fremde Familie, — so wäre dem Kinde das Wählrecht zuzugestehen, (auszuüben vom Vormund, der ja in diesem Falle immer zu bestellen ist) oder das Vormundschaftsgericht hätte zu bestimmen. Ich für meinen Teil bin, da es sich dort um eine möglichst im Interesse des Kindes gelegene Entscheidung handelt, mehr für das Bestimmungsrecht des Vormundschaftsgerichtes, als für das vom Vormund auszuübende Wahlrecht des Kindes. Die Beteiligten — auch der Vater — wären zu hören. Doch ist das schließlich eine Angelegenheit von untergeordneter Bedeutung.

(Die schwedischen Motive sprechen sich gegen das Wählrecht vor allem deshalb aus, weil es nach den übrigen Bestimmungen des Entwurfs von der Mutter als dem natürlichen Vormund des Kindes auszuüben wäre und diese es zu Ungunsten des Vaters mißbrauchen könnte. (Vgl. Sv. Mot. S. 80). Das käme, wie gesagt, bei uns nicht in Frage, da im Rahmen unseres Gesamtsystemes nur der bestellte Vormund für die Ausübung des Wahlrechtes in Betracht fiele.)

Nun ist allerdings die Frage, ob es tunlich sei, überhaupt dem Kinde gegen den Willen des Vaters dessen Namen zu geben. Die schwedischen Motive (S. 79) verneinen es, weil dadurch im Vater nur eine odiöse Stimmung gegen das Kind erzeugt werden könne. Ich bin anderer Meinung: wo überhaupt das Kind den Namen des Vaters gegen dessen Willen bekommen kann, da nimmt an sich der Vater keinerlei Interesse am Kind und es kann daher auch für das Kind ziemlich gleichgiltig sein, ob die Stimmung des Vaters ihm noch ungünstiger wird oder nicht. Anderseits aber kann die Führung des Väterlichen Namens von erheblichem Vorteil für das Kind sein; nicht nur im positiven sondern — vor allem — negativen Sinne; weil es dadurch dem Namen der Mutter entgeht, was sehr wichtig ist, wenn diese infolge ihres Lebenswandels in schlechtem Rufe steht. Sehr bezeichnend ist die Anschauung der Motive zum B.G.B. (S. 859), welche sich gegen die Annahme des Vaternamens a u c h m i t E i n w i l l i g u n g des Vaters, wenden, und zwar mit folgender Begründung: „Eine derartige, der familienrechtlichen Stellung des unehelichen Kindes widersprechende und die letztere **verdunkelnde** privatrechtliche Bestimmung ist nicht zu empfehlen." — „Verdunkelnd" — d. h. mit andern Worten: „Du mußt dir stets bewußt bleiben, daß du ein „Bankert" bist! Vergiß das ja nicht!" — Eine weitere Kritik erübrigt sich.

Es taucht nun die Frage auf, ob nicht gewisse Abweichungen von dem Grundsatze gemacht werden sollen, daß das Kind den Namen desjenigen Elternteils führen soll, in dessen Hand es steht. Es wäre nämlich der Fall denkbar, daß das Kind zwar bei seiner Mutter erzogen wird, weil die Erziehung beim Vater aus irgendwelchen Gründen unmöglich ist, daß aber erhebliche, mit der Führung des Vaternamens verbundene (soziale) Vorteile es wünschenswert machen, dem Kinde den Vaternamen zu geben. Da in Norwegen laut § 1 Abs. 2 des Lov om barn allgemein das Recht der Namens**wahl** besteht, so wird zweifellos dort der Fall oft eintreten, daß das Kind bei der Mutter erzogen wird, aber den Namen des Vaters führt. Die schwedischen Motive (S. 79) halten das für sehr unzweckmäßig und ich glaube ihnen beipflichten zu müssen. Die Verschiedenheit des Namens von Mutter und Kind kann dem Kinde m. E. jedenfalls mehr Schaden bringen, als ihm die bloße Namensgleichheit mit einem sozial noch so günstig gestellten Vater nützen kann. Denn wenn die soziale Stellung des Vaters wirklich von Nutzen für das Kind sein kann, dann nur dadurch, daß das Kind durch Lebensgemeinschaft mit seinem Vater an dessen sozialer Stellung unmittelbar Teil hat.

Eine nachträgliche Aenderung des einmal festgelegten Namens ist wohl grundsätzlich zu vermeiden und sollte wenigstens nur aus ganz triftigen Gründen erfolgen. Als solcher Grund kommt m. E. vor allem in Betracht: ein Wechsel in der elterlichen Gewalt. Das steht auch im Einklang mit unserem obersten Grundsatz: in wessen Hand, nach dessen Namen! Und zwar wäre bei Aufhebung der ursprünglichen elterlichen Gewalt eine gleichzeitige Namensänderunng nur dann angebracht, wenn das Kind in die elterliche Gewalt des **andern** Elternteiles übergeht. Wird eine neue patria potestas nicht begründet, sondern kommt das Kind nunmehr unter Vormundschaft, so soll es unbedingt den ursprünglichen Namen behalten.

Daß unter diesen Umständen eine spätere Umbenennung des Kindes nach dem Namen des Vaters auf dessen Antrag oder Einwilligung hin nicht in Frage kommen kann, ist klar. Es könnte wohl kein schwererer Fehler gemacht werden als die Benennung des Kindes nach dem Vater als eine besondere Gnade desselben hinzustellen. De natura hat das Kind einen **Anspruch** auf seines Vaters Namen; und wenn es in seinem Interesse liegt, ihn zu führen, so steht dem Vater keinerlei Recht zu, dagegen Einspruch zu erheben. Daß nach unserem

System doch gewissermaßen der gute Wille des Vaters allein dem Kinde den Vatersnamen verleiht, insoferne es ihn nur dann führt, wenn es bei ihm erzogen wird und dies (nach oben Gesagtem) nur bei Geneigtheit des Vaters geschieht — das sagt nichts gegen diesen Grundsatz; denn er ist nur das Ergebnis der rein praktischen Erwägung, daß es eben einerseits nicht im Interesse des Kindes liegt, bei einem Vater zu leben, der nichts von ihm wissen will, und daß es anderseits dem Kind nichts nützen kann, bei der Mutter zu leben und den Namen des Vaters zu führen.

Komplikationen können sich ergeben mit Rücksicht darauf, daß die familienrechtlichen Verhältnisse desjenigen Elternteils, dessen Namen das Kind führt, sich allenfalls nachmals ändern. Verheiratet sich der Vater, dessen Namen das Kind führt und bei dem es lebt, so tut das nichts zur Sache; denn der Vater ändert mit der Verehelichung seinen Namen nicht.

Wird das Kind nicht bei seiner Mutter erzogen, deren Namen es führt, sondern in einer Anstalt, so hat deren spätere Namensänderung bei einer etwaigen Verheiratung natürlich auch keine Bedeutung. Mutter und Kind treten ja in diesem Falle nicht als familiäre Einheit in Erscheinung; die Verschiedenheit des Namens fällt somit nicht auf.

Wie nun, wenn das Kind bei seiner Mutter lebt und diese verehelicht sich später? Wolf (S. 56) will in diesen Fällen — mit Genehmigung des Vormundschaftsgerichtes — Namensfolge des Kindes eintreten lassen. Was ihn auf den Gedanken bringt ist ja klar: das Kind soll nicht außerhalb der Familie stehen. Nun meine ich aber einerseits, daß man den Gatten der Mutter nicht ohne weiteres dazu zwingen kann, dem ihm fremden Kinde seinen Namen zu geben. Anderseits erhält ja auch das ersteheliche Kind einer Witwe oder geschiedenen Frau mit deren abermaliger Verheiratung nicht den Namen ihres zweiten Gatten. Die Verschiedenheit des Mutter- und Kindesnamens fällt auch, wenn die Mutter verheiratet ist, bei weitem nicht in dem Maß zum sozialen Nachteil des Kindes auf, als wenn sie alleinsteht.

Das Ideal ist natürlich: Adoption des Kindes durch den Gatten der Mutter. Damit ist ja nach § 1758 B.G.B. auch die entsprechende Namensänderung verbunden. Die Adoption soll für diese Fälle bedeutend erleichtert werden durch zweckdienliche Modifikation des § 1744 B.G.B. Auch sollte eine spätere Adoption — auch für den Fall, daß inzwischen eheliche Nachkommen sich eingestellt haben — durch Gewährung einer Ausnahme vom § 1741 B.G.B. freigestellt werden. Es mag hier besonders erwähnt sein, daß durch die Adoption die Unterhaltspflicht des unehelichen Vaters nicht erlöschen darf, was ja auch nach gegenwärtigem Rechte nicht der Fall ist, da die Alimente des unehelichen Vaters dem Adoptivvater gegenüber als Einkünfte im Sinne des § 1602 Abs. 2 B.G.B. gelten. Dies ist von Bedeutung insoferne, als die Notwendigkeit der Uebernahme der gesamten Unterhaltslast für den Gatten der Mutter ein schwerwiegendes Gegenmotiv gegen die Adoption bilden würde.

Ist eine Lösung der Namensfrage in dieser Weise schon sehr erleichtert, so könnte man von einer weiteren Regelung der Namensfrage als solcher in diesem Falle absehen: will der Gatte der Mutter deren Kind nicht adoptieren, so könnte man annnehmen, daß es am besten überhaupt aus dem Hause kommt und damit wäre die Annahme des Namens des Gatten der Mutter kaum noch aktuell.

Trotzdem mag die Bestimmung des § 1706 Abs. 2 Satz 2 bestehen bleiben. Von besonderer Bedeutung wird sie freilich nur dann sein, wenn die besprochene Adoptionserleichterung nicht durchgeführt wird. Nur würde ich die Einwilligung der Mutter fallen lassen, die nach genannter Bestimmung notwendig ist. Denn ich kann mir keinen Fall vorstellen, in dem die Namensänderung nicht von Vorteil für das Kind wäre, sodaß die Verweigerung der Einwilligung immer einen Mißbrauch der elterlichen Gewalt darstellen würde.

Keinesfalls aber darf die Verleihung des nunmehrigen Namens der Mutter etwa von der Einwilligung des Vaters abhängig gemacht werden; dies ist nach dem dänischen Gesetz § 11 Abs. 2 der Fall, wenn das Kind den Vatersnamen trägt, oder der Vater bereit ist, dem Kinde seinen Namen zu geben. Beide Fälle kommen ja für uns nicht in Betracht, da das Kind welches bei seiner Mutter lebt, niemals den Namen des Vaters führt.

Ist das Kind schon volljährig und damit der elterlichen Gewalt seiner Mutter und deren Familiengemeinschaft entwachsen, so kommt eine Namensänderung wohl gar nicht mehr in Frage. Sie hätte keinen Zweck mehr und könnte nur verwirrend wirken.

Eine besondere Frage könnte noch der Fall darstellen, daß eine verheiratete Frau ein außereheliches Kind bekommt. Der Fall ist ja wohl ziemlich selten — wenigstens wird er nur selten offenbar; ist das Kind während der Ehe geboren aber vor der Ehe empfangen, so liegen die Verhältnisse ebenso, wie in dem Fall, wo die uneheliche Mutter später eine Ehe eingeht — vorausgesetzt, daß der Mann bei Eingehung der Ehe von dem Zustande der Frau Kenntnis hatte. Wußte der Gatte von der Schwangerschaft nichts oder ist das Kind ehebrecherisch empfangen, so ergeben sich mehrere Möglichkeiten:

1. Der Mann läßt sich scheiden.

a) wenn im Urteil der Frau das Recht abgesprochen wird, den Namen des geschiedenen Mannes zu führen, so erhält das Kind den Mädchennamen der Mutter, den diese selbst wieder annimmt.

b) Die Frau behält nach der Scheidung den Namen des Mannes; dann mag ihn auch das Kind bekommen. Ihm ist es ein Vorteil den gleichen Namen wie die Mutter zu tragen und für den geschiedenen Gatten ist es wirklich recht gleichgiltig ob nun auch das Kind seinen (zugleich seiner Mutter!!) Namen führt oder nicht.

2. Der Mann läßt sich nicht scheiden; dann liegt Verzeihung vor und es wird darum sogar auch dem Manne — im Interesse der Vermeidung von Aufsehen — lieber sein, wenn das Kind seinen Namen hat. (Dabei sei beiläufig bemerkt, daß es meines Erachtens ein Unding ist, de lege die Erhebung der Ehelichkeitsanfechtungsklage beim Fortbestand der Ehe zuzulassen!)

Zwei Rechtsfolgen der unehelichen Vaterschaft bleiben uns nun noch zur Erörterung übrig: die wichtigste von allen, nämlich die Verpflichtung des Vaters zum Unterhalt und außerdem die Frage des Erbrechtes, die mit dem Unterhaltsproblem in so innigem Zusammenhange steht, daß wir sie erst nach diesem besprechen können.

Die Frage der Alimentation des unehelichen Kindes aber umfaßt eine solch erdrückende Menge von Stoff, daß wir sie nicht im Rahmen dieses Kapitels bewältigen können. Wir haben uns mit ihr im ganzen folgenden Abschnitt zu beschäftigen.

III. Abschnitt.

Die Pflicht zum Unterhalt des unehelichen Kindes.

1. Der Rechtsgrund der Unterhaltspflicht.

Aufgrund unserer eingehenden Untersuchungen über die familienrechtliche Stellung des unehelichen Kindes werden wir die Frage nach dem Rechtsgrunde der elterlichen (väterlichen und mütterlichen) Alimentationspflicht gegenüber dem unehelichen Kinde ohne weiteres damit beantworten: Der Rechtsgrund dieser Verpflichtung zum Unterhalte ist kein anderer, als derjenige, aus dem auch die ehelichen Eltern ihrem Kinde zum Unterhalt verpflichtet sind; er liegt in der durch die Abstammung begründeten Verwandtschaft.

Nicht für uns selbst also, sondern, um alle die vielen Systeme der Unterhaltspflicht richtig würdigen zu können, müssen wir uns zunächst die wesentlichsten Theorien über den Rechtsgrund der Alimentationspflicht des außerehelichen Vaters vor Augen führen.

a. Die Deliktstheorie.

Historisch an erster Stelle steht das Delikt als Rechtsgrund der Unterhaltspflicht des unehelichen Vaters. Wir könnten diese alte, längst überlebte Theorie ruhigen Gewissens in Schweigen begraben, wenn nicht aus ihrer Betrachtung sich anderweite interessante Folgerungen ergeben würden. Auch wird sie insoferne noch heute praktisch, als sie zwar nicht generell die Grundlage der väterlichen Unterhaltspflicht ist, aber einer ganzen Reihe neuerer Gelehrten als Ausgangspunkt für die spezielle Unterhaltspflicht der mehreren Beiwohner in jenen Fällen dient, wo die plures constupratores unter einer Decke steckten, um den Unterhaltsansprüchen aus der Vaterschaft zu entgehen. —

Die Voraussetzung für die Anwendbarkeit der Deliktstheorie wäre vor allem: daß der außereheliche Coitus ein Delikt ist. Daß wir das heute ohne weiteres verneinen müssen, ist selbstverständlich. Nicht so das kanonische und frühere gemeine Recht. Unter dem Einfluß der Kirche änderte sich die Anschauung über den außerehelichen Beischlaf, wie das römische Recht sie hatte, ganz wesentlich. Das römische Recht anerkennt den außerehelichen Verkehr ja sogar, indem es für ihn eine besondere rechtliche Form, den concubinatus, begründet. Dagegen betrachtet die katholische Kirche von ihrem ethischen Standpunkt aus die außereheliche Verbindung als eine Sünde und überträgt diese Ethik ganz und gar auch auf das von ihr gesetzte und gesprochene Recht.

Und diese Einflüsse waren von ungeheuer nachhaltiger Wirkung. Heute noch — wo wir längst die rechtliche Unhaltbarkeit solcher ethischer Erwägungen erkannt haben — spukt die Deliktstheorie noch in Gesetzen und gelehrten Köpfen.

Fragen wir uns ohne ethisches Vorurteil: kann rechtlich-dogmatisch der coitus extra matrimonium als Delikt angesehen werden, welches eine Haftung dem Kinde oder der Mutter gegenüber zu begründen imstande wäre?

Dabei müssen wir natürlich alle jene Fälle ausscheiden, wo der Schwängerer unter Anwendung verbotener Mittel (Gewalt, psychischer Zwang, Ausnützung der Unerfahrenheit etc.) die Frau zur Duldung des Beischlafes vermochte; hier tritt eine Haftung ex delicto ein — aber nicht in der Tatsache selbst beruht das Delikt sondern in den angewendeten Mitteln.

1. Zur Begründung einer Haftung ex delicto ist die erste Voraussetzung ein Rechtsverbot. Heute ist der außereheliche coitus nicht mehr verboten, also fehlt es bei uns schon an diesem Erfordernis. Aber auch zu Zeiten des gemeinen Rechtes, als die Deliktstheorie florierte, war sie doch nach Lage der Dinge fehlerhaft. Die Kirche belegte zwar den außerehelichen Beischlaf mit Kirchenbußen, der Staat mit sogenannten Forcinationsstrafen. Aber zur Begründung des Anspruchs gehört mehr als bloß ein mit Strafe bedrohtes Delikt. Es gehört dazu vor allem: daß durch das Delikt der Anspruchsberechtigte geschädigt worden sei.

2. Das Kind kann man unmöglich als durch die für seine Erzeugung kausale Beiwohnung geschädigt ansehen. Denn es lebte ja zur Zeit der „Deliktsbegehung“ noch gar nicht. Somit kann ihm auch ein Anspruch nicht zugestanden werden. Es wäre ja auch geradezu absurd: einen Menschen durch dieselbe Handlung, welche sein Leben überhaupt verursacht hat, zugleich in ebendiesem Leben als geschädigt anzusehen und ihm darum einen Ersatzanspruch zuzusprechen gegen den, der diese Handlung beging. Mit genau demselben Rechte — oder sogar mit besserem — könnte man dem erblich belasteten Kinde des syphilitischen Vaters gegen diesen einen Schadenersatzanspruch wegen — Körperverletzung geben.

Das Kind kann also niemals Träger eines Anspruchs ex delicto sein — selbst wenn wir den außerehelichen Verkehr als Delikt ansehen wollten.

3. Bliebe die Mutter. In der Tat gab und gibt es ja eine Reihe von Gesetzgebungen, welche nicht dem Kinde sondern seiner Mutter den Unterhaltsanspruch gegen den Vater zuerkennen. Und hier kommt der wundeste Punkt der Deliktstheorie, den ich aber in allen ihren vielen Widerlegungen seltsamerweise am wenigsten klar herausgestellt fand: Wenn der uneheliche Geschlechtsverkehr deliktisch ist, dann kann er es doch nicht ausschließlich für den Mann sein. Die Frau ist doch an der „deliktischen Handlung" genau so beteiligt, wie der Mann — vorausgesetzt, daß nicht dieser besondere Mittel der List oder Gewalt gebraucht hat. Ja, die gesellschaftssittlichen Anschauungen — und die der früheren Zeit noch mehr, als die der unseren — verurteilten nach dem Maßstabe der sogenannten doppelten Moral die Frau noch viel mehr als den Mann. Wie kann sie also einen Ersatzanspruch gegen den Mann erwerben, da sie doch Mittäterin beim Delikte war?

Beide zusammen aber dem Kinde gegenüber haften zu lassen ist undenkbar aus dem unter Ziff. 2 angegebenen Grunde. —

Trotz aller Ablehnungen, trotz der längst korrigierten und gewandelten Moralanschauungen kehrt aber doch sogar in den Motiven zu unserem B.G.B. der Gedanke des Deliktes wieder, wenn auch in der verblaßten Gestalt der „unsittlichen Handlungsweise". Und im Gesetz selbst kommt diese mittelalterliche Anschauung noch zum Ausdruck dadurch, daß dem unehelichen Vater in Ansehung der Erfüllung seiner Alimentationspflicht nicht die Einrede des Notbedarfes zur Seite steht. (vgl. § 1708 Abs. I. B.G.B.)

b. Die Theorie der Möglichkeit der Vaterschaft.

(Windscheid)

Windscheid geht in seinem Lehrbuch der Pandekten (Bd. II. § 475) von dem Gedanken aus, die uneheliche Vaterschaft könne niemals bewiesen werden. Vielmehr sei das Gesetz darauf angewiesen, gewisse, die Möglichkeit der Vaterschaft indizierende, Tatsachen solange als maßgebend für Annahme der gesetzlichen Vaterschaft anzusehen, bis der in Anspruch Genommene das Gegenteil beweist. Und darum beruhe auch die Alimentationspflicht gegenüber dem unehelichen Kinde auf der Möglichkeit der Vaterschaft.

Diese — teilweise auch in modernen Gesetzen vertretene — Theorie baut im Grunde auch auf dem Deliktsgedanken auf. Nicht so ganz unmittelbar freilich; daß aber der Deliktsgedanke im Hintergrunde steht, wird klar bei der Anwendung der Theorie auf die Beiwohnerschaft mehrerer. Und gerade die

Mitbeiwohnerschaft mehrerer Männer ist der Ausgangspunkt der Windscheid'schen Theorie.

Wenn — so argumentiert sie — eine ledige Frau ein Kind zur Welt bringt, und es kann festgestellt werden, daß in der physiologisch für die Konzeption in Frage kommenden Zeit ein bestimmter Mann ihr beigewohnt habe, so besteht die Möglichkeit, daß er der Schwängerer der Frau, also des Kindes Vater, sei. Es besteht die Möglichkeit; die Sicherheit nicht. Denn, selbst wenn der benannte Mann nicht die Beiwohnerschaft anderer behauptet, ist es doch nicht unmöglich, daß die Frau in der kritischen Zeit noch anderer Männer Umarmungen geduldet hat. „Pater semper est incertus". Darum könne von einer Vaterschaft im eigentlichen Sinne nicht gesprochen werden.

Hier liegt der logische Fehler, den wir schon oben bei Besprechung der familienrechtlichen Stellung des Kindes aufgedeckt haben. Incertus ist nämlich der Vater auch des „ehelichen Kindes"; denn auch die Ehefrau kann sich anderen Männern hingeben und von ihnen empfangen haben. Der Unterschied liegt nur in der Stärke der Präsumption. Es ist ein unheilvoller Fehler, zu verkennen, daß die äußeren, technischen Behelfe des Gesetzes auf den ihm zugrundeliegenden Gedanken keinen Einfluß haben können. Alles Beweisrecht (das sind technische Behelfe!) beruht nicht auf Gewißheit sondern auf Wahrscheinlichkeit. Wird man behaupten, der Verbrecher werde für die Möglichkeit oder Wahrscheinlichkeit seiner Täterschaft bestraft, — weil er auf Indizienbeweise hin verurteilt wird? Immer und überall schwebt dem Gesetze und dem anwendenden Richter das Ideal vor, die objektive Wirklichkeit zu erforschen und an sie die erforderlichen Konsequenzen anzuknüpfen. Aber immer und überall muß er sich damit begnügen, die Konsequenzen im Einzelfall an eine mehr oder minder hohe Wahrscheinlichkeit zu knüpfen. Je schwerer aber eine Tatsache der menschlichen Erforschung zugängig ist, desto unsicherer ist es, ob die Kriterien für ihr objektives Bestehen oder Nichtbestehen dem Einzelfalle gerecht werden oder nicht. Die Vaterschaft ist nun in einem Maße, wie nicht leicht eine andere Tatsache, der menschlichen Erkenntnis und Feststellung entzogen. Und darum ist der Gesetzgeber hier besonders vorsichtig. Gerade bei der unehelichen Vaterschaft, weil hier keiner ist, quem nuptiæ demonstrant. Er ist vorsichtig; aber irgendwie muß er sich an Indizien halten; doch deswegen zu behaupten, die Möglichkeit der Vaterschaft begründe das uneheliche Kindesverhältnis, ist ein Unding. Der einzelne uneheliche Vater ist nur möglicher (oder besser: höchstwahrscheinlicher) Erzeuger; aber generell und ideell sind die gesetzlichen Folgen geknüpft an die wirkliche, natürliche Vaterschaft, so gut sie sich eben für Menschenerkenntnis dartun läßt.

Genug: Windscheid ist der Meinung, das Gesetz baue hier unmittelbar auf der Möglichkeit einer Tatsache, anstatt auf der Tatsache selbst auf und er kommt folgerichtig zu dem Schluß: wenn es niemals sicher ist, daß ein bestimmter und bekannter Mann der Erzeuger des Kindes sei, so macht es keinen Unterschied, darf praktisch keinen machen, ob nun die Beiwohnerschaft mehrerer behauptet und festgestellt ist, oder nicht. So darf ich denn nie — auch wenn der als Vater bezeichnete Mann sich nicht auf einen anderen Beiwohner bezieht, — die Alimentationspflicht auf die Vaterschaft gründen, sondern auf die Möglichkeit ihres Bestehens.

Damit ist zugleich die Frage der exceptio plurium concumbentium gelöst: ist die mögliche Vaterschaft der Haftungsgrund, so haftet jeder Beiwohner als möglicher Vater auf die ganze Alimentation; sämtliche für die Dauer der Empfängniszeit in Frage kommenden Beischläfer der Mutter haften somit als solidarische Schuldner.

Und hier tritt das Deliktmoment zutage, das der ganzen Theorie versteckt innewohnt. Wenn ich die Möglichkeit der Vaterschaft hinsichtlich der Haftung entscheidend sein lasse, so ist das zivilrechtlich nicht zu begründen. Möglichkeiten führen nirgends im Zivilrecht zu Forderungen und Verpflichtungen. So muß denn Windscheid zur unerlaubten Handlung greifen und mit der Erfolgshaftung arbeiten, um eine Alimentationspflicht zu konstruieren. Die außereheliche Beiwohnung ist nach ihm eine unerlaubte Handlung. Sie bleibt solange ungerochen, als nicht ein Erfolg auftritt: nämlich derjenige der Schwängerung. In diesem Augenblick wird die „Strafe“ für die unerlaubte Handlung in Form der Alimentenhaftung aktuell.

Und nun kommt als Krönung des Gedankenganges: wenn die gleiche unerlaubte Handlung von mehreren Männern derart verübt wurde, daß eines jeden Handlung kausal für den Erfolg sein kann; d. h. wenn mehrere Männer den außerehelichen Beischlaf binnen der physiologischen Conzeptionszeit mit der gleichen Frau vollzogen haben, so haften sie alle — aus ihrer unerlaubten Handlung.

Windscheid selbst fühlt die Schwächen seiner Darstellung des außerehelichen Beischlafs als Delikt und versucht daher einen Beweis für die Delikteigenschaft des Stuprums. Aber er gelingt ihm nur mit Hilfe einer petitio principii: „was die Rechtsordnung verbietet, um für den Fall der Begehung eine dem Täter nachteilige Folge eintreten zu lassen, das ist Delikt. An den extramatrimonalen coïtus knüpft das Recht den Nachteil der Alimentationshaftung für den Stuprator; also liegt ein Delikt vor".

Aber: 1. Der außereheliche Beischlaf ist nicht verboten, sondern es ist nur eine Verpflichtung auf Alimentation eventueller Kinder damit verknüpft.

2. Nicht jede derartige Verpflichtung ist eine „nachteilige Folge" in Windscheids Sinn. Sonst müßte ich auch sagen: Die Eingehung der Ehe hat zur Folge, daß der Mann für den ehelichen Haushalt aufkommen muß: also ist die Eingehung der Ehe ein Delikt. Damit wären wir schon bei der Kontraktstheorie angelangt, zu der dann auch Grimmerthal notwendig kommt — ausgehend vom Gedanken der Möglichkeit der Vaterschaft.

Windscheid insinuiert also der Alimentenhaftung einen Straf-Charakter — um zu beweisen, daß der außereheliche Beischlaf ein Delikt sei.

Die Gesamthaftung der mehreren Konkumbenten ist nun — Windscheid selbst scheinbar nicht bewußt — weniger ein Ergebnis, als vielmehr die Wurzel der Theorie von der Möglichkeit der Vaterschaft; und so erklärt sich auch die sonderbare Discrepanz in der Auffassung von der Präsumptionskraft der Ehe und der Beiwohnung, wovon wir ja oben schon gesprochen haben.

Der Gedankengang ist nämlich — wieder eine petitio principii, eine Vorwegnahme des gewollten Ergebnisses: Jedes Kind muß versorgt werden. Wenn ein Kind von einer Ehefrau geboren wird, so hat es in deren Gatten eo ipso seinen Ernährer — auch wenn mehrere der Mutter beigewohnt haben sollten. Man kann in der Ehe einer exceptio plurium concumbentium aus dem Grunde keinen Raum geben, weil die Rechtsverwirrung heillos würde, wenn jeder betrogene Ehemann die Ehelichkeit eines Kindes seiner Frau mit der bloßen Behauptung der Beiwohnung eines anderen angreifen wollte. Um das durch die Ehe äußerlich gegebene Band zwischen dem Kind der Frau und dem Gatten zu zerreißen, bedarf es stärkerer Mittel: es muß der Beweis erbracht werden, daß der Ehemann unmöglich der Vater des Kindes sein kann. Ein solches Band besteht zwischen dem Kinde der ledigen Mutter und ihrem Beiwohner nicht. Das Kind würde also, — stünde ich auf dem Standpunkt der Vaterschaftstheorie, — im Falle der Mitbeiwohnerschaft mehrerer Männer keinen Ernährer haben — außer seiner Mutter. Um diese unangenehme Konsequenz zu vermeiden, kommt man zur Theorie der Möglichkeit der Vaterschaft, ohne zu bedenken, daß man damit auch die Ehe selbst zerstört; denn man müßte folgerichtig schließen: die prozessuale Beweisführung für und gegen die außereheliche Vaterschaft ist nicht zuverlässig. Gegen die

„eheliche“ Vaterschaft — d. h. gegen die Vaterschaft des Gatten am Kind seiner Ehefrau — wird eine prozessuale Beweisführung in den meisten Fällen gar nicht zugelassen. Wenn also der Rechtsgrund der Alimentationspflicht gegen das uneheliche Kind nur eine mögliche Vaterschaft ist, so ist erst recht das rechtliche Fundament der Verwandtschaft in gerader Linie nicht die eheliche Abstammung sondern — die Möglichkeit einer solchen: ein absorder Schluß!

Wir mußten uns mit dieser Theorie etwas eingehender befassen, denn sie ist diejenige, die heute noch die bedeutendste Rolle neben der Verwandtschaftstheorie spielt.

c. Die Theorie der Tatsache der Erzeugung (quasi ex contractu)

(Grimmerthal)

Grimmerthal empfand sehr deutlich die Schwächen der Windscheid'schen Theorie und versuchte nun in seinem Buch über „Den menschlichen Willen als Quelle aller obligatorischen Verbindlichkeiten“ darzutun, daß es sich nicht um einen rechtswidrigen Akt handle sondern einfach um einen Willensakt, der als konkludente Kontraktshandlung im Hinblick auf Eingehung einer Alimentationsverpflichtung anzusehen sei. von Schröter und Busch sind die Hauptanhänger Grimmerthals, dessen Theorie aber im Grunde doch auch nur eine Variation der Delikt-Theorie ist — allerdings unter geschickter Verdeckung deren juristischer Schwächen.

Schlüssig für den Quasikontrakt soll der Zeugungsakt sein; da kommen wir nun schon mit dem Willensmoment in Konflikt; denn ich kann den eigentlichen Zeugungsakt seines mysteriösen physiologischen Charakters halber gar nicht feststellen, sondern man ist auf den Beiwohnungsakt als Indiz angewiesen, der nicht immer — der nur in relativ sehr wenigen Fällen — den Erfolg der Zeugung herbeigeführt. Das tut denn auch Grimmerthal; er muß es, wenn er logisch durchkommen will.

Wer sagt mir denn, daß der Konkumbent die Zeugung gewollt habe? daß demnach die Beiwohnung als Willensäußerung für die Zeugung konkludent sei? Der Konkumbent selber sagt sicher das Gegenteil. Grimmerthal hilft sich mit der beim Konkumbenten notwendig vorhandenen Kenntnis des Zeugungsrisikos und mit der schönen Formel „. . . . wußte, oder wissen mußte!“ Also mit einer culpa lata. Damit steht er schon verhängnisvoll nahe beim dolus eventualis und beim Delikt.

v. Schröter freilich baut nicht mit diesen Mitteln weiter, sondern mit der Präsumption des Zeugungsaktes aus dem Akt der Beiwohnung. Wenn ein namentlich bekannter Mann mit der ledigen Mutter eines Kindes innerhalb der einrechnungsfähigen Zeit coïtiert habe, so sei diese Tatsache schlüssig dafür, daß sein Beiwohnungsakt oder einer der mehreren von ihm ausgeübten Beiwohnungsakte ein Zeugungsakt gewesen sei. Und der Zeugungsakt erst sei quasikontraktliche Handlung.

v. Schröters Präsumption ist rechtlich unhaltbar. Ich kann sagen (mit Grimmerthal) wer beiwohnte, der muß die Konsequenz in Form der Zeugung als verursacht durch den Willensakt der Beiwohnung auf sich nehmen. D. h. ich kann die præsumptio juris et de jure aufstellen: wer die Handlung X (Beiwohnung) begeht, der hat damit den Willen verbunden, zur Rechtspflicht Y (Alimentation) eventuell (wenn die Frau ein Kind zur Welt bringt), verhaftet zu sein. Aber niemals kann ich sagen: Wer die Handlung X (Beiwohnung) begeht, dem insinuiere ich die Absicht, daß diese Handlung in ihrem Erfolge den engeren Tatbestand Z (die Zeugung) erfülle; und aus dem Tatbestand Z verhafte ich ihn auf die Rechtspflicht Y (Alimentation).

v. Schröter mußte von vornherein den Begriff des Zeugungsaktes fallen lassen — weil er nicht zu fassen ist — und an seine Stelle den der Beiwohnung setzen. Dann könnte man aufgrund der Beiwohnung einen Quasikontrakt mit der Kindsmutter vermuten. Praktisch ist das auch der Fall bei v. Schröter. Er zieht wenigstens den logischen Schluß aus der Kontraktion durch Beiwohnung, indem er der Mutter den Alimentationsanspruch für das Kind als Gläubigerin zuspricht. Aufgrund des Zeugungsaktes könnte sie es nicht werden — so wenig wie der Mann sich ihr aus der Zeugung verpflichten kann: beide haben ja gar keine Ahnung davon, ob wirklich der von ihnen begangene Beiwohnungsakt ein Zeugungsakt sei.

Busch folgert rein historisch aus der Verpflichtung des concumbens auf Alimentation des liber naturalis nach der Novella 29 die Alimentationspflicht des Vaters — aus der Tatsache der Erzeugung. Diesen Anspruch erwirbt das Kind selbst — nicht seine Mutter — und er wird hinfällig durch die Konkurrenz mehrerer Konkumbenten. Busch ist also insoferne konsequenter, als die Tatsache der Erzeugung nur aktuell werden kann, zwischen Konkumbent und Kind der Konkumbentin, während, wie oben gezeigt, zwischen den beiden Beiwohnenden selbst nur die Beiwohnung von Bedeutung sein kann. Und — abermals konsequent — folgert er, die bei v. Schröter getadelte Präsumption des Zeugungsaktes aus der Beiwohnung vermeidend: wenn die Beiwohnung von mehreren Männern mit der gleichen Frau ausgeübt wurde, so kann ich nicht feststellen, wessen Beiwohnung zur Zeugung wurde; es bleibt somit in solchem Falle der Alimentationsanspruch des Kindes unrealisierbar; denn dem Schuldner muß bewiesen werden.

Mit Recht bemerkt Frauböse (S. 49/50): ein Fehler der Theorie der Tatsache der Erzeugung sei es, daß sie ihre letzte logische Konsequenz nicht zu ziehen wagt: nämlich die, daß sie letzten Endes auf der Verwandtschaft aufbaut — wogegen sie sich mit Händen und Füßen sträubt. Was ist denn „Tatsache der Erzeugung" anderes, als jener Akt, der die tatsächliche, natürliche Verwandtschaft zwischen dem Kind der Konkumbentin und ihrem Konkumbenten herstellt? — Ob nun beweisbar — also rechtlich-aktuell — oder undurchsetzbar, weil unsicher!?

d. Die Theorie der obligatio ex lege.

Man kann sich natürlich die Lösung aller rechtsphilosophischen Fragen sehr leicht machen, wenn man den gordischen Knoten mit Alexanders Schwert durchhaut. Dieses Schwert heißt hier: „obligatio ex lege".

Man schneidet alle Erörterungen ab mit dem einen Satz: „Ita lex est scripta." Die Verpflichtung zur Alimentation hat keinen weiteren Rechtsgrund als den: daß der Gesetzgeber ihre wirtschaftliche Notwendigkeit und rechtliche Billigkeit erkannt und darum das Gesetz entsprechend formuliert hat. Wenn der Staat als Legislator etwas dekretiert, so hat er nicht die Pflicht, dies durch dogmatische Begründunngen zu verantworten.

Diesen Standpunkt nimmt das englische Recht z. B. in unserer Frage ein; es ist aus seinem System keinerlei Rechtsgrund der Alimentationspflicht zu erkennen. Und auch Norwegen scheint mir in seinem Gesetze vom 10. 4. 15 auf ähnlichem Boden zu stehen. Wenngleich nämlich dort einerseits hinsichtlich der persönlichen Beziehungen zwischen Vater und unehelichem Kinde ein Verhältnis hergestellt ist, das nur aus Anerkennung der Verwandtschaft hergeleitet werden zu können scheint, so ist doch anderseits — dem gerade widersprechend — die Solidarhaftung mehrerer Mitbeiwohner ausgesprochen. Und unterhaltsberechtigt ist nicht das Kind, sondern die Mutter — woraus man schließen könnte, daß die Beiwohnung der Verpflichtungsgrund sei. Doch scheint mir eine andere Annahme mehr begründet: Die Mutter ist nur als natürliche Vormünderin des Kindes Trägerin seiner Unterhaltsansprüche. Das erhellt daraus, daß bei Ernährung des Kindes durch die Gemeinde diese gegenüber dem Vater in die Gläubigereigenschaft kommt. Ursprung dieser Unterhaltspflicht also ist tatsächlich die Verwandtschaft, während daneben, als selbständige Erscheinung, noch eine obligatio ex lege der mehreren Mitbeiwohner als Solidarschuldner auf den Unterhalt tritt. Dem entspricht auch die mehrmals gebrauchte Ausdrucksweise des Gesetzes: „far eller bidragspligtige" — d. h. „Vater oder Beitragspflichtiger", worin eine wesentliche Unterscheidung dieser beiden Kategorien von Unterhalts-Schuldnern zu erblicken sein dürfte.

Genug: Es gibt freilich in jedem Rechtssystem eine Anzahl von Bestimmungen, die rein wirtschaftlich-praktischen Erwägungen entspringen, die willkürlich sind und ebensogut anders lauten könnten; denen also keine philosophische Begründung zur Seite steht.

Das mag wohl angehen bei Bestimmungen mehr formaler, namentlich prozessualer Art. Aber in einer derartigen Frage scheint mir die Theorie der obligatio ex lege geradezu frivol zu sein. Die zur Diskussion stehenden Probleme sind denn doch zu sehr in sozialen, ethischen und physiologischen Böden verankert, als daß ohne jegliche Beachtung dieser Fundamente, ohne irgendeine philosophische Begründung mit einer obligatio ex lege zur Tagesordnung könnte übergegangen werden.

e. Die Theorie der Verwandtschaft oder Vaterschaft.

Alle vorangehend behandelten Theorien sind im Grunde nur Verlegenheitskonstruktionen. Man sah die Notwendigkeit der Alimentation des unehelichen Kindes durch seinen „Vater" oder einen, der es vielleicht sein könnte, sozial ein; aber man scheute vor dem natürlichsten Wege zurück: diese Verpflichtung, wie die des ehelichen Vaters, auf die Vaterschaft zu gründen. So erkünstelte man denn, in Spitzfindigkeiten sich überbietend — eine der oben kritisch zerpflückten Konstruktionen, kam aber dabei, wie wir ja sahen, stets im Kreise sich drehend über besser oder schlechter verkleidete petitiones principii nicht hinaus.

Die einzige Möglichkeit ist die, anzuerkennen, daß die Vaterschaft als solche die Unterhaltspflicht erzeuge. Schon in der Zeit des gemeinen Rechtes tauchte diese Erkenntnis da und dort auf. Ich will mich hier darauf beschränken, in dieser Hinsicht auf die Ausführungen bei Frauböse (S. 50—52) zu verweisen.

Wir können uns ja überhaupt hier sehr kurz fassen; denn wir haben die entsprechenden Ausführungen schon im Kapitel über die familienrechtlichen Beziehungen des unehelichen Kindes vorweg genommen.

Nur kurz fassen wir zusammen: pater semper incertus est; der eheliche sowohl, wie der uneheliche. Wie aber der Ehemann als der wirkliche Vater des Kindes betrachtet wird, mit dem seine Ehefrau schwanger geht, so kann auch, — nötigenfalls im prozessualen Weg — festgestellt werden, wer vermutlich, mit ebenso großer Wahrscheinlichkeit, der Vater des außerehelichen Kindes ist. Ausgenommen sind davon nur die Fälle, in denen entweder die Mutter selbst sich weigert, den Mann zu benennen, mit dem sie sexuelle Gemeinschaft hatte, oder jene, wo mehrere Männer binnen der Conzeptionsfrist den Beischlaf mit der Mutter ausübten.

Ist aber festgestellt, daß ein Mann im natürlichen Sinn der höchstwahrscheinliche Erzeuger des Kindes sei, so wird er damit vor dem Gesetz der wirkliche Vater.

Aus dieser wahrscheinlichen von Rechts wegen als wirklich anerkannten, natürlichen Verwandtschaft leitet auch das B.G.B die Alimentationspflicht des außerehelichen „Vaters" ab. Freilich in der Weise, daß die Verwandtschaft als solche, d. h. als Rechtserscheinung geleugnet wird. Die natürliche Blutsgemeinschaft bleibt doch das ausschlaggebende Moment. (Auf entgegenstehende Ansichten kommen wir noch zu sprechen.)

Es war der Grundfehler aller früheren Theorien, daß sie die Tatsache der Nichtanerkennung der gesetzlichen Verwandtschaft zwischen unehelichem Kind und Vater mit der Negierung der Blutsgemeinschaft überhaupt identificierten. Sehr wohl kann der Gesetzgeber aus einem tatsächlichen Verhältnis generell gewisse Konsequenzen folgern, kann sie aber für bestimmte Gruppen von Fällen ausschalten, wie er in diesem Fall für die Fälle der unehelichen Abstammung die gesetzliche Verwandtschaft ausgeschaltet hat.

Daß dies die Ideenfolge des B.G.B. war, ist klar aus einer Reihe von Indizien ersichtlich: Der mutmaßliche uneheliche Erzeuger wird „Vater" genannt — also mit der für die Blutsbande geb auchlichenn Bezeichnung. — Die Regelung der Unterhaltspflicht erfolgt im familienrechtlichen Abschnitt des B.G.B. Und am deutlichsten weist § 1589 II B.G.B. darauf hin: er sagt geflissentlich: „das uneheliche Kind und sein Vater gelten nicht als verwandt" (d. h. sie sind es eigentlich — von Natur; aber als Gesetzgeber ziehe ich daraus nicht die sonst mit der Verwandtschaft verbundenen Konsequenzen.) (Vgl. auch Motive S. 868).

Daß diese Halbheit des B.G.B. zu tadeln, daß sie geradezu die Quelle der Hälfte alles sozialen Elendes der Unehelichen ist, haben wir ja schon genugsam erörtert.

2. Die Unterhaltspflicht im Einzelnen.

a. Die Person des Alimentationspflichtigen.

Nach dem B.G.B. steht der außereheliche Vater in keinem gesetzlich anerkannten verwandtschaftlichen Verhältnis zu seinem Kinde. Er „gilt“ als Vater, d. h. es werden unter ausdrücklicher Negierung einer eigentlichen Vaterschaft gewisse Beziehungen vom Gesetze statuiert; nämlich (abgesehen von der Legitimation durch nachfolgende Ehe) das Ehehindernis des § 1310 B.G.B. und die Unterhaltspflicht des § 1708 B.G.B. Diese Beziehungen sind nur anerkannt als Einzel-Rechtsfolgen aus der durch die uneheliche Vaterschaft vermittelten rein natürlichen (nicht gesetzlichen) Verwandtschaft. Hierin liegen alle Komplikationen und Widersprüche des Unehelichen-Rechtes unseres B.G.B. beschlossen: daß die Verwandtschaft — welche doch mit der Form der Abstammung gar nichts zu tun hat, sondern einfach auf der durch die Tatsache der Abstammung gegebenen Blutsgemeinschaft beruht, — vom Gesetze nur anerkannt wird, wenn sie durch die gesetzlich autorisierte Form der Abstammung (nämlich die eheliche) vermittelt ist; daß aber anderseits doch das Gesetz sich gezwungen sieht, gewisse Rechtsfolgen der anerkannten Verwandtschaft auch hier als Einzelerscheinungen eintreten zu lassen und sie mit der „natürlichen Verwandtschaft“ zu begründen. Genug — wir haben uns darüber schon hinreichend im Kapitel über die Verwandtschaft verbreitet.

Das B.G.B. also erklärt im § 1708 B.G.B. den außerehelichen Vater als unterhaltspflichtig in erster Linie aufgrund der bloßen „natürlichen Verwandtschaft“; die dem Kinde gesetzlich anerkanntermaßen verwandte uneheliche Mutter hingegen ist dem Kind nur subsidiär zum Unterhalt verpflichtet. Welchen logischen Nonsens dieses Verhältnis darstellt, ist von vornherein jedermann klar; den rechtlichen Verpflichtungen des Vaters stehen keinerlei Befugnisse gegenüber; diesen Punkt bitte ich besonders zu beachten als ethischen Faktor: entspringt für den Vater aus seiner Unterhaltspflicht keinerlei korrespondierendes Recht, so muß sich ja in ihm die Auffassung festsetzen, seine Unterhaltsleistung sei eine Art Postnumerandobezahlung für den genossenen sexuellen Verkehr; — eine Anschauung, die weder der sexuellen Ethik, noch auch dem Wohle des Kindes förderlich sein kann.

Umgekehrt lastet auf der außerehelichen Mutter von gesetzeswegen primär keinerlei finanzielle Pflicht — während sie allein Rechte am Kinde hat, — wenn auch geringere, als die eheliche Mutter.

Die **Rechte** am Kinde haben wir schon früher zwischen Vater und Mutter nach dem Interesse des Kindes und nach Gerechtigkeit abzugrenzen versucht. Erfüllen wir nun die gleiche Aufgabe hinsichtlich der finanziellen Verpflichtungen.

Vergegenwärtigen wir uns nun einmal zuerst die Rechtslage hinsichtlich des Unterhalts des **ehelichen** Kindes.

Für das eheliche Kind kommt in erster Linie der Vater auf. § 1606 II B.G.B. Und zwar deshalb, weil der Vater mit Eingehung der Ehe die Pflicht zur Tragung der Kosten des gemeinsamenn Haushaltes übernimmt. Der Grund, warum also dem ehelichen Kinde der eheliche Vater primär unterhaltspflichtig ist, liegt nicht in seiner **Vaterschaft** — denn § 1601 und § 1602 Abs. 2 B.G.B. erklären ohne Unterschied beide Eltern für unterhaltspflichtig; der Grund liegt in den Rechtsfolgen der Ehe, da nach § 1360 B.G.B zunächst der Mann seiner **Frau** zum Unterhalt verpflichtet ist, diese also ihrerseits nicht wieder dem ehelichen Kinde Unterhalt leisten wird. Vielmehr könnte dieser Fall erst eintreten, wenn der **Mann** wegen seines Unvermögens laut § 1360 Abs. 2 B.G.B. von der Frau den Unterhalt verlangen könnte. Ganz klar wird das aus dem § 1389 I B.G.B., der für den Fall des Bestehens des gesetzlichen Güterstandes dem Mann die Tragung der Kosten des ehelichen Aufwandes aufbürdet.

Aus diesen Tatsachen geht ganz unzweideutig hervor: aus der Abstammung an sich — abgesehen von dem Bestehen einer Ehe — werden die beiden Aszendenten gemeinsam dem Abkömmling zum Unterhalte verpflichtet. Und das ist auch das Natürliche.

Es ist damit gezeigt, wie unrichtig der von den Motiven zum B.G.B. — S. 882 — vertretene Standpunkt ist; die bezüglichen Ausführungen lauten:

> „Die primäre Unterhaltspflicht des Vaters entspricht nicht nur dem bestehenden Recht in weitem Umfange, sondern ist auch innerlich begründet. Der Vater eines unehelichen Kindes muß insoweit dem Vater eines ehelichen Kindes gleichgestellt werden. Zwar ist die Sachlage insofern nicht die gleiche, als die Bestreitung des Unterhalts für die ehelichen Kinder zu den ehelichen Lasten gehört und als der eheliche Vater den Genuß des Frauen- und Kindesvermögens und der häuslichen Dienste der Ehefrau, wie des Kindes, bezw. gegen die Ehefrau einen Anspruch auf einen angemessenen Beitrag zur Tragung der ehelichen Lasten hat. Allein bei dem ehelichen, wie bei dem unehelichen Vater ist entscheidend, daß im sozialen, wie im Rechtsleben der Mann vor dem Weibe steht und

derselbe zunächst berufen ist, dasjenige zu verdienen und zu beschaffen, was nottut, und zwar gilt das hier umsomehr, als die Mutter durch die für das Kind unentbehrliche Pflege vielfach an der Entfaltung ihrer Erwerbskraft gehindert wird."

Diese Ausführungen bieten eine Fülle von Angriffspunkten, an deren Hand wir dem Kern der Sache erheblich näherrücken können.

1. Der Gesetzgeber kann doch nicht umhin, zuzugeben, daß zwischen dem ehelichen und dem unehelichen Kindesverhältnis ein großer Unterschied ist. So sehr er aber in anderen Punkten — vor allem in Ansehung der familienrechtlichen Stellung des Kindes — diesen Unterschied in den Vordergrund stellt, ja wider alle Natur übertreibt, so sorgfältig ist er hier bemüht, ihn als unwesentlich darzustellen.

2. Und gerade hier wäre der Unterschied das Wesentliche; denn es handelt sich um eine wirtschaftliche Frage. Die — von den Motiven anerkannten und hier besonders hervorgehobenen — Diskrepanzen zwischen ehelicher und unehelicher Vaterschaft aber sind gerade ebenfalls wirtschaftlicher Art. Denn wir haben soeben dargelegt, daß die wirtschaftlichen Folgen der Ehe es sind, welche dem ehelichen Vater die primäre Unterhaltspflicht gegenüber dem Kinde überbürden. In der Verquickung der sexuellen und wirtschaftlichen Beziehungen von Mann und Frau zu Gunsten einer entsprechenden Sicherung der Nachkommenschaft liegt ja gerade ein Hauptelement des Wesens der Ehe, um derentwillen sie vom Staate protegiert wird. Und in dem Mangel dieser Korrespondenz der sexuellen und wirtschaftlichen Beziehungen beim außerehelichen Verkehr liegt der soziale Hauptgrund, weshalb der außereheliche Verkehr gesucht wird. Nur innerhalb der Ehe gilt die Uebernahme der wirtschaftlichen Verantwortung durch den Mann — nur innerhalb der Ehe kann sie gelten.

3. Den künstlichen und sophistischen Deduktionen der Motive liegt eine ganz auffallende und von uns noch öfter zu beobachtende Erscheinung zugrunde: Auf der einen Seite liegen beim Gesetzgeber gewisse — sagen wir familienpolitische — Hemmungen vor, welche ihn davon abhalten, die logischen Folgerungen aus der natürlichen und für das Gesetz eigentlich bindenden Tatsache der Abstammung zu ziehen. Der Gesetzgeber sieht im Innern selbst ein, daß er damit sowohl dem unehelichen Kinde als auch seiner Mutter bitteres Unrecht tut. Und um dies Unrecht halbwegs wieder auszugleichen, stellt er sich in den wirtschaftlichen Fragen auf einen outrierten Billigkeits-Standpunkt.

„Die Frau ist der wirtschaftlich schwächere Teil." — „Die Mutter ist durch ihre Mutterschaft an sich an der Betätigung ihrer Erwerbskraft verhindert." Dies sind dann die Scheingründe, mit denen das Gesetz die von ihm selbst geschaffenen Härten zu mildern und so sein Gewissen zu beschwichtigen sucht.

Dabei wird nicht bedacht, daß die Frau durchaus nicht immer der wirtschaftlich schwächere Teil ist; und ebensowenig, daß an anderer Stelle die Motive selbst zugeben, die Mutter sei durch die Erziehung des Kindes meist nicht von ihrem Erwerbsleben abgehalten, weil sie das Kind bei ihren Eltern oder bei fremden Leuten unterbringt.

Man darf nicht immer nur an jene Fälle denken, welche die ungünstige Lage der unehelichen Mutter zu beleuchten geeignet sind. Es gibt nicht nur außereheliche Verhältnisse zwischen jungen Kaufleuten, Studenten usw. einerseits und armen Ladenmädels oder Dienstmädchen anderseits. Weit mehr Fälle (das sahen wir ja) gibt es, wo beide Parteien den unteren sozialen Schichten angehören; und nicht ohne weiteres wird man da den Mann als den wirtschaftlich Stärkeren bezeichnen können. Der ungelernte Arbeiter, oder der Soldat, der mit einer Kellnerin ein Verhältnis hat, ist zweifellos wirtschaftlich minder günstig gestellt, als diese. Und endlich muß man doch auch daran denken, daß es einmal umgekehrt sein kann: beide Teile gehören einer höheren sozialen Schicht an und das Mädchen ist von Haus aus finanziell besser gestellt, als der Mann, der vielleicht noch keinen Beruf hat und darum auf seine genau vorberechneten knappen Einkünfte angewiesen ist. Von dem nachgerade abgeschmackt gewordenen Beispiel der „jungen Gräfin und des Hauslehrers" möchte ich gar nicht erst sprechen. Wenn auch diese extremen Fälle insofern kaum je aktuell werden, da eben hier eine Alimentationsklage nicht anhängig gemacht wird usw., so genügt doch die Tatsache, daß ihr Aktuellwerden möglich ist, um die Unsinnigkeit des Grundsatzes der alleinigen Unterhaltshaftung des Vaters zu erweisen.

Wirtschaftliche Inferiorität und Absorption durch die Erfüllung der Mutterpflichten können im Einzelfall vorliegen; und dann müssen sie natürlich — in diesem Einzelfall — bei Verteilung der finanziellen Lasten berücksichtigt werden. Aber sie sind keine generellen Tatsachen, können darum auch nicht als rechtspolitische Basis für die generelle Regelung der Unterhaltspflicht dienen.

Aehnlich ist es mit dem berühmten Schlagworte von der „Verantwortung des Mannes" und vom „verführten Mädchen, das mit dem Kinde dasitzt." Die sexuelle Verantwortung sowohl, als die Verantwortung für die Nachkommenschaft ist auf beiden Seiten gleich. Ja auf der weiblichen Seite sogar — wenigstens nach meiner Ueberzeugung — größer als auf der männlichen. Denn bei der Frau sind die sexuellen Hemmungen sicher im Durchschnitt von Natur und durch jahrhundertelange Erziehung entwickelter, als beim Mann. Und gerade die körperliche Inanspruchnahme der Frau durch Austragung und Geburt des Kindes, — eine Tatsache als Aequivalent zu der die alleinige Unterhaltspflicht des Mannes so gerne dargestellt und gefordert wird — gerade das muß für die Frau eine ganz besondere Hemmung bilden, für die im Manne eine Entsprechung nicht vorhanden ist. Es erscheint mir geradezu lächerlich, als Gegengewicht gegen diese in der natürlichen Ordnung liegenden Lasten der schwangeren Frau dem an der Schwängerung „schuldigen" Manne durch die gesetzliche Ordnung eine wirtschaftliche Last aufbürden zu wollen; zumal die Natur selbst — was über jeden Zweifel erhaben ist, — schon einen gewissen Ausgleich herbeigeführt hat, nicht nur dadurch, daß auch der sexuelle Genuß bei der Frau ungleich höher ist, als beim Manne, sondern auch durch die Mutterfreude, die zu einer wahrhaften innerlichen Erfüllung der ganzen Psyche führt, während doch die Vaterfreude von Natur sich mehr auf den „Vaterstolz" beschränkt; nicht, weil der Mann etwa psychisch minderwertig wäre, sondern aufgrund des Naturgesetzes.

Und was das „verführte Mädchen" anlangt, so glaube ich daran einfach nicht als an eine so allgemeine Erscheinung, wie namentlich weibliche Tendenzschriftsteller es hinzustellen bestrebt sind. E. v. Liszt hat m. E. vollkommen recht mit seiner Behauptung: „Die Frau ist solange psychisch aggressiv, bis der Mann physisch aggresiv wird." Und in diesem Momente des Zurücktretens in die passive Haltung, nachdem der männliche „Angriff" absichtlich provoziert wurde, liegt das ganze Geheimnis des weiblichen Reizes, liegt aber auch die Wurzel aller weiblichen Gemeinheit.

Es ist nicht wahr, daß der Mann der sexuell überlegene Teil sei und darum die Konsequenzen allein tragen müsse, soweit sie nicht von Natur notwendig der Mutter zufallen. Vor 100 oder 200 Jahren mag man vielleicht so gedacht haben. Heute denken wir nicht mehr so. Die weibliche Emanzipationsbewegung (und nicht sie allein sondern unsere ganzen sozialen und wirtschaftlichen Verhältnisse) haben die Grundlagen des sexuellen Werbens und Zusammenlebens verschoben. Die Frauen wollen nicht mehr das schwache, vom Mann geführte und — verführte Geschlecht sein; und sie sind es auch in der Tat nicht mehr. Sie arbeiten, haben Berufe wie der Mann; die sozialen Hemmungen und Engungen, welche die Frau lange Zeit wirklich als den schwächeren — oder besser: passiven Teil erscheinen ließen, sind in den obersten und unteren Schichten mehr und mehr weggefallen; in der Bourgeoisie, deren Frauen am außerehelichen Verkehr prozentual wohl noch den geringsten Anteil haben, beginnen sie sich zu lockern. Die Frau fordert auch sexuelle Initiative; sie will nicht mehr im alten Sinn gewählt, gewonnen werden. Sie will ihrer eigenen Wahl Ausdruck geben in einem Maße, das die Frau bei Anknüpfung eines ehelichen oder unehelichen Verhältnisses als dem Manne gleich aktives Element erscheinen läßt. Anstelle des „Genommenwerdens" tritt eine freie Uebereinkunft zweier ihr Geschick selbst bestimmender Menschen. Die Frau wächst auch nicht mehr, wie früher, in einer Atmosphäre der Prüderie unter dem Glassturz auf; sie ist sexuell aufgeklärt und darum sexuell selbständig und selbstverantwortlich. Sie kann sich nicht mehr auf jene „Unkenntnis dieser Dinge" berufen, die früher zu den weiblichen Tugenden gehörte. Man kann der Frau also von diesem Gesichtspunkte aus kein Vorrecht einräumen, da sie sich selbst durch die Emanzipationsbewegung „aus der Klasse der Haustiere" — um ein Schlagwort der Emanzipation zu brauchen — herausgehoben hat zum gleichberechtigten — also auch gleichverpflichteten — Menschen.

Die Natur beruft beide Aszendenten gleichermaßen zur Sorge für den gemeinschaftlich gezeugten Nachkommen. Dieser oberste Satz steht meines Erachtens unerschütterlich fest. Und er muß von einem auf gesunder Basis beruhenden Gesetze als solcher anerkannt werden.

In der Tat haben auch die meisten ausländischen Gesetze den Grundsatz der gemeinschaftlichen Alimentationspflicht anerkannt, wenn auch im Einzelnen nach ganz verschiedenen Gesichtspunkten.

Am reinsten scheint mir die gemeinschaftliche Haftung durchgeführt zu sein in Rußland und Norwegen, wo die Solidarität unzweideutigen Ausdruck findet. Annähernd so auch in Dänemark. Im norwegischen Gesetz kommt das doppelt zum Ausdruck. Einmal allgemein in dem § 1 Abs. I. Lov om barn etc., wo es heißt: „Barn, hvis forældre etc. . . har samme retsstilling i forhold til faren som i forhold til moren". Unmittelbar aber ist es gesagt im § 2 Abs. I a. a. O.: „Barnet har ret til at faa opfostring b a a d e a v s i n f a r o g a v s i n m o r". Ebenso verhält sich das neue schwedische Gesetz; es sagt in seinem § 3 Abs. I „Barnet njute a v f ö r ä l d r a r n a uppehälle och uppfostran . . .' Aehnlich unzweideutigen Ausdruck findet die Solidarität der unehelichen Eltern auch in der russischen Novelle von 1902. — Das dänische Gesetz (§ 1 Lov om bórn etc. und Forordning av 14. 10. 1763) neigen schon etwas mehr zu der Auffassung, die Verpflichtungen des Vaters beruhten in einer Beitragsleistung.

Dies ist — naturgemäß — auch der Standpunkt jener Länder, in denen man zwar den Vater pekunär mehr als bei uns heranzieht, jedoch der Mutter allein oder vorwiegend die persönlichen Rechte am Kinde vorbehält. Also vor allem in Finnland, in Ungarn und in der Schweiz. (Art. 319, Z.G.B.)

Das gänzlich unsoziale englische Recht legt die finanziellen Lasten in erster Linie der Mutter auf, während der Vater nur mit einem begrenzten Beitrag herangezogen werden kann. Aber nicht etwa entsprechend der Tatsache, daß die Mutter auch erhebliche Rechte auf's Kind hätte. Wir haben ja schon oben erwähnt, daß das uneheliche Kind in England völlig familienlos dasteht.

Das Richtige dürfte der norwegische Modus sein, beide Eltern grundsätzlich zur gemeinsamen Alimentation des Kindes heranzuziehen. In welcher Weise die Verteilung der Lasten im Einzelnen gerecht erfolgen kann, haben wir hier noch nicht zu untersuchen. Vorher muß erst der Umfang der Unterhaltspflicht festgelegt sein.

Die Tatsache, daß nach dem B.G.B. der Vater allein die gesamte Alimentation des Kindes trägt, ist kaum geeignet, das Verantwortungsempfinden der Mutter besonders zu stärken. Man wird zwar sagen, die Mutter habe ja Gelegenheit genug, in Ausübung der ihr zustehenden persönlichen Obsorge für das Kind ihre mütterliche Aufopferung zu bewähren; — viel mehr, als durch den Aufwand von ein paar Groschen. Nun — wie es oft genug mit dieser mütterlichen Aufopferung sich verhält, das wissen wir leider aus Erfahrung. Und am besten wissen es die Vormünder, — sofern sie gewissenhaft genug sind, sich um ihre Mündel zu kümmern. Das Kind wird möglichst schnell auf Flaschennnahrung gesetzt und dann zu Kosteltern gegeben, worauf man es seinem weiteren Schicksal überläßt. Und wenn auch meist der vom Vater zu leistende „volle Unterhalt" gering genug ist, die Koststelle ist manchmal doch n o c h billiger, sodaß womöglich noch etwas übrig bleibt. Zahlt aber die Mutter wirklich noch etwas dazu, so ist das doch kein praktischer Ersatz für die hier geforderte Mitverpflichtung der Mutter zum Unterhalt. Denn es ist ein großer Unterschied, ob die Zuschußleistung nur eine lästige Notwendigkeit ist, der man sich fügt, „um den Balg vom Hals zu haben", oder ob sie, vom Gesetze festgelegt, allmählich in's mütterliche Verantwortungsbewußtsein eindringt.

Es ist aber klar, daß wir nicht nur Mutter und Vater auf dem Boden der Solidarität zum Unterhalt des Kindes heranziehen müssen, sondern daß dementsprechend auch die weitere Subsidiaritätsordnung des B.G.B. geändert werden muß. Nach dem B.G.B. ist die Haftungsfolge bekanntlich: Vater — Mutter — mütterliche Großeltern — Staat. Da aber nach unserem

System das uneheliche Kind auch mit der Vatersfamilie verwandt ist, so ergibt sich ganz von selbst folgendes Bild der Haftungsfolge:

1. Vater und Mutter zusammen,
2. Vater o d e r Mutter allein (beim Ausfall eines der beiden).
3. Väterliche und mütterliche Großeltern.
4. Väterliche o d e r mütterliche Großeltern allein.
5. Der Staat.

Das heißt also: Zunächst haften Vater und Mutter gemeinsam. Fällt eines von beiden aus, dann hat der andere Elternteil die Verpflichtungen des ausfallenden mitzuübernehmen. Ist er dazu nicht imstande, so müssen noch die Eltern des ausgefallenen Elternteiles herangezogen werden. Sind beide Kindes-Eltern als Ernährer fortgefallen, so springen die beiden Großelternpaare gemeinsam ein, oder, beim Ausfall eines der beiden, das andere allein.

Es ist nur allenfalls die Frage, ob man nicht die Unterhaltspflicht der Aszendenten zweiten Grades auf die Eltern desjenigen Elternteiles beschränken soll, bei dem die Erziehung erfolgt, da nur sie einen Kontakt mit dem Kinde haben. Doch scheint es mir angebracht, hier weniger auf die tatsächlichen familiären Beziehungen als auf die gesetzliche Verwandtschaft Rücksicht zu nehmen, die für beide Großelternpaare gleichermaßen gegeben ist. Dies scheint allerdings im Widerspruch mit der familienrechtlichen Unterhaltspflicht zu stehen, wie sie für das eheliche Kind gilt. Dort haftet der Vater v o r der Mutter für den Unterhalt des Kindes (§ 1606 II B.G.B.) und die Großeltern treten erst ein beim Ausfall b e i d e r Eltern. Dies hat seinen Grund darin, daß Mann und Frau eine Familie bilden, für deren gesamten Unterhalt der Mann aufzukommen hat und eine Wirtschaftseinheit, deren Repräsentation beim Tode des Mannes auf seine Frau übergeht. Das uneheliche Kind steht gleichzeitig in zwei Familien, in der seiner Mutter und seines Vaters. Da beide untereinander durch nichts verbunden sind, da außerdem die Mutter nicht durch ihre häusliche Arbeitskraft, ihr Vermögen oder ihren Erwerb an der Tragung der Gesamtkosten beteiligt ist, so ist es unumgänglich notwendig ihr eine Unterhaltspflicht n e b e n dem Vater — nicht wie in der ehelichen Familie n a c h ihm — aufzuerlegen.

Darum auch müssen die Großeltern vonseiten des durch Tod oder Leistungsunfähigkeit ausfallenden Elternteiles in die Unterhaltshaftung pro rata ihres Abkömmlings eintreten — auch b e i L e b z e i t e n und bei Leistungsfähigkeit des anderen Elternteiles.

b. Der Umfang der Unterhaltspflicht.

1. Der quantitative Umfang.

Haben wir die alleinige Heranziehung des außerehelichen Vaters zur Unterhaltsleistung für das Kind als fehlerhaft und ungerecht erkannt, so können wir uns doch anderseits nicht der Einsicht verschließen, daß das B.G.B. mit der Bestimmung seines § 1708 den Interessen des unehelichen Kindes in keiner Weise gerecht wird — aber auch nicht denen des Vaters.

Da sich der vom Vater zu leistende Unterhalt einzig nach der Lebensstellung der Mutter richtet, so ist natürlich das Kind umso ungünstiger gestellt, je tiefer die soziale Stufe der Mutter ist. Die allenfalls günstigere finanzielle Lage des Vaters kommt dem Kinde in keiner Weise zugute. Die Entwürfe zum B.G.B. hatten ja überhaupt nur eine Verpflichtung des Vaters zum notdürftigen Unterhalt seines Kindes vorgesehen. Betrachten wir das als Ausdruck einer Tendenz, so mag schon hieraus zum Teil die wenig weitgehende Verpflichtung des Vaters sich erklären. Eine zweite Erwägung führt tiefer: da das B.G.B. unter allen Umständen nur der Mutter Rechte an der Person des Kindes gewährt, so war es folgerichtig, das Kind auch — in einem veränderten, modernen Sinne — „dem Stande der Mutter folgen zu lassen", d. h. seine Unterhaltsansprüche überhaupt nicht nach dem Vermögen dessen zu berechnen, der sie zu decken hat, sondern nach dem Lebens-Standard derjenigen Klasse, welcher die Mutter — mithin auch das Kind selbst — angehört. Wenn ich mit dem B.G.B. anerkenne, daß das uneheliche Kind zu seinem *Vater* einzig durch die Alimentation selbst, zur Vaters*familie* überhaupt in keiner Verbindung steht, dann ist an dieser Regelung *logisch* nichts zu beanstanden. Aber die Anschauungen haben eine Wendung erfahren. Es ist ja geradezu lächerlich, *was* vor dem Kriege normalerweise als Unterhalt des Kindes galt. Der Durchschnitt waren 20 Mark im Monat. Und auf dem Lande kam es vor, daß der Bauernknecht seinem mit einer Stallmagd oder Gütlerstochter gezeugten Kind 8 Mark im Monat bezahlte. Während des Kriegs — unter dem Einfluß der Geldentwertung — hat man ja schon eingesehen, daß diese Sätze weitaus zu niedrig sind.

Einerseits wird die Rechtlosigkeit des außerehelichen Vaters gegenüber seinem Kinde als ungerecht empfunden, insbesondere im Hinblick darauf, daß er — wenigstens vor dem Gesetz — allein für den Unterhalt aufzukommen hat. Auf der anderen Seite argumentiert man zugunsten des Kindes: *wenn* der Vater einen persönlichen Einfluß auf die Entwickelung und das Schicksal des Kindes *hätte*, so könnte er mit einem angemesseneren Betrage zum Unterhalt herangezogen werden. Und das letzte muß den Ausschlag geben.

Anderseits aber ist zu erwägen: wir sahen schon oben, warum man dem Vater allein die ganze Unterhaltslast aufbürdete; nämlich vor allem in dem Gedanken, er sei durchgehends der wirtschaftlich leistungsfähigere Teil. Halten wir das zusammen mit der Tatsache, daß der Unterhaltsbetrag sich nach der Lebensstellung der Mutter bemißt, so kommen wir zu einem wenig befriedigenden Ergebnis: ist einmal zufälligerweise der Vater der sozial und wirtschaftlich inferiore Teil, so haftet er unter Umständen auf einen Betrag, den er niemals zu leisten imstande ist, während die in guten Verhältnissen lebende Mutter von gesetzeswegen zu nichts verpflichtet ist, solange der Vater nur überhaupt zahlt. Dieser glatte Nonsens wird aber noch in's Absurde gesteigert durch die Tatsache, daß dem außerehelichen Vater bei Ableistung seiner regulären Unterhaltspflicht nicht einmal das beneficium competentiae des § 1603 Abs. I B.G.B. zugebilligt wird. (Vgl. auch Hirsch „Rechtsverh. der unehel. Kinder" S. 24.) Wir stehen also kopfschüttelnd vor der sonderbaren Tatsache, daß der eheliche Vater, wenn er mit Rücksicht auf seinen standesgemäßen Unterhalt zur Unterhaltung seines Kindes außerstande ist, nach § 1603 II B.G.B. die verfügbaren Mittel gleichmäßig für sich und das Kind zu verwenden hat; daß dagegen in solchem Falle dem unehelichen Vater Rock und Hemd ausgezogen werden können, während die Mutter des Kindes erst dann einspringen muß, wenn er absolut leistungsunfähig wird. Noch mehr! Die Motive zum B.G.B. betonen immer wieder, daß die eheliche Familie zu bevorzugen sei. Wo bleibt nun hier die Rücksicht auf eine etwaige Familie des Mannes? Es kann in der Tat dahin kommen, daß Frau und eheliche Kinder nichts mehr zu essen haben, weil der Mann nicht genug verdient, um sie und das uneheliche Kind zu versorgen. Und, hat er schon für seine eigene Person nicht die Einrede des Notbedarfes, so hat er sie natürlich auch nicht in Ansehung seiner anderweiten Unterhaltsverpflichtungen. Eine geradezu hanebüchene Konsequenz! Und ebenso ist es mit der Einrede des § 1611 B.G.B. (Vgl. Staudinger, Anmerkg. 6 zu § 1708 und Motive IV 890.) Das uneheliche Kind kann durch keinerlei exzessives Verhalten seiner Unterhaltsansprüche verlustig gehen, wie es doch beim ehelichen der Fall ist.

Dies ist ein Punkt, auf den näher hinzuweisen ich mich nicht enthalten kann: es scheint hier, wie auch in anderen Einzelheiten beinahe der Schluß gerechtfertigt, daß das B.G.B. die Unterhaltspflicht des außerehelichen Vaters doch nicht rein aus der natürlichen Verwandtschaft herleitet. Denn sicherlich müßte es sonst logischerweise die für den Unterhaltsanspruch des ehelichen Kindes geltenden Einschränkungen auch hier anerkennen. Ich sage: logischerweise. Der Fehler liegt eben darin, daß die ganze Frage der Unehelichen, wie schon mehrmals erwähnt, im B.G.B. ganz unlogisch behandelt ist. Zweifellos muß die Ablehnung der Einreden der §§ 1603 und 1611 B.G.B. dem irreführenden Gedanken Nahrung geben, es sei vielleicht doch die Vorstellung des Quasideliktes aus der Basis des Unterhaltsanspruchs des unehelichen Kindes gegen seinen Vater noch nicht ganz ausgemerzt.

Die Bedenken, welche die Motive zum B.G.B. (Bd. IV S. 896, 897) gegen eine Berücksichtigung der Leistungsfähigkeit des Vaters bei Bemessung des Unterhaltsbetrages anführen, sind schon nahezu humoristisch zu nehmen. Es heißt da: „Wenn man die Höhe der Unterhaltspflicht von der Leistungsfähigkeit des Vaters abhängig macht, so wäre das Gesetz für eine große Zahl von Personen, besonders für die Fabrikbevölkerung, nicht geschrieben.“ — Damit sagt der Gesetzgeber rund heraus, daß er die wirtschaftliche Ueberlastung des unehelichen Vaters in den Fällen, wo dieser sehr schwach bemittelt ist, bewußt will — was ein vernünftiger Gesetzgeber doch unmöglich wollen kann. Daß er aber anderseits nicht das Bedürfnis hat, den vermögenden Unterhaltsschuldner seinen Verhältnissen entsprechend zu belasten. — Einer der unsozialsten Gedanken, die überhaupt von einem Gesetzgeber geäußert werden können!

Die Verpflichtung des unehelichen Vaters kann doch niemals soweit gehen, daß er für sein uneheliches Kind mehr leisten muß, als er für ein eheliches tatsächlich aufwenden kann, oder — falls er eines hätte — aufzuwenden gehalten wäre. Und dahin kommen wir, wenn wir den wirtschaftlich schwächeren unehelichen Vater nach der Lebensstellung der Mutter haften lassen. Auf der andern Seite ist die Verwandtschaft zwischen Vater und Kind vom B.G.B. zu wenig beachtet; es ist ungerecht, das Kind — welches seines unehelichen Vaters Abkömmling kraft gleichen Naturgesetzes ist, wie seiner Mutter — von dem etwaigen gehobenen sozialen Stande, von den wirtschaftlichen Fakultäten des Vaters so gar keinen Vorteil genießen zu lassen.

Betrachten wir zunächst die einzelnen Systeme der Unterhaltsbemessung nach ihren Hauptgrundsätzen, um dann auf dieser Grundlage ein eigenes Urteil gewinnen zu können! Dabei ist zu beachten, daß wir es nunmehr nicht mit der Unterhaltspflicht des Vaters sondern mit den Unterhaltsansprüchen des Kindes zu tun haben — ohne zunächst zu erörtern, wer für diese Ansprüche aufzukommen hat.

Die weitaus meisten ausländischen Gesetze haben ja schon die Fehlerhaftigkeit des deutschen Grundsatzes erkannt und die Konsequenzen daraus gezogen. Im Einzelnen sind die Maximen folgende:

Dänemark: Maßgebend ist in erster Linie die Lebensstellung der Mutter als Norm. Die untere Grenze bildet der Betrag, der für die Unterbringung in einem guten Kinderheim der betreffenden Gemeinde zu zahlen wäre. Die obere Grenze ist gegeben durch den etwas vagen und schwer widerzugebenden Begriff: „almindelig gode Middelkaar". (Etwa: „guter Durchschnitts-Standard".) (§ 1 Abs. 2 lov om börn.)

Ungarn: Nach dem Stande der Mutter unter Berücksichtigung des Erwerbs und Vermögens des Vaters.

Rußland: Ebenso.

Holland: Hier ist maßgebend der Bedarf des Kindes, das Vermögen des Vaters (unter Berücksichtigung seiner sonstigen Unerthaltsverpflichtungen); nicht aber kommt in Frage der Stand der Mutter. (Art. 344c Abs. 1 burg. wetb.) (Natürlich wird der Stand der Mutter indirekt doch hereinspielen, und zwar bei Bemessung des Bedarfes des Kindes. – Dies nur vorgreiflich!)

Schweden: Nach Maßgabe der Leistungsfähigkeit beider Eltern. (§ 3 Abs. 1 lag om barn etc.) Dabei sind für Bemessung der „Leistungsfähigkeit" — laut den Motiven S. 97/98 maßgebend: Vermögen, Einkommen, Arbeitskraft und Unterhaltspflichten gegen andere Unterhaltsberechtigte.

Norwegen: Hat ein ganz eigenartiges und m. E. nicht ganz widerspruchfreies System; der § 2 Abs. 2 lov om barn etc. lautet nämlich: „Det (sc. barnet) skal opdrages og utdannes efter farens vilkaar, men efter morens, om det er hende, som har bedst raad. Dets opfostring iövrig bör ske under hensyntagen til den bedststilledes ökonomiske vilkaar."

[Das Kind soll erzogen und ausgebildet werden nach den Verhältnissen des Vaters; jedoch nach denen der Mutter, wenn sie über die reichlicheren Mittel verfügt. Der sonstige Unterhalt hat zu erfolgen nach Maßgabe der Lebensbedingungen des bessergestellten Elternteils.]

Man unterscheidet also einen rein körperlichen, materiellen Unterhalt und die Aufwendungen für Erziehung und Unterricht. Die Ernährung usw. geschieht schlechthin nach den Verhältnissen des in der günstigeren Lebenslage befindlichen Elternteils, während für Erziehung und Unterricht zunächst als Norm die Verhältnisse (nicht Vermögensverhältnisse, sondern Lebens-Stellung!) des Vaters angenommen werden. Nur, wenn die Mittel der Mutter eine bessere, als die der Lebensstellung des Vaters entsprechende Erziehung ermöglichen, soll sich die Erziehung danach richten. Die Ausdrucksweise des Gesetzes ist so unklar, die Rechtslage, die es schafft, durch die

Art der Kombination von Lebensstellung und Wirtschaftslage so verwickelt, daß man den Paragraphen nicht gerade als gesetzestechnisches Meisterwerk bezeichnen kann. —

Allerdings sind die soziale Lebensstellung der Eltern und ihre Vermögensverhältnisse die beiden Maßstäbe, die uns für die Bemessung des Gesamtumfangs des Kindesunterhalts gegeben sind. Wir können entweder einen dieser Maßstäbe allein oder beide in Kombination als ausschlaggebend ansehen und bekämen so eine ganze Reihe von Möglichkeiten, da wir jeweils die Verhältnisse des Vaters einerseits und der Mutter anderseits für sich allein oder in ihrem Zusammenhalte entscheidend sein lassen können.

Aber die Kombination der Maßstäbe kann einerseits nicht mit dem mathematischen Schematismus des norwegischen Gesetzes erfolgen und muß anderseits klarer sein, als es dort der Fall ist.

Halten wir uns nochmal vor Augen, daß unser Endziel ist, das uneheliche Kind womöglich an der sozialen Stellung des bessersituierten Elternteiles teilnehmen zu lassen.

Es ist schon der Vorschlag gemacht worden (Kluckhohn in der Zeitschr. f. Rechtspfl. in Bayern 1919, S. 211 ff.), dies unter Beibehaltung des allgemeinen Grundsatzes unseres B.G.B. dadurch herbeizuführen, daß man das Unterhaltsmaß des § 1708 Abs. I B.G.B. als ein Minimum betrachtet und dazu den Verhältnissen des Vaters entsprechende Zuschläge, jedoch höchstens bis zum Doppelten des Minimalbetrages zuläßt. Damit meint man, eine Angleichung an die Verhältnisse des wirtschaftlich besser gestellten Vaters erreichen zu können. Die — unter Umständen günstigeren — Verhältnisse der Mutter wären ja schon nach dem gegenwärtigen Stande des Gesetzes ausschlaggebend, da sich ja der vom Vater zu leistende Unterhalt nach dem Stande der Mutter richtet. Aber da sind doch Einwendungen zu machen: 1. das derzeitige Normalmaß — welches dann als Minimum zu gelten hätte, — ist so niedrig, daß auch in seinem Duplum eine entsprechende Angleichung an s e h r günstige Verhältnisse des unterhaltspflichtigen Vaters nicht erblickt werden kann. Jedenfalls wäre eine derartige Regelung der Unterhaltspflicht doch nur halbe Arbeit. Warum denn, wenn man schon die Verhältnisse des Vaters in Rücksicht ziehen will, doch wieder eine Einschränkung zugunsten des Vaters machen, die im concreten Falle mit seinen Verhältnissen in Widerspruch stehen kann? Solange freilich das Kind ausschließlich zu seiner Mutter in familienrechtlichen Beziehungen steht, ist eine gewisse Zaghaftigkeit bei Erweiterung der väterlichen Unterhaltspflicht begreiflich, ja angebracht.

2. Mit der Befolgung des erwähnten Vorschlages wären die Mißstände der gegenwärtigen Rechtslage nur nach einer Seite hin gemildert: insoferne der wohlhabende Vater mehr als bisher herangezogen würde. Dagegen würde nichts an der anstößigen Tatsache geändert, daß der minderbemittelte Vater unter Gefährdung seiner Existenz die dem gehobenen Stande der Mutter entsprechenden Alimente zu leisten hätte.

Wir müssen von anderen Gesichtspunkten aus und etwas radikaler vorgehen. Die Richtlinien haben wir schon durch unsere bisherigen Erörterungen an die Hand bekommen: Vater und Mutter haften zusammen. Und wie der für den Unterhalt des ehelichen Kindes maßgebende Lebens-Standard die Resultante aus den väterlichen und mütterlichen Mitteln ist, so muß grundsätzlich der Durchschnitt aus den väterlichen und mütterlichen Verhältnissen auch das Niveau der Unterhaltsansprüche des unehelichen Kindes darstellen.

Ich sage grundsätzlich; denn es liegt auf der Hand, daß wir mit einem derart mathematischen Ergebnis die vielen Varianten der Wirklichkeit nicht treffen können, daß solch eine Norm immer nur abstrakt bleiben kann. Darum halte ich alle die vorhin aufgezählten und kurz skizzierten ausländischen Systeme für mehr oder minder verkehrt, umso verkehrter, je straffer sie in ihren Konturen sind, je weniger Spielraum sie der Beurteilung des Einzelfalles gewähren.

Die einzige Möglichkeit besteht m. E. darin, zu sagen: „die Unterhaltsansprüche des unehelichen Kindes gegen seine Eltern richten sich nach deren Lebensstellung und Leistungsfähigkeit, nach den Bedürfnissen des Kindes sowie nach den sonst erheblichen Verhältnissen des Einzelfalles."

Das Gesetz müßte dann natürlich exemplifizierend aufführen, was als „Bedürfnisse des Kindes und sonst erhebliche Verhältnisse" anzusehen sei.

1. Die Bedürfnisse des Kindes werden zweifellos beeinflußt durch seine somatische Verfassung. Wir haben darin nicht nur etwa zu erblicken einen Fall der „außerordentlichen" d. h. über die Normaldauer ausgedehnten Unterhaltspflicht des § 1708 Abs. II B.G.B. Kränklichkeit oder Gebrechen bedingen nicht nur eine Fortdauer des Unterhaltsbedürfnisses —, sondern unter Umständen auch eine Erhöhung des Bedarfes an sich. — Davon im Zusammenhang mit der Dauer der Unterhaltspflicht noch mehr.

2. Auch die Anlagen und Talente des Kindes können seinen Bedarf erhöhen. Es ist klar, daß die Deckung dieses nicht notwendigen Bedarfes vollkommen von der Leistungsfähigkeit der Unterhaltspflichtigen abhängig gemacht werden muß. Aber

man ersieht daraus, daß bei gleicher wirtschaftlicher Lage und bei gleichen sozialen Stufenverhältnissen der Eltern deren Verpflichtungen im Einzelfall doch verschieden sein können. Das schwedische Gesetz hat zwar den durch die Anlagen des Kindes etwa angezeigt erscheinenden Mehrbedarf berücksichtigt, jedoch nicht quantitativ sondern nur zeitlich; es ordnet in seinem § 3 Abs. 2 an, daß über die obere Altersgrenze hinaus Unterhalt zu gewähren sei, wenn „die Anlagen des Kindes und die sonstigen Umstände" — gemeint ist laut Motiven vor allem die Leistungsfähigkeit der Eltern — „dafür sprechen, daß dem Kinde eine weitere Ausbildung zuteil werden solle." — Ich halte es für glücklicher, schon in der Fassung des Gesetzes zum Ausdruck zu bringen, daß auch das Quantum des zu leistenden Unterhaltes durch den besonderen Bedarf des Kindes mitbestimmt wird.

3. Ganz besonders aber ist auf andere „erhebliche Verhältnisse" Bedacht zu nehmen, die sozial und familienpolitisch sehr stark ins Gewicht fallen.

Wir erinnern uns des von uns aufgestellten und begründeten Prinzipes, das Kind solle durch Vereinbarung der Eltern mit Genehmigung des Vormundschaftsgerichtes oder unmittelbar durch vormundschaftsrichterlichen Entscheid einem der beiden Elternteile in patria potestas und zur Erziehung überantwortet werden.

Kommt das Kind zu seinem Vater, so wird es natürlich von diesem nach seinen Verhältnissen und in seinem Stande erzogen. Das ist so selbstverständlich, daß man gar nicht darüber zu sprechen braucht; denn es ist ja geradezu der Zweck der Anordnung. Wie aber dann, wenn das Kind bei seiner Mutter bleibt, diese jedoch sozial bedeutend unter dem standard of life des Vaters steht? An sich könnte man ja — theoretisch gesprochen — das Kind bei seiner armen Mutter ganz gut nach den Verhältnissen des reichen Vaters erziehen. So ist es ja auch vom norwegischen Gesetze gedacht, wenn es im § 2 Abs. 2 für den Unterhalt des unehelichen Kindes schlechtweg die Verhältnisse des günstiger gestellten Elternteils als maßgeblich bezeichnet. Aber nicht ohne Grund äußert der schwedische Gesetzgeber in seinen Motiven (S. 94) gegen diese Art der Unterhaltsregelung Bedenken: wenn das Kind bei seiner in beschränkten Verhältnissen lebenden Mutter nach den Mitteln eines reichen Vaters aufgezogen werden soll, so werde dadurch unter Umständen eine Kluft zwischen Mutter und Kind geschaffen, die zu der Notwendigkeit führen könne, der Mutter das Kind fortzunehmen. — Ich möchte diesen Gedanken noch erweitern: es ist m. E. geradezu unmöglich, den norwegischen Grundsatz bei großen wirtschaftlichen Unterschieden zwischen Vater und Mutter durchzuführen. Wie sollte denn vermieden werden, daß dann nur ein Teil der vom Vater gewährten reichlicheren Mittel dem Kinde selbst zugute käme? Wenn wir es kraß ausdrücken wollen: Kann man die Mutter vor eine Schüssel Kartoffeln setzen, während das Kind mit Braten gefüttert wird? Aber andernteils sind doch die Alimentationsbeiträge des Vaters für das Kind da und nicht für Mutter und Kind zusammen! Aus diesem Grunde ist es wohl das Wünschenswerteste, in solchen Fällen das Kind gleich dem bessergestellten Elternteile zuzusprechen; wo dies aus irgendwelchen Gründen nicht angeht und auch Erziehung in fremder Hand nicht in Frage kommt, muß auf andere Weise ein Ausgleich geschaffen werden: das Kind lebt dann bei der Mutter und mit ihr, d. h. es teilt auch ihren allgemeinen Lebens-Standard. Die Mehrleistungen des Vaters, die er aufgrund seines günstigen Vermögens-Standes macht, sind dann in anderer Weise zu verwenden. Entweder das Kind kann dadurch in die Lage gesetzt werden, einen gelehrten Beruf zu ergreifen — falls seine Anlagen dafür sprechen; oder, wenn das nicht der Fall ist, können die Ueberschüsse angesammelt werden, um so dem Kinde, falls es ein Knabe ist, das Kapital zur gewerblichen Selbständigkeit, wenn es ein Mädchen ist, eine Mitgift zur Verfügung stellen zu können.

Wir sehen also, daß das — sonst trefflich ausgestaltete — norwegische System doch bedeutender Modifikationen bedarf.

Keinesfalls aber darf man sich durch die eben geschilderten möglichen Unzuträglichkeiten verleiten lassen, überhaupt die Unterhaltsansprüche nach den Verhältnissen des erziehenden Elternteiles zu bemessen, so daß es in den unserm obenerwähnten Typus entsprechenden Fällen — einfach beim alten bliebe. Das wäre eine sehr ungerechte Folgerung. Es soll dem Kinde — auch wenn es in der niedrigeren wirtschaftlich-sozialen Sphäre seiner Mutter aufwächst, — doch der soziale Aufstieg erleichtert werden; noch einen besonderen Grund gegen die Unterhaltsbemessung nach den Verhältnissen des erziehenden Elternteiles möchte ich erwähnen: weiß der wohlhabende Vater, daß durch Belassung des Kindes bei der minderbemittelten Mutter seine Verpflichtungen auf deren Lebensmaßstab herabgedrückt werden, so ist das für ihn ein Motiv, mit seiner Bereitschaft zur Uebernahme des Kindes zurückzuhalten; damit ist aber, wie wir sahen, die Frage der Erziehung beim Vater schon negativ entschieden — und das gerade in einem von den Fällen, wo die sozialen Interessen die Erziehung beim Vater besonders wünschenswert machen.

4. Weiterhin kommt natürlich auch in Frage der Ort, an dem das Kind erzogen wird. Das norwegische Gesetz hat darum für den Unterhaltsbeitrag des Vaters, der nach Minimen begrenzt ist, eine Unterscheidung zwischen Stadt- und Landge-

meinden getroffen. (Vgl. § 20 Abs. 2 norsk lov om barn etc.). Eine ähnliche Bemerkung macht Schuhmacher schon für das geltende deutsche Recht in den Zentr.-Bl. f. Vorm. Wes. Bd. 6 S. 69. Eine besondere Anführung dieses Umstandes im Gesetz halte ich aber für unnötig. Wird das Kind bei einem der Elternteile erzogen, so stellen die Preisverhältnisse des Erziehungsortes einen Faktor der Verhältnisse des erziehenden Elternteiles dar und sind somit in diesen schon berücksichtigt. Kommt das Kind in eine Anstalt, so hat sich eben das Unterkunftsentgelt nach dem aus den sämtlichen Faktoren als billig sich ergebenden Unterhaltsbetrage zu richten.

Wir hätten somit unserer oben niedergelegten Formulierung hinzuzufügen:

„Bei Bemessung der persönlichen Bedürfnisse des Kindes ist insbesondere Rücksicht zu nehmen auf den allgemeinen körperlichen Zustand des Kindes, auf kränkliche Veranlagung oder sonstige Gebrechen.

„Unter sonstigen erheblichen Verhältnissen sind vor allem zu verstehen etwa vorhandene Anlagen des Kindes, die eine besondere berufliche, wissenschaftliche oder künstlerische Ausbildung angezeigt erscheinen lassen. Die Lebensverhältnisse des erziehenden Elternteiles sind hinsichtlich der Verwendung der zu Gebote stehenden Mittel insoferne zu beachten, als die allgemeine Lebenshaltung des Kindes mit der des erziehenden Elternteiles in Einklang stehen soll. Die in Ansehung dieser Vorschrift sich ergebenden Ueberschüsse sind zur Begründung der Lebensstellung des Kindes bereit zu halten."

Ferner wäre noch erläuternd zu bemerken:

„Bei Bemessung der Leistungsfähigkeit der Eltern sind außer Vermögen, Einkommen und Erwerb auch die etwa sonst noch bestehenden Unterhaltsverpflichtungen in Betracht zu ziehen."

2. Die Dauer der Verpflichtung zur Alimentation.

Nach unserem B.G.B. § 1708 I hat das uneheliche Kind normalerweise bis zur Vollendung seines 16. Lebensjahres Anspruch auf Unterhalt gegen seinen Vater. Mit diesem Augenblick hört die Unterhaltspflicht grundsätzlich auf. Aber § 1708 Abs. II B.G.B. hat doch eine Ausnahme von diesem Grundsatze gemacht.

„Ist das Kind zur Zeit der Vollendung des 16. Lebensjahres infolge körperlicher oder geistiger Gebrechen außerstande, sich selbst zu unterhalten, so hat ihm der Vater auch über diese Zeit hinaus Unterhalt zu gewähren; die Vorschrift des § 1603 Abs. I findet Anwendung". (Diese Bestimmung konnte übrigens erst ab 1. 1. 1916 praktisch werden, da Art. 908 E. G. B. B.G.B. für die vor Wirksamkeit des B.G.B. geborenen Unehelichen die bisherigen Bestimmungen über den Unterhalt aufrecht erhält.)

Die Voraussetzungen für diese ausgedehnte Unterhaltspflicht sind also:

1. Gebrechlichkeit des Kindes beim Uebertritt in das 17. Lebensjahr.

2. Erwerbsunfähigkeit infolge dieses Gebrechens.

3. Bedürftigkeit des Kindes. (Nach Kommentar der Reichsgerichtsräte, Bemerkung III. zu § 1708 B.G.B.)

4. Leistungsfähigkeit des Vaters — infolge Verweisung auf § 1603 [1] B.G.B.

Die Rechtslage ist demnach folgende: ist das Kind bei Uebertritt in das 17. Lebensjahr gebrechlich und deshalb erwerbsunfähig, ist es ferner bedürftig, d. h. hat es keine außerhalb des Arbeitsverdienstes liegenden Einkünfte, ist endlich der Vater imstande zu fortgesetzter Unterhaltsleistung, ohne seinen standesgemäßen Unterhalt zu gefährden, so hat er das uneheliche Kind weiterhin zu unterhalten und zwar unbegrenzt lange — bis zum Wegfall einer der vier oben genannten Voraussetzungen. Liegen beim Eintritt in das 17. Jahr die sonstigen Erfordernisse vor, ist jedoch zu diesem Zeitpunkte die Bedürftigkeit des Kindes oder die Leistungsfähigkeit des Vaters nicht gegeben, so ruht die väterliche Pflicht zum fortgesetzten Unterhalt solange, bis die fehlende Voraussetzung eintritt. Hingegen kann wunderbarerweise nach dem klaren Wortlaut des Gesetzes und nach unserer mit dem deutlich ausgesprochenen Willen des Gesetzgebers übereinstimmenden Rechtssprechung die fortgesetzte Unterhaltspflicht nicht später aufleben, wenn die Gebrechlichkeit oder die Erwerbsunfähigkeit zwar nicht beim Uebertritt des Kindes in das 17. Lebensjahr vorliegen, wohl aber später eintreten. D e r n b u r g (Bd. IV. S. 323 und C r o m e (Bd. IV. S. 557) treten dieser Auffassung allerdings entgegen und behaupten das Aufleben der fortgesetzten Unterhaltspflicht beim nachträglichen Eintritte ihrer Voraussetzungen. Sie stützen sich dabei auf den sozialen Sinn der Bestimmung. Allein mit Recht lehnt die Praxis mit der erdrückenden Mehrzahl der Kommentare und Systeme diese Anschauung ab. Kein Zweifel, daß eine derartige Regelung im höchsten Grade unerwünscht ist; doch ist die bessere praktische und soziale Erkenntnis dem „ita jus est scriptum“ gegenüber machtlos. Gleicher Ansicht ist auch Schwarz. (S. 57.)

Es bestehen also folgende Unterschiede zwischen der normalen Unterhaltspflicht des § 1708 [1] und der außerordentlichen des § 1708 [2]:

1. Die außerordentliche Unterhaltspflicht ist von der Bedürftigkeit des Berechtigten abhängig. (Vgl. § 1603 [2] letzter Satz.)

2. Sie tritt nur ein, wenn der Verpflichtete leistungsfähig ist. (§ 1603 [1].) Dabei sind nicht nur die standesgemäßen Bedürfnisse des Verpflichteten, sondern auch seine sonstigen Unterhaltsverpflichtungen in Rechnung zu ziehen.

3. Der Unterhalt richtet sich nicht mehr nach dem Stande der Mutter, sondern nach dem Stande des berechtigten Kindes selbst, wie sich aus dem Hinweis auf § 1603 B.G.B. indirekt ergibt. (Vgl. auch Korn in Gruchots Beiträgen, S. 790 ff.)

Wir können damit über die Frage des außerordentlichen Unterhaltsanspruches nach geltendem Rechte hinweggehen; denn aus unseren bisher vertretenen Anschauungen geht schon hervor, daß keinesfalls der gegenwärtige Modus aufrecht erhalten werden kann. Nachdem wir den Bedarf des Kindes als einen der den Umfang der Unterhaltspflicht quantitativ bestimmenden Faktoren anerkannten, müssen wir seine Maßgeblichkeit auch für die Dauer der Pflicht anerkennen.

Ehe wir unsere Forderungen entwickeln, wollen wir uns die moderneren fremden Systeme kurz vor Augen führen:

Holland: Normaldauer der Unterhaltspflicht bis zur Erreichung der Volljährigkeit. (art. 344 a burgerl. wetboek.) Sie bleibt aber darüber hinaus bestehen, wenn das Kind wegen Gebrechlichkeit unfähig ist, sich selbst zu erhalten.

Schweiz: Die obere Altersgrenze ist das vollendete 18. Lebensjahr. (Art. 319 Z.G.B.) Doch kann die Unterhaltspflicht schon früher endigen, wenn das Kind schon früher ein seiner Lebensstellung entsprechendes selbständiges Einkommen hat, sei es durch Vermögen oder Arbeit. (Art. 320. Z.G.B.)

Rußland: Obere Grenze ist die Volljährigkeit. Doch hört die Unterhaltspflicht schon vorher auf, wenn die uneheliche Tochter heiratet oder das Kind (sei es Sohn oder Tochter) zu einem Berufe vorbereitet und imstande ist, sich selbst zu ernähren. (Novelle v. 3. 6. 02. Art. 132 V.)

Ungarn: Eine fixe Altersgrenze existiert nicht. Die Formel lautet: „bis zur Selbständigkeit.“ Die Altersgrenze wird nach dieser Formel im Einzelfall entsprechend dem Stand der Mutter und dem Erwerb oder Vermögen des Vaters bestimmt. Sie liegt in praxi meist beim vollendeten 14.—16. Lebensjahr.

Finnland: Normaler Unterhalt bis zum vollendeten 14. Jahr; darüber hinaus bei Krankheit oder Gebrechen.

Dänemark: Obere Grenze ist das vollendete 18. Jahr. Doch kann vom 14. Jahr an eine Minderung eintreten, wenn der Vater eheliche Kinder hat, denen er, wären sie über das vollendete 14. Jahr hinaus, seinen Mitteln nach keine Unterstützung gewähren könnte. (Also eine Art beneficium competentiae zu Gunsten der ehelichen Unterhaltsberechtigten.) Vgl. § 1 III des dänischen Gesetzes.

Norwegen: Normalerweise bis zum vollendeten 16. Jahr. Sind die Verhältnisse der Verpflichteten schlecht, dann nur bis zum vollendeten 15. Lebensjahr. Ueber das 16. Jahr hinaus nur dann, wenn die wirtschaftlichen Verhältnisse dafür sprechen. (§ 19 des norweg. Ges.)

Schweden: Mindestens bis zum vollendeten 15., höchstens bis zum vollendeten 18. Lebensjahr. (§ 3 II.) Ueber das 18. Jahr hinaus, wenn das Kind außerstande ist, sich zu ernähren, oder wenn seine Anlagen für weitere Ausbildung sprechen und wenn (in beiden Fällen!) die Eltern zur ferneren Unterhaltsleistung im stande sind.

Unser Standpunkt ist eigentlich von vornherein klar: Die Dauer der Unterhaltspflicht richtet sich, wie ihre Höhe, ganz nach dem Bedarf des Kindes, nach dem Stande und den Verhältnissen der Eltern. Dabei sind für alle diese drei Bestimmungsfaktoren die gleichen Maßstäbe und Momente in Rechnung zu ziehen, wie hinsichtlich des quantitativen Umfanges der Unterhaltspflicht. Insoferne könnten wir uns also einfach auf den ungarischen Standpunkt stellen, könnten diese Momente generell als maßgeblich aufstellen und das Ausmaß der Unterhaltsdauer im Einzelfalle dem Vormundschaftsgerichte überlassen. Allein mit Recht hat auch das schwedische Gesetz, das denselben grundsätzlichen Erwägungen folgt, doch nicht von der Festlegung gewisser Grenzen abgesehen. Die schwedischen Motive bemerken ausdrücklich: „Man kann für die Dauer und Höhe des Unterhaltes eines unehelichen Kindes ebensowenig a priori eine Grenze setzen, wie es für den Unterhalt der ehelichen Kinder geschieht. Beides hängt ganz ab von den Verhältnissen der Eltern und den persönlichen Eigenschaften des Kindes.“ (S. 96.). „Allein es ist eine Mindestgrenze zum Schutze des unehelichen Kindes gesetzlich festzulegen.“ (S. 94/95.). Wie notwendig dieser gesetzliche Schutz des Kindes ist, das sieht man ja an der ungarischen Praxis, die im allgemeinen beim vollendeten 14.—16. Lebensjahre stehen bleibt; nachdem die Verhältnisse der Eltern maßgebend sein sollen, darf man wohl annehmen, daß der gerichtliche Vollzug des Gesetzes mit den Intentionen des Gesetzgebers nicht ganz übereinstimmt.

Wir können uns im allgemeinen dahin formulieren, daß für die Dauer der Unterhaltsberechtigung des unehelichen Kindes dieselben Grundsätze gelten, wie für die des ehelichen Kindes.

Damit ist von vornherein als obere Normalgrenze die Volljährigkeit gegeben. Besteht wegen Krankheit oder Gebrechlichkeit des Kindes ein Unterhalts b e d ü r f n i s über diesen Zeitpunkt hinaus, so ist natürlich nach Maßgabe des § 1603 B.G.B. die entsprechende Unterhalts p f l i c h t gegeben. Ob die Voraussetzungen dieser Unterhaltspflicht zur Zeit der Volljährigkeit bestehen oder ob sie erst später eintreten, ist dann gleichgiltig. Besonders zu bemerken wäre vielleicht noch, daß allenfalls körperliche Gebrechlichkeit des Kindes ein Grund sein kann, um ihm eine h ö h e r e Berufsausbildung angedeihen zu lassen, um dadurch die mit der Gebrechlichkeit gegebene körperliche Erwerbsunfähigkeit gegenstandslos zu machen.

Als Mindestdauer der Unterhaltspflicht wäre derjenige Zeitpunkt im Gesetze festzulegen, in welchem frühestens eigene Erwerbsfähigkeit der Kinder gegeben sein kann: also dürfte gegen die Beibehaltung der jetzigen Altersgrenze von 16 Jahren laut § 1708 I B.G.B. nichts einzuwenden sein.

Weitere Unterhaltsgewährung hängt dann vom Vermögen der Eltern und vom Stande ab, in welchem das Kind erzogen wird. Also von den sozialen und wirtschaftlichen Verhältnissen des erziehenden Elternteiles in erster Linie.

c. Die Verteilung der Lasten auf die Unterhaltspflichtigen.

Bisher sprachen wir nur von dem Umfange des Unterhaltsanspruchs überhaupt und von den Personen, welche zu seiner Deckung verpflichtet sind. Wie aber haben diese Unterhaltspflichtigen ihre gemeinsame Last miteinander zu tragen?

Auch hier folgen wir dem bisher geübten Modus, indem wir zuerst die erwähnenswerteren fremden Systeme knapp skizzieren; wir haben dabei vor allem zu scheiden zwischen Systemen der gemeinsamen, prinzipiell g l e i c h m ä ß i g e n Verpflichtung und Systemen der v o r h e r r s c h e n d m ü t t e r l i c h e n Verpflichtung mit Beitragsleistung des Mannes.

In U n g a r n ist die Mutter die primär Verpflichtete. Erst n a c h ihr haftet der Vater oder das mütterliche Großelternpaar.

Nach f i n n i s c h e m Rechte hat der Vater nur einen Beitrag zu leisten, dessen Höhe von der Verabredung der Eltern abhängt. Kommt eine solche Abrede nicht zustande, so entscheidet über die Verteilung der Lasten das Vormundschaftsgericht.

Die S c h w e i z verpflichtet den Vater nur zu einem seinen Verhältnissen angemessenen Unterhaltsbeitrag. (Art. 309 I Z. G.B.). Wird aber das Kind dem Vater „mit Standesfolge“ zugesprochen, so tritt anstelle der Beitragsleistungen die Erfüllung der „Elternpflicht“ (Art. 309 III Z.G.B.).

In Dänemark hat der Vater normalerweise $3/5$ des gesamten Unterhaltes zu leisten. (§ 1 Abs. 2 des dänischen Gesetzes). Doch sind Aenderungen nach Maßgabe der Vermögensverhältnisse zulässig.

Norwegen verpflichtet beide Elternteile gleichermaßen, gebraucht dabei allerdings den Ausdruck „Unterhaltsbeitrag", doch offenbar nicht im technischen Sinne. Es ist vorgesehen, daß nötigenfalls ein Elternteil ganz entlastet werden kann, wenn seine Verhältnisse sehr schlecht sind. (§ 20 I.). Doch sind für die Unterhaltspflicht des Mannes im § 20 II und III gewisse Minimalbeträge festgelegt, von denen nur bei besonderer Not soll abgegangen werden.

Schweden gibt für die Verteilung der Unterhaltslasten keinen anderen Maßstab, als den generellen: „nach Maßgabe der Verhältnisse beider Eltern." (§ 3 I.). Es wird allerdings im § 4 II die Verpflichtung des nicht erziehenden Elternteiles als „Beitragspflicht" bezeichnet, aber doch nur im Hinblick auf die Form der Leistung, nicht auf ihr Wesen. — Hier scheint mir die Gemeinsamkeit der Kostentragung durch beide Eltern am reinsten zum Ausdruck zu kommen. Im norwegischen Gesetze ist sie durch Festlegung der Minima für die väterlichen Leistungen einigermaßen getrübt.

Allgemein ist der Grundsatz aufzustellen, daß beide Eltern solidarisch haften. Damit ist aber natürlich für den Einzelfall und seine Beurteilung wenig gedient. Eine gewisse Verteilung innerhalb der Solidarität muß auf alle Fälle stattfinden. Doch lehnen wir die bloße Festlegung einer Beitragspflicht des Mannes ab. Es soll in ihm das Bewußtsein erweckt und erhalten werden, daß er mit seinen Mitteln und seiner Person voll für sein uneheliches Kind einzustehen habe.

Die Lastenverteilung richtet sich natürlich zunächst nach dem Verhältnis der Mittel auf beiden Seiten, deren Resultante ja auch ein Maßstab der Unterhaltshöhe im ganzen ist. Welche Momente dabei zu berücksichtigen sind, brauche ich nicht zu wiederholen.

Es kann meines Erachtens nur empfohlen werden, zunächst die Verteilung der Unterhaltslasten ebenso wie die anderen das Kind betreffenden Fragen zum Gegenstand eines Abkommens der Eltern zu machen, das natürlich der vormundschaftsgerichtlichen Genehmigung bedarf. Dadurch ist den Eltern die Möglichkeit gegeben, eine beiderseits zufriedenstellende Verteilung zu treffen. Und es kann nur zur Erhaltung guter Beziehungen zwischen den Eltern, damit aber auch gleichzeitig zum Wohl des Kindes beitragen, wenn solch eine Abrede ohne amtliche Intervention zustande kommt.

So ist ja auch in Finnland ein derartiges Abkommen vorgesehen. Das dänische Gesetz erklärt es in seinem § 1 VIII für zulässig, wenn es in seinem Inhalte nicht wesentlich von der gesetzlichen Norm abweicht; damit das nicht geschehe, muß die Genehmigung des Vormundschaftsgerichtes eingeholt werden.

Des näheren werden wir erst unten auf das Abkommen eingehen können.

Einigen die Eltern sich nicht, so muß das Vormundschaftsgericht nach Anhörung der Beteiligten entscheiden. Und maßgebend sind für diesen Entscheid die finanziellen Verhältnisse der beiden Teile. Es ist m. E. ein schwerer Mißgriff, die Beteiligung des Mannes an den Kosten generell auf eine bestimmte Quote festzulegen, wie es in Dänemark geschah, wo laut § 1 Abs. II der Vater $^3/_5$ der gesamten Unterhaltslasten zu tragen hat. Damit ist dem wirtschaftlichen Kräfteverhältnis zwischen den beiden Eltern die wünschenswerte Wirkungskraft genommen. Allerdings gibt auch das dänische Gesetz die Möglichkeit, erforderlichen Falles diese Anteilquote des unehelichen Vaters zu ermäßigen. Aber nur dann, wenn er eheliche Familie hat und nicht den ganzen Beitrag leisten kann, ohne diese oder sich selbst „in Not“ zu bringen. (§ 19 Abs. II.). Darin zeigt sich noch deutlich die obligatorische Auffassung der väterlichen Alimentationspflicht.

Das dänische System läßt einerseits die sozialen und wirtschaftlichen Verhältnisse der Eltern für Bemessung des Unterhaltsanspruchs des Kindes maßgebend sein, macht aber dann den Fehler, daß es nicht nach diesem Verhältnis auch die Kosten teilt. Wenn wir uns ganz formelhaft und schematisch ausdrücken wollten, so müßten wir sagen: das uneheliche Kind steht in zwei Familien. In sehr vielen Fällen hätte es von der einen Seite eine ganz andere Erziehung zu genießen, als von der anderen. Da es jeder der beiden Familien sozusagen nur halb angehört, so sind seine Unterhaltsansprüche dargestellt durch das arithmetische Mittel dessen, was den Verhältnissen des Vaters und dessen, was den Verhältnissen der Mutter als Gesamtunterhalt entspricht. Jeder der beiden Elternteile hätte demnach die Hälfte dessen auf sein uneheliches Kind zu verwenden, was er für ein eheliches aufwenden könnte. Natürlich läßt sich in praxi die Bemessung und Einteilung nicht so nach dem Schema durchführen und das ist auch garnicht beabsichtigt, noch auch wäre es ein Ideal.

Wenn wir die Festlegung der Haftung des Vaters auf eine bestimmte Quote ablehnen, so muß doch zugegeben werden, daß für den Beitrag des nichterziehenden Elternteiles ein gewisses Minimum festgesetzt werden soll. Die Motive zum B.G.B., Bd. IV, S. 882 haben in der Notwendigkeit der Begrenzung der Leistungen mit einem Minimum und Maximum im Falle der bloßen Beitragspflicht des Vaters einen der Gründe gefunden, warum dem Vater der ganze Unterhalt aufgebürdet werden muß. Denn, so meinen sie, man kann wegen der Preisdifferenzen in verschiedenen Gebieten derartige Grenzen nicht einheitlich festsetzen. Daß für uns eine Maximalgrenze nicht in Frage kommen kann, ist klar. Und eine Minimalgrenze zu finden ist wirklich nicht so schwer. Der norwegische Gesetzgeber hat als untere Grenze für Stadtgemeinden 15 Kronor, für Landgemeinden 12 Kronor festgelegt (17.— Mk. und 13,50 Mk. nach Friedensvaluta). Hier fand man also schon Mittel und Wege, die technischen Schwierigkeiten zu überwinden, indem man für Stadt und Land besondere Sätze annahm. Es mag zugegeben sein, daß in Deutschland, wegen der weit verschiedenartigeren Preisverhältnisse, mit einer solchen Ausscheidung weniger gedient wäre. Aber m. E. ist es weder notwendig noch auch wünschenswert, diese Minima durch gesetzliche Fixen auszudrücken. Vielmehr soll das Gesetz sagen: Der nichterziehende Elternteil hat mindestens die Hälfte der Summe zu leisten, welche am Erziehungsort der Kinder als Existenzminimum anzusehen ist. Welcher Betrag im Einzelnen das sei, stellt dann jeweils in gewissen Zeitabständen das Vormundschaftsgericht (oder vielleicht noch besser das Bezirksamt) fest. Damit wäre allen Schwierigkeiten abgeholfen. Im norwegischen Gesetz (§ 20 II) ist ja die Regelung insoferne ähnlich, als die gesetzlichen Minima von den Lokalbehörden bis zum Betrag von 4 Kronen auf- und abwärts geändert werden können. Doch halte ich es für besser, im Gesetze selbst überhaupt keine fixen Zahlen zu bringen.

Ist einer der beiden Teile vollkommen unbemittelt, so sollte das Vormundschaftsgericht nach Prüfung der Verhältnisse und Anhörung der Beteiligten unbedingt in die Lage gesetzt sein, vollkommene Befreiung von der Alimentationsleitung zu gewähren. Inwieweit das geschehen kann, wenn nicht absolutes Unvermögen, sondern nur hochgradige Bedürftigkeit in Frage steht, das zu beurteilen — und zwar unter Beachtung vor allem der Interessen des Kindes zu beurteilen — wäre Sache des Vormundschaftsrichters. So bestimmt es auch § 20 Abs. I, Satz 2 des norwegischen Gesetzes.

In Wirklichkeit wird die Verteilung der Kosten sich ungefähr folgendermaßen gestalten: Der erziehende Elternteil ist nicht zum Aufwand eines bestimmten Betrages verpflichtet. Er erzieht und unterhält das Kind so, wie er selbst lebt. Der andere Teil bezahlt Unterhalt. Doch sind auch hier verschiedene Fälle möglich:

1. Wird das Kind bei dem besser situierten Elternteile (also nach dessen Stand) erzogen, so wickelt sich die Unterhalts-

gewährung vollkommen glatt ab. Die vom anderen Elternteil einlaufenden Unterhaltsbeiträge werden vom erziehenden Teil mitverwendet und vermindern so dessen Ausgaben.

2. Das Kind wird bei seiner Mutter erzogen, hat jedoch von seinem Vater einen über den Lebens-Standard der Mutter hinausgehenden Unterhalt zu beanspruchen. Wie in solchem Falle zu verfahren ist, sahen wir schon oben. Die pekuniären Leistungen der Mutter werden in solchem Falle kaum besonders in Erscheinung treten. Es liegt auch m. E. nicht allzuviel daran, wenn sie effektiv n i c h t s leistet. Eine gewisse — auch wirtschaftliche — Beteiligung der Mutter an der Erziehung liegt ja dann schon in ihrer Mühewaltung, unter Umständen auch darin, daß sie durch die Erziehung des Kindes in ihren eigenen Erwerbsmöglichkeiten beschränkt ist. In dieser Weise ist p r a k t i s c h fün jene Fälle, wo die alleinige Unterhaltspflicht des Mannes vom Billigkeitsstandpunkt aus angezeigt erscheint, der gegenwärtige Modus aufrecht erhalten, wenn auch nach dem Gesetzesbuchstaben die Kindesmutter ebenfalls unterhaltspflichtig ist.

3. Befindet sich aber das Kind aus einem der oben erörterten Gründe in keines der beiden Elternteile elterlicher Gewalt und Obhut, sondern wird es bei Fremden (in einer Familie oder Anstalt) aufgezogen, so hat jedes der beiden Eltern nach Maßgabe seines Vermögens einen entsprechenden baren Kostenbeitrag zu leisten.

— Wo das Kind bei dem finanziell bessergestellten Elternteile aufgezogen wird (also wohl vor allem beim Vater), da mag es oft genug sein, daß der Beitrag des andern Teiles (der Mutter) gegenüber dem vom Vater zu gewährenden Unterhalt kaum in Betracht kommt. Auch hier wäre ein Fall, in dem gegen eine volle Befreiung des wirtschaftlich schwächeren Teiles — hier also der Mutter — wohl kaum etwas einzuwenden sein wird. Nachdem der Vater hier Kraft seiner elterlichen Gewalt die volle Vertretung des Kindes hat, dürfte es p r a k t i s c h ohnehin nicht zu verhindern sein, daß er auf die Beiträge der Mutter verzichtet, obgleich ja dem der § 1641 B.G.B. entgegenstünde.

(Aehnlich stellen sich die Verhältnisse dar nach § 4 des norwegischen Gesetzes.)

Nach § 1 II des dänischen Gesetzes kann die Unterhaltspflicht der Mutter nur fortfallen, wenn sie leistungsunfähig ist und nicht noch von einem a n d e r e n Vater ein uneheliches Kind unter 14 Jahren hat.

Was nun den Vergleich der Eltern über die Verteilung der Kosten anlangt, so wäre dazu zu bemerken:

§ 1714 B.G.B. ermöglicht den Vergleich. Und die Motive Bd. IV. S. 905 bezeichnen ihn sogar als begrüßenswert, insoferne er die Häufigkeit der Alimentationsklagen mindert. Dabei handelt es sich freilich nur immer um die Unterhaltspflicht des Mannes. Allein die Forderung der gemeinsamen Unterhaltspflicht beider Eltern kann am Prinzip nichts ändern. Das gütliche Abkommen — am besten gleichzeitig mit dem über elterliche Gewalt und Erziehung — also möglichst sogar schon vor der Geburt, kann nur begrüßt werden. (So auch schwed. Ges. § 9 I, Satz 3 und schwed. Mot. S. 117.) Doch ist natürlich die Genehmigung des Vormundschaftsgerichtes unbedingt zu erfordern.

Dabei denke ich zunächst nur an eine Verteilung der Unterhaltslasten; nicht an die Zahlung einer Abstandssumme, von der im folgenden Absatz zu sprechen ist.

Auch im Falle eines Abkommens der Eltern wird natürlich oft genug ein Teil, besonders der erziehende, auf die Beiträge des anderen verzichten wollen. Und es ist wohl kaum etwas dagegen einzuwenden, daß dies geschieht, wenn nur dadurch das Kind nicht geschädigt wird. Ob das zu befürchten steht, muß der Vormundschaftsrichter beurteilen.

d. Der Vollzug der Unterhaltspflicht im Einzelnen.

Die Unterhaltspflicht ist nach dem B.G.B. entweder in dreimonatlichen Raten (§ 1710 Abs. I) oder durch eine einmalige Abfindungssumme (§ 1714) zu entrichten.

1. Die Zahlung einer Abfindung ist eines der Momente, welche die Alimentationspflicht des unehelichen Vaters formal als obligatorische Verpflichtung stempeln. In Anbetracht dessen müssen wir uns also grundsätzlich gegen die Zahlung einer Abstandssumme aussprechen. Denn der Alimentationspflicht soll der familienrechtliche Charakter gewahrt bleiben. Es handelt sich dabei nicht nur um ein gesetzlich-formales Bedenken, sondern auch um sehr konkrete, ethische Erwägungen. Läßt man es zu, daß der eine Elternteil seine wirtschaftlichen Verpflichtungen durch die einmalige Zahlung einer Abfindungssumme abtut, um sich dann in der Folge nicht mehr um das Kind zu kümmern, so widerspricht das ganz eklatant der Vorstellung, welche man sich von familienrechtlichen Beziehungen und ihren Aeußerungen macht. Dennoch mag es aber vorkommen, daß die Zahlung einer einmaligen Abfindung als tunlich bezeichnet werden muß. Dies wird aber nur dann der Fall sein, wenn in Ansehung der Verhältnisse von der Aufrechterhaltung familienrechtlicher Beziehungen überhaupt nicht die Rede sein kann,

wenn also das ethische Motiv an sich schon keine Rolle mehr spielt.

Das tritt vor allem ein, wenn dem einen Teil wegen seiner Lebensführung der Verkehr mit dem Kinde verboten werden muß. In diesem Falle wäre es zu überlegen, ob nicht sogar dem Vormundschaftsgerichte die Befugnis zugestanden werden soll, die Zahlung einer einmaligen Abfindung anzuordnen. Diese Anordnungsbefugnis hat nach dem holländischen burgerl. wetb. Art. 344 b, Abs. 2 die Arrondissement-Rechtsbank — jedoch dort ganz allgemein, nicht im Hinblick auf die hier geschilderten besonderen Umstände.

Im Wege der Vereinbarung zwischen dem erziehenden und dem nichterziehenden Elternteil, gegebenenfalles zwischen dem Vormund und beiden Eltern oder einem der beiden, sollte aber wie gesagt, sehr genau darauf geachtet werden, daß die Abfindung nur stattfindet, wenn eine Hoffnung auf familiäre Beziehungen zwischen Eltern und Kind an sich nicht besteht. Manchmal mag ja der von einer Partei geäußerte Wunsch, eine Abfindung zu zahlen, allein schon ein hinreichend deutliches Symptom für das Fehlen verwandtschaftlichen Empfindens sein. Die Entscheidung hat der Vormundschaftsrichter zu treffen, dessen Genehmigung ja der Vertrag unterliegt.

Die bloße Tatsache, daß der eine Teil sich augenblicklich in günstiger Lage befindet, während es nicht sicher ist, ob er in alle Zukunft auch entsprechend leistungsfähig sein werde, diese Tatsache allein sollte nicht als Grund für Anordnung einer Abfindung angesehen werden. (Dies ist der Gedanke, welcher den holländischen Gesetzgeber zu der obenerwähnten Bestimmung veranlaßte, auch in den Motiven zum B.G.B. S. 906 ist er geäußert.) Dagegen kann eine solche Lage der Dinge natürlich sehr wohl für die vormundschaftsrichterliche Genehmigung mitbestimmend ins Gewicht fallen, wenn die Eltern zur Vereinbarung einer Abfindung geneigt sind.

Kam es zu einer Unterhaltsklage, und wird in einem sie beendenden Vergleiche die Zahlung einer Abfindung vereinbart, so bedarf auch diese Vereinbarung der vormundschaftsrichterlichen Genehmigung. Denn sonst könnte ja die vormundschaftsrichterliche Genehmigung von untereinander einigen Parteien umgangen werden, indem sie einen Prozeß anhängig machen, den sie alsbald durch Vergleich erledigen. (In gleichem Sinne auch Robert Hirsch, S. 46/47.)

Die nachmalige Eingehung einer Ehe durch den nichterziehenden Elternteil kann übrigens zu einer ähnlichen Regelung führen, wie die Abfindung es ist. Hier wäre wohl am besten nach Analogie des § 1669 B.G.B. zu verfahren. Die familienrechtlichen Voraussetzungen sind dieselben.

Die Abfindungssumme geht in das Eigentum des Kindes über, wird somit vom erziehenden Elternteil, kraft Elterngewalt (oder vom Vormund) verwaltet. Nach § 1 Abs. 8 des dänischen Gesetzes ist die Abfindungssumme bei der Obervormundschaft zu hinterlegen oder zu einer Leibrente zu verwenden. Dieser Gedanke ist zweifellos sehr gut. Doch sollte man ihn nicht ohne weiteres übernehmen. Dem mit elterlicher Gewalt ausgestatteten Elternteil soll nicht das Recht gekürzt werden, unter eigener Verantwortlichkeit, wenn auch beaufsichtigt vom Vormundschaftsgericht, das Vermögen des Kindes zu verwalten. Doch könnte eine solche Verwendung dem Vormunde, wo ein solcher bestellt ist, nahegelegt werden. Auch das schwedische Gesetz (§ 10) spricht vom Leibrentenkauf; doch ist hier keine zwingende Vorschrift gegeben.

Dort ist auch ein anderer Gedanke ausgesprochen, der zwar für den Augenblick sehr bestechend wirkt, der aber doch bei näherer Erwägung etwas gefährlich ist: die Abfindung soll unter Umständen dazu verwendet werden, um die Adoption des Kindes zu erreichen. Es ist ja ganz klar, daß gerade für die Kinder, deren Eltern sich durch Abfindung von allen weiteren Verpflichtungen freigemacht haben, die Adoption am allerwünschenswertesten ist. Es ist auch erklärlich, daß manches kinderlose Paar, manche einsame ältere Person ein Kind sehr gerne adoptieren wird, es jedoch wirtschaftlich nicht kann, wenn nicht ein kleiner Zuschuß gegeben wird. Aber so unverhüllt, wie die schwedischen Motive (S. 118) es tun, sollte man m. E. diesen Gedanken nicht ausdrücken. Er führt notwendig zu der Auffassung, daß man das Kind bei fremden Leuten einkauft. Und das muß wiederum in recht unheilvoller Weise auf die subjektiven Motive zur Adoption zurückwirken.

Stirbt das Kind, ehe es noch die ihm von einem Elternteil etwa gewährte Abfindung ordnungsgemäß aufgezehrt hat, so fällt der Rest nach Abzug der durch den Tod des Kindes auflaufenden Kosten an den Abfindenden zurück. Man könnte allenfalls, da ja die Abfindungssumme in das Eigentum des Kindes überging, ihren Rest als Erbmasse behandeln — zumal er ja dann nicht nur der Mutter allein, sondern Mutter und Vater gemeinsam zufiele, wie wir später bei Erörterung des Erbrechtes noch sehen werden. Allein, da es sich doch um die Pränumerandoleistung noch nicht fälliger Forderungen handelt, also um Beträge, von denen im Augenblick des Todes des Kindes feststeht, daß ihre Fälligkeit nie eintritt, so ist doch wohl das Rückfallsrecht am Platze. Und zwar wäre es gesetzlich festzulegen, während es heute durch eine eigene Rückfallsklausel im Abfindungsvertrag gesichert werden muß, wenn es wirksam werden soll. (Vgl. dazu auch: Z. Bl. Vorm. Wes. IV. 47.).

Naturgemäß sind für die Höhe der im einzelnen zu zahlenden Abfindung die gleichen Faktoren maßgebend, wie für die Unterhaltsbemessung überhaupt. Die Abfindung ist einfach die kapitalisierte Rente. Sie wird sich daher in ihrer Höhe nicht nur nach dem quantitativen Umfang der Unterhaltspflicht richten, sondern auch nach der mit Rücksicht auf den gegebenen Fall angezeigt erscheinenden Dauer der Unterhaltspflicht.

---

2. Der zweite Modus der Erfüllung der Unterhaltspflicht ist die Erziehung im Hause des Unterhaltsverpflichteten. Davon brauchen wir kaum noch zu sprechen. Alles irgendwie wesentliche dazu ist oben schon gesagt.

3. Der nichterziehende Elternteil, wenn das Kind bei Fremden oder in einer Anstalt untergebracht ist, beide Teile, haben ihrer Unterhaltspflicht durch Zahlung einer Rente zu genügen. Wird das Kind beim anderen Elternteil erzogen, so ist die Rente an diesen zu zahlen, ist es bei Fremden oder in einer Anstalt, so ist die Rente dem Vormund zu entrichten.

Die Tatsache, daß der erziehende Elternteil als Inhaber der elterlichen Gewalt (in Vertretung des Kindes) den Anspruch auf Zahlung des Unterhaltes hat und ihn auch nach seinem Gutdünken für das Kind verwendet, möchte dazu verleiten, aus rein praktischen Gründen die Unterhaltsansprüche in solchen Fällen gar nicht dem erziehenden Elternteile zuzuerkennen. Allein das würde den rechtlichen Grundsätzen doch zu sehr widersprechen. Das Kind allein kann den Anspruch auf Unterhalt haben; er wird nur von dem erziehenden Elternteil als dem gesetzlichen Vertreter geltend gemacht. Man könnte nur die ganze Unterhaltspflicht dem erziehenden Teil auferlegen und ihm dann gegen den anderen Teil einen Anspruch auf Ersatz der Aufwendungen geben, soweit diese Aufwendungen den andern Teil treffen. Das wäre wohl möglich, wo der wirtschaftlich besser situierte Teil die elterliche Gewalt und Erziehung hat. Wir sahen aber, daß namentlich die wirtschaftlich schwächere Mutter oft genug mit der Erziehung zu betrauen sein wird. Und dann wird sie gar nicht in der Lage sein, von sich aus die Aufwendungen in der Höhe zu machen, in welcher sie sie vom Vater ersetzt zu bekommen hat — so daß ein solches Verfahren als nonsens erscheinen müßte.

Die Unterhaltsrente ist nach dem B.G.B. § 1710² jeweils für 3 Monate vorauszubezahlen. Noch längere Rentenperioden hat Dänemark, wo die Rente einhalbjährig zu entrichten ist. (§ 1 5.). So lange Perioden sind m. E. ungerecht, weil sie einmal den Pflichtigen mit einer unverhältnismäßig hohen Pränumerandoleistung belasten, die vielleicht außer jedem Verhältnis zu seinen Mitteln steht; und weil sie zum zweiten dazu führen, daß beim Ableben des Kindes am Anfang der Periode dem erziehenden Teil ein unverhältnismäßig hoher Ueberschuß verbleibt. Endlich aber liegen so lange Perioden nicht einmal immer im Interesse des Kindes; denn wenn der erziehende Elternteil mit dem Gelde nicht rationell zu wirtschaften versteht, so wird das bei langen Zahlungsabständen von noch schwererwiegenden Folgen sein, als bei kurzen. Dies ist ja auch der Grund, weshalb man den Unterhaltspflichtigen durch Vorausleistung für längere Zeit nicht als befreit ansieht.

Dieser letzte Grund kam auch in den schwedischen Motiven zur Geltung. (S. 110.). Das Gesetz (§ 8) setzt darum Perioden von einem Kalendermonat fest. Ebenso Norwegen, § 20 5.

Die Schweiz, Art. 319 2 Z.G.B. entscheidet sich überhaupt nicht für einen fixen Zeitabstand der Leistungen. Auch das holländische burgerl. wetb. Art. 344 b 2 hat diesen Standpunkt. Hier ist es dem Richter überlassen, die Periode mit einer Woche, einem Monat oder 3 Monaten festzusetzen — je nach Lage des Falles.

Damit kann man wohl am besten den Bedürfnissen der Praxis gerecht werden. Das Vormundschaftsgericht setzt dann am besten die Rentenperiode in Uebereinstimmung mit den Gehalts-, Lohn- oder sonstigen Einkommensperioden des Pflichtigen fest; dann ist auch dessen berechtigten Wünschen Rechnung getragen.

Der Unterhalt für die erste Zeit soll tunlichst schon vor der Geburt des Kindes hinterlegt werden. So sieht es ja auch § 1716 1 B.G.B. vor. Und zwar in Form der einstweiligen Verfügung. So auch die Schweiz, die zwar keine fixen Rentenperioden kennt, aber für diesen Fall auch Voraushinterlegung für 3 Monate fordert. (Art. 321 Z.G.B.). Jedoch nur dann, wenn die Vaterschaft glaubhaft gemacht ist und die Mutter sich in Not befindet. Dänemark (§ 13 1) verlangt — im Einklang mit seiner Rentenperiode — die Vorausleistung für 1/2 Jahr; aber nicht durch einstweilige Verfügung, sondern auf Grund endgiltiger Verurteilung. Ebenso ist es in Norwegen. (§§ 6, 7, 8, 24 2.)

Wir haben uns mit diesen prozessualen Fragen hier noch nicht zu befassen. Doch mag schon an dieser Stelle gesagt sein, daß eine entgiltige Entscheidung der Vaterschafts- oder Unterhaltsfrage vor der Geburt des Kindes nicht angängig ist.

Die Hinterlegung mag zunächst freiwillig, d. h. auf Veranlassung des Vormundschaftsgerichtes geschehen. Weigert sich der Pflichtige (hier immer der Vater, da ja zunächst das Kind bei der Mutter bleiben muß), obgleich er der Vater zu sein zugibt, so ist die vormundschaftsgerichtliche Anordnung ohne weiteres vorläufig vollstreckbar. Weigert der als Vater Benannte sich mit der Begründung, er sei nicht der Vater, so hat das Gericht zu entscheiden, ob die Angaben der Mutter seine Vaterschaft glaubhaft zu machen geeignet sind. Wenn ja, so kann durch einstweilige Verfügung die Deposition des Unterhaltes für die Dauer von drei Monaten angeordnet werden.

Jedoch grundsätzlich nur dann, wenn die materielle Lage der Mutter dies im Interesse des Kindes erfordert. Denn das Risiko, von einem nicht Leistungspflichtigen die Leistung gefordert zu haben, darf das Gericht nur unter ganz besonderen Umständen auf sich nehmen.

Dieses Risiko sahen auch die norwegischen und schwedischen Gesetzgeber als bedenklich an und trafen daher beide entsprechende Bestimmungen. Nach § 24 ² des norwegischen Gesetzes hat der als Vater Benannte, wenn seine Vaterschaft (Zahlungspflicht) nicht schon einwandfrei festgestellt werden kann, nicht den vollen, den Umständen angemessenen Betrag zu hinterlegen, sondern nur das Minimum, welches im § 20 festgelegt ist. Noch vorsichtiger ist man in Schweden: nach § 32 ¹ soll eine allenfalls ungerechtfertigt gemachte Hinterlegung dem Betroffenen — jedoch nur auf Ansuchen (§ 32 ²) — mit 6% Zinsen aus öffentlichen Mitteln ersetzt werden. Diese Haftung des Staates läßt sich durch den vorgefallenen Justizirrtum sehr wohl rechtfertigen. Der Staat hat dann Regreß gegen den nachmals ermittelten wirklichen Unterhaltspflichtigen.

Doch glaube ich, daß die Vorschrift des § 945 Z.P.O. zur Sicherung des zur Hinterlegung Gezwungenen genügt. Man könnte nur vielleicht sagen: Die Einführung einer staatlichen Ersatzpflicht würde eine etwas freiere Handhabung der einstweiligen Verfügung auf Deposition im Interesse des Kindes ermöglichen.

Im übrigen wäre durch entsprechende soziale Einrichtungen zugunsten unehelicher Mütter für Fälle der Not hinreichende Vorsorge zu treffen.

Die beiden Eltern haften für den Unterhalt des Kindes solidarisch. Das kann nun aber bei verschiedener Höhe der Verpflichtung beider Elternteile innerhalb ihrer gemeinsamen Verpflichtung nicht bedeuten, daß jeder der beiden Teile für den ganzen, nach den Umständen für angemessen erachteten Unterhaltsumfang aufzukommen hat. Man stelle sich nur vor, es sei von dem vermögenden Vater aus irgendwelchem Grunde keine Zahlung mehr zu erlangen. Dann kann nicht die wirtschaftlich schwächere Mutter aufgrund ihrer Solidarhaftung mit dem Betrag einspringen, den der Vater zu zahlen hätte. Sie hat nur in solchem Falle den vollen Unterhalt zu leisten (statt eines Anteiles daran), jedoch den vollen Unterhalt nach Maßgabe ihres Standes und ihrer Mittel. Das ist eigentlich eine Selbstverständlichkeit.

Wie aber ist es im umgekehrten Falle, wenn der wirtschaftlich schwächere Teil ausfällt? In diesem Falle müßte dementsprechend der bessersituierte Teil auf den gesamten Unterhalt nach seinen Verhältnissen haften, d. h. es müßte sich der Anspruchsumfang erweitern. Dazu liegt jedoch wohl keine Veranlassung vor. Der bessersituierte Teil hat in solchem Falle einfach die Verpflichtung des Anderen mit zu übernehmen, was im vorhergenannten Falle nicht möglich ist.

Es darf übrigens nicht vergessen werden, daß, wo beim Ausfall eines Elternteiles der andere nicht zur vollen Uebernahme der Pflichten des ausfallenden imstande ist, die Aszendenten des ausfallenden Teiles mit einzuspringen haben. (Vgl. S. 85.)

Hinsichtlich der Zwangs-Beitreibung der Alimentation müssen unbedingt durchgreifende Aenderungen eintreten.

1. Wir haben schon mehrmals ein beneficium competentiae für den Vater gefordert. Das gleiche gilt natürlich auch für die Mutter und die sonstigen unterhaltspflichtigen Personen. Der standesgemäße Unterhalt des Pflichtigen selbst und seiner Familie darf nicht unter der Erfüllung der Alimentationspflicht gegen das uneheliche Kind leiden. Gegebenenfalles hätte der § 1603 ² B.G.B. Anwendung zu finden.

Es ist z. B. eine ganz ungerechtfertigte Regel, welche das norwegische Gesetz im § 27 ² aufgestellt: danach muß dem unehelichen Vater bei der Pfändung soviel gelassen werden, als zu seinem und seiner Familie notdürftigem Unterhalt nötig ist. („. . . . som skyldneren og hans familie traenger til nódtórftig livsophold.“ Das ist natürlich zu weit gegangen. Wenn wir schon das uneheliche Kind nicht hinter der ehelichen Familie zurücksetzen wollen, so darf man doch nicht umgekehrt die Familie hungern lassen, um die Ansprüche des Unehelichen voll zu befriedigen!

Hierher gehört noch ein anderer Tatbestand: Sind mehrere uneheliche Kinder vorhanden, so geht nach § 27 ³ des norwegischen Gesetzes die Sorge für solche unter 15 Jahren den Ansprüchen der Kinder über 15 Jahre vor. Dies ist wohl vollkommen in der Ordnung; es ist aber eine Frage, ob man eine derartige Bestimmung überhaupt treffen muß. Denn die

Pflicht zum Unterhalt über die Minimal-Altersgrenze hinaus (bei uns über das 16. Lebensjahr hinaus) besteht ja nur, wenn die Verhältnisse es rechtfertigen. Zu den für Beurteilung der Frage maßgebenden Verhältnissen gehören aber auch anderweite Unterhaltsverpflichtungen, so daß die Rangordnung des § 27 [3] des norwegischen Gesetzes sich von selbst ergibt.

2. Was nun die Beitreibung der Alimentation im allgemeinen anlangt, so wäre ungefähr folgendes zu sagen:

Nach gegenwärtigen Verhältnissen findet die Zwangsbeitreibung statt ohne jede Rücksicht auf die Lage des Einzelfalles. Der Vormund ist zur rücksichtslosen Eintreibung der Alimente gehalten. Mit Recht weist Rippner (Z. Bl. f. Vorm. Wes. VII. 61 ff.) auf die Ungerechtigkeit hin, die darin liegt, den unehelichen Vater vielleicht in die bitterste Not zu bringen, indem man die Alimente à tout prix eintreibt — nur damit der Vormund mit einem Sparguthaben seines unehelichen Mündels prahlen kann.

Darum wäre es sehr zu begrüßen, wenn die norwegische Anschauung durchdränge, wonach das exekutorische Vorgehen gegen den einen Elternteil unterbleiben kann, wenn der andere darum nachsucht, vorausgesetzt, daß für den Unterhalt des Kindes gesorgt ist und auch sonstige Bedenken nicht bestehen. (§ 39 norsk lov.) Dazu geben die Motive (ot. prp. 5./1914 S. 54) noch folgenden Kommentar: „Wenn das Kind von Pflege- oder Adoptiveltern unentgeltlich einen entsprechenden Unterhalt bekommt, so ist es nicht nötig, die Beiträge der Eltern beizutreiben.“

Das stimmt ja auch überein mit dem § 1602 B.G.B., wonach der Unterhalt nicht zu leisten ist, wenn dem Kinde anderweitiger Unterhalt zu Gebote steht.

Zunächst steht dem Ernährer des Kindes, sei dies nun ein mit der persönlichen Obsorge betrauter Elternteil oder ein Fremder, welcher die Unterhaltslasten auf sich genommen hat, das Recht zu, (vgl. § 1709 [2] B.G.B.), vom Alimentationspflichtigen die Erstattung der gemachten Auslagen bis zu der Höhe zu fordern, auf welche der Anteil des Pflichtigen an den gesamten Unterhaltskosten sich beläuft.

Daß diese cessio legis nur auf die Mutter und deren Verwandte beschränkt bleibt, ist ein Fehler. Auf Fremde, die dem Kinde Unterhalt gewähren und auf den Armenverband geht der Anspruch nach § 1709 [2] nicht über (vgl. Robert Hirsch S. 32/33). Das wäre doch sehr angebracht; in Norwegen ist diese Einsicht im § 5 lov om barn udenfor Aegteskab durchgedrungen. Finnland gewährt sogar Anstalten, welche ein uneheliches Kind versorgen, eine sogenannte Hausmacht (der „Elternmacht“ nachgebildet) über das Kind, damit sie imstande sind, ihrerseits die Leistungen des Vaters einzutreiben. Machen aber die Berechtigten von den Befugnissen dieser cessio legis keinen Gebrauch, so soll m. E. kein offizieller Druck zur Einforderung der Alimente ausgeübt werden. Man wird sagen, daß damit dem Interesse des Kindes nicht entsprechend Rechnung getragen sei; denn schon jetzt komme es häufig vor, daß die Mutter auf die väterlichen Alimente oft lieber verzichtet hat als Klage gegen den Vater anzustrengen und zur Zwangsvollstreckung zu schreiten. Das mag vielleicht richtig sein, obgleich anzunehmen ist, daß die Häufigkeit dieser Fälle stark übertrieben wird (vgl. vor allem Marcuse S. 61). Natürlich muß man Sicherungen dagegen einschalten, daß durch solche unnötige Schonung das Kind geschädigt wird. Aber diese Sicherung ist gegeben, insoferne einerseits die Unterhaltsverhältnisse des Kindes nach Maßgabe aller dafür erheblichen Umstände vom Vormundschaftsgerichte bestimmt oder durch ein von diesem genehmigtes Abkommen der Eltern geregelt sind, anderseits aber durch die obervormundschaftliche Aufsicht jederzeit darüber gewacht werden kann, daß dem Kinde auch wirklich ein diesen Maßen entsprechender Unterhalt zu teil werde. Unterließe es der erziehende Elternteil, dem anderen die Alimentationsbeiträge abzufordern und würde dadurch das Interesse des Kindes geschädigt, insbesondere handelt es sich um einen Monatsbetrag, der im Verhältnis zu der im ganzen aufzuwendenden Summe hoch ist, so wäre ein Druck in dieser Richtung auszuüben nach Maßgabe des § 1666 B.G.B. Ist das Kind in unentgeltlicher fremder Pflege, entspricht diese jedoch nicht dem Lebensstandard, der mit den von den Eltern aufzuwendenden Mitteln erreicht werden kann, so hat der Vormund die Pflicht, gegen die säumigen Unterhaltsverpflichteten vorzugehen und er kann nötigenfalls dazu angehalten werden nach Maßgabe des § 1837 B.G.B. Aber es ist m. E. unnötig, daß das Kind doppelt unterhalten wird; durch den fremden Helfer in Natur und dann noch durch die Zahlungen des Pflichtigen.

Wenn der Unterhaltspflichtige gutwillig seiner Pflicht gemäß zahlt, so ist das natürlich etwas ganz anderes; dann steht es dem gesetzlichen Vertreter zu, die Ueberschüsse zweckentsprechend, eventuell durch Aufsparung, für das Kind zu verwenden. Auch wäre ja der Fall denkbar, daß die freiwilligen fremden Ernährer von ihrem Rechte Gebrauch machend den Unterhaltspflichtigen (Vater oder Mutter) zur Erstattung der Kosten heranziehen, aber den Betrag dann dem Kinde schenken. Das sind Spezialfälle, die mit dem Prinzip gar nichts zu tun haben.

Soweit das Interesse des Kindes auf dem Spiele steht, muß natürlich mit allen Mitteln verhindert werden, daß ein Unterhaltspflichtiger „sich drückt". Aber solange für das Kind entsprechend gesorgt ist, muß die Frage der Alimentenbeitreibung oder deren Unterlassung dem gesetzlichen Vertreter des Kindes überlassen bleiben. Namentlich ist es eine ganz interne Angelegenheit der beiden Eltern, ob der erziehende Teil auf die Beiträge des anderen verzichten will oder nicht — wenn nur das Interesse des Kindes nicht verletzt wird. Darum halte ich auch die amtswegige Beitreibung nach § 26 des norwegischen Gesetzes durch den „bidragsfoged" für einen prinzipiellen Fehler, wenn auch dem anderen Elternteil gestattet ist, um Unterlassung der Beitreibung zugunsten des Säumigen nachzusuchen. Ein dauernder Verzicht für die Zukunft (§ 1714 2 B.G.B.) ist und bleibt natürlich nichtig; denn man kann nicht wissen, ob es nicht eines Tages zu einer Schädigung des Kindes führt (wenn der andere Elternteil etc. durch irgendwelche Umstände leistungsunfähig wird); auch ist ja der familienrechtliche Unterhaltsanspruch seiner Natur nach ein unverzichtbares Recht (§ 1614 I B.G.B.).

Nur Eines wäre noch zu erwähnen: § 1711 B.G.B. gestattet die Nachforderung der einzelnen Unterhaltsraten auch für die Vergangenheit. Das bedeutet aber, daß die Mutter, oder wer sonst dem Kinde den Unterhalt gewährt, es jahrelang unterlassen kann, vom Vater die Renten einzufordern, dann aber jederzeit in der Lage ist, plötzlich die Nachzahlung der gesamten Rückstände zu fordern. Der Vater, der während all der Zeit im Glauben gelebt hat, nicht zur Leistung herangezogen zu werden, kann durch diesen Schritt mit einemmale wirtschaftlich ruiniert werden. Es wäre daher sehr angebracht, für die Nachforderung eine Verjährungsfrist einzuführen, bezw. den § 1613 B.G.B. anzuwenden. Nach dänischem Rechte kann z. B. niemals Verurteilung zu mehr als der Nachzahlung des dreijährigen Alimentenbetrages erfolgen. (Vgl. § 20 dän. Ges.)

3. Im norwegischen Gesetze und auch in anderen, sind besondere Bestimmungen hinsichtlich der Zwangseintreibung der Alimente getroffen. So sind nach § 29 1 des norweg. Ges. die Banken, Sparkassen, Steuerbehörden usw. zur Auskunft über die Vermögensverhältnisse des Unterhaltspflichtigen gehalten. Der Arbeitgeber kann angewiesen werden, einen bestimmten Teil vom Lohne des Unterhaltpflichtigen einzubehalten (§ 27 4). Gleiche Anweisung des „bidragsfoged" kann an staatliche und gemeindliche Kassen sowie an öffentliche oder private Versicherungseinrichtungen in Ansehung von Gehältern, Pensionen, Wartegeldern oder anderen Renten ergehen (§ 28 1).

In Holland kann nach Art. 344 p 2 burg. wetb. der Gehalt oder Lohn bis zu 1/3 gepfändet werden.

Diese Anordnungen halte ich für untunlich. Diese Pfändungsvorschriften benachteiligen die eheliche Familie, falls eine solche vorhanden ist. Wird ein Familienvater wegen einer obligatorischen Schuld gepfändet, so ist das ein die ganze Familie, d. h. alle Unterhaltsberechtigten, treffendes Unglück. Alle tragen daran als an etwas Unabwendbarem. Wenn aber die Pfändung zugunsten des unehelichen Kindes stattfindet, so ist nur die eheliche Familie betroffen, das uneheliche Kind aber zieht aus dem Unglück der Familie den Nutzen.

Die Maßnahmen zur Eintreibung der Alimente des unehelichen Kindes müssen daher dieselben sein, wie sie auch für die Durchsetzung der Alimentation der legitimen Angehörigen gelten.

Es kommt hier vor allem der § 361 Nr. 10 R.St.G.B. in Betracht. Das Berliner Kammergericht hat zwar die Anwendung dieses Paragraphen für unmöglich erachtet. Doch haben andere Gerichte die gegenteilige Ansicht vertreten. So z. B. das Oberlandesgericht Hamm im Urteil vom 3. 3. 1908, das Oberlandesgericht Breslau unterm 31. 3. 1908, ferner das Reichsmilitärgericht unterm 28. 8. 1912 (vgl. Z. Bl. Vorm. Wes. I. 119, 263, V. 71). Welches Urteil das im Sinne des Gesetzes richtige sei, möchte ich hier nicht entscheiden. Es würde zu allzu weitläufigen Erörterungen führen; auch ist es nicht notwendig, da ja die gesamten Grundlagen für dies Problem in unserem System verschoben sind. Mein Eindruck ist jedoch der, daß die Anwendung des § 361 [10] auf die Unterhaltspflicht des unehelichen Vaters weniger auf juristisch-logischer Folgerung beruht, als vielmehr der Ausfluß eines gewissen Billigkeitsempfindens sei. Auch die Bestimmung des Art. 1 § 1 a des Preuß. Ges. v. 23. 7. 12 über die Abänderung und Ergänzung der Ausführungsgesetze zum Reichsges. über den Unterstützungswohnsitz kommt hier in Frage. Sie lautet: „Wer selbst oder in der Person seiner Ehefrau oder seiner noch nicht 16 Jahre alten Kinder aus öffentlichen Armenmitteln nicht nur vorübergehend unterstützt wird, kann auch gegen seinen Willen durch Beschluß für die Dauer der Unterstützungsbedürftigkeit in einer Arbeitsanstalt untergebracht werden." Gegen den unehelichen Vater kann diese Vorschrift nicht angewendet werden. Denn nur die Verletzung der auf ehelicher Abstammung (und Ehe) beruhenden Unterhaltspflicht ist ein Verstoß gegen die öffentliche Ordnung, nur ihr kann darum verwaltungsrechtlich entgegengetreten werden; die privatrechtlich-obligatorische Unterhaltspflicht des unehelichen Vaters wird dadurch nicht berührt. So unsinnig diese Konsequenz erscheinen mag — im System des gegenwärtigen Rechtes ist sie logisch richtig. Da wir aber dem Unterhaltsanspruch des unehelichen Kindes ein wahrhaft familienrechtliches (nicht mehr halb-obligatorisches) Fundament gegeben haben, so ist damit ohne weiteres jede für die Sicherung der familienrechtlichen Unterhaltsansprüche gewährte Maßnahme auch für den Anspruch des unehelichen Kindes gegen seinen Vater anwendbar.

Aehnliche Bestimmungen trifft ja auch das norwegische Gesetz, welches in seinem § 30 [1] auf Nichtzahlung der Alimente trotz Leistungsfähigkeit eine Geldstrafe oder Gefängnis bis zu 3 Monaten setzt; § 31 [1, 2] gestattet die Anwendung von Arbeitshaus oder Zwangsarbeit in öffentlichen oder privaten Betrieben bis zur Dauer von 6 Monaten gegen den aus eigenem Verschulden zahlungsunfähigen Alimentationspflichtigen. Außerdem gilt die Armenunterstützung des unehelichen Kindes als eine dem unterhaltspflichtigen Vater gewährte Armenhilfe — mit allen politischen Folgen derselben. (§ 9 norsk lov om forsorg for barn. Ebenso Dänemark § 7.)

Im Zusammenhang damit stehen die mancherorts geltenden Auswanderungshemmnisse zugunsten der Unterhaltsberechtigten. Wer Unterhaltspflichten gegen ein uneheliches Kind hat, ist in Norwegen von amtswegen an der Auswanderung zu hindern, solange er nicht eine entsprechende Kaution gestellt hat. Eventuell kann das Vermögen des Auswanderers mit dinglichem Arrest belegt werden. Die übertrieben kasuistischen Vorschriften hierüber erstrecken sich sogar auf den Auswanderungsagenten, der mit Strafen bedroht wird (§ 37 [2]), wenn er in Kenntnis der Umstände einer an der Auswanderung rechtlich behinderten Person außer Landes verhilft. Das System der diesbezüglichen norwegischen Vorschriften ins Einzelne zu verfolgen wäre ohne Wert und würde zu weitläufig werden. Bemerkt mag noch sein, daß das dänische Gesetz (§§ 17, 18) fast die gleichen Bestimmungen hat und außerdem sogar ermöglicht, gegen den Versuch der Auswanderung ohne Kautions-Gestellung mit Schuldturm (Personalarrest) bis zur Dauer von 9 Monaten zu reagieren.

Schweden hat sogar ein eigenes Gesetz „om förbud för vissa underhällsskyldiga att avflytta fran riket“ vom 14. 6. 17. Auch hiernach kann ein Unterhaltspflichtiger nur auswandern, wenn er beim „överexekutor“ Kaution gestellt hat; Bürgenstellung gibt ihm nur dann die Freizügigkeit, wenn der Bürge „wie für eigene Schuld“ („såsom för egen skyld“) haftet und, im Falle es mehrere Bürgen sind, Solidarbürgschaft vorliegt. (§ 1.) Die näheren Bestimmungen würden zu weit führen. § 10 überbürdet dem Auswanderungsagenten, der wissentlich einem nicht zur Auswanderung Berechtigten außer Landes verhilft, die Unterhaltspflicht der Ausgewanderten.

Nicht uninteressant ist endlich eine im Luxemburgischen (Ges. v. 18. 7. 13 Art. 7) geltende Vorschrift, wonach Ausländer, die sich durch Auswanderung der Unterhaltspflicht entzogen haben, ausgewiesen werden können.

In Dänemark besteht überhaupt eine Verpflichtung des Unterhaltspflichtigen, seinen jeweiligen Aufenthalt (bei 10—100 Kronen Strafe) anzugeben. Wer sich der Unterhaltspflicht bezw. ihrer Erfüllung zu entziehen sucht, wird mit Gefängnis oder Zwangsarbeit bis zu 2 Monaten bestraft. (§ 16 3.).

Alle diese Vorschriften speziell zugunsten Unehelicher zu treffen, hat nur einen Sinn in Gesetzessystemen, welche das gesamte Unehelichen-Recht in besonderen Gesetzen regeln — wie Dänemark, Schweden und Norwegen — und dann entsprechende Anordnungen auch zugunsten ehelicher Abkömmlinge treffen (§ 7 norsk lov av 10. 4. 15 om foraeldre og egtebarn). Für uns taucht nur die Frage auf, ob nicht eine Verschärfung der Zwangsmaßregeln gegen den säumigen Unterhaltspflichtigen überhaupt in Erwägung zu ziehen sei, — ob er nun ehelicher oder unehelicher Vater ist. Diese Frage ist m. E. allerdings unbedingt zu bejahen.

e. Die Veränderlichkeit der Unterhaltsleistungen.

Soweit nicht einmalige Abfindung stattfindet, wird die Unterhaltspflicht nach B.G.B. durch eine ein für allemal festgesetzte fixe Quartalsrente erfüllt. Doch ist dies ein Mißstand, insoferne der auftretende Bedarf zu verschiedenen Zeiten verschieden ist.

Darum ordnen auch mehrere Gesetze eine Veränderlichkeit der Rente an, je nach dem Alter des Kindes. Im allgemeinen läuft es darauf hinaus, daß die Alimentation in späteren Jahren ermäßigt wird; so ist nach § 20 3 des norwegischen Gesetzes vom 14. Lebensjahre des Kindes an die Beitragspflicht des Mannes herabgesetzt. Das hängt damit zusammen, daß in den unteren Bevölkerungsklassen das einigermaßen herangewachsene Kind tatsächlich weniger Aufwand beansprucht, als in den ersten Jahren; es kann schon zu allerhand kleinen häuslichen Diensten herangezogen werden, durch deren Verrichtung es sich nützlich macht; der Aufwand für Wart und Pflege fällt ganz weg (Anregungen in dieser Richtung auch bei Petersen, Z. Bl. Vorm. Wes. II. 265 ff. und Link, Z. Bl. Vorm. Wes. III. 145 ff.). Wenn es bei seiner Mutter untergebracht ist, so ist es mit einem Alter von mehreren Jahren schon nicht mehr in dem Grade, wie früher, ein Erwerbshindernis für die Mutter, usw. In den schwedischen Motiven (S. 109) finden wir die Angabe, daß die schwedischen „Barn-Huse“ für die Aufnahme eines Kindes im 1. Jahr 100 Kronen, im 2. Jahr 80 Kronen, im 3. Jahr 72 Kronen, im 4. mit 14. Jahr aber nur noch 60 Kronen nehmen. Also eine ganz erhebliche Kostenminderung. Dafür werden allerdings die — gesondert erstellten — Bekleidungsrechnungen etwas höher. — Wir sehen jedenfalls: Die Kosten sind verschieden und nachdem in Deutschland der Vater immer die gleiche Rente zu zahlen hat, wird die Mutter ihrerseits am Anfang mehr zulegen müssen als später, — oder, wenn sie von Anfang an nichts zulegt, so bleibt in späteren Jahren etwas übrig — ein Fall, den man sich allerdings bei 20 Mark monatlicher Rente (im Frieden) nicht gut vorstellen kann.

Das dänische Gesetz (§ 1 [5]) ordnet für die ersten 2 Jahre eine höhere Rente an als für die Folgezeit. Offenbar mit Rücksicht auf die in den ersten 2 Jahren bedeutenden Auslagen für Wart, Pflege, Wäsche usw.

Doch ist m. E. das norwegische und dänische System nicht gerade ideal. Es nimmt nur Rücksicht auf die proletarischen Lebensverhältnisse. Umgekehrt kann aber unter anderen Umständen, bei einem anderen Lebens-Standard der Fall eintreten, daß der notwendige Aufwand in späteren Lebensjahren höher wird. Einen Sonderfall davon haben wir ja schon besprochen: den, daß das Kind eine höhere Ausbildung bekommen soll. Hier mehren sich die Kosten mit zunehmendem Alter des Kindes bedeutend erheblicher, als sie sich auf einer tieferen sozialen Stufe mindern. Auf diesen Umstand ist im dänischen und norwegischen System keine Rücksicht genommen.

Dagegen hat das Russische Recht (Art. 132 [8] der Novelle vom 3. 6. 02) ganz allgemein die Veränderlichkeit der Rente angeordnet.

Und auch das neue schwedische Gesetz sagt in seinem § 7: „Der Unterhaltsbeitrag ist mit verschiedenen Beträgen zu bestimmen für einzelne Abschnitte der Unterhaltszeit.“ Es gibt also auch keine bestimmte Regel für die Art der Schwankungen, sondern überläßt es, wie die Motive (S. 110) ausdrücklich sagen, ganz den Umständen des einzelnen Falles, wie die Unterhaltshöhe zu stufen sei. Dieser Standpunkt dürfte der einzig richtige sein.

Uebrigens ist der Gedanke der Variabilität der Rente nichts Neues. Schon vor Inkrafttreten des B.G.B. hat Robert Hirsch (a. a. O. S. 26) die Hoffnung ausgesprochen, das „neue Gesetz“ werde die variable Rente bringen. Leider vergebens! —

Vor allem wäre eine besondere Zulage für die erste Zeit zu gewähren, wenn die Mutter das Kind bei sich behält und selbst nährt. So gewährt § 20 [3] des norwegischen Gesetzes der Mutter, wenn sie selbst stillt, den Anspruch auf eine besondere Zulage für die Dauer von 9 Monaten und zwar für den 1. Monat mehr als für die 8 folgenden. Doch wird diese Frage bei der Erörterung der Ansprüche der Mutter nochmal auftreten und des Zusammenhangs wegen erst dort näher zu besprechen sein. —

Ueberhaupt wäre der Unterhaltsbeitrag des Vaters für die ersten Jahre dann höher zu bemessen, wenn die Mutter das

Kind bei sich hat; denn dadurch ist sie von der Erwerbsarbeit abgehalten.

Das Verbleiben des Kindes bei der Mutter liegt aber gerade in den ersten Jahren ganz besonders im Interesse des Kindes. Man könnte freilich sagen, in einer derartigen Zulage liege eine Unterhaltsgewährung an die Mutter — sie sei also ungerechtfertigt. Allein gerechtfertigt ist alles, was im Interesse des Kindes notwendig ist und überdies kann man sehr wohl sagen, der dem höheren Aufwande des Vaters entsprechende höhere Aufwand der Mutter bestehe eben im Verzicht auf Erwerb und in der Hingabe an die Pflege des Kindes. Aber auch diese Frage wird im Zusammenhang mit den Ansprüchen der Mutter später behandelt werden.

Haben wir sohin die voraussehbaren Aufwandsschwankungen bedacht, so ist auch noch zu erwägen, daß sich aufgrund unvorhergesehener Umstände eine Veränderung des Aufwandes als notwendig herausstellen kann. Auch dafür kennen wir schon Spezialfälle:

1. Wird das Kind kränklich oder gebrechlich, und kann es darum nicht, wie man erwartete, seinen Unterhalt selbst verdienen, so tritt der Fall ein, daß die Eltern über den vorgesehenen Zeitpunkt hinaus und vielleicht auch (mit Rücksicht auf Heilungskosten) mit einem höheren Betrage unterhaltspflichtig werden.

2. Wenn ein Teil ganz oder partiell leistungsunfähig wird, so wird nicht nur die Solidarität der Eltern bei Erfüllung ihrer Unterhaltspflicht aktuell, sondern es tritt unter Umständen (wenn der noch leistungsfähige Teil der wirtschaftlich schwächere ist), auch eine Minderung im Gesamtumfang des Unterhaltsanspruches auf.

Wir haben somit schon zwei Gruppen von Fällen: solche, in denen der Bedarf des Kindes und solche in denen die Verhältnisse der Eltern den Grund zur Aenderung des Unterhaltsquantums abgeben.

Diese beiden Fälle kommen klar zum Ausdruck im Art. 344 d² des holländ. burg. Wetb. Dort heißt es, daß der Beitrag sich zu ändern habe, wenn in den Verhältnissen des Pflichtigen oder im Bedarf des Kindes eine merkliche Aenderung eintritt.

Auch alle anderen wirklich modernen Gesetzgebungen tragen der Möglichkeit einer Aenderung des Alimentationsumfanges Rechnung — in notwendiger Konsequenz aus dem Grundsatze der Unterhaltung nach Stand und Verhältnissen der Eltern.

Dänemark (§ 1⁶) gestattet einen Auf- oder Abschlag der väterlichen Rente jederzeit, wenn die Verhältnisse des Vaters eine Aenderung erfahren haben. Jedoch nur auf Ansuchen (bei Minderung: des Pflichtigen, bei Steigerung: des Berechtigten) und nach Anhörung des Vaters.

Norwegen (§ 24 [3]) macht die den Verhältnissen entsprechende Konversion der Rente sogar obligatorisch und

Auch die Schweiz (Art. 320 Z.G.B.) trifft für diesen Fall Vorsorge.

Wenn der Unterhaltspflichtige in seinen Verhältnissen erheblich herabsinkt, so ist ihm die weitere Leistung des aufgrund seines früheren wirtschaftlichen Standes festgestellten Unterhaltes nicht länger zuzumuten. Zum Teil ist ja dem schon Rechnung getragen durch Gewährung des beneficium competentiae.

Umgekehrt aber soll das Kind unbedingt auch an der Verbesserung der Verhältnisse seiner beiden Eltern Anteil haben. Dieser Fall wird besonders aktuell werden, wo der Vater zur Zeit der Geburt des Kindes noch unzulängliche oder gar keine Einkünfte hat, wo also seine Eltern eingreifen mußten, um für ihn die Unterhaltspflicht zu erfüllen — naturgemäß mit einem im allgemeinen ziemlich niedrigen Betrag. Man denke an den folgenden Fall: der Vater ist Student. Sein Vater wiederum kleiner Beamter. Hier wird kaum sehr viel zu holen sein. Nach einigen Jahren aber kommt der Kindsvater in eine anständig bezahlte Stellung. Aehnlich liegt es bei jüngeren, noch unzulänglich bezahlten kaufmännischen Angestellten, jungen Künstlern usw. In diesen Fällen muß eine Erhöhung der Ansprüche des Kindes unbedingt stattfinden.

Diese Sachverhalte jedoch nur als besonders wichtige Typen. Wo immer der Pflichtige in erheblich günstigere Verhältnisse kommt, muß dem Kinde ein entsprechender Vorteil zufließen. Das ergibt sich als Konsequenz des familienrechtlichen Verhältnisses.

Ein anderer Typ: das Kind zeigt plötzlich besondere, einer weiteren Pflege würdige Anlagen. Wenn die Verhältnisse der Unterhaltspflichtigen oder des einen von ihnen es gestatten, hat sich der Aufwand entsprechend zu steigern. Daß das Eintreten körperlicher Gebrechlichkeit die Veranlassung zu weiterer geistiger Ausbildung sein kann, um so die Erwerbsunfähigkeit des Kindes auszuschalten, davon wurde schon gesprochen.

Wir brauchen uns des Näheren nicht mit der Kasuistik der Frage aufzuhalten; wir formulieren uns einfach dahin: „Treten im Bedarfe des Kindes oder in den Verhältnissen der Eltern wesentliche Aenderungen ein, so ist der Umfang des Unterhaltes diesen Veränderungen anzupassen.“

Handelt es sich um Veränderungen in den Verhältnissen des erziehenden Elternteiles, so wird eine besondere Neuregelung der Unterhaltsbedingungen durch das Vormundschaftsgericht nicht vonnöten sein. Denn das Kind nimmt automatisch an der Hebung im Lebens-Standard des erziehenden Teiles Anteil. Eine Zurücksetzung des Kindes würde in solchem Falle der obervormundschaftlichen Aufsicht, die wir ja oben gefordert haben, in die Augen springen und die entsprechenden Maßnahmen würden unverzüglich folgen.

Ebenso, wenn der erziehende Elternteil in seinen Verhältnissen sinkt. Er wird von dem Augenblicke an natürlich auch für das Kind nur noch soviel aufwenden, als seiner neuen Wirtschaftslage entspricht. Man könnte in diesem Falle daran denken, das Kind eventuell dem anderen Elternteile zu übergeben, namentlich dann, wenn der Vater derjenige Teil ist, um den es sich handelt und wenn ihm ursprünglich das Kind anvertraut wurde in der Hoffnung, es werde ihm dadurch der soziale Aufstieg erleichtert. Doch soll davon tunlichst abgesehen werden; teils weil ein Wechsel in der Erziehung immer von zweifelhaftem Erfolg ist; teils auch aus einem mehr gefühlsmäßigen Grunde: hat der Vater mit dem Kinde die guten Zeiten geteilt, so mag es nun mit ihm die schlechten tragen. Der familiäre Zusammenhang zwischen beide ist durch das gemeinsame Leben gestärkt und dürfte diese Erwägung rechtfertigen. Wohl aber könnte allenfalls eine Erhöhung der vom anderen Teil zu leistenden Beiträge in Betracht kommen. Namentlich auch die Inanspruchnahme des anderen Teiles, nachdem vielleicht bisher der erziehende Teil mit Rücksicht auf seine Verhältnisse von dessen Inanspruchnahme absah.

Treten dagegen die wirtschaftlichen Veränderungen beim nichterziehenden Teile ein, so kommt nur eine Umwandlung der von ihm zu zahlenden Rente in Frage. Auch hier möchte ich, wenn z. B. der Vater des bei der Mutter lebenden Kindes in erheblich bessere Verhältnisse kommt, einem Wechsel in der Erziehung nicht das Wort reden. Was die Umwandlung der Rente anlangt, so sollte nicht — mit dem dänischen Gesetz — ein Antrag des erziehenden Teiles auf Erhöhung abgewartet werden. Wenn vielmehr der erziehende Teil den Antrag **nicht** stellt, so ist dies ebenso zu beurteilen, wie der Verzicht auf die Beiträge des anderen Teils überhaupt: wird das Kind dadurch benachteiligt, so sind die entsprechenden Maßnahmen von amtswegen zu veranlassen.

Umgekehrt wäre dadurch eine Minderung der Beiträge auf Grund geänderter Verhältnisse **nur auf Antrag** des Pflichtigen herbeizuführen.

Die Frage ist hier ganz einfach nach § 323 Z.P.O. zu lösen, falls die Beitragsrenten im Prozeßweg festgestellt waren.

Eine besondere Form nimmt unsere Frage an, wenn eine einmalige Abfindung gezahlt worden war. Auch die Abfindung richtete sich nach den seinerzeitigen Verhältnissen des Rentenpflichtigen. Wenn dieser nun nachmals in erheblich bessere Verhältnisse kommt, soll dann das Kind als abgefunden gelten? oder soll es zu einer entsprechenden Nachforderung berechtigt sein? Die Frage kann wohl nur im zweiten Sinne beantwortet werden, wenn man sie im Zusammenhang mit unserem ganzen System erwägt. Ja, wir müssen uns sogar noch aus einem rechtspolitischen Grunde unbedingt für die Nachforderung entscheiden: dadurch wird das Motiv beseitigt, welches für den Abfindenden meist maßgebend ist, und das besonders unerwünscht erscheinen muß: das Bestreben ein für allemal das Kind abzuschütteln und nichts mehr von ihm zu hören.

Andererseits möchte man wohl sagen: wenn der Abfindende nachträglich verarmt, so hat er ja auch kein Rückforderungsrecht. Es soll also Risiko gegen Risiko stehen: der Abfindende riskiert, daß er heute für die Zukunft mehr zahlt, als seinen künftigen Verhältnissen entspricht; das Kind riskiert sich mit einer sicheren, einmaligen Leistung zu begnügen und dadurch viel höhere Leistungen in Zukunft zu verscherzen. Diese Logik kann aber nicht überzeugen. Schon rein gefühlsmäßig sträubt sich etwas dagegen. Zudem kann man sehr wohl sagen, daß der Abfindende eben von dem Augenblicke der Zahlung an nicht mehr mit dem gezahlten Betrage rechnet, daß er ferner ja auf eigenes Risiko die Abstandssumme erlegte, daß niemand ihn dazu zwang. Ja, wir können sogar die Ungleichheit der Chancen schlagend damit rechtfertigen, daß sie den Unterhaltspflichtigen von der Abfindung abhalten werden. Und daß dies wünschenswert ist, sahen wir ja früher!

Gerade aber die abschreckende Wirkung des Risikos einer Nachzahlung bei Besserung der Verhältnisse des Abfindenden hat für den schwedischen Gesetzgeber (Mot. S. 176) einen Grund bedeutet, um diese Nachzahlungspflicht im allgemeinen abzulehnen und sie nur auf den einen Fall zu beschränken, daß beim Kinde nachträglich Erwerbsunfähigkeit eintritt. (Mot. S. 117.)

Wir entscheiden uns unbedingt für allgemeine Anerkennung des Nachforderungsrechtes und begründen dies — außer mit den oben schon angegebenen Erwägungen — noch damit, daß hierdurch erst klar die familienrechtliche Wesensart des Unterhaltsanspruches auch im Falle der Abfindung zutage tritt, während die grundsätzliche Ablehnung des Nachforderungsrechtes einen sehr mißverständlichen Einschlag in's Obligatorische bedeuten würde.

3. Rechtspolitische Erwägungen.

Wird nun der uneheliche Vater, wird die Mutter imstande sein, die erhöhten Unterhaltslasten zu tragen? Man wird sagen, daß in der Mehrzahl der Fälle vom Vater nicht mehr zu erlangen sei, als er bisher schon leistet; daß die Mitheranziehung der Mutter nicht notwendig sei, da sie ja an sich schon zulegen müsse, wenn sie ihr Kind anständig erziehen will; daß die Alimentierung mit Beträgen, welche eine höhere Ausbildung ermöglichen, nur selten vorkommen werde; daß die starke Heranziehung des Vaters zum Unterhalt nur „unzuchtfördernd" auf die dem außerehelichen Verkehr zuneigende Weiblichkeit und schädlich auf die Ehefähigkeit der jungen Männer, schädlich auf die wirtschaftlichen Verhältnisse in der Ehe des Mannes wirke. Und noch manches andere mehr. Es soll hier der Reihe nach auf einige besonders wichtige Punkte eingegangen werden.

1. Es mag richtig sein, daß nicht allzuviele außereheliche Väter imstande sind, höhere, als die bisher üblichen Alimentationen zu leisten. Doch genügt es, daß es immerhin eine ganze Anzahl ist, wie aus dem in der Einleitung gegebenen statistischen Abriß hervorgeht. Wenn es gelingt, auf diese Weise nur 15—20 % dem Proletariat zu entreißen, so ist damit schon ungeheuerer Segen gestiftet; nicht etwa, weil das Proletariat minderwertig oder verächtlich wäre, sondern einfach deshalb, weil auch jeder Proletarier den Wunsch zum Aufstieg in sich trägt und weil es nicht einzusehen ist, warum ein Kind auf einer tieferen sozialen Stufe festgebannt werden soll, als es einnähme, wenn es von denselben Eltern e h e l i c h abstammen würde.

Auch ist zu bedenken, daß schon allein das durch die familienrechtliche Fundierung des Unterhaltsanspruches erzeugte innere Bewußtsein sowohl beim Kinde, als beim Vater von den segensreichsten sozialen Wirkungen begleitet sein wird, auch wenn vielleicht eine erhebliche Verbesserung der wirtschaftlichen Lage nicht aktuell wird. Der G r u n d s a t z a l l e i n s c h o n hat unschätzbare Bedeutung — von seiner praktischen Durchführung ganz abgesehen.

Endlich muß in Rücksicht gezogen werden, daß, was heute vom Vater als „voller Unterhalt" gezahlt wird, künftig nur noch einen T e i l des Gesamtaufwandes darstellt; einen größeren oder kleineren, je nach dem Verhältnis in welchem die wirtschaftlichen Fakultäten der beiden Eltern zueinander stehen.

2. Zwar leistet vielfach auch heute schon die Mutter einen Zuschuß zum Unterhalt des Kindes. Aber wiederum kommt in Betracht, daß eben diese Zuschußleistung nur stattfindet, wo das mütterliche Verantwortungsgefühl schon hinreichend stark ausgeprägt ist, daß dagegen bei unzähligen Müttern dieses Emp-

finden nicht vorhanden ist — vielleicht zu einem guten Stück deshalb nicht, weil das bisherige Gesetz nichts zu seiner Entwickelung und Wacherhaltung getan hat. Wenn dagegen das Gesetz der Mutter eine Unterhaltspflicht auferlegt, so wird ihr die Verantwortung für das Kind in's Bewußtsein gerückt. Und jene Mütter, die aus freien Stücken keine Zuschüsse leisten würden, tun es unter dem Druck des Gesetzes.

3. Es wurde von jeher — und wird auch heute noch da und dort — behauptet: je höher der außereheliche Vater zum Unterhalt des Kindes herangezogen wird, umso schädlicher ist es für die sexuelle Moral der Frauen. Was die sexuelle Moral im Sinne der Bereitwilligkeit zum außerehelichen Verkehr angeht, so ist das m. E. schlankweg zu leugnen. Schon deshalb zu leugnen, weil der außereheliche Verkehr als solcher nach unseren von allzukrassen Kastenvorurteilen sanierten Moralbegriffen — nicht unmoralisch ist. Es ist aber auch sehr zu bezweifeln, ob recht viele Mädchen und Frauen im Augenblick der sexuellen Hingabe an die — finanziellen Verpflichtungen des Mannes denken. Die bloße Erwägung dieser Möglichkeit (im Hinblick auf die gesamte Weiblichkeit) verrät eigentlich schon hinreichenden Cynismus um suspekt zu sein. Bei eingetragenen und nicht eingetragenen Dirnen von Profession mögen pekuniäre Ueberlegungen eine Rolle spielen. Beim Durchschnitt der Mädchen nicht. Da kommen diese Gedanken erst hintennach, „wenn das Unglück geschehen ist.“ Und da haben wir die Umkehrung: Die mangelhafte Heranziehung des Mannes zur Alimentation wird zum Motiv für Kindstötung, Abtreibung, Selbstmord. Man entscheide selbst, was moralischer (oder unmoralischer) ist: der außereheliche Sexualverkehr oder die Konzeptionsverhinderung, Fruchtabtreibung und Kindestötung!?

Eine näherliegende und vom moralischen Standpunkt aus gerechtfertigte Befürchtung ist die, daß infolge der Alimentation nach den Verhältnissen des Pflichtigen der Alimentenschwindel eine noch größere Rolle spielen wird als bisher. Aber für's erste wird Mißbrauch mit den Gesetzen immer getrieben und das ist eine Tatsache, durch die das Gesetz selbst nicht schlechter wird. Zum andern aber wird der Alimentenschwindel im Zusammenhange mit der familienrechtlichen Anerkennung des unehelichen Kindes durch die Modalitäten der Vaterschaftsfeststellung usw. ungemein erschwert. Wir kommen darauf erst in einem späteren Abschnitte zu sprechen. —

4. Die schwedischen Motive (S. 97) befürchten, es möchte der Barbeitrag des Vaters zu den Unterhaltskosten, wenn die Mutter das Kind bei sich hat und die Beiträge als seine gesetzliche Vertreterin empfängt, von ihr nur als Auslagenerstattung angesehen werden; namentlich dann, wenn diese Beiträge sehr

hoch sind. Sie möchte also vielleicht der Meinung sein, sie selbst habe gar nichts mehr aufzuwenden. Diese Erwägung wurde schon einmal gestreift: es ist an sich nicht allzuschwer zu beurteilen, wenn die das Kind erziehende Mutter zu den hohen Beiträgen des reichen Vaters nur wenig zuschießt; wäre das Kind beim Vater, so fielen ja **auch** die mütterlichen Leistungen kaum ins Gewicht; und die persönliche Obsorge der erziehenden Mutter kann auch in Anschlag gebracht werden. Uebrigens kann ich mir kaum vorstellen, daß eine Mutter, die ihr Kind bei sich hat, sich innerlich so ganz verpflichtungslos fühlt.

5. Endlich noch ein Wort über den Einfluß unseres Unterhalts-Systems auf die Eehefähigkeit und auf die Ehe des Vaters. Es muß zugegeben werden, daß die erhöhte Leistungspflicht des außerehelichen Vaters einen gewissen Einfluß auf seine eheliche Familie (die bestehende oder später zu gründende) haben kann.

Wird der uneheliche Vater zur Unterhaltsleistung für sein uneheliches Kind stark herangezogen, so kann es sein, daß dadurch zu den schon bestehenden sozialen Schwierigkeiten, welche einer Verehelichung entgegenstehen, noch hinzutritt die allenfalls schwer fühlbare Inanspruchnahme seines Einkommens für die Erfüllung der unehelichen Vaterpflichten. Es mag sein, daß dadurch vielleicht mancher heiratsfähige junge Mann abgehalten wird, eine Ehe einzugehen. Diese Konsequenz ist natürlich unangenehm. Aber es ist anderseits nicht darüber hinwegzukommen, daß sowohl der Mann als Vater, wie der Staat als soziale Institution gegen die Existenz des lebenden unehelichen Kindes höhere Pflichten haben, als gegen ein künftiges eheliches Kind, das noch nicht einmal nasciturus ist. Es wäre doch ein zweifelhafter Gewinn, wenn die Schließung einer Ehe nur dadurch möglich wäre, daß eine vorhandene Existenz in ihrer Entfaltungsmöglichkeit auf's Aeußerste eingeschränkt, vielleicht dem tiefsten wirtschaftlichen, sozialen und moralischen Elend preisgegeben wird. Wie kann denn eine Ehe überhaupt gedeihlich werden, wenn sie sich in ihren Möglichkeiten auf einem sozialen Verbrechen aufbaut, wenn der Mann beim Anblick seiner wohlgepflegten legitimen Kinder stets an die Misere erinnert wird, in der nun vielleicht sein erstes, außereheliches Kind sich abquält, das doch **sein Kind** nicht minder ist, als die legitimen? — Diese Vorstellung erst macht einem vollkommen klar, wie demoralisierend die gegenwärtige Rechtsordnung gewirkt hat: nur wenigen Familienvätern wird im Kreise ihrer legitimen Kinder der Gedanke an das uneheliche Kind als Gewissenslast auf die Seele fallen — dank der Gewöhnung an die Unverantwortlichkeit durch unser geltendes Recht.

Genug davon; wir haben zu bedenken, daß eine Ehe, die wegen der wirtschaftlichen Belastung des Vaters mit dem Unterhalt eines unehelichen Kindes nicht zustandekommen kann, doch niemals besonderen Kindersegen versprochen hätte. Denn wir müssen ja bedenken, daß der uneheliche Vater nicht den ganzen Unterhalt, sondern nur einen Teil davon zu tragen hat. Hält ihn diese Belastung von der Eingehung der Ehe ab, welche Mittel stünden denn dann zur Erhaltung einer Familie zur Verfügung, wenn die Verpflichtung nicht wäre?

Es ist übrigens weniger anzunehmen, daß die Zahl der Eheschließungen durch die erhöhte Alimentationspflicht vermindert wird, als vielmehr die Zahl des ehelichen Nachwuchses. Und da muß doch in Erwägung gezogen werden: wir gewinnen für das weniger gezeugte eheliche Kind ein sozial gesundes, gesichertes uneheliches. Statt des ehelichen Kindes wächst ein uneheliches unter günstigeren Bedingungen auf; und das ist eigentlich vorzuziehen: was hat die soziale Gemeinschaft davon, wenn statt eines jungen Bürgers zwei aufwachsen, von denen der eine durch seine jammervollen sozialen Entwicklungsbedingungen mit verhältnismäßig hoher Wahrscheinlichkeit ein sozialer Schädling wird? Es wäre gut, wenn der Staat anfinge, der Qualität seines Nachwuchses mehr Beachtung zu schenken, als der Quantität!

Eine erhebliche Mehrbelastung des unehelichen Vaters tritt übrigens nur da ein, wo seine wirtschaftliche Lage es nahelegt. Und in der Möglichkeit vollkommener Befreiung von der Unterhaltspflicht oder doch erheblicher Herabsetzung — beim Vorliegen wirklicher Bedürftigkeit — liegt ein nicht zu übersehendes Gegengewicht.

Endlich mag darauf hingewiesen sein, daß eben durch die Begründung der Verpflichtung zum standesgemäßen Unterhalt des Kindes die Zahl der von den wirtschaftlich und sozial besser situierten Männern gezeugten unehelichen Kinder vielleicht etwas zurückgehen wird. Denn beim Manne sind solche wirtschaftliche Erwägungen eher zu erwarten als beim Mädchen. Die dadurch sich ergebende Minderung der unehelichen Geburtenziffer würde dann der Zahl der ehelichen Geburten wieder zugute kommen. Ja — tritt diese Minderung der unehelichen Geburten nicht durch Verwendung von Antikonzeptionalien sondern durch sexuelle Abstinenz ein, so würde nicht nur die Zahl der ehelichen Kinder vermehrt, sondern sogar die Eheschließungsfrequenz selbst: der sexuell reife Mann wird lieber eine Ehe eingehen, wird mit allen Mitteln versuchen, die wirtschaftlichen und sozialen Ehehemmnisse zu überwinden, als daß er außerehelich Befriedigung sucht.

Dies dürfte genügen, um darzutun, daß wirklich durchschlagende Gegengründe der vorgeschlagenen Regelung der Unterhaltspflicht nicht im Wege stehen. Die Bedenken lösen sich bei genauer Erwägung auf und ein verschwindender Rest muß in Kauf genommen werden im Hinblick auf die ungeheuren sozialen Vorteile, vor allem aber im Namen der Gerechtigkeit, der Menschlichkeit.

IV. Abschnitt.

Das Erbrecht und die außerhalb des Unterhaltes liegenden wirtschaftlichen Pflichten.

1. Das Erbrecht des unehelichen Kindes.

Nach § 1924 [1] B.G.B. ist das uneheliche Kind seiner Mutter gegenüber gleich einem ehelichen erbberechtigt. Am Nachlaß seines Vaters aber hat es keinen Anteil, — es sei denn, daß es Testamentserbe ist.

Dennoch enthält das B.G.B. gewisse halbe Ansätze zu einem Erbrecht, insoferne, als der § 1712 [1] B.G.B. dem unehelichen Kinde einen über den Tod seines Vaters hinaus dauernden Unterhaltsanspruch gewährt und im § 1712 [2] den Erben des Vaters gestattet, das Kind mit dem Betrag abzufinden, auf den der Pflichtteil des ehelichen Kindes sich belaufen würde. Denselben Einschlag ins Erbrecht finden wir im dänischen Gesetz (§ 3 [1]), wo angeordnet ist: Die Ansprüche des Kindes gegen den Nachlaß des unehelichen Vaters übersteigen nicht das, was es als eheliches Kind erben würde. Hier geht man insofern schon weiter, wie im deutschen B.G.B., als man das volle gesetzliche Erbteil die Grenze sein läßt.

Für uns kommen diese Regeln ja nicht in Betracht. Denn nach unserem System haften beim Wegfall des Vaters dessen Aszendenten mit der Mutter gemeinsam für das Kind.

Es entsteht nun die Frage, ob nicht überhaupt an die Stelle des Unterhaltsanspruches gegen den Nachlaß des Vaters ein gesetzliches Erbrecht zu treten habe.

Ausländische Gesetze:

England kennt weder ein Erbrecht des unehelichen Kindes gegen seinen Vater noch gegen seine Mutter. Ebensowenig wird es von ihnen beerbt —: die notwendige Folge der englischen Ansicht, das uneheliche Kind sei „liber nullius“.

In Amerika bestehen verschiedene Systeme. Im allgemeinen beerbt das uneheliche Kind seine Mutter — jedoch nur beim Fehlen ehelicher Kinder. Zum Teil besteht auch gesetzliches Erbrecht gegenüber gewissen mütterlichen Verwandten. Manchmal sogar gegen den Vater. — Umgekehrt wird das Kind von seiner unehelichen Mutter beerbt.

Frankreich. Im Zusammenhang mit seinem Anerkennungs-System gibt der code civil dem nicht anerkannten unehelichen Kinde überhaupt kein gesetzliches Erbrecht; den anerkennenden Elternteil dagegen beerbt es; wenn beide Eltern es anerkannt haben, dann beide. Ferner besteht ein gesetzliches Erbrecht anerkannter unehelicher Geschwister untereinander, insoweit nicht etwa Eltern oder Kinder des Verstorbenen vorhanden sind. (Art. 756.). Gegenüber den legitimen Verwandten des Anerkennenden hat das uneheliche Kind kein Erbrecht. (Art. 757.)

Und zwar erbt das uneheliche Kind neben ehelichen oder adoptierten Kindern des anerkennenden Elternteiles nur $1/2$, neben Aszendenten und Seitenverwandten nur $3/4$ des gesetzlichen Erbteiles eines ehelichen Kindes. (Artt. 758, 759.)

Nach dem Schweizerischen Recht beerbt das uneheliche Kind seine Mutter wie ein eheliches, seinen Vater nur dann, wenn es durch Anerkennung oder richterliches Urteil in die Standesfolge des Vaters eintrat. Das gesetzliche Erbteil beträgt dann $1/2$ des gesetzlichen Erbteils eines ehelichen Kindes. (Art. 461 [2] Z.G.B.).

Norwegen. Nach dem alten „Lov om arv" vom 31. 7. 1854 beerbte das uneheliche Kind seinen Vater nur, wenn es „lyst i kuld og kjón" war (Kuldlysning: eine besondere Form der Anerkennung. Kuldlysning: „det er, hvis fadern har til Thinge, mundtlig eller skriftlig erklæret barnet for sit." § 5 lov om arv. 31. 7. 54); und zwar „mit dem halben Los des ehelichen Kindes, wenn ein solches vorhanden ist, und ebenso wie ein eheliches Kind, wenn ein solches nicht vorhanden ist." (§ 5 lov. om arv. 31. 7. 54.). Aber ein in Ehebruch oder Blutschande erzeugtes Kind kann auch durch Kuldlysning nicht erbberechtigt werden. — Die Kuldlysning bewirkt auch gesetzliches Erbrecht gegenüber den väterlichen Verwandten. (§ 3 [2] lov om arv.). Daß das uneheliche Kind Mutter und Muttersverwandte beerbt, ist selbstverständlich (§ 3 [1] lov om arv.).

Das alte lov om arv wurde, nachdem es 1892 schon eine Ergänzung erfahren hatte, anläßlich des lov om barn vom 10. 4. 15 abermals ergänzt.

Im § 3 [1] wird der Grundsatz aufgestellt, das uneheliche Kind sei mit dem ehelichen gleich erbberechtigt. Jedoch bleibt unberührt das „aasætesret paa skifte" gegenüber Vater und Vatersverwandten. (Es handelt sich um etwas unserem Anerbenrecht ähnliches.) Nur, wenn der Vater durch schriftliche Erklärung diese Ausnahme aufhebt, steht dem Kinde auch dieses Recht zu. (§ 3 [2].)

Die Erbausschließung wegen Ehebruch oder Blutschande bleibt bestehen. (§ 6.) Im Entwurf war sie nicht vorgesehen. (ot. prp. 5/14. S. 77.)

Diese neue Erbfolge tritt jedoch erst in Kraft für die nach dem 31. 12. 17 geborenen Unehelichen. (§ 5 1.).

Schweden. Nach § 12 1 lag om barn beerbt das uneheliche Kind seine Mutter und deren Verwandte wie ein eheliches. Das Brautkind beerbt auch den Vater kraft Gesetzes; nicht aber dessen Verwandte (§ 12 2). Im übrigen besteht zwischen unehelichem Kind und Vater keinerlei gegenseitiges Erbrecht. (§ 12 2.) Die väterlichen Verwandten werden niemals beerbt. (§ 12 3.)

Der Entwurf hatte noch beigefügt, daß die Vorzugsstellung des Brautkindes auch Platz greife, wenn die Eingehung einer Ehe unmöglich gewesen wäre; nur müssen die Eltern (Verlobten) oder einer der beiden bona fide gewesen sein. —

Rußland. Gegenüber der Mutter hat das uneheliche Kind ein gesetzliches Erbrecht — aber unter Beschränkung auf deren erworbenes Vermögen. Das ererbte Vermögen der Mutter ist dem gesetzlichen Erbrecht des Kindes entzogen. Am Vermögen der mütterlichen Verwandten, sowie des Vaters und seiner Verwandten besteht kein Erbrecht für das uneheliche Kind. (Novelle v. 3. 6. 1902, Art. 132/12.)

Finnland. Das uneheliche Kind ist genau so erbberechtigt, wie das eheliche; dem Vater gegenüber jedoch nur dann, wenn es von ihm anerkannt ist oder bei vollem Beweis der Vaterschaft.

Bemerkt mag noch sein, daß das Erbrecht des unehelichen Kindes gegen den Vater auch der nicht vom code Napoléon beeinflußten deutschen Gesetzgebung vor 1900 nicht völlig unbekannt war. So gewährt Art. 23 des Meiningischen Bürgerl. Ges.-Buches vom 9. 9. 1844 dem unehelichen Kinde ein Erbrecht am Nachlaß des Vaters. Voraussetzung ist, daß die Vaterschaft schon bei Lebzeiten des Vaters urkundlich oder vor ausdrücklich zu diesem Zweck erbetenen Zeugen vom Vater anerkannt oder durch rechtskräftige Entscheidung außer Zweifel gesetzt worden ist.

Und zwar erben sämtliche unehelichen Abkömmlinge $^1/_6$ des Nachlasses gemeinsam, wenn sonstige gesetzliche Erben da sind. Ist weder eine Ehefrau noch ein gesetzlich zur Erbschaft berufener Verwandter da, so sind die unehelichen Alleinerben. (Vgl. Gett, theoretisch-praktische Ausführungen etc. S. 145.)

Wir haben im Früheren ausdrücklich die volle gesetzliche Anerkennung für die natürliche Verwandtschaft zwischen dem unehelichen Kinde und seinem Vater propagiert. Wir haben festgestellt, daß das uneheliche Kind mit seiner Mutter nicht

„verwandter“ ist, als mit seinem Vater. Doch zwingt uns das nicht, unbedingt das gleiche Erbrecht, wie das eheliche Kind es hat, auch dem Unehelichen zuzusprechen. Denn wir haben uns ausdrücklich vorbehalten, daß aus praktischen Zweckmäßigkeitsgründen einzelne Konsequenzen des generell anerkannten Grundsatzes spezialiter ausgeschaltet werden können.

Um zu beurteilen, ob wir das tun sollen, müssen wir uns zunächst das Erbrecht an sich auf seine Grundlagen hin betrachten.

Zunächst ist das Erbrecht eine Folge der Blutsverwandtschaft. Die Möglichkeit der Kapital-Ansammlung hatte zur Folge, daß der Einzelne nicht für seine Person allein — etwa als Rücklage für das Alter — werbende Werte reserviert. Der Einzelne stellt die Kapitalbildung in den Dienst der Arterhaltung, indem er Rücklagen für seine Nachkommen, für seine Familie macht, damit diese auch dann wirtschaftlich versorgt sei, wenn die Erwerbskraft des Familienvaters durch dessen Tod aufhört, für sie zu wirken.

Aber hierin schon finden wir die zweite Wurzel des Erbrechtes: die wirtschaftliche und psychologische. Nicht die Verwandtschaft allein ist es, welche den Gesetzgeber veranlassen kann, einen gesetzlichen Erbanspruch zu gewähren; sondern als paralleler Faktor wirkt mit die Tatsache der wirtschaftlichen Gemeinschaft zwischen Erblasser und Erbe und die durch gemeinsames Leben erzeugte Zusammengehörigkeit beider.

So erklärt sich allein das gegenseitige Erbrecht der Ehegatten, welche ja nicht miteinander verwandt sind, und es kann keinem Zweifel unterliegen, daß auch beim Erbrecht zwischen Aszendent und Deszendent oder zwischen Seitenverwandten diese Erwägung au fond steht. Dieser Anschauung ist, m. E. mit Unrecht widersprochen in ot. prp. 5/1914 S. 25. (Darin läge übrigens auch eine bedeutungsvolle Begründung für die Kürzung der Erbquote zugunsten des Staates: entferntere Verwandte würden nach dieser Erwägung beim Fehlen näherer nicht voll erben sondern gar nicht, oder mit einer geringeren Quote neben dem Staat.)

Zwischen Ehegatten und legitimen Verwandten kann ein gesetzliches Erbrecht generell festgelegt werden, da man für 99 % aller Fälle das Bestehen der wirtschaftlichen und der Lebensgemeinschaft annehmen darf, das Erbrecht der Ehegatten fällt darum mit Auflösung der Ehe fort und für jene Fälle, wo zwischen Blutsverwandten die wirtschaftliche oder psychische Gemeinschaft nicht in hinreichend erbrecht-begründendem Maße besteht, gewährt das Gesetz die Möglichkeit der Beschränkung auf den Pflichtteil: es wirkt dann nur noch der eine

Faktor, nämlich die Verwandtschaft. Liegen aber Tatsachen vor, welche geeignet sind, durch ihre trennende Stärke auch das blutsverwandtschaftliche Band zu zerschneiden, so ist sogar die völlige Enterbung (auf Grund der vom Gesetz genannten Erbausschließungsgründe) möglich.

Es würde zu weit führen, hierauf bis ins letzte einzugehen. Es wäre Stoff für ein umfangreiches Werk aus diesen Fragen zu schöpfen. Wir begnügen uns mit der Feststellung: Dem Erbrecht liegen motivierend zugrunde die Blutsverwandtschaft, die Wirtschaftsgemeinschaft und das durch beide erzeugte Bewußtsein innerer Zusammengehörigkeit.

Der eine erbrechtbegründende Faktor liegt also für das uneheliche Kind, im Verhältnis zu seinen beiden Eltern, immer vor: die Blutsverwandtschaft. Und von diesem Gesichtspunkte aus wäre unbedingt gleiche Erbberechtigung für eheliche und uneheliche Kinder zu fordern. Wie aber steht es mit der wirtschaftlichen Gemeinschaft? wie mit der Lebensgemeinschaft und ihren psychischen Progredienzien?

Auch die wirtschaftliche Zusammengehörigkeit zwischen unehelichem Kind und Eltern besteht in allen Fällen. Selbst da, wo der eine Elternteil gar nichts zum Kindesunterhalt leistet, ist sie — wenn auch nur latent — vorhanden; sie kann, bei Besserung der Verhältnisse jederzeit aufleben.

Anders ist es mit der Lebensgemeinschaft. Sie kann im eigentlichen Sinne immer nur zwischen dem Kinde und einem der beiden Elternteile vorliegen — nämlich dem Erziehenden. Es wäre also möglich, daran zu denken, daß nur diesem gegenüber ein Erbrecht des Kindes bestehen soll. Doch bleibt ja immer noch die Blutsverwandtschaft. Ob und inwieweit eine Kürzung der gesetzlichen Erbquote am Nachlaß des nichterziehenden Elternteiles in Frage zu ziehen sei, muß späterer Entscheidung vorbehalten bleiben.

Jedenfalls können wir sagen: es sind alle Voraussetzungen gegeben, um dem unehelichen Kinde gegen seine beiden Elternteile grundsätzlich gleiches Erbrecht zu geben, wie einem ehelichen Kinde.

In dem Standpunkte, den die auf dem tatsächlichen Besitzstande basierte bürgerliche Gesellschaft zum Erbrecht der Unehelichen einnimmt, und der im B.G.B. rückhaltlos anerkannt ist, kommt am stärksten der letzte Urgrund ihrer Abneigung gegen die Förderung der Unehelichen zum Ausdruck. Für die bürgerliche Gesellschaft spielt weniger die Blutsverwandtschaft an sich eine Rolle als Fundament des Intestaterbrechts, als vielmehr die Ueberzeugung, daß die bürgerliche, eheliche Familie es sei, welche eine Eigentumsgemeinschaft begründe, und darum die Nachfolge kraft Gesetzes in die hinterlassenen Güter eines verstorbenen Familienmitgliedes rechtfertige. Der Familienbesitz ist gewissermaßen der materielle Boden der Familie, durch welchen sie in den heutigen bürgerlichen Anschauungen weit intensiver äternisiert wird, als durch die Blutsgemeinschaft selbst. So verschroben und korrumpiert diese Auffassungen sind, sie haben für sich, daß sie „grau für Alter" sind und darum heilig gelten.

In der Tat aber ist schon die Anerkennung des Erbrechtes zwischen unehelichem Kind und Mutter eine Durchbrechung des Grundsatzes von der erbrechtbegründenden Macht der Familie allein; — aber eine Durchbrechung, welche die Rechtsame der auf dem Besitzstande fundierten Gesellschaftsschichten (d. h. vor allem der bürgerlichen, als der bisher herrschenden), kaum stört. Gehört doch die uneheliche Mutter meist jenen Schichten an, für die das Erbrecht eine verhältnismäßig geringe praktische Bedeutung gewinnt — den arbeitenden Klassen. Was kann es also der Gesellschaft verschlagen, wenn die ehelichen Kinder einer Frau aus den besitzlosen Klassen den geringfügigen Nachlaß ihrer Mutter mit einem unehelichen Halbgeschwisterten teilen müssen? Der Vater ist es und seine Familie, an welchem die herrschende bürgerliche Gesellschaft ein größeres Interesse hat, in dessen Person und Eigen die gesellschaftlichen Grundsätze bezüglich des Familienbesitzes aktuell werden, sofern er den besitzenden Klassen angehört; und das ist bei ihm weit öfter der Fall, als bei der Mutter.

Allerdings gibt das B.G.B. dem Vater die Möglichkeit, sein uneheliches Kind testamentarisch zu bedenken und die Motive sprechen ausdrücklich davon, daß sie diese Möglichkeit für vollkommen genügend erachten. Ueberdies könne das Intestaterbrecht hergestellt werden durch Legitimation oder Adoption. Im allgemeinen fehlten die zur Rechtfertigung eines Intestaterbrechtes zu erfordernden verwandtschaftlichen Empfindungen zwischen Vater und unehelichem Kinde. Wo sie ausnahmsweise bestünden, stehe aber ihrer Betätigung durch Frequenz der genannten drei Möglichkeiten nichts im Wege. Die Begründung ist also die gleiche, wie wir sie bei Erörterung der Verwandtschaft kennen gelernt und widerlegt haben. Hier wäre nur beizufügen, daß weder die Legitimation noch die Adoption immer möglich sei; daß die Erbeinsetzung durch Testament aber — vom Vorliegen eines Testamentes abhängig sei, daß also der uneheliche Vater nur sine testamento zu versterben braucht — und das uneheliche Kind geht seines Erbes verlustig, obgleich der Vater es vielleicht hatte einsetzen wollen; geht seines Erbes verlustig — unter Umständen zugunsten irgendwelcher fernster Verwandten des Vaters, denen er sicherlich ferner stand als seinem außerehelichen Abkömmling.

Auch soll die Frage, ob das uneheliche Kind bei der Erbschaft zum Zuge kommt, nicht vom Vater entschieden werden; man darf sie in Anbetracht des Bestehens der Blutsbande nicht seinem höher oder tiefer entwickelten verwandtschaftlichen Empfinden überlassen.

Dieser Fehler steckt auch im französischen System. Nur die Anerkennung macht das uneheliche Kind erbberechtigt; doch muß gesagt werden — unter Verweisung auf das Kapitel über die Verwandtschaft, — daß der Fehler hier tiefer steckt: die Verwandtschaft selbst — als Fundament des Erbrechts — wird eben erst durch die Anerkennung begründet. Uebrigens sind ja bekanntlich in den Abänderungen zum code civil Fälle vorgesehen, welche die zwangsweise Anerkennung mit sich führen. (Notzucht etc.).

Auch das alte norwegische Erbgesetz hat mit seiner Kuldlysning, wie wir sahen, denselben Standpunkt eingenommen.

Aehnlich verhält sich ja auch das schwedische Gesetz (§ 12). Es hält nur beim Verlöbniskind (trolovningsbarn) eine zur Begründung des Erbrechtes hinreichende verwandtschaftliche Basis für gegeben. Nun muß freilich zugegeben sein, daß hier eine Gleichstellung mit dem ehelichen Kinde ganz besonders angezeigt ist. Die Motive zum B.G.B. sind allerdings entgegengesetzter Meinung; nach ihnen ist und bleibt der extramatrimoniale Coïtus eine unsittliche Handlung — auch zwischen Verlobten; es könnten daher dem anticipierten Coïtus nicht weitergehende familienrechtliche Konsequenzen zugesprochen werden, als dem außerehelichen Beischlaf überhaupt.

Was für die erbrechtliche Bevorzugung des Brautkindes spräche, das wäre allenfalls der Umstand, daß die Herstellung der Lebensgemeinschaft zwischen ihm und seinem Vater nur eine Frage der Zeit war, daß sie durch die beabsichtigte Ehe erfolgt wäre, daß also die legitimatio per subsequens matrimonium hier schon bei der Zeugung, mindestens bei der Geburt des Kindes ideell vorlag.

Wir werden der Frage des Brautkindes in einem besonderen Abschnitte noch nähertreten und verlassen sie deshalb hier.

Auch von Arnold will das Erbrecht des unehelichen Kindes gegen den Nachlaß seines Vaters von der „authentischen Anerkennung“ oder dem Bestehen einer putativen Ehe abhängig machen, offenbar, weil auch er in dem Bestehen der einer Blutsverwandtschaft entsprechenden Gefühle allein die Rechtfertigung des Erbrechtes ab intestato erblickt.

Wir müssen aber das Intestaterbrecht eintreten lassen in allen den Fällen, wo wir die Verwandtschaft anerkennen, also zwischen jedem unehelichen Kinde und seinem Vater.

Wo ein Vater nicht festgestellt werden kann, da bleibt eben das Erbrecht latent und unpraktisch, weil die seinen Gegenstand bildende Erbmasse nicht bekannt ist. Vollkommen logisch geht hier das norwegische Gesetz vor, welches zwar die Unterhaltspflicht auf die Möglichkeit der Vaterschaft gründet in den Fällen, wo der wirkliche Vater nicht zu ermitteln ist, das aber ein Erbrecht nur auf anerkannte oder gerichtlich zweifelsfrei festgestellte Vaterschaft basiert. (Forandringlslov av 10. 4. 15 til lov om arv av 31. 7. 1854.)

Den gleichen, richtigen Standpunkt vertritt, wie wir sahen, das finnische Recht.

Es tritt also nunmehr die Frage auf: soll eine Einschränkung oder Ausschaltung des Erbrechtes eintreten, hinsichtlich der Hinterlassenschaft desjenigen Elternteiles, mit dem das uneheliche Kind nicht in Lebensgemeinschaft stand? Man könnte dies damit begründen, daß die Lebensgemeinschaft eben doch die bestehende Blutsverwandtschaft in ihren Aeußerungen und in ihrem inneren Bestande zu intensivieren geeignet sei, daß also bei ihrem Nichtbestehen eine erhebliche Abschwächung der Fundamente des Erbrechts eintrete — auch wenn man die Blutsverwandtschaft als alleinige Basis des Intestaterbrechtes betrachte. Dem widerspricht aber doch die Tatsache, daß auch das Kind geschiedener Ehegatten von demjenigen Elternteile voll erbt, dem es im Scheidungsurteil abgesprochen wurde, von dem es also auch getrennt lebt. Dagegen könnte freilich gesagt werden: die Lebensgemensichaft habe doch jedenfalls einmal bestanden, wenn sie auch dann aufgelöst worden sei. Anderseits aber muß bedacht sein, daß die Dauer dieser Lebensgemeinschaft kurz genug gewesen sein kann, um kaum irgendeine Bedeutung zu gewinnen und daß sie dann auch in Rücksicht auf das Alter des Kindes wenigstens für dieses als den interessierten Teil, keinerlei Rolle gespielt hat: besaß es doch, wenn die Scheidung ein oder zwei Jahre nach seiner Geburt erfolgte, nicht einmal soviel Bewußtheit, um sich später an seinen Vater auch nur zu erinnern! Auch ist ja das Fehlen der Lebensgemeinschaft zwischen dem unehelichen Kinde und seinem einen Elternteile eine rein praktische Folge der Tatsache, daß eben die Eltern nicht in Gemeinschaft leben. Aus dieser rein tatsächlichen Notwendigkeit eine erbrechtliche Benachteiligung des unehelichen Kindes rechtfertigen zu wollen, erschiene doch unbillig und verkehrt — zumal ja gar nicht gesagt ist, daß der vom Kinde getrennt lebende Elternteil deswegen wahrhaft verwandtschaftlicher Empfindungen bar sei. Die Möglichkeit, wenn auch nicht gemeinsamer Lebensführung, so doch der Aufrechterhaltung familiärer Fühlung ist zudem gewährleistet durch das Verkehrsrecht des von der Erziehung ausgeschlossenen Elternteiles. Daß aber aus dem Bestehen der Ehe, aus der Legitimität der Abstammung als solcher, eine Begründung für verschiedene Behandlung der sonst gleichgearteten Fälle nicht abgeleitet werden könne — das dürfte nach allem Vorangegangenen kaum noch besonderer Betonung bedürfen.

Die Frage, ob das uneheliche Kind mit dem Erblasser in Lebensgemeinschaft gestanden habe oder nicht, soll also für sich allein bei Bemessung der Erbansprüche keine Rolle spielen.

Viel mehr Schwierigkeiten macht es, sich mit der Konkurrenz einer legitimen Familie einerseits und des unehelichen Kindes anderseits auseinanderzusetzen. Hier wird die wirtschaftliche und soziale Bedeutung der Ehe hinreichend aktuell, um Bedenken gegen die Durchführung der erbrechtlichen Gleichstellung der ehelichen und unehelichen Kinder zu erzeugen. Wir finden ja auch überall da, wo ein Erbrecht des unehelichen Kindes anerkannt ist, Einschränkungen zugunsten des legitimen Anhanges des Erblassers. In Frankreich, in der Schweiz, in Norwegen sogar; das letztere muß uns besonders zu denken geben, da doch Norwegen gewiß einen außerordentlich modernen Standpunkt, gerade in der Erbrechtsfrage, vertritt. Nur Finnland hat auch für diese Fälle volle Gleichberechtigung aufrechterhalten.

Irgendwelche Kautelen zugunsten der ehelichen Familie müssen gegeben werden; nur fragt es sich, *worin* sie bestehen sollen. Schon dem norwegischen Gesetzgeber hat diese Frage Schwierigkeiten gemacht. Bei Vorbereitung des neuen Gesetzes von 1907 hat der „Norsk kvindesaksforening" sich für das volle Erbrecht der unehelichen Kinder ausgesprochen,
für das volle Erbrecht der unehelichen Kinder ausgesprochen,
trennung für die Ehegatten durchgeführt werde. (ot. prp. 5./14 S. 27.)

Damit sollte verhindert werden, was der schwedischen Kommission als Hauptgrund gegen das Erbrecht der Unehelichen gegen ihren Vater erschien: es bedeutet eine glatte Brüskierung der ehelichen Familie, wenn beim Tode des Mannes plötzlich ein erbberechtigtes uneheliches Kind auftaucht, von dessen Existenz die Familie vorher nichts wußte, das vielleicht einer Verletzung der die Familie begründenden Ehebande sein Leben verdankt. (Mot. S. 125.)

Jedenfalls müßte vermieden werden, daß das uneheliche Kind *eines* Ehegatten — gleichviel ob des Mannes oder der Frau — beim Tode seines Aszendenten Vorteile nicht nur aus dessen Erbe, sondern auch aus dem Vermögen des überlebenden Gatten bezöge. Dies wäre aber — trotz der genauen gesetzlichen Auseinandersetzungsvorschriften — gar nicht zu vermeiden, wenn die Gatten in allgemeiner Gütergemeinschaft, in Errungenschafts- oder Fahrnisgemeinschaft lebten. Denn eine vollkommene reinliche Ausscheidung der Vermögensbestandteile nach ihrer Herkunft ist hier nicht mehr möglich. Nun kann man allerdings sagen, auch beim Vorhandensein von Kindern, die ein Gatte aus erster Ehe eingebracht hat, sei das der Fall. Allein hier kommt doch in Betracht, daß der andere Gatte von der Existenz dieser Kinder mindestens unterrichtet ist und daß sie meist in die neuzugründende eheliche Hausgemeinschaft mit aufgenommen werden.

Es wäre also die Möglichkeit gegeben, daß man den Nupturienten die Pflicht auferlegt, sich vom Vorhandensein etwaiger unehelicher Abkömmlinge vor Eingehung der Ehe Mitteilung zu machen, so daß dann jeweils der andere Nupturient in Ansehung des zu wählenden Güterstandes seine Entschlüsse fassen kann. Der Gedanke einer Zwangsgütertrennung, der oben erwähnt wurde, geht doch etwas zu weit. Das norwegische Gesetz hat ihn auch abgelehnt. Nur ein Anspruch auf Aufhebung der Gütergemeinschaft wurde in dem durch Gesetz v. 10. 4. 15 geänderten § 34 Abs. 2 des „lov om formuesforholdet mellem Aegtefaeller“ gewährt, für den Fall, daß der eine Ehegatte nachträglich von der Existenz eines unehelichen Kindes des anderen Kenntnis erhielt. Hatte er sie von vornherein, so brauchte er die Gütergemeinschaft gleich nicht einzugehen! Der Antrag ist binnen 6 Monaten nach Eintreten der Kenntnis zu stellen.

Die bloße Anzeigepflicht des erziehenden unehelichen Elternteiles nach Analogie des § 1669 B.G.B., wie sie zugunsten des unehelichen Kindes früher festgelegt ist, genügte natürlich nicht. Denn sie betrifft eben nur den mit elterlicher Gewalt ausgestatteten, erziehenden Teil. Die Mitteilungspflicht müßte aber auch für den nichterziehenden Teil bestehen, da wir doch die Frage der Lebensgemeinschaft zwischen dem unhelichen Kind und seinem Aszendenten für grundsätzlich irrelevant erklärt hatten.

Wie aber soll diese Mitteilungspflicht durchgesetzt werden, mit welchen Mitteln will man sie erzwingen, welche nachteiligen Folgen will man an ihre Nichtachtung knüpfen? Hier finden wir schon das erste Hemmnis. Ich kann nicht die Erbberechtigung des Kindes davon abhängig machen, daß sein unehelicher Aszendent dem Ehegatten die Mitteilung gemacht hat. Ich kann aber auch keine anderen nachteiligen Rechtsfolgen an die Vorenthaltung der Kenntnis knüpfen. Es wäre doch z. B. ein Unding, aus der Verschweigung einen Ehe-Anfechtungsgrund im Sinne des § 1334 B.G.B. zu konstruieren! So bliebe also die Bestimmung auf dem Papier und damit auch der mit ihr verfolgte Sicherungszweck. Das ist z. B. das Ergebnis der norwegischen Regelung.

Dem Gesetzgeber kam das auch sehr wohl zum Bewußtsein und er verteidigt die Schwäche der gebotenen Sicherung, die Aufrechterhaltung des gleichen Erbrechtes des unehelichen Kindes trotz Mangels der Kenntnis des anderen Ehegatten von der Existenz dieses unehelichen Kindes, mit der Begründung: „man kann, wenn auch das plötzliche Auftauchen eines erbberechtigten unehelichen Kindes von der Familie sehr hart empfunden wird, das Kind nicht deshalb zurücksetzen.“ (ot. prp. 5./14. S. 30.) Das mag richtig sein. Aber es ändert nichts an der Tatsache, daß die mit der Mitteilungspflicht beabsichtigte Sicherung der ehelichen Verbindung und ihrer Nachkommenschaft — keine Sicherung ist.

Es kommt aber noch etwas weit wichtigeres: und das sind die Konsequenzen der Mitteilungspflicht selbst. Wenn es sich um ein uneheliches Kind der Nupturientin handelt, so wird ja der Verlobte meist an sich Kenntnis davon haben — obgleich auch die Möglichkeit der Verheimlichung besteht. Lebte der Mann mit seinem unehelichen Kinde gemeinsam, so hat die Verlobte auch Kenntnis davon. Lebte er nicht mit dem Kind, sondern war es bei der Mutter, so muß Mitteilung gemacht werden. Dagegen bestehen nun keine besonderen Bedenken. Die Frau soll sogar über die Lebensverhältnisse ihres Mannes unterrichtet sein; und wir haben schon an anderer Stelle gesagt, daß wohl keine vernünftige Frau mehr besonderen Anstoß daran nehmen wird, daß ihr künftiger Gatte außerehelichen Verkehr hatte oder daß uneheliche Nachkommenschaft da ist. Umgekehrt wäre es — wie heute noch die ethischen Auffassungen der bürgerlichen Gesellschaft sind — viel mehr der Fall. — Aber nun kommt die Frage: wie steht es mit dem ehewidrigen Kind? Vor allem kommt natürlich da der Mann in Betracht. Der Frau dürfte es kaum möglich sein, ein nebeneheliches Kind ohne Kenntnis des Mannes zur Welt zu bringen, es sei denn, daß sie lange genug von ihm getrennt war — allerdings gerade der Fall, wo die Frage akut würde, weil hier auch der Vaterschafts-Unmöglichkeitsbeweis des Mannes, ohne den das Kind als seines gilt, am ehesten gelingen wird. Gleichviel, sprechen wir einmal nur vom Manne: wenn er in einer leichtsinnigen Stunde einen Ehebruch begangen hat, den er längst bereut, wenn dieser Ehebruch lebendige Folgen hat, soll dann der Mann verpflichtet sein, hinzugehen und seiner Frau das zu sagen? Soll damit dann eine vielleicht sehr glückliche Ehe ruiniert werden?

Oder soll das ehewidrige Kind vom Erbrecht ausgeschlossen sein? Beides ist unmöglich. Denn, wenn auch manches Gefühlsmoment gegen das Erbrecht des ehewidrigen Kindes neben der ehelichen Familie spricht, juristisch und von unseren allgemeinen Gesichtspunkten aus läßt sich eine Beeinträchtigung des ehewidrigen Kindes aufgrund des Fehltrittes seines Vaters doch nicht rechtfertigen. Es ist darum eine arge Inkonsequenz des norwegischen Gesetzgebers, daß er dem § 5 des lov om arv die Klausel zu ungunsten der Ehewidrigen noch beifügte, nachdem der Entwurf sie logischerweise fallen gelassen hatte.

Wir sehen, daß wir mit dem System der Mitteilungspflicht zur Ermöglichung der güterrechtlichen Auseinandersetzung nicht zu einem befriedigenden Ziel kommen.

Die Lösung gibt unser Grundsatz: das Erbrecht beruht auf der Gemeinschaft nicht nur des Bluts, sondern auch auf Wirtschafts- und Lebensgemeinschaft.

Wenn wir auch generell das Fehlen der Lebensgemeinschaft zwischen dem unehelichen Kinde und dem Erblasser nicht als Grund ansahen, das Erbrecht auszuschließen, so können wir doch sagen:

Wo ein uneheliches Kind, das außer Lebensgemeinschaft mit seinem einen Elternteile stand, mit dessen ehelicher Familie erbrechtlich konkurriert, da ist sein Erbrecht schwächer motiviert, als das der ehelichen Familie. Der Erbgrund der Blutsverwandtschaft liegt auf beiden Seiten vor. Derjenige der Lebensgemeinschaft aber fehlt auf der einen Seite. Die Lebensgemeinschaft in diesem Sinn und Zusammenhang mit hereinsprechen zu lassen, halte ich für durchaus logisch vereinbar mit dem, was über den Punkt oben (S. 133/134) gesagt ist.

Darum schlage ich vor: das uneheliche Kind beerbt sowohl seinen Vater als seine Mutter grundsätzlich ebenso, als ob es ehelich wäre. Stand das Kind aber nicht unter der elterlichen Gewalt des Erblassers und konkuriert es mit ehelichen Abkömmlingen des Erblassers, so ist es nur mit der Hälfte des Betrages zur Erbschaft berufen, der auf ein eheliches Kind trifft. Neben dem überlebenden Ehegatten des Erblassers als alleinigem Konkurrenten, ist es zur Hälfte der Erbschaft berufen.

Zur Erläuterung wäre zu sagen:

1. Auf diese Weise ist den ehelichen Abkömmlingen und dem Ehegatten des Erblassers ein gewisser Vorteil gesichert. Es ist kaum als eine ungerechtfertigte Benachteiligung des Unehelichen aufzufassen, daß dies geschieht. Denn die Kürzung erfolgt nicht, weil das uneheliche Kind als minderen Rechtes angesehen wird, sondern, weil näherberechtigte Erben da sind. Darum darf eine Ausschließung des Kindes nicht stattfinden. Lebte das uneheliche Kind bei seinem Aszendenten bis zu dessen Verheiratung, so ist es voll erbberechtigt — auch neben ehelichen Kindern, gleichviel ob das Uneheliche weiterhin in der neugegründeten Familie bleibt oder ob es aus ihr entfernt wird. Denn es *hat* doch so und so lange das Leben seines

Aszendenten, des Erblassers, geteilt. Betroffen werden also von dieser Kürzung nur jene unehelichen Kinder, an welchen der Erblasser keine elterliche Gewalt hatte; ferner die ehewidrigen Kinder. Sie verbleiben ja wohl niemals in der Familie ihres Aszendenten. Entweder wird vom andern Ehegatten die Scheidung erreicht; oder das Kind wird beim unverheirateten Elternteil, bezw. in fremder Pflege erzogen. Sollte es wirklich einmal vorkommen, daß ein ehewidriges Kind vom betrogenen Ehegatten in der Hausgemeinschaft geduldet wird und daß das Vormundschaftsgericht das Verbleiben des Kindes in der Familie nicht für bedenklich im Interesse des Kindes hält, so würde wohl auch die Konsequenz gleichen Erbrechtes in Kauf zu nehmen sein.

2. Maßgebend für das Bestehen der vollen Gleichberechtigung soll nicht sein, daß das Kind wirklich in Lebensgemeinschaft mit dem Erblasser stand, sondern maßgebend sei das Bestehen oder Nicht-Bestehen der patria potestas. Ein unter elterlicher Gewalt des einen Elternteils stehendes uneheliches Kind kann nicht im Verhältnis zu seiner legitimen Familie als „familienfremd" bezeichnet werden. Besonders wird diese Frage praktisch, wenn der Vater unter Hinterlassung einer ehelichen Familie stirbt, ehe das Kind das 6. Jahr erreicht hatte und somit von seiner Mutter zu ihm übersiedeln konnte.

Auch ist nicht notwendig, daß die elterliche Gewalt im Augenblick des Todes des Erblassers noch bestand oder daß sie vorher nur durch Eintritt der Volljährigkeit beendet worden sei. Das seinem Aszendenten wegen elterlicher Uebergriffe etc. fortgenommene und seiner Gewalt entzogene Kind bleibt natürlich unverändert erbberechtigt.

3. Es darf kein Unterschied gemacht werden, zwischen dem Erbrechte gegenüber dem Vater und dem gegenüber der Mutter. Liegen die Voraussetzungen der Erbquotenkürzung: eheliche Angehörige und Fehlen der Lebensgemeinschaft, in der Person der Mutter vor, so tritt die Kürzung des Unehelichen auch zugunsten der ehelichen Familie der Mutter ein.

4. Auf andere legitime Verwandte, welche als Erben berufen wären, kann der favor legitimitatis nicht in Anwendung kommen. In Konkurrenz mit Eltern, Geschwistern usw. des Erblassers bleibt das uneheliche Kind gleich einem ehelichen erbberechtigt, auch wenn es außer Lebensgemeinschaft mit seinem verstorbenen Aszendenten stand: den Geschwistern des Erblassers gegenüber, kraft seiner näheren Blutsverwandtschaft, den Aszendenten des Erblassers gegenüber im Hinblick auf die Tatsache, daß der Abkömmling in natürlicherer Folge erbt, als der Aszendent.

5. Die Kürzung soll nicht in dem Sinne erfolgen, daß das uneheliche Kind $1/2$ dessen erbt, was es erben würde, wenn es

ehelich wäre, daß also sein gesetzliches Erbteil gleich wäre dem Pflichtteil, das es als eheliches Kind zu beanspruchen hätte; sondern es erbt effektiv ½ von dem, was seine ehelichen Konkurrenten erben. Es wird zunächst das ¼ des überlebenden Gatten abgezogen. Der Rest wird in der Weise verteilt, daß jedes eheliche Kind mit 2 Teilen, jedes uneheliche (außer Lebensgemeinschaft) mit 1 Teil eingesetzt wird. Z. B. Vorhanden ist: ein Ehegatte und 1 eheliches Kind, außerdem ein „familienfremdes" uneheliches. Der Ehegatte erhält ¼, das eheliche Kind $^2/_4$, das uneheliche ¼ des Gesamtnachlasses. Oder: Es überleben: 3 eheliche und 2 uneheliche Kinder; kein überlebender Ehegatte; die Erbschaft fällt in 8 Teile, von denen jedes eheliche Kind 2 (= je ¼), jedes uneheliche einen (= je $^1/_8$) erhält. — Neben dem überlebenden Ehegatten erbt das familienfremde uneheliche Kind die Hälfte des Gesamtnachlasses. (Statt ¾). —

6. Von einer Benachteiligung des unehelichen Kindes kann nicht gesprochen werden. Es wird nicht neben Gleichberechtigten gekürzt, sondern neben intensiver Berechtigten. Es wäre ja dann auch eine Benachteiligung der vorhandenen ersteheIichen Kinder, wenn deren Vater als alter Mann noch einmal heiratet und dadurch neben die Kinder eine Gattin als Erbkonkurrentin setzt.

Gegenüber den Verwandten seiner Eltern ist das Kind nach den gleichen Grundsätzen zur Intestaterbschaft berufen, wie gegenüber den Eltern selbst. Auch die Kürzungen der Erbquote, wie wir sie eben in favorem legitimae consanguinitatis forderten, finden sinngemäße Anwendung. Das heißt z. B. stirbt der Vater des unehelichen Vaters, nachdem letzterer bereits verstorben ist, und sind als sonstige Erben nur noch vorhanden: 1 Bruder des unhelichen Vaters und 2 Kinder einer verstorbenen Schwester des unehelichen Vaters, so erbt das in Familiengemeinschaft des Vaters erzogene Kind, wie sein eheliches (Nach Schema I); das familienfremde erbt nach Schema II.

Schema I

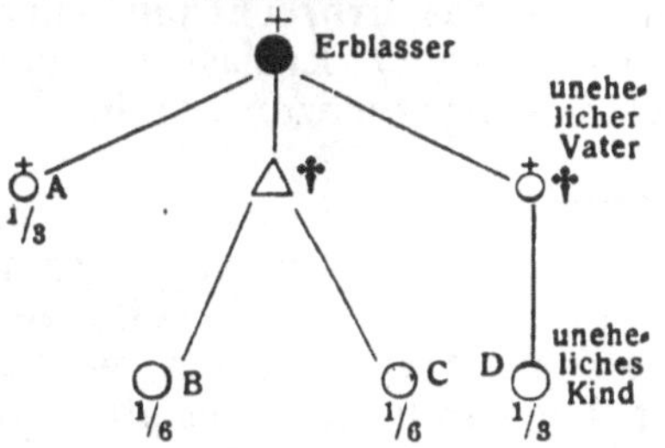

Schema II

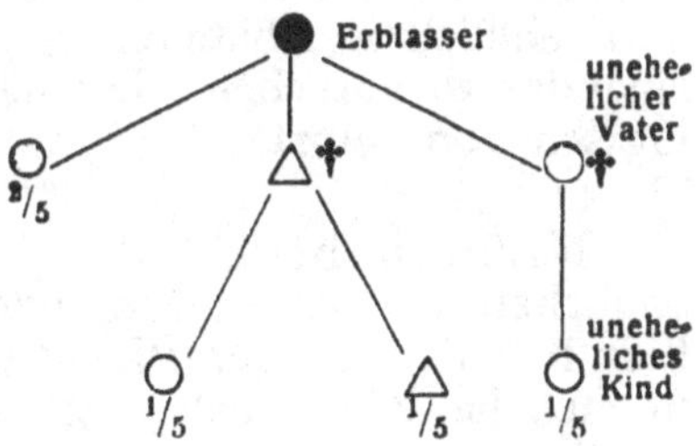

Berechnung zu Schema II: Der überlebende Sohn A rechnet mit 2 Teilen, die Kinder B und C der vorverstorbenen Tochter ebenfalls mit zusammen 2 Teilen, das uneheliche Kind D des vorverstorbenen Sohnes mit 1 Teil = 5 Teile. Die beiden ersten Linien (A und B + C) erhalten je 2 Teile, die nur auf einem familienfremden unehelichen Enkel stehende dritte Linie erhält 1 Teil.

Die rechtliche Begründung des Erbrechtes des unehelichen Kindes gegenüber den Verwandten seines Vaters (und seiner Mutter) ist die gleiche, wie die des Erbrechts gegenüber dem Vater (der Mutter) selbst: die Blutsverwandtschaft — gegebenenfalls neben ihr noch die faktische Aufnahme in die Familie durch Herstellung der elterlichen Gewalt des unehelichen Vaters. Es ist ein schwerer logischer Fehler, den das schwedische Gesetz begeht, indem es die Erbberechtigung des Brautkindes — das allein von allen unehelichen Kindern zur Erbschaft berufen ist, — auf den Nachlaß der Eltern selbst beschränkt und das Kind sowohl vom Nachlaß der väterlichen als auch sogar der mütterlichen Verwandten vollkommen ausschließt. — Die Verwandtschaft ist de natura gegeben und soll darum de jure anerkannt werden! Von einer Benachteiligung der elterlichen Familie des unehelichen Aszendenten kann dabei keine Rede sein, da ja durch die Kürzung der Erbquote im erörterten Sinn und unter den festgestellten Voraussetzungen die entsprechenden Kautelen gegeben sind.

Es bedarf eigentlich keiner besonderen Erwähnung, daß das Erbrecht zwischen unehelichen Eltern und Kindern gegenseitig ist, daß also gegebenenfalles auch die überlebenden Eltern das vorversterbende uneheliche Kind beerben. Und zwar zu gleichen Teilen, wenn keiner der Elternteile die elterliche Gewalt hatte. Wenn einer von ihnen sie hatte (weil er das Kind erzog!), so ist dieser Teil mit dem doppelten Anteil des anderen Aszendenten berufen — also mit $^2/_3$. Ist der nichterziehende Elternteil der alleinüberlebende, so erbt er gleichwohl g a n z.

Es ist nicht notwendig, noch weiter auf das Erbrecht der unehelichen Kinder eines Vaters (oder einer Mutter) von verschiedenen Müttern (oder Vätern) und das Erbrecht unehelicher und ehelicher Abkömmlinge des gleichen Erblassers untereinander zu sprechen. Die näheren Konsequenzen ergeben sich logisch von selbst.

Natürlich besteht das Pflichtteilsrecht zugunsten des unehelichen Kindes ebenso, wie zugunsten des ehelichen. Auch hier beläuft sich der Pflichtteil auf die Hälfte dessen, was das uneheliche Kind nach Lage der Umstände ab intestato erben würde. —

Zu erwähnen wäre noch die Frage, ob Incest-Kinder erbberechtigt sein sollen. § 5² des norwegischen lov om arv verneint es.

Die Ausdrucksweise ist aber sehr unklar, es ist nämlich nicht gesagt, ob das „Blodskam-barn" überhaupt nicht erbt, oder ob es nur nicht als gemeinsames Kind erbt. Es bestehen nämlich 3 Möglichkeiten:

1. Man läßt das Kind von seinem verstorbenen Aszendenten erben kraft der durch den andern Elternteil vermittelten Verwandtschaft — also unter Ignorierung des Incestes. Beispiel: Der A hat mit seiner Tochter B ein Kind C. Beim Tode des A wird seine Vaterschaft am Kinde C ignoriert. Es wird als Enkel durch Vermittlung der B gezählt und erbt darum zu Lebzeiten der B gar nicht, sondern diese ist als nähere Deszendentin berufen. Ist die B vorverstorben, so erbt das Kind C als Enkelkind, d. h. gemeinsam mit etwaigen weiteren Abkömmlingen der B ein Stamm-Anteil.

Oder: Bruder A und Schwester B haben gemeinsam ein Kind C. Beim Tode des A erbt C nichts, wenn die B noch lebt. Sind dagegen sowohl die gemeinsamen Aszendenten von A und B verstorben, als auch die B selbst und hinterläßt A weder Ehegattin noch Abkömmlinge, so erbt C wiederum nicht als Abkömmling des A, sondern als dessen Seitenverwandter durch Vermittlung der B.

2. Man könnte die Verwandtschaft im obigen Sinne ignorieren und sagen: das Kind erbt kraft Abstammung. Dann wäre das Umgekehrte der Fall.

3. Endlich kann man laut Analogie des § 1934 beide Erbschaftsberufungsgründe kumulieren.

Ich entscheide mich für das erste. Die Kumulierung wäre ein Hohn auf die allergröbsten ethischen Begriffe. Die Regelung nach Ziffer 1 scheint mir aber deshalb der nach Ziffer 2 vorzuziehen zu sein, weil die Abstammung wegen ihrer gesetzlichen und allgemein menschlichen Verwerflichkeit nicht stärker wirken darf, als diejenige Verwandtschaft, welche unter Außerachtlassung der unmittelbaren Abstammung noch bestehen bleibt.

Es bleibt noch zu bemerken, daß selbstverständlich durch Anerkennung des Erbrechts gegenüber beiden Eltern der Unterhaltsanspruch des unehelichen Kindes gegen den Nachlaß seines Vaters entfällt. § 1712 B.G.B. wird gegenstandslos.

Ergänzend muß in diesem Zusammenhang den Ausführungen über die Unterhaltspflicht noch hinzugefügt werden, daß die Unterhaltspflicht des verstorbenen Elternteiles nur insoweit auf die Eltern desselben übergeht, als die Erbschaft —

zusammen mit dem vom etwa überlebenden Elternteil zu leistenden Beitrag — nicht zum Unterhalt des Kindes ausreicht. Dies geht hervor aus dem § 1602 B.G.B.

2. Die praktischen Folgen des Erbrechtes.

Zur logischen und juristischen Rechtfertigung der erbrechtlichen Gleichstellung der unehelichen Kinder haben wir kaum noch etwas zu sagen. Zwar wird (u. a. auch) von den schwedischen Motiven S. 126/127 die Meinung vertreten, es sei doch recht bedenklich, ein Erbrecht auf die gerichtlich — vielleicht sogar durch Parteieneid — festgestellte Vaterschaft zu gründen. (Nach schwedischem Recht ist die Mutter im Paternitätsfeststellungsverfahren Partei.). Wenn es aber nicht bedenklich erscheint, die Verwandtschaft als solche auf diese Weise zu begründen — warum soll es dann bedenklicher sein, deren Konsequenzen eintreten zu lassen?

Andernteils bemerkt derselbe Gesetzgeber (Mot. S. 124) bei Erwägung der für das gleiche Erbrecht sprechenden Gründe, es könne nur das sexuelle Verantwortungsgefühl des Mannes schädigen, wenn man ein Erbrecht des aus einer „rein zufälligen" Geschlechtsverbindung hervorgegangenen Kindes von vornherein ablehne. Schon wieder spukt hier das „rein zufällig!" Jede außereheliche Geschlechtsverbindung — mit Ausnahme der zwischen Verlobten bestehenden — ist in den Augen Vieler „rein zufällig". In wievielen Fällen die uneheliche Verbindung nur ein Ersatz der wirtschaftlich unmöglichen Ehe ist, daran wird nicht gedacht! Ein Ersatz, der noch dazu weit tiefere psychische Werte in sich trägt und sexuell hundertfach moralischer ist, als eine „Vernunftehe". Müssen wir nicht sogar sagen, daß Kinder einer solchen unehelichen Verbindung dem Vater ungleich näher stehen, als die ehelichen Kinder, welche ihm eine aus Vernunftgründen gewählte, ungeliebte Gattin gebiert?

Welches sind aber nun die praktischen Wirkungen der hier vertretenen erbrechtlichen Regelung?

1. Auch bezüglich des Erbrechtes wird — wie hinsichtlich der Verpflichtung des Vaters zur Leistung eines seinen Verhältnissen entsprechenden Unterhalts — behauptet, es liege darin eine Begünstigung der Unsittlichkeit, insoferne die Frauen und Mädchen der freien Hingabe geneigter würden. Es wurde diesem Einwurf schon oben — S. 122 — gebührend entgegengetreten. Zur Unterstützung mögen hier die schwedischen Motive zu Wort kommen, welche (S. 124) bemerken: „Die Nachteile, welche der Frau aus der außerehelichen Geschlechtsverbindung erstehen, sind so gewaltig, daß — wenn überhaupt sie sich Motive und Gegenmotive überlegt, — die mögliche Erb-

schaft eines eventuellen Kindes wohl nur selten geeignet sein wird, gegen die Abhaltungsmotive ins Gewicht zu fallen."

2. Wir haben vielmehr auch hier festzustellen, daß das Erbrecht des unehelichen Kindes eher ein Motiv gegen die außereheliche Verbindung für den Mann darstellt, insoferne also nur segensreich wirken kann.

3. Es möchte auch kaum die Ehefrequenz durch die Begründung der Gleichberechtigung der Unehelichen als Intestaterben eine erhebliche Schwächung erfahren, aus Gründen, die den auf S. 123 ff. dargelegten entsprechen.

4. Dagegen wäre allenfalls zu befürchten, daß einerseits der uneheliche Vater sich mehr als sonst gegen die Vaterschaft sträubt; und daß er zweitens, um die Einschränkung des Erbrechts seines unehelichen Kindes auf die halbe Quote zu erreichen, zur erwünschten Aufnahme des Kindes bei ihm sich ablehnend verhält.

Was den ersten Punkt anlangt, den namentlich auch die schwedischen Motive (S. 125) hervorheben, so kann man darüber ganz ruhig sein. Erbringt der als „Vater" Benannte nicht die entsprechenden Gegenbeweise, so hilft ihm kein Sträuben. Allerdings könnte dem Vaterschafts-Schwindel der unehelichen Mütter und der geflissentlichen Herbeiführung einer exceptio plurium durch den Schwängerer Motiv-Vorschub geleistet werden. Auch die hiergegen zu ergreifenden Maßnahmen — sie sind später zu besprechen — dürften zum Schutze bedrohter Interessen genügen.

Was allerdings die zweite Befürchtung anlangt, so möchte sie nicht ganz von der Hand zu weisen sein. Aber es ist zu wiederholen, daß doch viele außereheliche Verbindungen, besonders die dauernden, nur eine nichtsanktionierte Ehe sind, daß also mindestens in diesen Fällen beim Manne kaum die Absicht vorliegt, sich gegen die Betrauung mit der Erziehung des Kindes zu wehren, um dessen Erbrecht zu mindern. Ueberhaupt kann man sagen: Wo schon der Mann aufgrund seiner Gefühle für Mutter und Kind oder für das Kind allein, an sich geneigt ist, die Erziehung zu übernehmen, da kann ihn kaum der Gedanke an die stärkeren erbrechtlichen Folgen in dieser Neigung wankend machen. Gegenteiligen Einflüssen einer etwa später auf den Plan tretenden Ehefrau ist dadurch vorgebeugt, daß die Aufhebung der Lebensgemeinschaft bei Eingehung einer Ehe am erworbenen vollen Erbrecht des Kindes nichts zu ändern vermag. Sollte aber die Lebensgemeinschaft vor Eingehung der Ehe noch gar nicht praktisch geworden sein, — weil das Kind noch nicht 6 Jahre zählte — so ist auch hier ein Schutz gegen feindselige Machinationen der Ehegattin gegeben: denn das Kind war in diesen Fällen, wie erinnerlich ist, von vornherein der elterlichen Gewalt des Vaters unterstellt; und sie — nicht die tatsächliche Lebensgemeinschaft - begründet das volle Erbrecht des unehelichen Kindes in Konkurrenz mit der legitimen Familie. —

— Im übrigen darf erwartet werden, daß durch die weitgehende, ja grundsätzlich vollkommene, Gleichberechtigung des unehelichen Kindes vor dem Gesetze die Gesellschaft selbst sich allmählich daran gewöhnen wird, das uneheliche, in die Ehe eingebrachte Kind kaum mehr mit anderen Augen zu betrachten, als ein Kind aus erster Ehe.

3. Außerhalb der Unterhaltspflicht liegende wirtschaftliche Verpflichtungen der unehelichen Eltern.

Mit dem Erbrecht in einem, wenn auch fernen, Zusammenhang stehen gewisse wirtschaftliche Pflichten, die nicht unmittelbar „Unterhalt" sind, sondern gewissermaßen als Vorausempfänge auf ein zu erwartendes Erbteil bei Lebzeiten des Erblassers angesehen werden können.

1. Die Aussteuer ist eine dieser Verpflichtungen. Sie ist nach geltendem Recht der unehelichen Tochter von ihrer Mutter zu gewähren. Denn die Mutter hat dem unehelichen Kinde gegenüber die gleiche Verpflichtung, wie eine eheliche (§ 1705 B.G.B.) und § 1620 B.G.B. gewährt beim Fehlen eines **Vaters** der unehelichen Tochter den Anspruch auf Aussteuer gegenüber der **Mutter**.

Nachdem die beiden Eltern gleichmäßig zum Unterhalt herangezogen werden, so wäre analog die Verpflichtung zur Ausstattung auf beide Elternteile entsprechend ihren Verhältnissen zu verteilen. Dies dürfte auch der richtige Standpunkt sein.

Die übrigen Konsequenzen des B.G.B. bezüglich der Verpflichtung zur Aussteuer hätten dann ebenfalls zu gelten (§ § 1620—1623), soweit sich nicht aus den besonderen, aus der Unehelichkeit herrührenden, Umständen etwas Abweichendes ergibt.

Vor allem würde auch die durch Verweisung des § 1620 [2] B.G.B. auf § 1607 [2] B.G.B. sich ergebende subsidiäre Verpflichtung der Eltern des leistungsfähigen oder sonst ausfallenden Elternteiles entsprechende Anwendung finden müssen. Und zwar ebenso, wie es bei der Unterhaltspflicht der Fall ist, nicht **nach** sondern **neben** dem eventuell leistungsfähigen anderen Elternteil.

2. Eine eigentliche Verpflichtung zur Leistung einer Mitgift besteht nicht. Insoweit aber eine solche geleistet **wird** und ebenso für die einem unehelichen **Sohne** etwa bei seiner Verheiratung besonders gewährten Mittel zur Begründung einer

Lebensstellung (z. B. Geschäftskapital, Werkstätteneinrichtung etc.) gelten die Bestimmungen der §§ 1624, 1625 B.G.B.

3. Eine besondere Stellung nehmen nach geltendem Rechte die Begräbniskosten für das uneheliche Kind ein. Sie sind nach § 1713 B.G.B. vom Vater allein zu tragen, sofern nicht die Erben des Kindes sie leisten. (D. h. also: die Mutter in erster Linie.). Diese Verpflichtung besteht aber nur solange, als das Kind noch unterhaltsberechtigt ist. (Also normalerweise wenn es vor Erreichung des 16. Lebensjahres stirbt.). Nur im Falle des § 1708 ² B.G.B. auch bei späterem Versterben.).

Es erübrigt sich, im Zusammenhalt mit den hier aufgestellten Grundsätzen bezüglich Unterhalt etc. überhaupt besondere Regeln aufzustellen: die Kosten der Beerdigung werden aus dem Nachlasse bestritten, soweit er zureicht. Andernfalls sind sie von den Erben zu tragen, bezw. von den Eltern gemeinsam.

V. Abschnitt.

Die formale Begründung der unehelichen Vaterschaft.

Allgemeine Bemerkung.

Wir haben die wesentlichsten Folgen der unehelichen Vaterschaft durchgesprochen; — andere Konsequenzen, die aus ihr hervorgehen, können aus technischen Gründen erst später behandelt werden.

Zunächst müssen wir uns mit der Frage befassen: Auf welche Weise bekommt das uneheliche Kind einen Vater vor dem Gesetz, bekommt es vor dem Gesetze *seinen* Vater?

Beim ehelichen Kinde, d. h. bei dem Kinde, welches von einer verheirateten Frau geboren ist, gilt, wie im römischen Rechte, so auch heute noch der Grundsatz: „Pater est, quem nuptiae demonstrant.“ Das Kind der Ehefrau hat ohne weiteres seinen Vater im Gatten der Mutter; und will dieser sich nicht als Vater bekennen, so muß er auf einem sehr schwierigen Beweiswege im Anfechtungsprozeß dartun, daß das Kind nicht seines sei.

Dies hängt zusammen mit dem nach außen hin kenntlichen, allen sichtbaren und durch seine Publizität allgemeiner Achtung versicherten Bande der Ehe, das Mann und Frau verbindet.

Nicht so beim unehelichen, d. h. dem von einer unverheirateten weiblichen Person gebornen Kind. Keine faktische oder formelle Publizität der geschlechtlichen Verbindung, der es sein Leben dankt, gibt hier den Vater an, läßt ohne weitere Untersuchung den sicheren Schluß zu: dieser und kein anderer ist der Vater.

Die Abstammung von der Mutter ist immer sicher; denn sie wird durch den wahrnehmbaren körperlichen Zustand der Schwangerschaft schon im voraus angekündigt; sie ist mit absoluter Sicherheit feststellbar durch den ebenfalls körperlichen, sinnlich wahrnehmbaren Vorgang der Geburt.

Jener körperliche Vorgang aber, welcher die Abstammung von einem bestimmten Manne vermittelt, die Zeugung, ist von der Natur in ein Geheimnis gehüllt, mit Schleiern umgeben, die auch unsere modernste Wissenschaft trotz aller Bemühungen noch nicht hat lüften können. Denn die Beiwohnung, als einziger physisch wahrnehmbarer Akt des Mannes, steht zwar in Beziehung zur Zeugung, ist aber nicht schlüssig für sie, da sie nicht notwendiger-, sondern nur möglicherweise die Zeugung zur Folge hat. Zudem ist auch der Beischlafsakt, der Regel nach in tiefster Verborgenheit sich abspielend, der tatsächlichen Wahrnehmung entzogen.

Zwar könnte man im eigentlichen Konkubinat, welches in dem „wilden" Zusammenleben besteht, eine gleich der Ehe äußerlich erkennbare Gemeinschaft erblicken, welche darum gleich ihr „patrem demonstrat". Allein die Rücksicht auf die Unantastbarkeit der Ehe (bis zum Gegenbeweis), die gesetzliche und bürgerliche Anerkennung der ehelichen Treupflicht, sind es, welche die demonstratio patris per nuptias veranlassen; und diese Tatsachen fehlen beim Konkubinat. Darum kann — auch wenn die mit den persönlichen Beziehungen der Mutter zu einem Manne vertrauten Personen, auch wenn „die ganze Stadt" von der Vaterschaft eines bestimmten Mannes überzeugt ist — doch nicht vor dem Gesetze der notorische Verkehr zwischen der Mutter des Kindes und diesem Manne als genügendes Vaterschaftsindiz erachtet werden.

Es ist vielmehr noch ein besonderer f o r m a l e r Akt notwendig, um das uneheliche Kind d e j u r e als Abkömmling des Mannes e r s c h e i n e n z u l a s s e n, der d e f a c t o sein Vater i s t.

Die legislatorischen Möglichkeiten dafür, was wir künftig „formale Begründung der unehelichen Vaterschaft" nennen wollen, sind unendlich variabel. Im letzten Ende aber dreht es sich dabei doch immer nur um zwei Grundformen: um freiwillige Anerkennung und um gerichtliche Feststellung der unehelichen Vaterschaft.

Wenn der uneheliche Vater de jure niemals von vornherein feststeht, so kann er nur auf zweierlei Weise für Außenstehende sichtbar auftreten, Dritten gegenüber als Vater mit dem Kinde in Beziehung treten: dadurch daß er selbst sich zu dem Kinde bekennt — durch Anerkennung —; oder dadurch, daß das Gericht dem Kinde das Recht zuspricht, in ihm den Vater zu erblicken und sich sein Kind zu nennen.

Daß die gesamten, die formale Vaterschaftsbegründung betreffenden, Rechtsregeln einer durchgreifenden Umgestaltung unterworfen werden müssen, ist klar. Ungezählte, in ihren Forderungen diagonal sich gegenüberstehende Vorschläge sind schon gemacht worden. Von der „Abschaffung" der unehelichen Vaterschaft und ihrer Feststellung überhaupt, wie Ruth Bré es in ihren Schriften: „Staatskinder oder Mutterrecht" und „Keine Alimentationsklage mehr" propagiert, bis zur äußersten Verschärfung der Vaterschaftsfeststellung, ja bis zur Fiktion einer „Vaterschaft" aus der bloßen Beiwohnung — also Abschaffung der exceptio plurium concumbentium. Es erübrigt sich, hier auf alle Nüancen einzugehen, da sie in ihren Details im Verlaufe der nächsten Abschnitte an sich zur Geltung kommen werden.

Sicher ist, daß die im Vorangegangenen vorgetragenen und propagierten Veränderungen im unehelichen Abstammungsverhältnis und seinen Konsequenzen auch eine tiefgreifende Veränderung der formalen Fundamente der unehelichen Vaterschaft erfordern.

Um uns klar zu werden, in welchen Richtungen die Revision sich zu bewegen hat, ist es notwendig, vor allem den Standpunkt des gegenwärtig geltenden Rechtes sowie dessen Auslegung durch Wissenschaft und Praxis kennen zu lernen.

A. Das Recht des bürgerlichen Gesetzbuches.

Das B.G.B. behandelt die formale Begründung der unehelichen Vaterschaft in seinen §§ 1717, 1718. Es kennt, wie fast alle Rechts-Systeme, eine freiwillige Anerkennung und eine gerichtliche Feststellung.

Eine eigentliche uneheliche Vaterschaft kennt ja das B.G.B. überhaupt nicht. Wohl spricht es in seinen §§ 1708—1716 von einem Vater des unehelichen Kindes“ und auch an mehreren anderen Gesetzesstellen kommt dieser Ausdruck vor. Aber, was damit gemeint ist, geht aus dem § 1717 B.G.B. deutlich hervor: dort heißt es nämlich: „Als Vater g i l t . . . .“, nicht aber: „Vater i s t . . . .“ Und man kann sich nicht darauf berufen, daß dem Gesetze beim Gebrauch des Wortes „gilt“ die immer obwaltende Unsicherheit bei Feststellung des unehelichen Vaters vorgeschwebt habe. Denn der § 1591 [1] B.G.B., welcher von der ehelichen Abstammung handelt, gebraucht die Ausdrucksweise: „Vater i s t . . . .“; dabei steht — aus früher Gesagtem — fest, daß die eheliche Vaterschaft eine im Grunde ebenso unsichere Sache sei, wie die uneheliche, daß sie nur unter dem Schutze der ehelichen Verbindung sich einer gewissen Unantastbarkeit erfreut. Es muß demnach mit diesem „g i l t“ des § 1717 doch eine andere Bewandtnis haben.

Und zwar folgende: das uneheliche Kind h a t g a r k e i n e n V a t e r. Sondern: diejenige Person, welche ihm gegenüber die Pflicht zum Unterhalte hat, wird mangels einer geeigneten anderen Bezeichnung „Vater“ genannt. Als „Vater des unehelichen Kindes g i l t . . . .“ bedeutet demnach soviel als:

„Derjenige Mann, auf welchen die Voraussetzungen des Nachsatzes zutreffen, ist zum Unterhalte des Kindes verpflichtet und gilt als der Erzeuger des Kindes, ohne sein Vater im gesetzestechnischen Sinne zu sein.“ Denn das Gesetz kennt nur einen ehelichen Vater. Die Frage, warum dann das Gesetz nicht einen anderen Ausdruck gewählt hat, ist leicht beantwortet: es wollte nicht z. B. durch Benützung des Wortes „Erzeuger“ eine falsche Deutung im Hinblick auf die ihm zugrundeliegende Theorie des Rechtsgrundes der Unterhaltspflicht provozieren. (Aus dem Worte „Erzeuger“ könnte auf die Theorie der Tatsache der Erzeugung geschlossen werden!) Die vom Gesetze zum Ernährer des Kindes berufene Person hat nämlich, wie wir wissen, die Pflicht zum Unterhalte aufgrund der Abstammung, also aufgrund derselben Tatsache, wie der eheliche (d. h. wirkliche) Vater. Doch fehlt die gesetzlich anerkannte Verwandtschaft. Um also Mißverständnisse hinsichtlich der Unterhaltstheorie zu vermeiden, wird einerseits von einem unehelichen „Vater“ gesprochen; um aber die Ableitung weiterer familienrechtlicher Konsequenzen aus diesem Worte auszuschließen, wird von dem Erzeuger gesagt: er „gelte“ nur als Vater, sei es nicht.

In der Tat besteht ja die uneheliche „Vaterschaft“ nicht etwa in einem der ehelichen gleichen oder auch nur ähnlichen Rechtsverhältnis. Nicht etwa, daß der Gesetzgeber gewisse einzelne Konsequenzen der ehelichen Vaterschaft aus praktischen Gründen für die uneheliche „Vaterschaft“ ausschließt; sondern die uneheliche Vaterschaft des B.G.B. ist ein vollkommen selbständig konstruiertes und umgrenztes Rechtsverhältnis, das sich in einzelnen, besonders und ausschließend aufgeführten Wirkungen erschöpft.

Diese Wirkungen sind: 1. die Verpflichtung zum Unterhalt gemäß § 1708 B.G.B. 2. die eventuelle legitimatio per subsequens matrimonium nach § 1719 B.G.B. 3. das Bestehen eines Ehehindernisses nach § 1310 B.G.B. und 4. wenn wir das Strafrecht mit hereinziehen: die Strafbarkeit wegen Inzestes, wenn der uneheliche Vater mit seiner Tochter oder uneheliche Abkömmlinge desselben Vaters mit verschiedenen Müttern untereinander den Beischlaf ausüben. Die beiden letzten Punkte kann man zusammenfassen in der Formel: im Sinne des Schutzes der Rassenzucht gilt die uneheliche Abstammung als ausnahmsweise verwandtschaftsbegründend.

Doch wollen wir künftigen Erörterungen nicht weiter vorgreifen und uns unmittelbar mit der Anerkennung und der gerichtlichen Feststellung der unehelichen Vaterschaft befassen.

1. Die Anerkennung der unehelichen Vaterschaft. § 17 18 B. G. B.

Die Anerkennung des unehelichen Kindes ist im § 1718 B.G.B. in einer ganz eigenartigen Weise geregelt. In einer Weise, die nur dazu angetan ist, den unehelichen Vater von der Vornahme der Anerkennung abzuhalten, die also zur Vermehrung der Prozesse beitragen muß. Mit der Anerkennung gibt nämlich der Anerkennende das Hauptmittel aus der Hand, das ihm zur Bestreitung der Vaterschaft gegeben ist: die exceptio plurium concumbentium.

1. Die Anerkennung muß in einer öffentlichen Urkunde stattfinden, wenn sie eine rechtliche Bedeutung haben soll. D. h. sie wird zu Protokoll des Vormundschaftsgerichtes oder eines Notars gegeben und kann natürlich auch im Vaterschaftsprozeß selbst zu Gerichtsprotokoll erklärt werden. Eine vor der Geburt des Kindes oder eine nicht in der vorgeschriebenen Form der öffentlichen Urkunde erfolgte Anerkennung hat nur die Bedeutung eines Beweismittels für die Vaterschaft in einem eventuellen Prozeß.

2. Die Anerkennung ist kein konstitutiver Akt. Die Begründung der Vaterschaft kann nur geschehen durch den natürlichen Akt der Zeugung, durch die Abstammung. Die Anerkennung des B.G.B. ist aber eine einseitige, nicht empfangsbedürftige Willensklärung. Das bedeutet aber: die Anerkennung kann ohne und wider Willen des Kindes oder seines gesetzlichen Vertreters erfolgen. Sie kann darum unwahr sein. Ja, es kann ein Mann, welcher der Kindsmutter niemals beigewohnt hat, die Vaterschaft am Kinde anerkennen und damit der Vater des Kindes vor dem Gesetze werden. Es können somit — theoretisch — auch mehrere Männer die Vaterschaft anerkennen, sodaß das Kind dann vor dem Gesetze mehrere Väter hätte.

3. Die Wirkung der Anerkennung ist zunächst dieselbe, als ob die Vaterschaft gerichtlich festgestellt worden wäre: der Anerkennende gilt als Vater und hat somit alle Pflichten eines unehelichen Vaters zu erfüllen. Gerade weil aber die Anerkennung ebenso wirkt, wie die prozessuale Feststellung, muß auch eine andere Konsequenz noch eintreten, die der § 1718 B.G.B. besonders erwähnt: der Anerkennende begibt sich der Einrede der mehreren Beiwohner. Läßt der Beiwohner der Kindsmutter es auf den Vaterschaftsprozeß ankommen, so kann er diese Einrede vorbringen. Nimmt er die freiwillige Anerkennung vor, so verzichtet er zunächst auf alle prozessualen Verteidigungsmittel.

Er kann nach dem Gesetze diese Anerkennung nachträglich nur noch anfechten mit den allgemeinen Gründen für Anfechtung einer Willenserklärung (§ 119, § 123 B.G.B.) oder mit dem im § 1717 außer der Einrede mehrerer Beihälter noch angeführten Vaterschafts-Ausschließungsgrund: nämlich mit der Unmöglichkeit der Vaterschaft.

Bleiben wir gleich bei diesem Punkt und untersuchen wir ihn genau!

Ist jemand im Prozesse über Feststellung der Vaterschaft verurteilt worden und stellt sich nun nachträglich heraus, daß ihm eine exceptio plurium concumbentium tatsächlich zur Seite stand, wofür den vollen Beweis zu erbringen, ihm nur nicht möglich war, so steht ihm noch immer gemäß § 580 Abs. 1 Z.P.O. die Möglichkeit zu Gebote, Restitutionsklage anzustrengen, falls — was meist sein wird — ein Meineid der Kindsmutter oder eines anderen Zeugen der Grund des Mißlingens seines Einrede-Beweises war. Dann kann er also im neuen, im Restitutionsverfahren, seine exceptio plurium concumbentium noch anbringen. Hat aber jemand freiwillig eine formgerechte Anerkennung der Vaterschaft vorgenommen, so ist er, falls er später erfährt, daß die Mutter auch mit einem andern noch verkehrt habe, nicht mehr imstande, diese auf falschen Grundlagen beruhende Anerkennung anzufechten. Der § 119 B.G.B. gibt ihm diese Möglichkeit nicht, da der Motivirrtum — um den es sich hier handeln würde — nicht gesetzlich anerkannt ist.

Aber nehmen wir an, die Kindsmutter habe auf Befragen beteuert, der die Anerkennung beabsichtigende Mann sei der Einzige, dem sie in der einrechnungsfähigen Zeit die Beiwohnung gestattet habe. D a r a u f h i n nimmt der Mann die Anerkennung vor. Nachher stellt sich die Unwahrheit der Behauptung der Kindsmutter heraus. Kann nun die Anerkennung der Vaterschaft mit § 123 B.G.B. angefochten werden?

Unsere Rechtsprechung ist im allgemeinen der Ansicht, daß es unmöglich sei.

R. Ger. Entsch. Ziv. 58. 348 ist der Meinung, die Mutter habe nicht die Pflicht zur wahrheitsgemäßen Auskunft und es könne daher auch nicht als arglistige Täuschung angesehen werden, wenn sie den die Anerkennung ihres unehelichen Kindes beabsichtigenden Mann hinsichtlich ihres sexuellen Lebens während der einrechnungsfähigen Zeit belüge.

Uebereinstimmend damit spricht sich auch ein in Seufferts Archiv Bd. 69 S. 257 gebrachtes Urteil aus. Hat es sich in dem der obenzitierten R. E. zugrundeliegenden Tatbestand nur um Versicherungen und Beteuerungen gehandelt, so lag in dem gegenwärtigen Falle das A n g e b o t e i n e s E i d e s vonseiten der Mutter vor dafür, daß sie mit keinem anderen Manne Verkehr gehabt habe. Und sogar hier wurde vom Gerichte die Anfechtung mit § 123 B.G.B. abgelehnt unter ausdrücklicher Berufung auf R.E. 58. 348.

Die einzige gegenteilige Entscheidung, die zu finden mir gelungen ist, findet sich in Seufferts Archiv Bd. 70 S. 233. Hier ist kategorisch gegen das Reichsgericht Stellung genommen; zur Ersparnis weiterer Erörterungen über den Begriff der arglistigen Täuschung sei aus der Urteilsbegründung folgendes wiedergegeben:

„Die Mutter hat keine Wahrheitspflicht in einem Prozeß, in welchem sie **Partei** ist. Aber in Ansehung der Anerkennung ist sie **Zeugin**; **Partei** ist das **Kind**. Darum hat die Mutter unbedingt in diesem Falle die Wahrheitspflicht. Mit seiner Entscheidung verneint das Reichsgericht ausdrücklich die Wahrheitspflicht im Prozeß und billigt das bewußte Vorbringen unwahrer Tatsachen. Diese Wahrheitspflicht besteht auch außerhalb des Prozesses; § 123 B.G.B. unterscheidet nicht, ob der Täuschende zur Auskunft verpflichtet war und ob die vorgespiegelte Tatsache zur Begründung des erklärten Rechtsgeschäftes oder zur Begründung oder Beseitigung einer Einrede dienen konnte."

Wir können auch sehr einfach so sagen: der einzige Mensch, an den sich normaler Weise der die Anerkennung des Kindes beabsichtigende Mann um Auskunft wenden kann, ist eben die Mutter des Kindes. **Wenn** sie ihm die Unwahrheit sagt, so ist das arglistige Täuschung — umsomehr als eben dem Manne meist keine andere Möglichkeit zur Einziehung von maßgeblichen Erkundigungen offen steht.

Wenn wir aber sogar den Nachweis erbracht haben, daß die reichsgerichtliche Gesetzesinterpretation falsch ist, so ist damit noch nicht viel erreicht: die Anfechtung aus § 123 ist dann möglich, wenn der Anerkennende die Kindsmutter befragt hat; wenn er aber das nicht tat, sondern ohne weiteres die Anerkennung vornahm, in der sicheren Annahme, er sei der einzige Beiwohner innerhalb der Conzeptionszeit, so ist ihm bei nachträglichem Bekanntwerden des Gegenteiles doch der Weg zur Anfechtung ungeheuer erschwert; denn **hier** kann ihm im Anfechtungsverfahren die Geltendmachung der Einrede der mehreren Beihälter nicht gewährt werden — wie oben schon gesagt.

Es war festgestellt worden — in Uebereinstimmung mit den Motiven und mit der gesamten Doktrin, daß die Anerkennung der unehelichen Vaterschaft keinen konstitutiven Charakter habe. Hier aber zeigt sich, daß sie praktisch eben **doch** konstitutiv wirkt, insoferne sie eine an sich zulässige Einrede für alle Zeiten abschneidet.

Außer dem Anfechtungsgrunde des § 119 B.G.B. bleibt demnach nur noch die Behauptung übrig: der Anerkennende habe mit der Kindsmutter überhaupt nicht verkehrt, oder: er könne unmöglich der Vater sein.

Ueber die erste Behauptung können wir ohne weiteres hinweggehen; sie kommt wohl nur in Frage bei einem Irrtum über die Person, fällt also auch unter § 119 B.G.B.

Die zweite Behauptung ist ungeheuer schwer zu beweisen. Es kommen hier jene Gründe für die Unmöglichkeit der Vaterschaft in Frage, die wir andernorts noch behandeln müssen — im Anschluß an die Prozeßeinreden. Hier nur eines vorweg: im Zusammenhang mit dem Nachweis der Vaterschaftsunmöglichkeit kann dann doch die exceptio plurium concumbentium indirekt zur Geltung kommen; wenn nämlich die Unmöglichkeit der Vaterschaft dargetan werden soll durch den Nachweis, die Kindsmutter sei zur Zeit der in Frage stehenden Beiwohnung schon — von einem anderen Manne — schwanger gewesen.

Was ist das Ergebnis? Abgesehen von der Anwendung des § 123 B.G.B. auf die Versicherung der Kindsmutter, der Anerkennende sei der alleinige Beiwohner — abgesehen von dieser in der Rechtsprechung nicht anerkannten Anwendung — ist die Wirkung der Anerkennung der Vaterschaft die, daß der nunmehrige gesetzliche „Vater“ sich hinsichtlich der Anfechtung seiner Vaterschaft in derselben Lage befindet, wie der eheliche Vater.

Es wird also wohl klar sein, daß ein Mann, welcher seiner Vaterschaft am unehelichen Kinde nicht sehr sicher ist, falls er über die Folgen der Anerkennung unterrichtet ist, die Anerkennung verweigern und es auf einen Prozeß ankommen lassen wird, der ihm die Gewähr gibt: 1. vor Fällung des Urteils noch jederzeit neu erkundete Tatsachen vorzubringen, die ein ihm günstiges Urteil herbeiführen können, und 2. wenigstens bei falscher eidlicher Aussage der Kindsmutter (oder eines anderen Zeugen) nachher Wiedereinsetzung in den vorigen Stand zu verlangen.

Die Anerkennung des unehelichen Kindes ist eine einseitige, nicht empfangsbedürftige Willenserklärung. Ist sie erfolgt, so hat das Kind vor dem Gesetze einen Vater; es kann also nicht außerdem auf Feststellung der Vaterschaft klagen. Gegen den Anerkennenden selbst aus dem einfachen Grunde nicht, weil die Feststellung eines anerkannten und nicht gefährdeten Rechtsverhältnisses ausgeschlossen ist. Der Erfolg, den die Feststellung haben könnte, ist dem Kinde ja schon sicher. Und einem anderen gegenüber kann die Klage ebenfalls nicht angestrengt werden, weil logischerweise nicht ein Mensch zwei Väter haben kann. Das Feststellungsverfahren hat den Zweck, möglichst objektive Wahrheit zu finden. Es muß also die Möglichkeit dazu bestehen, eine Wahrheit festzustellen. Da aber die anerkannte Vaterschaft nach § 1718 gesetzlich pro veritate angesehen wird, kann nicht nebenher noch eine andere, ihr widersprechende Wahrheit — die Vaterschaft eines anderen — festgestellt werden. Das erscheint selbstverständlich. Und doch behauptet der Kommentar von Staudinger (Anmerkung 3 zu § 1718), das anerkannte uneheliche Kind könne gleichwohl eine andere Person „als Vater in Anspruch nehmen.“ Was soll das heißen? Daß er gegen ihn auf Feststellung der Vaterschaft klagen könne? Die Unmöglichkeit dieser Tatsache wurde soeben bewiesen. Oder, daß es von einem andern als dem Anerkennenden den Unterhalt verlangen könne? Auch das ist unmöglich. Der Unterhalt ist vom unehelichen Vater aufgrund der Abstammung zu leisten. Als derjenige, von welchem das Kind abstammt, gilt der Anerkennende —; die Unterhaltspflicht eines andern könnte nur festgestellt werden, aufgrund der Feststellung seiner Vaterschaft. Also derselbe Fall, wie der erste.

Nun folgt daraus: eine absichtliche — oder irrtümliche — falsche Anerkennung zwingt das Kind dazu, vor dem Gesetze unehelicher Abkömmling dessen zu sein, der es anerkannt hat —: ein Unding! Denn das uneheliche Kind wäre dadurch gezwungen, sich von einem leistungsunfähigen Mann, der es anerkannt hat, die Alimente schuldig bleiben zu lassen, während es den leistungsfähigen wirklichen Vater nicht belangen kann. Es gibt aber nur einen Ausweg für das Kind: Die Klage auf Feststellung der fälschlichen Anerkennung. Und nur aufgrund der Ungiltigkeit der Anerkennung kann es dann von einem Anderen als wirklichem Vater die Alimentation fordern, ihn als Vater belangen. Daß die Falschheit einer Anerkennung der unehelichen Vaterschaft geeignet ist, Gegenstand einer Feststellungsklage zu sein, dürfte kaum bezweifelt werden können. Denn es handelt sich um das Nichtbestehen eines Rechtsverhältnisses und das rechtliche Interesse liegt ohne Zweifel vor.

Dennoch ist aber die Möglichkeit vorhanden, daß ein uneheliches Kind vor dem Gesetz zwei Väter hat. Nämlich dann, wenn zwei Männer die Anerkennung vornehmen, oder wenn nach gerichtlicher Feststellung der Vaterschaft des einen Mannes ein anderer das Kind anerkennt.

Das alles kommt nur davon, daß die Anerkennung ein einseitiger Willensakt ist. Das Kind kann auch in einem solchen Falle die Anerkennung angreifen mit einer Klage auf Feststellung ihrer Fälschlichkeit. Sein rechtliches Interesse beruht hier nicht in dem Anspruch auf Alimentation, sondern darin, daß es einerseits einen Anspruch darauf hat, die Alimentation vom Vater zu bekommen (einer von beiden kann aber nur der Vater sein!), anderseits darin, daß es in seinem Ruf geschädigt ist, wenn es vor dem Gesetze zwei Väter hat. (Da auch der Ruf der Mutter — der sogar in erster Linie — gefährdet ist, so muß man auch ihr die Aktivlegitimation für die Anerkennungs-Anfechtung zusprechen.)

Eine irrige Auffassung ist es aber, wenn Kuttner (S. 468) behauptet, die wissentlich fälschliche Anerkennung der unehelichen Vaterschaft sei ein Vergehen gegen das Personenstandsgesetz und darum nach § 169 R.St.G.B. strafbar. So lautet auch die R.E.Str. 34, 427. Die uneheliche Vaterschaft ist kein

Statusverhältnis im Sinne § 26 P.St.Ges. Wenn § 644 Z.P.O. von einem Status spricht, so ist das irreführend. Erst im Zusammenhang mit der Vaterschaftsklage kann darauf genau eingegangen werden.

In Betracht kommen könnte nur eine Schadenersatzklage wegen vorsätzlicher Verletzung eines Rechtes nach § 823 B.G.B. (nämlich des Rechtes darauf, nur e i n e n unehelichen Vater zu haben!) oder eine Schadenersatzpflicht aus § 824 B.G.B. Das letztere dürfte logisch vorzuziehen sein: das wahrheitswidrige Vorgeben, der Vater eines unehelichen Kindes zu sein, welches in der Anerkennung liegt, ist doch sicherlich die Behauptung einer Tatsache, die „Nachteile für das Fortkommen" des Betroffenen herbeiführt! —

Aber noch auf eine andere Weise kann es zu einer doppelten Vaterschaft kommen; und zwar dazu, daß das Kind nebeneinander einen ehelichen und einen unehelichen Vater hat. Wurde ein uneheliches Kind von dem einen Beiwohner der Mutter anerkannt, oder wurde derselbe im Vaterschaftsprozeß verurteilt, heiratete aber dann ein anderer Beiwohner die Mutter, so wird das Kind durch Legitimation ehelich. Denn die Legitimation durch nachfolgende Ehe tritt nicht ein aufgrund der Vaterschaft des § 1717 B.G.B., sondern für sie gelten die Regeln des § 1591 [1] B.G.B. Die Tatsache der Beiwohnung — wenn nicht ihre Kausalität für die Schwängerung unmittelbar w i d e r l e g t wird — genügt zur Begründung der Legitimation. (§§ 1719, 1720 B.G.B.)

Nun können praktisch folgende Fälle vorkommen: der Anerkennende ist tatsächlich der Vater des Kindes. Der zweite Beiwohner ist es nicht; er wird aber durch die Heirat der eheliche Vater. Hier kann sich das Kind gegen die Duplizität der Vaterschaft nicht wehren. Denn die Anerkennung beruht auf Wahrheit. Nicht einmal dann ist es in der Lage, die Anerkennung anzugreifen, wenn sie objektiv falsch ist, wenn aber der Beweis nicht erbracht werden kann, daß der Anerkennende trotz Beiwohnung innerhalb der Empfängniszeit unmöglich der Vater sein könne. Nur dann, wenn dieser Beweis möglich ist, kann das Kind die anerkannte Vaterschaft und damit die Schmach, zwei Väter von rechtswegen zu haben, von sich abwälzen. Diese Konsequenz sehen auch die Motive (S. 921) ein. Die Behandlung der Legitimation wird uns nochmal auf diese Frage bringen. —

Fischer-Henle und andere Kommentare sprechen von einer Verbindung der Anerkennung der unehelichen Vaterschaft nach § 1718 mit dem Anerkenntnis der Unterhaltspflicht nach § 781. Mir ist der Gedankengang, welcher zu dieser Verbindung führt, unverständlich. Einerseits ist mit der Anerkennung der unehelichen Vaterschaft nach § 1718 die Unterhaltspflicht ja schon gegeben; also bedarf es doch keines besonderen Anerkenntnisses mehr. Anderseits aber bedeutet das abstrakte Anerkenntnis nach § 781 eine Novation, d. h. es begründet eine Unterhaltspflicht ganz unabhängig von der Vaterschaft. Eine Verbindung der familienrechtlichen Anerkennung des § 1718 mit dem obligationsrechtlichen Anerkenntnis des § 781 ist somit ein Unding. Der einzige Zweck der Verbindung könnte der sein, eine Unterhaltspflicht zu konstituieren; denn § 1718 wirkt nicht konstitutiv für die Vaterschaft, also auch nicht für die Unterhaltspflicht. § 781 wirkt für die Unterhaltspflicht konstitutiv. Aber wer wird die Absicht haben, eine Unterhaltspflicht, die ihm aufgrund der Anerkennung nach § 1718 schon obliegt, noch zu verschärfen, indem er sie von ihrem Rechtsgrunde unabhängig macht durch Anerkenntnis nach § 781?

Der § 781 B.G.B. kommt wohl nur in Betracht im Zusammenhang mit dem Schweigevertrag, der hier gleich behandelt sein mag, da er in gewissem Sinne auch zur Anerkennung gehört.

Der Schweigevertrag ist eine der sonderbarsten Erscheinungen in unserem B.G.B., eines der himmelschreiendsten Zugeständnisse an den Kapitalismus. Er bedeutet nichts anderes, als: das Kind hat überhaupt nur einen Anspruch auf die materielle Unterhaltsleistung. Wenn sie ihm gesichert ist, so hat es keinen Anspruch darauf, seinen Vater zu kennen. Und das im gleichen Rechtssystem, in welchem ein § 644 Z.P.O. von der unehelichen Vaterschaft als einem Statusverhältnisse spricht! Auf einmal sind alle „Status-Interessen" vergessen — nicht einmal an das Ehehindernis des § 1310 denkt man mehr, nicht mehr an die Bedeutung der unehelichen Vaterschaft für das Inzest; nur an eines noch: an das Interesse des hochwohlgeborenen Vaters, nicht mit dem proletarischen Kind und seiner Mutter in Zusammenhang gebracht zu werden.

Wenn der Vormund des Kindes nachweisen kann, daß für den Unterhalt des Kindes gesorgt sei, so sieht das Vormundschaftsgericht davon ab, den Vater zur Anerkennung oder den Vormund zur Einreichung der Klage zu veranlassen. Dieser Nachweis nun kann am besten erbracht werden durch die Vorweisung eines Sparkassenbuchs etc. auf den entsprechenden Betrag (also Abfindung) oder durch eine notarielle Hinterlegungsurkunde oder eben durch das Bestehen eines Schuldanerkenntnisses nach § 781 B.G.B.

Es ist also Tatsache, daß unsere Vormundschaftsgerichte sich nur darum kümmern: ist finanziell für das Kind gesorgt? Und dem Kinde kann der Vater tatsächlich durch Mutter und Vormund vorenthalten werden. Es gibt allerdings eine Anzahl von Werken, welche den Schweigevertrag als gegen die guten Sitten verstoßend bezeichnen. Damit haben sie vollkommen recht. Nicht aber mit ihrer Begründung, die regelmäßig darauf hinausgeht, die uneheliche Vaterschaft sei ein statusähnliches Verhältnis, der Name des unehelichen Vaters sei in die Nebenrubrik des Geburtenregisters einzutragen, was durch den Schweigevertrag unmöglich gemacht werde. Die uneheliche Vaterschaft ist kein Status und die Eintragung des Vaters in's Geburtenregister nicht notwendig. Der Verstoß gegen die guten Sitten liegt vielmehr in der Tatsache, daß durch den Schweigevertrag die Person des Kindes geschädigt wird: es hat keinen Vater — wenn es auch einen Ernährer hat.

In Ansehung des § 1310 und seines Verhältnisses zu § 1718 ist noch zu sagen: die Anerkennung kann für die Annahme des Ehehindernisses weder nach § 1310 Abs. 1 mit 3 noch nach § 1310 Abs. 2 präjudiziell wirken. Denn die Anerkennung ist einerseits eine einseitige, nicht empfangsbedürftige Willenserklärung, kann also vorgenommen werden auch von einem Manne, der weder der Vater ist, noch auch nur den Beischlaf mit der Mutter vollzogen hat; anderseits aber entbehrt die Anerkennung der konstitutiven Kraft, sodaß durch sie die Vaterschaft nicht begründet, sondern nur eine Vermutung dafür geschaffen wird. Wenn auch im Allgemeinen anzunehmen ist, daß nicht ein vollkommen Unbeteiligter die Anerkennung vornimmt, so ist doch die Möglichkeit dafür vorhanden. Da aber die Anerkennung vermutungbegründend wirkt, so könnte eine Ehe erst eingegangen werden, nachdem diese Vermutung beseitigt ist; d. h. also: es muß die Anerkennung angefochten werden. Ist die Ehe aber schon geschlossen, so wird sie für nichtig erklärt gemäß § 1327, wenn es festgestellt werden kann, daß die Vaterschaft gegeben ist. Kann dies in der Nichtigkeitsklage nicht festgestellt werden, so steht immerhin noch jedem der beiden Gatten die Möglichkeit der Anfechtung aus § 1310² offen; und zwar der Frau dann, wenn sie von der Tatsache keine Kenntnis hatte, daß ihr Gatte es war, welcher sie als sein uneheliches Kind früher anerkannt hatte und somit — wenn er auch laut Ergebnis des Nichtigkeitsverfahrens nicht ihr Vater ist — doch mit ihrer Mutter Geschlechtsgemeinschaft gehabt habe; dem Mann dann, wenn er sich bei Eingehung der Ehe im unklaren darüber war, daß die Ehefrau das von ihm seinerzeit anerkannte Kind sei. Es käme zur Begründung der Anfechtung der § 1333 in Verbindung mit § 1310² in Betracht. Denn zweifellos kann man sagen, daß es sich um „Irrtum in der Person des anderen Ehegatten", bezw. Irrtum „über solche Eigenschaften des anderen Ehegatten" handle,

„die bei verständiger Würdigung des Wesens der Ehe“ von deren Eingehung hätten abhalten müssen. Doch dürften solche Fälle immerhin ziemlich akademischer Natur sein.

2. Die Feststellung der Vaterschaft und Verwandtes.

a) Die möglichen Klagen und das Wesen der unehelichen Vaterschaft nach B. G. B

Es sind — zunächst theoretisch gesprochen — mehrere Klagen des Kindes gegen den Beiwohner seiner Mutter denkbar:

1. Die Klage auf Feststellung der Vaterschaft an sich.
2. Die Klage auf Feststellung der Unterhaltspflicht.
3. Die Klage auf Leistung des Unterhaltes.
4. Die Klage auf Bestehen der Ehelichheit durch Legitimation aus §§ 1719, 1720 B.G.B.

Welche von diesen Klagen de lege lata in der Tat möglich sind, muß sich erst aus den folgenden Erörterungen ergeben.

Kann auf Feststellung der Vaterschaft an sich geklagt werden? diese Frage ist seit Existenz des B.G.B. so heiß umstritten — und nie gelöst worden.

Die Kernfragen, um die es sich dabei dreht, sind: 1. hat das uneheliche Kind an der Feststellung der „Vaterschaft an sich“ ein rechtliches Interesse? 2. gibt es überhaupt einen einheitlichen Begriff der unehelichen Vaterschaft?

Nehmen wir zunächst an, die zweite Frage müßte bejaht werden, so wäre wohl auch die erste im positiven Sinne zu beantworten. Denn: wenn es einen auf alle Fälle, in denen die uneheliche Vaterschaft eine rechtliche Rolle spielt, gleichermaßen anwendbaren und zutreffenden Begriff der unehelichen Vaterschaft gibt, so hat das uneheliche Kind ein Interesse an deren Feststellung; denn diese würde dann präjudiziell werden für alle rechtlichen Konsequenzen der unehelichen Vaterschaft; für Unterhaltspflicht, Legitimation, Ehehindernis.

Nur die allgemein präjudizielle Wirkung der Vaterschaftsfeststellung an sich kann ein rechtliches Interesse des Kindes an ihr begründen. Denn an dem Bestehen der Vaterschaft als solcher besteht ein Interesse des Kindes nicht — da die uneheliche Vaterschaft kein Status ist, wie gleich bewiesen werden wird.

Wenn die uneheliche Vaterschaft ein Statusverhältnis ist, so ist auch ein einheitlicher Begriff der unehelichen Vaterschaft vorhanden. Die Motive entscheiden sich dafür. Desgleichen der Kommentar von Staudinger in seiner Anmerkung 2 zum § 1708 und endlich auch das Reichsgericht (R.E.Str. 34, 427).

Die Gründe, welche dafür angegeben werden, sind mehrfach:

Von Kuttner wird behauptet, die uneheliche Vaterschaft müsse ein Status sein; denn, wenn man sie nicht als solchen betrachte, so könne daraus bei späterer Heirat der Mutter mit dem Beiwohner (oder Vater?) eine unwahre Ehelichkeit resultieren; nämlich im Zusammenhang vor allem mit der Anerkennung. Daß eine falsche Ehelichkeit sich ergeben kann, haben wir bei der Betrachtung der Anerkennung gesehen. Aber das ist kein Grund, die uneheliche Vaterschaft als einen Status de lege lata zu bezeichnen, sondern höchstens, sie de lege ferenda dazu zu machen. Zudem ist aus dem B.G.B. und seinen Motiven klar ersichtlich, daß sie an die Möglichkeit einer falschen Ehelichkeit — auch außer Zusammenhang mit der Statusfrage — denken; denn sie lassen ausdrücklich die Legitimation auch eintreten, wenn die Vaterschaft eines anderen Mannes, als des Ehegatten der Mutter, rechtskräftig festgestellt ist. (§ 1720 B.G.B.)

Der zweite Hauptgrund liegt im § 644 der Z.P.O., welcher von Klagen auf Feststellung des Bestehens oder Nichtbestehens der unehelichen Vaterschaft spricht. Und namentlich fällt in's Gewicht die Begründung zur Z.P.O.-Novelle von 1898, S. 135, die ausdrücklich die uneheliche Vaterschaft ein statusartiges Verhältnis nennt. Aber wir müssen — mit Natter (S. 141/142) den § 644 Z.P.O. als irreführend bezeichnen. Und zwar deshalb, weil er etwas voraussetzt, was nirgends ausgesprochen ist und aus keinem Gesetzestext hervorgeht. Die Begründung zur Z.P.O.-Novelle aber steht im glatten Widerspruch zum B.G.B. und zum Personenstandsgesetz. Denn der § 26 Pers.-St.Ges. macht einen klaren Unterschied zwischen „Feststellung der Abstammung“ (scil. „natürlichen Abstammung“) und „Veränderung der Standesrechte“.

Anderseits aber ist — wie im Folgenden nachzuweisen ist — im § 644 Z.P.O. dasselbe geschehen, wie im B.G.B. selbst: wie das B.G.B. von einem „Vater des unehelichen Kindes“ schlechthin spricht und darunter bald an den einen, bald an den anderen Tatbestand denkt, so sind im § 644 Z.P.O. mit „unehelicher Vaterschaft“ alle jene Tatbestände zusammengefaßt, die nach B.G.B. darunter verstanden werden können. Daß das aber verschiedene Tatbestände sind, geht aus dem B.G.B. klar hervor.

Der Hauptverfechter der Anschauung, daß dem B.G.B. ein einheitlicher Begriff der unehelichen Vaterschaft zugrunde liege, ist Kuttner. Er behauptet nämlich, das B.G.B. habe nur keine Definition seines generellen Begriffes der unehelichen Vaterschaft gebracht, es überlasse das der Doktrin. Nun wäre es doch in der Tat recht sonderbar, wenn der Gesetzgeber es unterließe, eine wichtige Begriffsbestimmung seinerseits autoritativ zu geben. Das allein muß schon den Verdacht erwecken, daß gar kein derartiger Begriff existiert, der zu bestimmen wäre. Kuttner meint nun, die Vaterschaft ist in jedem Falle ihres Vorkommens nur eine mögliche; auch im Hinblick auf § 1717 und § 1718.

Dem ist natürlich nicht so; Kuttner kommt zu seiner sonderbaren Anschauung durch eine Uebertreibung des Objektivismus. Er meint nämlich: weil die Vaterschaft niemals mit absoluter Sicherheit festgestellt werden könne (auch die eheliche nicht!), so liege dem Gesetze, das die uneheliche Vaterschaft auf Vermutungen gründe, der Begriff einer möglichen Vaterschaft zugrunde, deren Möglichkeit nur in ihrem Intensitätsgrade an den einzelnen Gesetzesstellen variabel sei. Wir haben uns schon einmal mit diesem Fehler der Doktrin abgegeben und haben damals festgestellt: die Vermutung hat mit dem Begriff gar nichts zu tun. Sie ist nur die technische Lösung der Frage nach der Grenze der Annäherungsmöglichkeit von objektiver und erkannter Wahrheit.

Darum hat auch Raape (S. 239 ff.) unrecht, der gegen Kuttner von drei verschiedenen Vaterschaftsbegriffen spricht: dem natürlichen, welcher dem § 1310[3] zugrundeliege; und den beiden (untereinander abweichenden) fiktiven Vaterschaftsbegriffen der §§ 1717 und 1720.

Als Ideal liegt immer die wirkliche, natürliche Vaterschaft zugrunde. Auf sie gründet das Gesetz begrifflich alle rechtlichen Konsequenzen. Aber sie ist nicht absolut nachweisbar. Darum mußte man Beweisregeln aufstellen und sich an Indizien halten. Diese Indizien müssen nun umso schlüssiger, die Beweisregeln umso strenger sein, je größer das Interesse einer beteiligten Person (des Belangten) ist, nicht der Vater zu sein, d. h. nicht wider Wirklichkeit als solcher verurteilt zu werden. Dagegen umso minder streng, je größer das Interesse des Staats an der Ausschließung der Nichtbeachtung der Vaterschaft ist. Darum muß die Vaterschaft im Sinne des § 1310[3] am einfachsten zu beweisen sein; so einfach, daß man sich hier in der Tat dem Begriffe der bloßen Möglichkeit der Vaterschaft asymptotisch nähert. Am schwierigsten aber muß der Beweis des § 1717 sein; denn hier steht nur ein finanzielles Interesse auf dem Spiel, während bei § 1720 wieder das staatliche Interesse am Bestehen der Ehelichkeit beweisrecht-mildernd in Betracht kommt.

So erhalten wir — ausgehend von dem zentralen Idealbegriff der wirklichen, natürlichen Vaterschaft — im Wege des Beweisrechtes drei verschiedene prozessuale Begriffe der Vaterschaft. Der absolute, der materiellrechtlich im Hintergrunde stehende Vaterschaftsbegriff ist und bleibt der natürliche; darum ist es falsch von verschiedenen Vaterschaftsbegriffen im materiellrechtlichen Sinn zu sprechen. Die Verschiedenheit ist keine rechtlich-begriffliche sondern eine praktisch-technische, eine prozessuale, bedingt durch die größere oder geringere Sorge des Gesetzes, jeden natürlichen Vater zu treffen (und darum lieber auch ein paar nicht-tatsächliche mit!) oder keinesfalls einen nichtwirklichen zu treffen (und deshalb lieber ein paar wirkliche laufen zu lassen.)

Dieser Umstand, — ohne eine ideelle Mehrdeutigkeit des Vaterschaftsbegriffes darzustellen — genügt dennoch vollauf zur Unmöglichkeit der generellen Feststellung der unehelichen Vaterschaft.

Da das Beweisrecht für jeden Anwendungsfall des Begriffs der unehelichen Vaterschaft verschieden geregelt ist, kann niemals eine generell festgestellte uneheliche Vaterschaft präjudiziell für alle Fragen sein, in denen der Begriff eine akute Rolle spielt. Ich kann also nur den Begriff der unehelichen Vaterschaft im Sinne der § 1310³ oder des § 1717 oder des § 1720 B.G.B. feststellen lassen, da prozessual niemals der eine auf den anderen paßt.

Wir sind vorhin andeutungsweise auf die Fiktionstheorie und die bloße Möglichkeit der natürlichen Vaterschaft als Basis der rechtlichen zu sprechen gekommen. Diese beiden Theorien stehen in untrennbarem Zusammenhange.

Wir könnten es uns sehr leicht machen, sie zu widerlegen, indem wir sagten: Kuttner behauptet die Fiktion der Vaterschaft im § 1717 B.G.B. und kommt dadurch notwendig zu dem Schluß, daß die Möglichkeit der Vaterschaft ebenso wie ihre Wirklichkeit Basis des Unterhaltsanspruches sein könne. Da aber die Möglichkeit der Vaterschaft — wie wir bei Untersuchung der Unterhaltspflicht sahen — nach dem B.G.B. nicht Rechtsgrund der Unterhaltspflicht sein kann, so ist die Kuttner'sche Fiktionstheorie falsch.

Aber es ist doch notwendig, sich genauer darauf einzulassen, da ja das B.G.B. vielleicht — sich selbst unbewußt — eine andere Theorie enthält als es enthalten will.

Die uneheliche Vaterschaft soll eine fingierte sein, — weil der § 1717 B.G.B. sagt: „als Vater ... gilt ...“. Dieses Wort „gilt“ sei aber der stereotype Ausdruck des B.G.B. für die Fiktion. Nun, wir haben uns über die Bedeutung der Ausdrucksweise des B.G.B. schon früher (S. 148 f.) eingehend auseinandergesetzt und kamen zu dem Ergebnis, es handle sich nur um einen Ausdruck dafür, daß das uneheliche Kind eigentlich gar keinen Vater habe, sondern nur einen „Ernährer kraft natürlicher Abstammung“, daß man aber den Gebrauch der Worte „Erzeuger“ oder „Schwängerer“ zur Vermeidung von Mißverständnissen abgelehnt habe. Hirsch (Robert) ist (S. 65) der Meinung, das Wort „gilt“ beziehe sich auf den rein präsumptionellen Charakter der unehelichen Vaterschaft; er widerspricht sich dann aber (S. 74) selbst, indem er die Gewißheit der Vaterschaft als Rechtsgrund der Verpflichtungen bezeichnet.

Angenommen, die Ausdrucksweise des § 1717 deute wirklich (nach Kuttner) auf eine Fiktion oder stehe (nach Hirsch) in logischem Nexus mit der Präsumption: dann mußte der § 1591 B.G.B. erst recht diese Ausdrucksweise gebrauchen. Denn soviel ist sicher: der Tatbestand des § 1591 [1] deckt sich mit der wirklichen Vaterschaft noch viel weniger, als der des § 1717. Aber es kann doch nicht angenommen werden, daß das B.G.B. ein familienrechtliches, ein Statusverhältnis, (die eheliche Vaterschaft nämlich) fingieren will! Hier liegt schon der erste Fehler. Und es ist bezeichnend, daß Hirsch (falscherweise) das Wort „gilt“ als Beweis für die präsuptionelle Eigenschaft der unehelichen Vaterschaft betrachtet, während Kuttner aus eben diesem Wort die Präsumption leugnen und an ihre Stelle eine Fiktion setzen will.

Damit kommen wir zur anderen Frage: Fiktion oder Präsumption? Kuttner ist für das erste und meint: Die Fiktion ist eine materiellrechtliche, die Präsumption aber nur eine beweisrechtliche Figur. Damit hat er recht. Gegen die Fiktion gibt es darum auch keinen Gegenbeweis. § 164 [2] B.G.B. enthält eine Fiktion: es ist angenommen, der Erklärende habe im fremden Namen handeln wollen. Sein Wille, der für das Rechtsgeschäft wesentlich ist, wird also gar nicht als vorhanden supponiert. Aber: weil der (in Wahrheit vorhandene) Wille, im fremden Namen zu handeln, nicht zum Ausdruck kam, wird der Wille, im eigenen Namen zu handeln, fingiert. Das ist Fiktion. Und hier ist der Gegenbeweis unmöglich; denn — er hätte gar keine Bedeutung. Die Fiktion setzt etwas nicht vorhandenes als vorhanden. Die Vermutung aber setzt etwas wahrscheinlich vorhandenes als wirklich vorhanden. Und darum ist sie widerleglich. (Eine praesumptio juris et de jure unter Ausschluß des Gegenbeweises kennt das B.G.B. nicht.) Kuttner schlägt sich ja auch selbst dadurch, daß er die Motive (S. 884) zitiert, wo es ausdrücklich heißt „. . . zur erleichterten Durchführung des Unterhaltsanspruches . . .“. Da zeigt es sich doch klar, daß nur das Beweisrecht im Spiel ist und nicht das materielle Recht.

Damit dürfte der Beweis für die rein präsumptionelle Bedeutung der Regel des § 1717 (und auch der des § 1719 und § 1720) erbracht sein. —

Wir kommen zum Schluß: dem Bürgerlichen Gesetzbuche schwebt immer nur ein Begriff der unehelichen Vaterschaft vor —: der natürliche. Darum konnte es auch auf eine Generaldefinition des Begriffs verzichten; er ist selbstverständlich. Aber die prozessualen Bedingungen für Feststellung des Bestehens oder Nichtbestehens dieses Begriffes sind verschieden. Darum kann nicht eine generell festgestellte uneheliche Vaterschaft für alle mit der wirklichen unehelichen Vaterschaft verknüpften Konsequenzen präjudiziell sein; ja es kann überhaupt keine generelle uneheliche Vaterschaft festgestellt werden. Es fehlen die Beweisregeln dafür.

Will man somit eine Feststellungsklage auf Bestehen der unehelichen Vaterschaft schlechthin zulassen, so muß man ohne Beweisregeln arbeiten. Und das geschieht tatsächlich in der Praxis der bayerischen Gerichte. Das klägerische Kind muß dann die Vaterschaft positiv beweisen, d. h. es steht ihm nicht die Rechtsvermutung aus der Beiwohnung zu Gebote. Das erschwert natürlich den Beweis ungeheuer. Der Staudinger'sche Kommentar, Anmerkung 4a zum § 1717 hält diese Klage für zulässig. Dagegen wenden sich aber der Kommentar der Reichsgerichtsräte und Natter.

Die Klage ist zulässig, wenn sie einem wirklichen rechtlichen Interesse des Kindes dient. Aber das tut sie nicht — denn ihr Ergebnis ist zwar positiv präjudiziell, nicht dagegen negativ. D. h. wird vom Gerichte festgestellt, daß die uneheliche „Vaterschaft an sich" gegeben sei, so sind auch alle Konsequenzen derselben gegeben. Anderseits aber, würde vom Gericht dahin geurteilt, daß der Beweis der unehelichen Vaterschaft im eben besprochenen Sinne mißlungen, diese also nicht festzustellen sei, so wäre immerhin noch ein neuer Prozeß möglich, in welchem dann vielleicht festgestellt würde: der N. N. ist Vater des unehelichen Kindes gemäß § 1717 und darum unterhaltspflichtig. Es gibt auch wirklich in Bayern Urteile, die folgendermaßen lauten:

„I. Der N. N. ist nicht der uneheliche Vater des X. Der Beweis der Vaterschaft ist mißlungen.

„II. Der N. N. ist der Vater des unehelichen Kindes und darum zum Unterhalte verpflichtet."

Ein glatter Nonsens! Wenn eine Feststellung von Wert für den Kläger sein soll, so muß die festgestellte Tatsache gewisse Rechtsfolgen auch erschöpfend umfassen. D. h. sie muß für und gegen alle wirken. Das ist bei einer derartigen Klage nicht der Fall. Und das Gesetz wollte darum auch keine allgemeine Vaterschaftsfeststellungsklage mit Wirkung für und gegen alle. Daher der § 644 Z.P.O. Eine derartige Klage könnte niemals von einem Amtsgerichte entschieden werden. Sie müßte zur Zuständigkeit der Landgerichte gehören.

So kommen wir zu dem Ergebnis: Möglich sind nur Klagen auf Feststellung der unehelichen Vaterschaft im Hinblick auf die einzelnen aus der unehelichen Vaterschaft sich ergebenden Konsequenzen: Unterhaltspflicht, Legitimation, Ehehindernis. Denn je nach dem mit der Feststellung verfolgten Zwecke muß dieselbe nach verschiedenen Regeln erfolgen.

Ist die uneheliche Vaterschaft generell festgestellt, ohne Rücksicht auf eine bestimmte einzelne Rechtsfolge derselben, so wird dadurch nur immer ein Teil der Fälle getroffen, in denen die einzelnen Rechtsfolgen eintreten. An der unehelichen Vaterschaft an sich hat das Kind kein Interesse, weil sie sich eben in der und jener Rechtsfolge erschöpft und keine allgemeine, d. h. personenständliche Bedeutung hat. Darum kann nur geklagt werden auf Feststellung des Bestehens (oder Nichtbestehens) der einzelnen rechtlichen Folgen der unehelichen Vaterschaft.

Es gibt also eine Klage auf Bestehen der Unterhaltspflicht (= Bestehen der Vaterschaft im Sinne des § 1717 B.G.B.), eine Klage auf Bestehen der unehelichen Vaterschaft im Sinne der §§ 1719, 1720 B.G.B. und endlich die Klage auf Bestehen der Vaterschaft im Sinne des § 1310 ^{3} B.G.B. Außerdem sind natürlich Leistungsklagen im Bezug auf die einzelnen aus der Vaterschaft sich ergebenden Leistungen zulässig. Die uneheliche Vaterschaft ist in den Leistungsklagen die Unterlage für das Urteil. Sie muß daher im Prozeß festgestellt werden, wenn sie nicht schon in einem früheren Feststellungsurteil festgestellt ist.

Die Leistungsklagen haben keine Besonderheit, können daher zunächst von der Betrachtung ausgeschaltet werden. Die Klage auf Feststellung der Vaterschaft im Sinne der §§ 1719, 1720 B.G.B. ist im Zusammenhang mit der Legitimation zu besprechen. Hier interessiert vor allem die Klage auf Feststellung der Vaterschaft im Sinne der Alimentationspflicht.

b) Die Klage auf Feststellung der Unterhaltspflicht aus der unehelichen Vaterschaft des § 1717 BGB.

1. Die Pflicht zur Ermöglichung der Klage.

Wird die uneheliche Vaterschaft nicht anerkannt, und liegt auch ein Schweigevertrag nicht vor, d. h., kann nicht nachgewiesen werden, daß für den Unterhalt des Kindes Sicherheit geleistet ist, so hat das Vormundschaftsgericht die Aufgabe, die Erhebung der Klage zu veranlassen. Hier liegt einer der schwächsten Punkte des gegenwärtigen Gesetzes: wie kann die Erhebung der Klage erreicht werden, wenn die beteiligten Personen es nicht wollen?

Weigert sich der Vormund, welcher ja die gesetzliche Vertretung des Kindes hat, die Klage für das Kind zu erheben, so kann gegen ihn mit dem § 1837 2 B.G.B., eventuell sogar nach § 1886, vorgegangen werden. Wurde der Vormund wegen pflichtwidrigen Verhaltens, d. h. wegen der Unterlassung der Klagerhebung, entlassen, so kann nach § 1846, ehe ein neuer Vormund bestellt ist, auch das Vormundschaftsgericht selbst die Erhebung der Klage übernehmen. Andernfalls hat es der neubestellte Vormund zu tun. Natürlich wird für den aus der pflichtwidrigen Nichterhebung der Klage dem Kinde entstandenen Schaden der säumige Vormund gemäß § 1833 B.G.B. haftbar. (Z. B. wenn inzwischen der uneheliche Vater leistungsfähig wird oder wenn er in's Ausland verreist ist und keine Unterhaltsleistungen mehr von ihm beigetrieben werden können usw).

Gegen den Vormund hat man also immerhin Mittel, um die Klagerhebung von ihm zu erzwingen: Ordnungsstrafen, Entlassung aus der Vormundschaft und Haftpflicht. Diese Mittel sind natürlich auch anwendbar gegen die Kindsmutter selbst, wenn diese die Vormünderin ist.

Wie aber, wenn die Kindsmutter sich einfach weigert den Namen des Vaters (bezw. der Person, die für die Vaterschaft in Betracht kommt), anzugeben? Wenn sie sich dessen weigert, obgleich ein den notwendigen Erfordernissen entsprechender Schweigevertrag (Sicherheitsleistung für den Unterhalt!) nicht besteht?

Kann man die Mutter einfach zur Nennung des Vaters zwingen? Und mit welchen Mitteln kann man de lege lata gegen sie vorgehen?

Die erste Folge der Weigerung der Benennung des Vaters ist die Pflicht der Alimentation. Diese Pflicht trifft die uneheliche Mutter immer, wenn ein Vater nicht zu ermitteln oder wenn von dem ermittelten Vater nichts zu erlangen ist. Diese Folge des Schweigens der unehelichen Mutter tritt somit ganz automatisch ein, kraft § 1709 B.G.B. Hierauf braucht also an sich nicht geklagt werden und der § 826 B.G.B. käme gar nicht in Frage. (So auch Paetow im Z.-Bl. f. Vorm.-Wes. III. 277 ff.)

Damit sind die nachteiligen Folgen, welche sich aus der Nichtbenennung des Vaters für den Unterhaltsanspruch ergeben, eo ipso aus der Welt geschafft. Denn da nach dem B.G.B. der uneheliche Vater ja doch nur nach dem Stande der Mutter den Unterhalt zu leisten hat, so ist das Kind durch die Tatsache, daß nur seine Mutter ihm den Unterhalt — natürlich auch nach ihrem Stande — leistet, nicht in seinen wirtschaftlichen Ansprüchen geschädigt. Doch fragt es sich, ob nicht doch eine Schadenersatzklage nach § 826 B.G.B. gegen die Mutter erhoben werden soll. Denn die Mutter haftet als solche nach den Regeln für die familienrechtliche Unterhaltspflicht, es steht ihr also das Recht des Notbedarfs zu. Nicht so nach § 826 B.G.B., wenn die uneheliche Mutter nicht familienrechtlich sondern obligatorisch zum Unterhalt verhaftet ist.

Aber im Hinblick auf die Anwendbarkeit des § 826 B.G.B. und auf etwaige weitere nachteilige Folgen aus der Verweigerung der Vaters-Benennung für die Mutter tritt die Frage auf: ist die Mutter überhaupt zur Benennung des Vaters verpflichtet? Ist diese Pflicht, wenn sie überhaupt besteht, eine rechtliche oder nur eine moralische?

Die Literatur hat diese Frage vom Gesichtspunkte der Zeugnisverweigerung aus zu lösen gesucht. Aber das ist wohl von vornherein fehlerhaft. Denn: bei Benennung des Vaters kommt eine Zeugnisverweigerung noch gar nicht in Frage.

Der Prozeß kann ja nur eingeleitet werden nachdem der Vater benannt ist, weil die Tatsache der Beiwohnung binnen der Empfängniszeit Prozeßvoraussetzung ist.

Auch ist es unverständlich, wie eine Anzahl von Schriftstellern dazukommen, den Schwerpunkt auf § 384 Ziff. 2 Z.P.O. zu legen. Wohl ist nach Freudenthals Kommentar und nach der Praxis die uneheliche Beiwohnung eine Tatsache, die der Frau zur Unehre gereicht. Aber die Tatsache, daß die Mutter einem Mann die außereheliche Beiwohnung gestattet habe, ist ja schon dadurch dargetan, daß sie Mutter ist. Man kann also nicht aus § 384 Ziff. 2 Z.P.O. ein Zeugnisverweigerungsrecht herleiten; denn ob nun die Mutter die Beiwohnung mit einem bestimmten Manne zugibt, oder nicht, — das kann ihre „bürgerliche Ehre“ weder retten noch weiterhin verletzen. Nähere Aussagen aber, hinsichtlich deren wirklich nach § 384 Ziff. 2 Z.P.O. die Zeugnisverweigerung berechtigt wäre, braucht ja die Mutter nicht notwendig zu machen. Hat sie die Beiwohnung mit dem Beklagten binnen der Empfängniszeit bezeugt, so ist ja damit die weitere Beweislast auf den Beklagten übergegangen und es kann, wenn wirklich noch weitere Tatsachen durch das Zeugnis der Mutter zu klären wären, das Gericht, im Falle ihrer Weigerung aufgrund § 384 Ziff. 2 Z.P.O., vom § 475 Z.P.O. Gebrauch machen und dem Beklagten einen richterlichen Eid über diese Tatsachen auferlegen.

Aber der § 384 Ziff. 2 Z.P.O. ist überhaupt ganz nebensächlich. Spricht doch der § 383 Ziff. 3 Z.P.O. das Recht der unehelichen Mutter zur Zeugnisverweigerung glatt und bündig aus: sie ist mit der einen Partei, nämlich mit ihrem Kinde in gerader Linie verwandt. Und hieran kann nicht gedeutelt werden.

Es fragt sich nur noch, ob nicht nach § 385 Z.P.O. dennoch die Pflicht zur Aussage besteht. Mit Ziff. 3 ist unmöglich zu operieren. Denn es handelt sich beim Unterhaltsanspruch nicht um Vermögensangelegenheiten, die durch das Familienverhältnis zwischen der Mutter und dem Kinde bedingt sind, sondern durch das Verhältnis zwischen dem Beklagten und dem Kind.

Dagegen kann m. E. die Ziff. 2 des § 385 Z.P.O. herangezogen werden. Denn, wenn es sich auch unmittelbar um die Zeugung, nicht um die Geburt handelt, so stehen doch beide in einem derart untrennbaren Zusammenhange, daß die Anwendung der Vorschrift gerechtfertigt erscheint.

Macht die uneheliche Mutter als Zeugin die Aussage, zu der sie verpflichtet ist, d. h. darüber ob ihr der Beklagte beigewohnt habe oder nicht, so kann ja auf weitere Aussagen der Mutter vorläufig verzichtet werden: wenn sie die Beiwohnung in der einrechnungsfähigen Zeit zugibt, so wird der Beklagte verurteilt, falls er nicht seinerseits ein Gegenvorbringen hat. Und in diesem Falle ruht ja die Beweislast bei ihm.

Weigert sich aber die Mutter, ihrer Zeugnispflicht zu genügen, so kann natürlich gegen sie mit den Mitteln des § 390 Z.P.O. vorgegangen werden.

Außerdem aber stehen auch noch andere Mittel zu Gebote: bei Verweigerung des Zeugnisses neben denen des § 390 Z.P.O.; in den Fällen, wo ein Prozeß noch nicht anhängig ist, als einzige.

1. Die Mutter ist zum Ersatze der dem Kinde durch ihr Verhalten entstehenden Schadens verpflichtet. Insoweit es sich um den Vermögensschaden handelt, haben wir uns schon oben Klarheit verschafft. Es fragt sich aber, ob nicht auch darüber hinaus ein Ersatz verlangt werden kann für den dem Kinde erwachsenden immateriellen Schaden, welcher darin besteht, daß es eben den Namen seines unehelichen Vaters nicht kennt. Man möchte einen Anspruch des Kindes hierauf überhaupt leugnen, wenn man an den Schweigevertrag denkt, der ja als zulässig erachtet wird und doch darauf beruht, daß man die Interessen des Kindes mit Sicherung seiner materiellen Ansprüche als hinreichend gewahrt erachtet. Allein hieraus etwas zu schliessen, erschiene mir verfehlt; denn schon oben haben wir die Zulassung des Schweigevertrags als eine grobe Inkonsequenz erkannt. Da die uneheliche Vaterschaft die Legitimation mit sich bringen kann, da ferner der bürgerliche Ruf des unehelichen Kindes noch mehr als durch seine Unehelichkeit dadurch ge-

schädigt wird, daß der Vater nicht einmal bekannt ist, — so muß ein rechtliches Interesse des Kindes an der Kenntnis der Person seines Vaters als gegeben erachtet werden; und darum ist auch ein Schadenersatzanspruch aus § 249 B.G.B. zu gewähren. Der Anspruch ist zu realisieren gemäß § 888 [1] Z.P.O. (So auch Paetow, Z. Bl. Vorm. Wes. III. 277 ff.)

Das Urteil des Sächs. Ob. Land.-Ger. v. 15. 5. 13. (Z. B. Wes. V. 215 f.) meint zwar: ein Schadenersatzanspruch aus § 826 B.G.B. könne dem Kinde, nicht nur hinsichtlich des immateriellen sondern sogar hinsichtlich des materiellen Schadens, nur dann zugesprochen werden, wenn die Mutter die schädlichen Folgen ihres Schweigens für das Kind voraussieht. Ich muß gestehen: den Fall, daß eine uneheliche Mutter diesen Schaden nicht voraussieht, kann ich mir nicht vorstellen — zumal doch der Vormundschaftsrichter, gegebenenfalles das Gericht, das ihre tun werden, um der Mutter diese Folgen klar zu machen. An dem Vorsatz, den § 826 B.G.B. erfordert, wird es also doch wohl kaum je fehlen.

2. Ferner aber steht uns noch ein weiteres Mittel zu Gebote: wenn die Mutter als Vormünderin sich hinsichtlich Benennung des Vaters oder Zeugnispflicht im Prozeß pflichtwidrig verhält, so kann sie, laut früheren Erörterungen, als Vormünderin entlassen werden.

Eine entsprechende Waffe haben wir auch gegen die Mutter als solche: die Anwendung des § 1666 B.G.B., laut welchem ihr das Recht der persönlichen Obsorge entzogen werden kann. Es wird zwar dagegen eingewendet, daß das Recht der persönlichen Obsorge sich auf die Person des Kindes, nicht auf seine Vermögensangelegenheiten beziehe, die uneheliche Vaterschaft aber sei eine Vermögensangelegenheit. Darum könne das Schweigen der Mutter über die Person des Vaters keine Verletzung der persönlichen Sorge für das Kind sein. Allein einerseits ist doch die uneheliche Vaterschaft, wie man aus der Anwendbarkeit des § 249 B.G.B., § 888 Z.P.O. sieht, auch persönliche, nicht nur vermögensrechtliche, Angelegenheit; anderseits aber, gesetzt sogar den Fall, wir wollten die rein vermögensrechtliche Bedeutung der unehelichen Vaterschaft anerkennen, so wäre doch immerhin eine eklatante Verletzung der Vermögensrechte des Kindes zugleich als eine indirekte Verletzung der persönlichen Obsorgepflicht anzusehen!

Um übrigens vorsorglich auch jenen Stimmen zu begegnen, die sich zur Anerkennung des prozessualen Zeugniszwanges gegenüber der unehelichen Mutter durch nichts wollen bekehren lassen, so sei noch folgendes bemerkt.

Der Zeugniszwang kommt nur im Prozeß in Frage. Und desgleichen naturgemäß auch das Recht der Zeugnisverweigerung. Es wird nun behauptet, wenn die Mutter das Recht der

Zeugnisverweigerung habe, so könne ihr nicht eine Schadenersatzpflicht dafür aufgehalst werden, daß sie davon Gebrauch macht. Denn eine Handlung sei entweder erlaubt oder nicht. Wenn sie es sei, so könnten keine schädlichen Folgen aus ihrer Bestätigung entstehen. Es wurde versucht, dagegen mit dem § 22 Pers. St. Ges. zu operieren, der entgegen der versuchten Auslegung des § 384 Z.P.O. die Pflicht zur Angabe des unehelichen Vaters statuiere (im Zusammenhalt mit § 26 Pers. St. Ges.) Dem ist nicht beizustimmen. Denn der uneheliche Vater fällt nicht unter den Begriff „Eltern" nach § 22. Pers. St. Ges. noch auch ist seine Eintragung in's Geburtenregister nach § 26 Pers. St. Ges. unbedingt erforderlich.

Aber dieses Argumentes bedarf man gar nicht: der § 826 B.G.B. setzt einen „Verstoß gegen die guten Sitten" voraus. In der Z.P.O. ist von diesem Begriff gar nicht die Rede. Es kann aber sehr wohl sein, daß die Inanspruchnahme einer prozessualen Ermächtigung in einem oder dem anderen Spezialfalle unter den materiellrechtlichen Begriff des Verstoßes gegen die gute Sitte zu subsumieren ist. Und wenn irgendwo, so ist das hier der Fall!

2. Der Prozeß.

1. Auch dann, wenn für das Kind Unterhalt geleistet wird, kann die Klage auf Feststellung der Unterhaltspflicht gegen den Leistenden selbst oder einen anderen angestrengt werden, — es sei denn, daß Anerkennung nach § 1718 B.G.B. vorliege.

Denn das uneheliche Kind hat Anspruch auf den Unterhalt aufgrund der unehelichen Vaterschaft. Solange also diese weder anerkannt noch festgestellt ist, steht dem Kinde der Klageweg offen. Davon macht auch der Fall des Schweigevertrages keine Ausnahme; denn er ist nirgends im Gesetze begründet. Und — trotz der Zulassung des Schweigevertrages durch unsere Praxis — kann man nicht darüber hinwegkommen, daß er unmoralisch und darum keineswegs bindend ist. —

Der tatsächlich Leistende kann auf Feststellung seiner Vaterschaft verklagt werden, weil er nicht nur zu leisten an sich, sondern als Vater zu leisten verpflichtet ist. Ein anderer aber kann als Vater belangt werden, trotz der Leistung des einen, da ja die Unterhaltspflicht des unehelichen Vaters nicht, wie die des ehelichen, davon abhängig ist, daß das Kind keine selbständigen Einkünfte hat.

Es ist also Prozeßvoraussetzung, daß die Vaterschaft weder festgestellt noch in der einzig vollgiltigen Form des § 1718 B.G.B. anerkannt sei. Liegt Anerkennung nach § 1718 vor, so muß diese vom Kinde angefochten werden, wenn die Feststellungsklage zugelassen werden soll. Die Nichtleistung des Unterhaltes dagegen ist nicht Prozeßvoraussetzung.

2. Die Klage auf Feststellung der unehelichen Vaterschaft kann schon vor der Geburt des Kindes erhoben werden, wenn hiefür ein Pfleger gemäß § 1912 B.G.B. bestellt ist. In diesem Falle steht dann die — bei Behandlung der Unterhaltspflicht besprochene — Möglichkeit des Erlasses einer einstweiligen Verfügung gemäß § 1716 B.G.B. offen. Die Auszahlung des gegebenenfalles hinterlegten Betrages an die Mutter oder den Vormund erfolgt erst alsbald nach der Geburt.

3. Partei im Prozesse ist das Kind — vertreten durch seinen Vormund; also unter Umständen durch die Mutter selbst, wenn diese als Vormünderin bestellt ist. Dadurch wird die uneheliche Mutter Partei, während sie sonst Zeugen-Eigenschaft hat und somit zum Zeugeneid fähig ist. Dies ist einerseits ein erheblicher Vorteil für das Kind, andernteils aber entspricht es nicht dem sogenannten „gesunden Empfinden", daß die Mutter im Prozeß als Zeugin vereidigt werden kann. Denn sie ist an seinem Ausgang nicht nur als Mutter des Kindes verwandtschaftlich interessiert sondern auch unmittelbar persönlich, insofern die Vaterschaft im Sinne des § 1717 B.G.B. nicht nur die Unterlage für den Anspruch des Kindes aus § 1708 sondern zugleich präjudiziell für die Ansprüche der Mutter aus § 1715 B.G.B. ist. Klagen Mutter und Kind zusammen aus § 1715 bezw. § 1708 B.G.B., so sind sie notwendige Streitgenossen gemäß §§ 59—63 Z.P.O. und die Mutter ist somit vom Zeugeneid ausgeschlossen. (vgl. Staudinger, Kommentar zum B.G.B. Anm. 3 zu § 1715 u. Freudenthal, Kommentar zur Z.P.O. Anm. 4 zu § 373.) Die Basis der Streitgenossenschaft ist die den Ansprüchen von Mutter und Kind gemeinsam zugrundeliegende Tatsache der unehelichen Vaterschaft. — Die Zeugeneigenschaft der unehelichen Mutter im Alimentenverfahren ist es, welche die Hauptschuld an der von unseren Richtern allgemein gerade in Alimentensachen beklagten hohen Frequenz der Meineide trägt. Es erscheint darum kaum verständlich, wie einige Schriftsteller die Bestellung der Mutter zum Vormund aus dem Grunde widerraten, weil dadurch dem Kinde der Vorteil des mütterlichen Zeugeneides verloren gehe.

4. Der Gerichtsstand für den Alimentenprozeß ist immer das Amtsgericht (sachlich) und der Wohnsitz des Beklagten (örtlich.)

§ 644 Z.P.O. schließt den Prozeß über Feststellung der unehelichen Vaterschaft von der für Familiensachen in den §§ 606, 640 Z.P.O. angeordneten Zuständigkeit der Landgerichte aus.

5. Die Durchbrechung der Dispositionsmaxime in den §§ 640 ff. Z.P.O. findet demgemäß gleichfalls keine Anwendung. Der Grund dafür ist, — implicite — daß die uneheliche Vaterschaft kein Statusverhältnis ist und darum des besonderen Schutzes durch Inklination zur Offizialmaxime nicht bedarf. Denn die Unehelichkeit an sich, welche allerdings einen Status darstellt, ist ja an sich evident. Handelt es sich um die Frage „ehelich — oder unehelich?" so trifft ja der Prozeßnormenkomplex der §§ 640—643 Z.P.O. zu. Ist aber die Frage die: „unehelich auf alle Fälle — aber von welchem Vater?" so steht ein Status nicht auf dem Spiel.

6. Zu beweisen hat das Kind die Tatsache der Beiwohnung zwischen dem Beklagten und der Mutter.

a) Hinsichtlich des Begriffes der vollzogenen Beiwohnung herrscht nicht vollkommene Klarheit. Während die einen die strafrechtliche Formel: der „immissio penis in vaginam" auch für das Zivilrecht anwenden wollen, muß es nach anderen zur „ejaculatio seminis" gekommen sein. Dem zweiten wird man beistimmen müssen. Denn die Beiwohnung im Strafrecht steht außer begrifflichem Zusammenhang mit der Befruchtung. Sie hat ihre Bedeutung einzig in ihrer Eigenschaft als Geschlechtsakt und muß darum mit der commixtio corporalis als vollzogen erachtet werden. Hingegen gewinnt die Beiwohnung im Sinne des § 1717 B.G.B. (nicht z. B. im Sinne des § 825 B.G.B!) nur Rechtserheblichkeit als Zeugungsursache und ist darum erst mit der ejaculatio seminis vollzogen. Doch genügt die ejaculatio an sich zur Erfüllung des Begriffes der cohabitatio. Die ejaculatio seminis in vaginam findet erst in zweiter Linie Berücksichtigung —: bei der Frage der Empfängnismöglichkeit. Hier aber genügt auf alle Fälle auch der coïtus interruptus.

b) Das Kind hat ferner zu beweisen, daß die Beiwohnung in der einrechnungsfähigen Zeit stattgefunden habe.

Der § 1717 [2] B.G.B. stellt eine gesetzliche Empfängniszeit auf — und zwar im Gegensatz zu § 1592 B.G.B. eine ausschließliche. In beiden Fällen läuft die Konzeptionszeit vom 181. bis zum 302. Tage vor der Geburt. Allein der § 1592 [2] B.G.B. gewährt ausdrücklich zum Schutze der Ehelichkeit eine Ausnahme: die obere Grenze der Empfängniszeit ist bei der „ehelichen Geburt" nicht ausschließlich. Die Beiwohnung binnen der Empfängniszeit begründet die Vermutung der Empfängnis (unter Zulassung des Gegenbeweises); doch kann der Nachweis erbracht werden, daß eine weiter als 302 Tage vor der Geburt zurückliegende Beiwohnung die Empfängnis verursacht habe. Es handelt sich also um eine Umkehrung der Beweislast. Die Widerleglichkeit der Empfängnisvermutung wurde erst von der 2. Kommission eingefügt. Die untere Grenze der Konzeptionszeit dagegen ist eine unumstößliche Minimalgrenze — auch für die Ehelichkeit.

Meister (Z.-Bl. Vorm.-Wes. II. 232) ist nun der Meinung, die längere Empfängniszeit des § 1592² könne man auch auf § 1717 durch Analogie anwenden. Dieselbe Ansicht vertritt auch Kuttner (S. 453 ff.) Aber seine Gründe sind nicht stichhaltig. Die Protokolle lehnen (S. 6206) die Aufnahme einer gleichen Erweiterung für § 1717 B.G.B. ausdrücklich ab; man kann also nicht sagen, daß die Kommission die ausdrückliche Uebertragung der Möglichkeit des Beweises einer längeren Schwangerschaft nur übersehen habe, daß man sich also mit der analogen Anwendung der § 1592² auf § 1717 in Uebereinstimmung mit den Absichten des Gesetzgebers befinde. Es ist auch die Behauptung Meisters unhaltbar, daß das B.G.B. die Unehelichen nicht schlechter stellen wolle als die Ehelichen. Man stellt, im Interesse der Aufrechterhaltung der Ehelichkeit, — nicht das eheliche Kind sondern — das von einer verheirateten Frau geborene Kind besser, indem man dem Ehemann die Einrede der mehreren Beihälter versagt. Und damit steht es vollkommen im Einklang, daß für die Entbindung einer verheirateten Frau auch der Beweis einer längeren Schwangerschaft zugelassen wird, während man ihn für die nicht unter dem Schutze der Ehe erfolgte Geburt nicht gewährt.

Eine andere — aber erst im Zusammenhang mit der Legitimation zu behandelnde — Frage ist es, ob nicht der Vorteil des § 1592² auf § 1720 analoge Anwendung zu finden habe. Im Bezug auf § 1717 bestehen jedenfalls keinerlei Anhaltspunkte.

7. Mit dem Nachweis dieser beiden Tatsachen: Vollzug der Beiwohnung zwischen dem Beklagten und der Mutter und Hereinfallen dieser Beiwohnung in die einrechnungsfähige Zeit, ist die Beweislast des klägerischen Kindes erschöpft. Es hat darauf die Verurteilung des Beklagten, d. h. die Feststellung seiner Unterhaltspflicht aufgrund der erwiesenen Vaterschaft zu erfolgen, wenn er nicht seinerseits einen der vom § 1717 für zulässig erklärten Gegenbeweise liefert.

Diese Gegenbeweise sind: die Unmöglichkeit der Vaterschaft und die Tatsache der Beiwohnung eines anderen — ebenfalls in der einrechnungsfähigen Zeit.

a) Die Unmöglichkeit der Vaterschaft kann auf unbegrenzt verschiedene Weise nachgewiesen werden. Es ist Sache des Richters, wann und wodurch er den Beweis der „offenbaren Unmöglichkeit" der Empfängnis aus einer nachgewiesenen Beiwohnung als erbracht ansehen will. Die von den Motiven besonders angeführten Beweismodi sind: Nachweis der Impotenz zur Zeit der Beiwohnung; Nachweis der Unmöglichkeit der

Vaterschaft des Beklagten mit Rücksicht auf besondere Rassenmerkmale des Kindes. Zu diesen beiden Modi des Vaterschaftsunmöglichkeitsbeweises ist hier nichts näheres zu sagen. Dagegen ist natürlich auch das Vorbringen möglich, die Mutter sei z. Zt. der ersten, — oder einzigen — vom Beklagten mit ihr vollzogenen Beiwohnung schon schwanger gewesen; oder sie sei umgekehrt erst nach der letzten (oder einzigen) Beiwohnung befruchtet worden. Der erste Nachweis kann natürlich nicht damit erbracht werden, daß etwa die menses zur Zeit der fraglichen Beiwohnung schon übernormal lange ausgeblieben seien. Aber auch für den zweiten — umgekehrten — Fall bilden die menses kein vollkommen stichhaltiges Kriterium; denn es ist nach Anschauung der modernen Medizin sehr wohl möglich, daß zwischen der Beiwohnung und der eigentlichen Imprägnation — da diese bis zu 2 Wochen auseinanderliegen können — eine Blutung nochmal eintritt.

Ueberhaupt wird man mit dem Nachweis der Unmöglichkeit der Vaterschaft sehr streng sein müssen, da ja das Gesetz die „offenbare Unmöglichkeit" verlangt. Das heißt zwar nicht soviel wie „vollkommene Unmöglichkeit"; aber es ist doch wenigstens zu fordern, daß die Beiwohnung nach menschlichem Ermessen nicht kausal für die Konzeption sein könne.

Besondere Vorsicht ist darum geboten in Hinsicht auf die Anwendung von Antikonzeptionalien und auf die Behauptung des coïtus interruptus.

Leugnung der ejaculatio seminis überhaupt ist — wie schon oben erwähnt — gleichbedeutend mit Leugnung des Vollzugs der Beiwohnung. Leugnung der immissio seminis in vaginam dagegen, unter Zugabe der ejaculatio kann nur als Behauptung der Empfängnisunmöglichkeit in Frage kommen und wird von der Praxis auch als solche nicht anerkannt, da die bloße äußerliche Benetzung der vagina durch das sperma schon zur Imprägnation führen kann. (Vgl. auch Seufferts Archiv XVIII. 253.)

Ebenso verhält es sich mit den empfängnisverhütenden Mitteln, die von der Gerichtspraxis auch als nicht hinreichend sicher erachtet werden, um die offenbare Unmöglichkeit der Konzeption aus ihrer Anwendung zu folgern.

b) Bis zu einem gewissen Grade treffen sich der Nachweis der Vaterschaftsunmöglichkeit und die Einrede der mehreren Beihälter. Wird im einen Falle die Unmöglichkeit der Empfängnis aus einem bestimmetn Beiwohnungsakt positiv bewiesen (ohne Rücksicht auf die Frage, durch welchen Coïtus dann die Konzeption verursacht sei) so wird im anderen Falle durch den Nachweis der Möglichkeit einer anderweiten Empfängnisverursachung die Kausalität der fraglichen

Beiwohnung in Frage gestellt, die vermutungbegründende Kraft dieser Beiwohnung zerstört.

Ueber die exceptio plurium concumbentium als Problem der Gesetzgebung werden wir uns noch in einem besonderen Kapitel zu unterhalten haben; denn sie bildete ja seit langem einen, — wenn nicht den — Haupt- und Angelpunkt der ganzen Reformbestrebungen. Hier soll darum nur auf die prozessuale Bedeutung eingegangen sein, die der Einrede im gegenwärtigen Paternitätsprozeß zukommt.

Hat der Beklagte den Nachweis erbracht, daß neben ihm noch ein anderer in der einrechnungsfähigen Zeit mit der Mutter verkehrt habe, so steht dem Kinde als Replik der Nachweis offen, daß dieser andere unmöglich der Vater sein könne. Ja Fischer-Henle (Anm. 5 zu § 1717) meint sogar, die Unmöglichkeit der Schwängerung sei ein Beweisgegenstand, der nur für das Kind als Replik gegen die exceptio plurium des Beklagten in Betracht komme. Der Text des § 1717 gibt uns für eine solche Auslegung keinen Anhalt. Denn grammatisch ist der Satz 2 des Abs. 1 im § 1717 auf den ganzen Satz 1 und nicht nur auf dessen negativen Konditionalsatz zu beziehen. Außerdem aber wäre eine derartige Auslegung ein glatter Widerspruch zu dem Verhältnis der §§ 1591 und 1717 untereinander: gewährt § 1717 die exceptio plurium, die § 1591 nicht zuläßt, so muß er erst recht den direkten Gegenbeweis gegen die Vaterschaft gewähren, der sogar gemäß dem strengeren § 1591 zulässig ist. (So auch Knitschky S. 83). Endlich aber deutet eine Stelle der Motive (S. 887/888) eher auf die umgekehrte Auslegung, d. h. darauf, daß der Beweis der Unmöglichkeit der Schwängerung nur dem Beklagten als Einrede, nicht aber dem Kinde als Replik zustehe:

„. . . Dagegen kann nach dem Entwurf das Kind die exceptio plurium concumbentium seinerseits nicht durch den Nachweis entkräftigen, daß der Reifegrad zur Zeit der Geburt in Verbindung mit der Zeit der mit dem Dritten gepflogenen Beischlafes die Annahme der Erzeugung des Kindes durch diesen Dritten ausschließe. Mit Rücksicht auf die unsichere Grundlage eines solchen Nachweises und die praktischen Gesichtspunkte, auf welchen die Zulassung jener exceptio zugleich beruht, empfiehlt es sich nicht, jenen Nachweis zugunsten des Kindes und zu ungunsten des Beklagten zu gestatten."

Der Grund für diese Auffassung der Motive ist freilich auch nicht einzusehen. Man wird sich an den Text des § 1717 halten und darum sagen müssen: der Beweis der Unmöglichkeit der Schwängerung steht dem Kläger und dem Beklagten in gleicher Weise offen und es ist Sache der freien richterlichen Beweiswürdigung, ob dieser Beweis im einzelnen Falle als erbracht anzusehen sei oder nicht.

B. Die Reform.

1. Der künftige Begriff der unehelichen Vaterschaft und seine Folgen für deren formale Begründung.

Das B.G.B. kennt keine Verwandtschaft des unehelichen Vaters mit seinem Kinde. Wir haben ihre gesetzliche Anerkennung gefordert und müssen darum auch die Konsequenzen aus dieser Forderung für die Gestaltung der „formalen Begründung" der unehelichen Vaterschaft ziehen; nicht nur der Prozeß sondern auch die Vaterschaftsanerkennung — ja, gerade diese am meisten — wird sich unter solchen Einflüssen ändern müssen.

Das B.G.B. behandelt die uneheliche Vaterschaft allzusehr als bloße Grundlage gewisser rechtlicher Verpflichtungen und Tatsachen — vor allem der Unterhaltspflicht, die dadurch in geradezu irreführender Weise ihren Charakter der obligatorischen Verbindlichkeit annäherte. Diese Zwiespältigkeit lag für das B.G.B. nahe, weil es eben die Verwandtschaft leugnete und darum die uneheliche Vaterschaft in ihrem Inhalte nicht negativ umgrenzte, wie die eheliche, sondern in bestimmten, einzeln aufgezählten Folgerungen sich erschöpfen ließ. Die eheliche Vaterschaft bildet einen an sich unbegrenzten Komplex von Rechten und Pflichten, sie ist ein ungeheuer weitgreifendes Rechtsverhältnis, dessen Wirkungsbereich nur durch gewisse Schranken, äußerste Barrièren bestimmt wird. Innerhalb dieser Schranken ist sie fast unerschöpflich. Da aber die uneheliche Vaterschaft gewissermaßen von vornherein nur um bestimmter einzelner Wirkungs-Aeußerungen willen überhaupt als Rechtsgebilde ins Gesetz hereingetragen wurde, von der spezifischen familienrechtlichen Basis losgelöst —: was lag da näher, als daß man die uneheliche Vaterschaft von vornherein nur unter den Gesichtswinkeln der Konsequenzen betrachtete, um derenwillen man sich überhaupt gesetzgeberisch mit ihr befaßte, daß man ein Mittel zum Zweck aus ihr machte, die von Natur und Logik wegen eine innere Beziehung mit praktischen Konsequenzen war. In dieser — leicht erklärlichen — Verirrung des Gesetzgebers erkannten wir den letzten Grund, warum de lege lata eine Klage auf Feststellung der unehelichen Vaterschaft an sich nicht möglich ist: als Unterlage einzelner praktisch-rechtlicher Konsequenzen behandelt nahm die uneheliche Vaterschaft — obgleich als einheitlicher Begriff gedacht, — doch praktisch ihre Prägung von diesen einzelnen Konsequenzen an.

Die Verwandtschaft zwischen Vater und unehelichem Kind ist es, welche in Zukunft die anerkannte Grundlage aller rechtlichen Beziehungen werden soll; nicht eine Quasi-Verwandtschaft, wie im B.G.B., sondern eine wirkliche, die vom Gesetz als solche anerkannt und geschützt wird.

Die festgestellte natürliche Abstammung begründe in Zukunft ein uneheliches Vaterschaftsverhältnis, das, dem ehelichen gleich, sich nicht in einzelnen ausdrücklich genannten Auswirkungen erschöpft, sondern wie dieses als Rechtsverhältnis dasteht, das alle die Folgen hat, alle die Rechte und Pflichten erzeugt, die ihm nicht expressis verbis abgesprochen sind.

Die uneheliche Vaterschaft wird ein Status. Bisher war sie es nicht. Nur die Unehelichkeit als solche war ein Status — und zwar ein negativer im Gegensatz zu dem positiven Statusverhältnis, das durch eheliche Abstammung begründet wurde.

Aus diesen Forderungen ergibt sich ohne weiteres: die uneheliche Abstammung als solche muß im künftigen Recht selbständiger Gegenstand eines Feststellungsverfahrens sein können. Nicht eine Unterhaltspflicht oder eine legitimatio per subsequens matrimonium wird festgestellt —: sondern beide sind die selbstverständlichen Folgen der unehelichen Vaterschaft an sich.

2. Die Anerkennung der unehelichen Vaterschaft.

Die Rechtsysteme des romanischen Rechtsgebietes und auch England kennen neben der Vaterschaftsanerkennung auch eine Anerkennung der unehelichen Mutterschaft. Das ist natürlich darauf zurückzuführen, daß, wie der Vater, so auch die Mutter eines unehelichen Kindes an sich in keinen verwandtschaftlichen Beziehungen zum Kinde stehen. Darum hat auch die romanische Anerkennung der Mutter- und Vaterschaft die Eigentümlichkeit, konstitutiv zu sein. D. h. sie begründen zwischen dem unehelichen Kind und dem anerkennenden Elternteil ein Rechtsverhältnis, das ohne Anerkennung auch nicht latent vorhanden ist. (Uebrigens hat in England die Anerkennung diese Wirkung nicht.) Im allgemeinen ist dann, um Komplikationen durch beiderseitige Anerkennung zu vermeiden, eine Regelung hinsichtlich des Rangverhältnisses der beiden Anerkennungen getroffen. So hat z. B. Frankreich den Grundsatz, daß die zuerst erklärte Anerkennung vorgeht. (Art. 383 code civil.) Diese rein schematische Beurteilung, bei der das Wohl des Kindes überhaupt nicht in Rücksicht gezogen wird, kann natürlich keinesfalls gutgeheißen werden. (Hinsichtlich der elterlichen Gewalt entscheidet dann allerdings der Richter im Interesse des Kindes.) Etwas mehr System liegt schon im holländischen burgerl. Wetb. (Art. 339), das bestimmt: „Geene erkenning van een natuurlijk Kind zal, gedurende het leven van de moeder, worden aangenomen, wanneer zij niet in die erkenning heeft toegestemd.“ Die Anerkennung seitens der Mutter ist also unbegrenzt, die durch den Vater zu Lebzeiten der Mutter nur mit deren Einwilligung möglich.

Wir haben uns mit diesen Fragen kritisch gar nicht weiter zu befassen. Die Verwandtschaft mit der Mutter ist de natura von vornherein klar und eine Anerkennung darum sinnlos.

Was nun die Anerkennung durch den Vater anlangt, so kann hinsichtlich der fremden Gesetzgebungen im allgemeinen das Folgende genügen:

Holland läßt die freiwillige Anerkennung allgemein zu; von dem alten Satze „het onderzoek naar het vaderschap is verboden" hat der neue Art. 342 (Wet van 16. 11. 1909) erhebliche Abweichungen gebracht. Die rechtliche Erzwingung der Anerkennung ist in weitem Umfang ermöglicht. — Die freiwillige Anerkennung der ehewidrigen und blutschänderisch gezeugten Kinder ist nach Art. 338 grundsätzlich unmöglich. Die Anerkennung kann in jeder öffentlichen Urkunde (door alle authentieke akte) geschehen. (Art. 336.)

In Frankreich ist die Regelung ganz ähnlich. Die Anerkennung ist konstitutiv, d. h. sie erst erzeugt ein rechtliches Verhältnis zwischen dem Anerkennenden und dem Kinde. Zugunsten der Richtigkeit des Personenstandes bestehen keinerlei Einschränkungen. Doch kann das Kind und jeder andere Interessent Annullierungsklage erheben. (Art. 339 code civil.) Nur im Falle der Entführung (enlèvement) kann die Anerkennung durch den Vater gemäß Art. 340 erzwungen werden. Die Anerkennung kann in jedem „acte authentique" erfolgen — auch wenn diese Urkunde an sich außer jeder Beziehung zum Abstammungsverhältnis steht: im Akt eines Untersuchungsrichters, in einem notariellen Testament etc. (vgl. artt. 331, 334, 62 code civil.)

Die Schweiz hat ebenfalls den Grundsatz der Anerkennung durch öffentliche Urkunde — außerdem auch durch Verfügung von Todeswegen (auch wenn also diese nur in einem holographen Schriftstück besteht!) Die Anerkennung kommt aber — hier beginnt sich die Abweichung des schweizerischen Rechts vom romanischen Kreis zu zeigen — nur für den Vater in Betracht. Die Mutter ist Mutter auch ohne Anerkennung. (Art. 303 Z.G.B.). Die Anerkennung ist unwiderruflich. Ehewidrige und in Blutschande gezeugte Kinder können nach Art. 304 Z.G.B. nicht anerkannt werden. Ist der Vater tot oder dauernd „urteilsunfähig", so geht das Recht zur Anerkennung auf den väterlichen Großvater über. (Art. 303 [1] Z.G.B.) Die Mutter oder das Kind können gegen die Anerkennung Einspruch erheben: 1. weil der Anerkennende nicht der Vater (oder Großvater) sei und 2. weil die Anerkennung dem Kinde zum Nachteil gereiche. (Art. 305 Z.G.B.) Außerdem kann die Anerkennung von jedermann angefochten werden wegen Nicht-Vaterschaft des Anerkennenden, oder weil die Anerkennung nach Art. 304 (Ehewidrigkeit, Blutschande!) ausgeschlossen sei. (Art. 306 Z.G.B.) —

In allen diesen Rechten hat die Anerkennung konstitutiv-legitimierende Wirkung. In Frankreich und der Schweiz bewirkt sie Aufnahme in die väterliche Familie und Erbrecht ab intestato nach den früher angegebenen Regeln. Die legitimierende Wirkung der Anerkennung haben wir auch — trotz aller sonstigen Widersprüche zwischen dem romanischen und nordischen Rechtskomplex — in Finnland und in Dänemark; und zwar in Dänemark in Form der uralten — mit der „ættleiding" verwandten „Kuldlysning", von der schon die Rede war.

Auch in Norwegen bestand früher ein fast gleicher Rechtszustand; doch ist ja seit 1915 die Kuldlysning in Norwegen abgeschafft. In Norwegen — und auch in Schweden — kommt jetzt die Anerkennung eigentlich nicht mehr selbständig, sondern nur noch als Unterlassung des Widerspruchs im Prozeß oder im vorprozessualen Verfahren in Betracht. Sie hat darum weder in ihren Folgen noch in ihrer Form irgendwelche Besonderheiten. Sie wird einfach als eine Art „Geständnis" des Beklagten (oder im vorprozessualen Stadium: des als Vater Benannten) zu Protokoll genommen.

Aus der gesetzlichen Fundierung der Verwandtschaft zwischen dem unehelichen Kind und seinem Vater, aus der Erhebung der unehelichen Vaterschaft zum Statusverhältnis ergeben sich für uns einige Hauptfolgerungen:

1. Die Anerkennung muß, soweit dies irgend möglich ist, der objektiven Wahrheit entsprechen.

2. Sie muß darum den Schutz der Statusverhältnisse genießen.

3. Es ist also die Abweichung von der Form der einseitigen, nicht empfangsbedürftigen Willenserklärung geboten.

Die Anerkennung muß aus einem bloßen Rechtsgeschäft zu einem Akt der freiwilligen Gerichtsbarkeit gemacht werden — in einem tieferen Sinn, als sie es jetzt ist. Wir werden sehen, welche Maßnahmen zu treffen sind, um dem Vormundschaftsgerichte ein Urteil darüber zu ermöglichen, ob eine bestimmte Person der uneheliche Vater ist oder nicht. Es ist hierzu eine umfassende aufsichtliche Organisation notwendig, die schon vor der Geburt des Kindes in Aktion tritt. Dies wiederum wird nur ermöglicht durch eine — nach norwegischem Muster zu gestaltende — Meldepflicht der unehelich Schwangeren. Von allen diesen Einzelheiten zu sprechen ist hier noch nicht der Ort. Begnügen wir uns einstweilen mit der Aufstellung der Forderung!

Das Vormundschaftsgericht nimmt von der Schwangeren die Meldung ihres Zustandes und — wenn sie dazu in der Lage ist —, die Benennung der als Vater in Betracht kommenden Person entgegen. Daraufhin erfolgt alsbald — also ebenfalls noch vor der Niederkunft — die Vorladung des als Vater Benannten zum Vormundschaftsgerichte. Gibt der Vorgeladene seine Vaterschaft ohne Einwände zu, so ist damit die Anerkennung durchaus noch nicht vollzogen. Im Allgemeinen wird man ja annehmen dürfen, daß — bei Begründung verwandtschaftlicher Beziehungen durch die Anerkennung — niemand ein Kind anerkennen wird, dessen Vater er nicht selbst zu sein glaubt. Doch wäre es immerhin möglich, daß der als Vater Benannte sich selbst im Irrtum befindet. Die Anerkennung der unehelichen Vaterschaft ist aber ein Akt von allgemein öffentlichem Interesse, indem sie die formale Begründung eines Status darstellt; darum hat der Vormundschaftsrichter die Pflicht, Bedenken, die sich ihm aufgrund der amtswegig durch die Aufsichtsorganisation einzuziehenden Erkundigungen hinsichtlich der objektiven Wahrheit der von beiden Parteien behaupteten, bezw. zugegebenen Vaterschaft aufdrängen, ex officio zu berücksichtigen. D. h. er darf eine Anerkennung nicht zu Protokoll nehmen, über deren Richtigkeit er selbst begründete Zweifel hegt. Er hat darum dem als Vater Benannten die etwa gegen seine Vaterschaft sprechenden Tatsachen mitzuteilen. Doch soll nicht das bloße Vorliegen einer exceptio plurium zugunsten des Anerkennenden einen Grund bilden, um der Anerkennung die Sanktion zu versagen.

Ist der Benannte — in Kenntnis der Beiwohnerschaft eines anderen — dennoch bereit zur Anerkennung, so soll sie statthaft sein, falls nicht angenommen werden darf, daß die Vaterschaft des anderen Beiwohners festgestellt werden könne. Ist das nicht der Fall, so mag die mögliche Vaterschaft pro veritate genommen werden im Interesse des Kindes, das dadurch einen Vater bekommt. Besteht doch bei der ehelichen Vaterschaft in noch viel höherem Grade die Möglichkeit, daß sie unrichtig sei! Würde aber der Vormundschaftsrichter eine seiner eigenen Anschauung nach wahrscheinlich unrichtige Anerkennung sanktionieren, so würde er sich zum Mitschuldigen einer — wenn auch vielleicht dem Anerkennenden unbewußten — Personenstandsfälschung machen. — Mag man immerhin einwenden, wir würden auf diese Weise die Zahl der Prozesse über die uneheliche Vaterschaft vermehren, anstatt sie einzuschränken. m. E. geht, wo es sich um Personenstandsverhältnisse handelt, das öffentliche Interesse an deren Richtigkeit jedem anderen vor. Im übrigen möchte ich es sehr bezweifeln, daß die Zahl der Vaterschaftsprozesse auf solche Art vermehrt werde. Eher das Gegenteil könnte der Fall sein: wenn der als Vater Benannte weiß, daß das Vormundschaftsgericht von amtswegen verpflichtet ist, gegen seine, des Benannten, Vaterschaft sprechende Tatsachen zu berücksichtigen, so wird er lieber, als bisher die Anerkennung vornehmen. Er hat dann nicht mehr das Interesse, die Möglichkeit einer Beweiserhebung sich durch Provokation des prozessuellen Verfahrens zu sichern.

Auch wird man kaum einwenden können, durch die amtswegige Erhebung über die tatsächlichen Grundlagen der Vaterschaftsanerkennung werde auch diese freiwillige Handlung zu einer Art Prozeß gemacht, werde die diskreteste Beziehung, die es zwischen zwei Menschen geben kann, vor dem grünen Tisch entkleidet und zum Gegenstand peinlicher, jedes edlere Empfinden entweihender Erörterungen gemacht. Dem darf eben nicht so sein; der „grüne Tisch" muß eben einmal anfangen von Menschen anstatt von verknöcherten Bürokraten besetzt zu sein; und ich glaube sagen zu können, daß unsere Vormundschaftsrichter schon in sehr erfreulichem Maße sich vom alten Beamten-Schematismus losgesagt haben und mit natürlichem — darum auch zartfühlendem — Empfinden an ihre Aufgaben herantreten, — soweit ein, sagen wir es offen, unmoralisches Gesetz, es ihnen ermöglicht. Doch davon noch später! Wir haben auch zu bedenken, daß es sich nicht um ein öffentliches Gerichtsverfahren, sondern um eine Angelegenheit der freiwilligen Gerichtsbarkeit handelt; daß ferner Erörterungen peinlicher Art zwischen der Mutter und dem von ihr Benannten im allgemeinen gar nicht in Betracht kommen dürften.

Das Vormundschaftsgericht zieht, wo es nötig erscheint, in aller Stille seine Erkundigungen ein. So kommt es ja auch viel besser zum Ziel —: der Wahrheit —, als durch hochnotpeinliche Verhöre. Sind die Erkundigungen befriedigend, so werden weitere Erörterungen gar nicht mehr stattfinden. — Dem Vormundschaftsrichter steht das Recht zu, gemäß § 12 F. G. G. bei seinen sachlichen Erhebungen vorzugehen.

Es wurde gesagt, daß die freiwillig-gerichtsbarkeitliche Tätigkeit in Ansehung der Anerkennungsfrage schon vor der Geburt einzusetzen habe. Keinesfalls aber darf die Anerkennung selbst schon vor der Geburt perfekt werden. Wir haben ein Interesse an möglichst rascher Erledigung der Vaterschaftsfrage; aber endgiltig erledigt kann sie — wiederum im Sinne möglichster objektiver Richtigkeit — nicht vor der Geburt werden. (im gleichen Sinne auch Schwed. Mot. S. 148.) Denn es können sich ja unter Umständen erst bei der Geburt irgendwelche Tatsachen (z. B. hinsichtlich des Reifegrades oder der Rasse des Kindes) zeigen, die gegen die Vaterschaft des Benannten sprechen. Ich halte es darum für einen schweren Fehler, daß nach dem Schweizer Z.G.B. (zufolge Egger's Kommentar S. 405) die Anerkennung schon vor der Geburt erfolgen kann — umsomehr, als der Anerkennende kein Widerrufsrecht hat! Die Regelung müßte am besten so geschehen, daß der Benannte, wenn er kein Gegenvorbringen hat, seine grundsätzliche Bereitschaft zur Anerkennung erklärt, daß er aber dann nach der Geburt des Kindes binnen einer bestimmten Frist die Möglichkeit hat, noch Einwendungen vorzubringen. Damit wäre zweierlei erreicht: einerseits wäre die Anerkennung, soweit nur irgend möglich, vorbereitet; sie müßte vom Benannten binnen — sagen wir 1. Monat ratifiziert werden. Wenn das nicht geschähe, so wäre Ablehnung der endgiltigen Anerkennung anzunehmen und der Prozeß anzustrengen. Anderseits wäre dem „Vater" die Möglichkeit eröffnet, sich die Sache reiflich zu überlegen und alle Gründe für und gegen wirken zu lassen.

Jedenfalls wäre es ganz verkehrt, nach dem Vorgange Norwegens (§ 8^4) die Nichterhebung des Widerspruchs gegen die Benennung automatisch als Anerkennung der Vaterschaft zu behandeln.

Die Anerkennung muß natürlich im Rahmen dieser Forderungen auch aufhören, ein einseitiger, nicht empfangsbedürftiger Willensakt zu sein. Das noch ausdrücklich zu sagen ist eigentlich unnötig. Die einzige Form, in der sie erfolgen kann, ist die eben dargestellte. Nur der Vormundschaftsrichter kommt zur Entgegennahme der Erklärung in Betracht. Und er kann sich, ja, er muß sich weigern, die Anerkennung zu sanktionieren, wenn sie ihm nicht der objektiven Wahrheit zu entsprechen scheint.

Die nächste Folge ist, daß derjenige Mann, welcher wissentlich eine mit dem wahren Sachverhalt in Widerspruch stehende Anerkennung vornimmt, oder vorzunehmen versucht, gemäß § 169 R.St.G.B. wegen Vergehens der Fälschung des Personenstandes sich strafbar macht. Das Reichsgericht hat (R.E.Str. 34, 427) schon für das geltende Recht diese Folgerung gezogen; (vgl. auch Kuttner S. 468) aber wohl fälschlicherweise. Denn ohne Status kein Statusvergehen. In der Folge wäre die Anwendbarkeit des § 169 R.St.G.B. selbstverständlich.

Die gegenwärtige Anerkennung der unehelichen Vaterschaft nach § 1718 B.G.B. ist ja eigentlich ihrem Hauptwesen nach — wie schon die stilistische Fassung des Paragraphen zeigt — einfach ein Verzicht auf die Einrede der mehreren Beiwohner. Auch das muß in Zukunft aufhören. Wir haben von dem unerschütterlichen Grundsatze auszugehen, daß die uneheliche Vaterschaft — wegen des Fehlens fester, publizistisch gearteter Beziehungen der Eltern — minder unantastbar ist, als die eheliche. Der Vater ist hier nicht gegeben sondern gesucht.

Wenn also die Anerkennung in Unkenntnis irgendeiner ihre objektive Begründung zum Wanken bringenden Tatsache erfolgt ist, so soll dem Vater nicht der Weg zur späteren Geltendmachung dieser Tatsache versperrt werden durch einen solchen — letzten Endes doch immer fingierten — Verzicht. Die Anfechtung der Ehelichkeit ist nur statthaft durch Behauptung der Vaterschaftsunmöglichkeit. Die Anfechtung der unehelichen Vaterschaft findet statt durch Behauptung einer Tatsache, die sie ernstlich in Frage stellt. Das ergibt sich mit notwendiger Logik aus der Verschiedenheit der für beide Verhältnisse geltenden Präsumptionen. Der präsumptive Boden aber kann nicht durch die Anerkennung verschoben werden. Sie kann nicht die tatsächlichen Verhältnisse in einem Sinne ändern, der die gleichen präsumptionellen Grundlagen schafft, wie sie bei der Ehelichkeit vorliegen.

Hingegen ist es selbstverständlich, daß die Anfechtung der Anerkennung seitens dessen, der sie vornahm, nicht in infinitum möglich ist. Dadurch würde ja ein Zustand unerträglicher Rechtsunsicherheit geschaffen in einer Sache, die ihrem Wesen nach gerade einen besonders hohen Grad von Rechtssicherheit heischt. Es wäre darum analog dem § 1594 B.G.B. eine einjährige Ausschlußfrist für Erhebung der Anfechtungsklage zu statuieren — nur mit dem Unterschiede, daß der Lauf der Frist nicht mit dem Zeitpunkt der Kenntnisnahme von der Geburt des Kindes, sondern mit dem Zeitpunkte der Vornahme der Anerkennung beginnt. Die Anwendbarkeit des § 206 B.G.B., die im § 1594 [3] ausdrücklich ausgesprochen ist, dürfte hier von besonderer Bedeutung werden: Die Anerkennung kann nicht von einem Vertreter angefochten werden (Analogie des § 1595 [1] B.G.B.). Die verlängerte Frist des § 206 tritt also überall da in Kraft, wo der Anerkennende zur Zeit der Anerkennung noch nicht volljährig war.

Bei dieser Gelegenheit mag bemerkt sein, daß die Anerkennung selbst natürlich auch vom Minderjährigen vorgenomwerden kann. Die Prüfungspflicht der Vormundschaftsbehörde, wie sie hier gefordert ist, bietet einen hinreichenden Schutz des minderjährigen Vaters gegen seinen etwaigen eigenen Leichtsinn. (vgl. Art. 337 holländ. burgerl. Wetb. „De erkenning van en naturlijk kind, door eenen minderjarige gedaan, zal niet van waarde zijn, tenzij de minderjarige den vollen ouderdom van negentien jaren hebbe gereikt, en de erkenning niet het gevolgd zij van dwang, dwaling, bedrog of verleiding. — Eene minderjarige dochter nogtans zal die erkenning kunnen doen, voordat zij den ouderdom von negentien jaren vervuld heeft.“)

Das norwegische Gesetz (§ 15 [1]) gestattet ganz allgemein nachträglichen Widerspruch des Anerkennenden, wenn Tatsachen bekannt werden, „die von Bedeutung sind.“ Dem ist also — nach Maßgabe der von uns geforderten Einschränkung durch eine Frist für die Geltendmachung, beizustimmen. (vgl. auch ot. prp. 5/1914 S. 59.)

Mit vollem Recht bezeichnet v. Liszt (a. a. O. S. 85) den Ausschluß der exceptio plurium durch den § 1718 als eine Prämie für das Luder, welches es versteht, den gutgläubigen, vertrauensseligen „Freund“ hereinzulegen. Und gar zu sehr dürfen wir uns auf die Prüfung des Sachverhaltes von amtswegen doch nicht verlassen. Wenn die Mutter es schlau anstellt, und dem als Vater Benannten seine Vaterschaft zu suggerieren versteht —: warum soll sie dann nicht auch den Vormundschaftsrichter täuschen können?

Uebrigens wären bei arglistiger Täuschung des Anerkennenden die Regeln des § 1599 B.G.B. analog anzuwenden. Und als arglistige Täuschung seitens der Mutter wäre — wie wir das oben (S. 151 f.) schon de lege lata nachgewiesen haben — erst recht de lege feranda die fälschliche Beteuerung der Alleinbeiwohnerschaft des Anerkennenden anzusehen.

Wie der Anerkennende wegen wissentlich falscher Anerkennung, so wäre auch die Mutter wegen wissentlich falscher Benennung eines Mannes als Vater nach § 169 R.St.G.B. zur Verantwortung zu ziehen. Die Verurteilung der Mutter in einem derartigen Falle hätte natürlich notwendig die Ungiltigkeit des bisher bestehenden Status zur Folge unabhängig von der Dauer seines Bestehens und den oben angesetzten Fristen. Darin ist nicht etwa ein Widerspruch zu den oben bezüglich der Anfechtung gegebenen Regeln zu sehen. Denn die Benennung eines Vaters oder die Anerkennung der Vaterschaft sind nur dann als Statusverfälschungen anzusehen, wenn eine Beiwohnung überhaupt nicht stattfand oder bezüglich der in Frage stehenden Beiwohnung die Mutter (der Anerkennende) die Ueberzeugung von dem Mangel ihrer Kausalität für die Empfängnis hatten. Das objektive Vorliegen einer exceptio plurium, auch wenn es der einen „Vater“ benennenden Mutter, wenn es dem Anerkennenden, bekannt war, begründet also noch nicht unbedingt strafrechtliche Verantwortlichkeit. Die Anfechtung der Anerkennung aber — sei es wegen Irrtums des Anerkennenden hinsichtlich gewisser Umstände, sei es wegen arglistiger Täuschung durch die Mutter, — kann auch auf die bloße Mitbeiwohnerschaft eines anderen gegründet werden. Hierin liegt die Rechtfertigung für das Nebeneinanderbestehen der Anfechtung wegen Arglist und der Anullierung des absichtlich verfälschten Status: nur die Gewißheit, der Status sei unrichtig, rechtfertigt seine Ungiltigkeitserklärung gegen den Willen beider „Eltern“, seine Aufhebung ohne Rücksicht darauf, wielange er schon bestand. Die bloße Möglichkeit seiner objektiven Falschheit kann einen solchen Eingriff so wenig rechtfertigen, wie dies bei der Ehelichkeit der Fall ist. Hier muß der geschaffene Zustand eine Art konstitutiver Wirkungskraft haben. Insoferne also wirkt auch bei uns die Anerkennung — unter den erörterten Kautelen — von einem gewissen Zeitpunkt an (§ 1594!) vernichtend auf die Einrede der mehreren Beihälter — freilich von ganz anderen Gesichtspunkten aus, wie das im § 1718 der Fall ist.

Die Anerkennung kann natürlich auch vom Kinde, von seiner Mutter, von jedem Interessierten, angefochten werden. Der einzige Anfechtungsgrund ist aber hier die Unwahrheit der vom Anerkennenden behaupteten Vaterschaft. Die bloße Behauptung, der Anerkennende sei nicht der Vater, kann nicht genügen. Das Kind (oder sonst Interessierte) können also nicht etwa eine Beiwohnung mehrerer als Anfechtungsfundament benützen. Diese Einrede steht nur dem als Vater Benannten oder dem Anerkennenden selbst zu. Er allein kann ein Interesse an solchem Vorbringen haben. Das Kind und andere Anfechtungskläger nicht. Denn mit der Behauptung der Beiwohnerschaft anderer kann nicht die Vaterschaft eines anderen begründet, kann vielmehr nur das Kind ganz vaterlos gemacht werden. Das aber kann keinesfalls im Interesse des Kindes liegen noch kann es Inhalt der berechtigten Interessen eines dritten Anfechtungsklägers sein. Nur der Anerkennende selbst hat allenfalls ein Interesse daran. Der Oeffentlichkeit dagegen ist es im höchsten Grade erwünscht, daß das Kind vor dem Gesetze einen Vater habe. Und wenn auch der bestehende Status vielleicht falsch ist, so darf doch von einem Fremden oder vom Kinde selbst nicht daran gerüttelt werden, solange er nur physiologisch möglicherweise richtig ist. Der bestehende Zustand soll geschützt sein. Dasselbe ergibt sich prozessual aufgrund der Beweislast ganz von selber: wer den bestehenden Status anfechten will, muß seine objektive Unrichtigkeit nachweisen. Nur für den Anerkennenden selbst muß eine Ausnahme gemacht sein, in dem schon genügend erörterten Sinne.

Ein Unding wäre es, die schweizerischen Bestimmungen nachahmend, der Mutter und dem Kinde ein Anfechtungsrecht aufgrund der Tatsache zu geben, daß die Anerkennung dem Kind zum Nachteil gereiche. (Art. 305 Z.G.B.) Dieser Gedanke ist auch nur möglich im Zusammenhang mit der konstitutiven Eigenschaft der romanischen Anerkennung. In unserem System, wo die Anerkennung nur die freiwillige Legalisierung eines Rechtsverhältnisses ist, das an sich schon besteht und ohne diesen freiwilligen Akt gerichtlich festgestellt werden müßte, hat ein solcher Anfechtungsgrund keinen Raum. Wie soll das uneheliche Kind die natürliche Abstammung von seinem Vater im Anfechtungswege anullieren können — mag sie ihm hundertmal nachteilig sein? —

Die Gründe, welche Egger (S. 407 a. a. O.) für diese Vorschrift anführt, sind für uns nicht stichhaltig. Egger meint (mit den Schweizer Motiven), wenn die Anerkennung nur deshalb stattfinde, damit der Vater das Kind in seine Gewalt bekomme oder Vorteile aus der Anerkennung ziehe, so sei das Grund genug, um die Anerkennung rückgängig zu machen. Dem ist entgegenzuhalten, daß die deutsche Anerkennung weder jetzt eine solche Gewalt über das Kind erzeugt, noch es in Zukunft automatisch tun soll, daß aber ferner das Gesetz gegen väterliche Uebergriffe anderweiten Schutz gewähren muß.

Für jeden Prozeß, der sich im Anschluß an die Anerkennung ergibt, gelten die gleichen formellrechtlichen Regeln, die nachher für den Vaterschaftsfeststellungsprozeß auseinandergesetzt werden sollen.

Aus dem gleichen Grunde, der die Anfechtung wegen nachteiliger Folgen der Anerkennung für das Kind als unmöglich erscheinen läßt, kann auch die Anerkennung nicht etwa von rechtswegen ausgeschlossen werden, weil das Kind die Frucht eines ehewidrigen oder blutschänderischen Verhältnisses ist. Die romanischen Rechte haben diese Vorschrift und Dänemark sowie Norwegen stehen dem Gedanken nicht ferne. Die Anerkennung kann dadurch nicht unstatthaft werden: stellt sie doch keine Rechtsbeziehungen her, die ohne sie nicht bestehen würden, sondern sie gibt nur an sich vorhandenen tatsächlichen Beziehungen den adäquaten rechtlichen Ausdruck.

Die Anerkennung kann nur vorgenommen werden vom „Vater" selbst. Mit der Schweiz sie nach dem Tode des Vaters durch den väterlichen Großvater vornehmen zu lassen, ist nicht tunlich. Die inneren Grundlagen der Vaterschaftsanerkennung sind doch zu sehr im Bewußtsein, in der Psyche des „Vaters" begründet, als daß man dem Großvater das Recht zur Vornahme übertragen könnte. Sie ist ein so rein persönliches Recht, daß nur der Vater allein es ausüben kann. Wiederum kann die Schweizer Regel (Art. 303 ¹ Z.G.B.) nur aus der automatisch legitimierenden Kraft der romanischen Anerkennung erklärt werden.

Hingegen wäre — zur Vermeidung unnötiger Prozesse — zu überlegen, ob man nicht, diesmal nach dem Vorgang des Art. 303 Schweizerisches Z.G.B., die Anerkennung durch Verfügung von Todeswegen zulassen will. Hat der als Vater in Frage kommende Mann in solcher Weise seinen Willen zur Anerkennung einwand- und zweifelsfrei ausgesprochen, so soll diesem Wunsche Rechnung getragen werden. Das kann umso unbedenklicher geschehen, als ja die Anerkennungserklärung im Testament noch nicht die Anerkennung selbst ist: die Interessen der väterlichen Familie bleiben ja dadurch gewahrt, daß die Anerkennung als Rechtsakt erst perfekt wird mit der vormundschaftsrichterlichen Sanktion, die beim Bestehen ernster Bedenken gemäß den oben dargelegten Grundsätzen verweigert werden muß. —

Nur die unter Mitwirkung des Vormundschaftsrichters vorgenommene Anerkennung kann die Notwendigkeit der Vaterschaftsklage ausschalten. Von einem Schweigevertrag kann keine Rede mehr sein in einem Rechtssystem, das die Verwandtschaft des unehelichen Kindes mit seinem Vater rückhaltlos anerkennt. Der § 781 B.G.B. mit seinem Schuldanerkenntnis kann also in Zukunft nicht mehr in Betracht kommen. Mag man hundertmal einwenden, es gebe Fälle, wo der uneheliche Vater ein gesellschaftliches oder anderweites Interesse daran habe, diese seine Vatereigenschaft geheim zu halten. Es gibt kein Interesse, das auch nur entfernt geeignet wäre, dem des Kindes an dem rechtlichen Bestande seiner Abstammung, dem des Staates an der Integrität des Personenstandes vorzugehen. Bestehen bei einem Mann wirklich schwerwiegende Gründe dafür, nicht als unehelicher Vater bekannt zu werden — so sorge er dafür, daß er nicht unehelicher Vater wird. I s t er er es geworden so hat er die menschliche, gesellschaftliche und bürgerliche Pflicht, für seine Vaterschaft und seine Nachkommenschaft einzutreten; solange das Gesetz, solange die Rechts-Praxis dem Manne die Hand zur Verleugnung seines Nachwuchses bietet, sind sie unmoralisch.

Uebrigens kann man getrost annehmen, daß schon die gesetzliche Notwendigkeit, für eine faktische Vaterschaft einzutreten, die nachteiligen gesellschaftlichen Folgen (bestehen sie für den Mann überhaupt?) selbsttätig verschwinden machen wird. Und vor allem wird dazu die allgemeine soziale Hebung des unehelichen Kindes als Bevölkerungsgruppe beitragen.

Es wäre denkbar, daß ein Streit über die Anerkennung entsteht dadurch, daß entweder zwei Männer sie am gleichen Kinde vornehmen wollen, oder daß ein Mann, der als Vater benannt ist oder sich gemeldet hat, mit seinem Anerkennungsantrag vom Vormundschaftsrichter abgewiesen wird. Im zweiten Fall h a t der Vormundschaftsrichter entschieden, im ersten ist er die zur Entscheidung zuständige Stelle. Es steht dann dem Betroffenen, der sich nicht damit zufrieden geben will, das Recht zu, die Entscheidung anzufechten. Hier jedoch soll dann nicht der Instanzenzug der F.G.G. Platz greifen; sondern die Anfechtung der vormundschaftsrichterlichen Entscheidung hätte im Wege der streitigen Gerichtsbarkeit zu erfolgen. Der Grund ist einleuchtend: wo derartige Konflikte vorliegen, ist der Verwaltungsweg nicht mehr gangbar.

Was nun die rechtlichen Wirkungen der Anerkennung betrifft, so sind sie zum Teil schon berührt, zum andern Teil kaum näher zu besprechen, weil selbstverständlich.

Die konstitutive oder automatisch legitimierende Kraft der romanischen, dänischen (Kuldlysning) und finnischen Anerkennung haben wir schon nachdrücklich genug abgelehnt, um uns hier weitere Worte zu sparen.

Auch die Wirkung der Vaterschaftsanerkennung als Verzicht auf die Einrede der mehreren Beiwohner, wie sie das B.G.B. hat, ist als unzweckmäßig erkannt.

Mit einem Worte gesagt: die Anerkennung der unehelichen Vaterschaft hat nur eine Wirkung und diese besteht in der Vermeidung des Vaterschaftsprozesses.

Sie führt auf dem gütlichen Wege der freiwilligen Gerichtsbarkeit den Rechtszustand herbei, der sonst im streitigen Wege, durch einen Prozeß geschaffen werden müßte; einen Rechtszustand, der als tatsächliches Verhältnis schon besteht und so nur seine legale Sanktion erfährt. (Die — wenn auch ganz entfernte — Möglichkeit einer fälschlichen Anerkennung ändert daran nichts; sie kann nicht zum Beweis einer konstitutiven Kraft der Anerkennung ausgeschlachtet werden. Denn auf die Absicht und Idee des Gesetzes kommt es an; nicht aber auf die bei seiner Durchführung notwendigen Konzessionen an die praktischen Tatsachen; die Idee aber ist: nur eine wirkliche Vaterschaft kann rechtlich anerkannt werden.)

Das anerkannte Kind in irgend einer Beziehung de lege besser zu stellen, als das, dessen Vater streitig-gerichtlich festgestellt wurde, wäre im Zusammenhalt mit unserem Begriff der Anerkennung ein Nonsens. Dadurch würde nur die wünschenswerte Frequenz der Anerkennungen leiden können. Und wir wollen doch den prozessualen Weg auf eine möglichst geringe Zahl von Fällen beschränken. Es ist ja an sich schon das anerkannte Kind de facto in einem gewissen Vorteil, insofern die Vornahme der Anerkennung im allgemeinen ein Symptom dafür ist, daß der Vater mehr persönliches Interesse an seinem Kinde nimmt, als einer, der es auf den Prozeß ankommen läßt.

Hierin liegt auch — negativ — die Begründung dafür, daß de lege implicite der anerkennende Vater viel eher als der festgestellte (ja in praxi sogar wohl der anerkennende allein) geeignet sein dürfte, mit der elterlichen Gewalt über das Kind und dem Recht, es zu erziehen, betraut zu werden. (Vgl. dazu oben S. 38 ff.). Daß damit wiederum unter Umständen erbrechtliche Vorteile (vgl. S. 133 ff.) verbunden sein können, ist ein rechtlicher Vorteil, der nicht aus der Anerkennung, sondern aus dem Bestehen der elterlichen Gewalt entspringt. —

3. Die Feststellungsklage.

Wenn eine Anerkennung nicht stattfindet, sei es, weil der von der Mutter als Vater benannte Mann sich dessen weigert, sei es, weil der Vormundschaftsrichter die Anerkennung zurückweisen muß, da sie ihm den Tatsachen zu widersprechen scheint, so muß die Vaterschaft im Weg der Klage festgestellt werden.

a) Gründe für und gegen die Zulässigkeit der Vaterschaftsklage.

Seit langem ist die Frage heiß umstritten: soll man die Erhebung einer Vaterschaftsklage überhaupt zulassen oder ist es besser, sie von rechtswegen auszuschließen?

Zu mannigfach sind die Gründe und Gegengründe, die da vorgebracht worden sind und — nehmen wir kein Blatt vor den Mund — zum Teil auch zu lächerlich, als daß wir sie alle wiederkäuen und widerlegen möchten.

Die weitaus bedeutendste Rolle spielte lange Zeit und spielt noch heute die Behauptung: die Vaterschaftsklage solle deshalb nicht zugelassen sein, weil die Feststellung der Vaterschaft nicht möglich sei. Man könne nicht in das Geheimnis der Zeugung eindringen, könne darum auch niemals die Abstammung feststellen. Daß dies ein Trugschluß ist, wissen wir. Denn auch die eheliche Vaterschaft läßt sich nicht objektiv beweisen, noch kann überhaupt in irgendeiner Frage eine objektive Wahrheit im absoluten philosophischen Sinn erzielt werden. Wenn sohin das Gesetz die nötigen Garantien schafft, wenn bei Feststellung der unehelichen Vaterschaft alle erheblichen Umstände berücksichtigt werden, so kann man im landläufigen Sinne wohl sagen: die Feststellung der unehelichen Vaterschaft ist möglich.

Die von manchen Autoren in den Vordergrund gerückte Maxime der Sittlichkeitshebung möchte ich — wegen der sehr problematischen Natur dieser Spekulationen — bei Erörterung der Zulässigkeit der Vaterschafts- und der Unterhaltsklage und überhaupt aller die Unehelichen betreffenden Fragen zurückstellen. Wir sehen aus der Literatur, daß die Argumente sich die Wage halten: was die „Sittlichkeit" der Frau fördert, untergräbt die der Männer. Ja, kommt denn die Sittlichkeit selbst überhaupt so unmittelbar ins Spiel? Ich glaube nicht, höchstens handelt es sich um Abschreckung von der Hingabe an die Unsittlichkeit (lies: an den außerehelichen Sexualverkehr!) Daß der außereheliche Verkehr nicht an sich unsittlich ist, daß er ebenso sittlich sein kann, wie der eheliche und dieser ebenso unsittlich, wie jener, haben wir schon einmal erwähnt. Aber mit solchen Erwägungen macht man keine Gesetze. Dagegen ist ein anderes Argument von einschneidender rechtspolitischer Bedeutung: nicht einmal die Hingabe an das, was manche Leute noch jetzt „Unsittlichkeit“ nennen — an den außerehelichen Verkehr, wird durch die Gewährung oder Versagung der Vaterschaftsklage in ihrer Frequenz berührt. Sondern: derjenige Teil, welcher die größten Nachteile von der Existenz unehelicher Nachkommenschaft hat, wird das meiste Interesse daran haben — sie zu verhindern. Es glaube doch niemand im Ernst, daß zwei Menschen in einem Augenblick der höchsten Steigerung ihres körperlichen Begehrens sich von dessen Befriedigung würden abhalten lassen mit Rücksicht auf die vielleicht daraus erwachsenden Nachteile. Diese Erwägungen kommen erst post festum. Ja ich wage zu sagen: wenn sie schon während der höchsten erotischen Ekstase, die dann zur körperlichen Vereinigung führt, auftreten würden, so wäre das unmoralisch!

Kommen aber die nüchternen Erwägungen, nachdem „das Unglück geschehen ist“, dann findet man Mittel und Wege, es ungeschehen zu machen. Und darum, weil die Frau es ist, welche an ihrem Körper zur Erreichung dieses Zwecks gefährliche und schmerzhafte Manipulationen selbst vornehmen oder vornehmen lassen muß, gerade darum ist es unendlich wichtig, nach Möglichkeit ihr keine nachteiligen Folgen aus der Mutterschaft erwachsen zu lassen. Das Schlimmste kann man ihr ja nicht abnehmen: die Qual des Mutterwerdens und den sozialen Bannfluch, den die Gesellschaft gegen sie schleudert. Aber diese beiden Bürden nimmt sie meist auf sich, um der Freude des Mutterseins willen. So beschwere man wenigstens nicht noch die andere Wagschale mit dem Schrecken der leiblichen Not, indem man die Vaterschaftsklage abschafft! Wenn man dagegen die materiellen Nachteile dem Manne nicht erspart (kann man von einem „Nachteil“ reden, wenn es sich um Erfüllung natürlicher Pflichten handelt?), so wird sein Interesse, das Kind nicht zur Welt kommen zu lassen, in der Praxis weniger schaden: er kann die Niederkunft nicht verhindern, wenn die Mutter, die Schwangere, sich sträubt.

Frankreich (und die anderen romanischen Länder) sind ein trefflicher Beweis für diese Behauptungen: die Romanen haben nur 5—7% Uneheliche unter ihren Geburten. Die Bajuwaren bis zu 40% (Kärnten! Tirol!) Sollte man wirklich annehmen, daß der Grund dafür in dem sittenverbessernden Einflusse des Fehlens einer Alimentationsklage liegt? Zum Teil liegt die Begründung überhaupt außerhalb des Gebiets der

Ethik: nämlich in den wirtschaftlichen Verhältnissen, namentlich im bäuerlichen Hof- und Erbrecht. Zum andern Teil freilich ist ein Kausalnexus zwischen dieser Riesendifferenz von 40% und 5—7% und dem Fehlen der Vaterschaftsklage vorhanden; aber kein moralischer, sondern ein höchst unmoralischer! Französische Gelehrte haben schätzungsweise berechnet, daß der Ausfall an Geburten, den Frankreich jährlich zu beklagen hat, glatt gedeckt wäre, wenn die im Mutterleib erstickten Kinder zur Welt kämen. So sehen die moralischen Wirkungen der Abschaffung der Vaterschaftsklage aus. Und die Länder des romanischen Rechtssystemes, welche so gesegnet waren, seit Urzeiten den Grundsatz zu haben: „la recherche de la paternité est interdite" — diese Länder wußten das Glück und die trefflichen „ethischen Wirkungen" der fehlenden Paternität so wenig zu schätzen, daß sie — Konzessionen im Sinne der Paternitätsklage machten.

Das Verhältnis der romanischen und germanischen Unehelichkeitsziffern stellt uns gar nicht die Frage: ist der uneheliche Sexualverkehr moralisch zu rechtfertigen? Sondern: ist die Verhinderung der Schwangerschaft und die Abtreibung moralisch? — Antwort unnötig. —

Auf die Gedanken von Ruth Bré („Keine Alimentationsklage mehr!") näher einzugehen, erübrigt sich. Sie sind zu absurd, um ernst genommen zu werden. Wenn sie die Abschaffung des „kapitalistischen" Vaterrechts und der bürgerlichen Ehe fordert, um an ihre Stelle das alte Mutterrecht zu setzen, — so muß sie uns zuerst den Weg zu jenen Wirtschaftsverhältnissen zeigen, auf deren Boden allein das Mutterrecht bestehen kann. Mit Phantasien und Forderungen kommen wir nicht weit. Mag sein, daß wir einst wieder beim Mutterrecht landen werden. Ich halte es sogar für wahrscheinlich; aber erst dann, wenn der heute mit vielem Aufwand utopischer Schlagworte propagierte Kommunismus als wahrer Segen über uns kommt, im Wege natürlicher, gesunder Entwickelung.

Einen wesentlichen Einwand gegen die Vaterschaftsklage möchte ich doch nicht unbeachtet lassen: sie gebe, so sagen viele, einerseits der Frau die Möglichkeit zum Alimentenschwindel, anderseits bilde sie eine Gelegenheit zum Aufrühren unendlichen moralischen Schmutzes. Endlich aber wird gesagt: „wenn die Stunde, die zwischen zwei Menschen geheim bleiben soll, in Atome zerpflückt wird — vor Gericht — so m ü ß t e n ja die Kinder der Liebe zu Kindern des Hasses werden." (Ruth Bré a. a. O. S. 21).

Es sei erlaubt, mit einem Gleichnis zu antworten: soll man nicht das Wasser abschaffen, damit niemand mehr ertrinken kann? —

Natürlich hat die Mutter keine Möglichkeit mehr, Alimentationsschwindel zu treiben, wenn es keine Alimente mehr gibt. Aber wir werden doch den Nahrungsmittelwucher nicht durch das Verbot der Nahrungsmittelherstellung bekämpfen, sondern eben dadurch, daß wir dem Wucher zuleibe gehen. Die Mittel, welche dem Alimentenschwindel begegnen, sind zum Teil schon genannt: vor allem die Abschaffung des Schweigevertrages ist sehr wirksam. Eine Reihe anderer — prozessualer — Mittel kommen noch zur Sprache.

Daß der Meineid bei den Alimentenprozessen die größte Rolle spielt, ist leider wahr. Aber auch dagegen kann man ankämpfen, ohne das Kind mit dem Bade auszuschütten. — Und wenn bei Verhandlungen in Vaterschaftssachen oft sexueller Schmutz zum Vorschein kommt, so ist das sehr bedauerlich, kann aber so wenig zur Abschaffung der Vaterschaftsklage führen, wie es den Gesetzgeber zur Ablehnung der Ehescheidungsklage veranlassen kann.

Wenn nun endlich Ruth Bré verhindern will, daß „Kinder der Liebe zu Kindern des Hasses" werden — so, glaube ich, ist die Ablehnung der Unterhaltsklage das ungeeignetste Mittel und noch dazu ein „Versuch am untauglichen Objekt". Wenn es einmal zur Klage kommt, wenn der Vater nicht freiwillig anerkennt, dann handelt es sich bestenfalls um ein „Kind der Gleichgiltigkeit", vielleicht schon um ein „Kind des Hasses" —: um ein Kind der Liebe keinesfalls. Was kann also da noch durch den Prozeß verdorben werden? Soll dem Kind des Hasses die väterliche Rente versagt sein, deren es doch noch viel mehr bedarf, als das Kind der Liebe?

Ich komme zum Schluß: Die Vaterschaftsklage ist notwendig und darum unmöglich abzuschaffen. Hätten wir sie noch nicht, so müßte sie eingeführt werden. Die Frau ist durch die Natur gezwungen, ihre Mutterschaft verantwortlich zu tragen. So zwinge den Mann das Gesetz, wenn sein Verantwortungsgefühl nicht ausreicht, um ihm zu sagen, was seine natürliche Pflicht ist.

Die Nachteile, welche die Klage mit sich bringt, die Mängel, welche sie in sich birgt, sind sorgfältig zu prüfen und es werden sich Abhilfemöglichkeiten ergeben. Keinesfalls kann man das schon geborene Kind darunter leiden lassen, daß die Feststellung der Vaterschaft Ungelegenheiten mit sich bringt.

1. Die Objektivität der Feststellung ist möglichst zu steigern.
2. Der Alimentenschwindel ist zu bekämpfen.
3. Der mütterliche Eid ist mit Vorsicht zu handhaben.
4. Die Ausschlachtung sexueller Anstößigkeiten im Prozeß ist möglichst zu vermeiden; auf das sittliche Empfinden der Parteien ist nach Tunlichkeit Rücksicht zu nehmen.

5. Vor allem aber ist der Vaterschaftsprozeß zu beschränken auf die Fälle, wo er unumgänglich ist. Und das taten wir durch die Verwandlung der Anerkennung in ein Institut der freiwilligen Gerichtsbarkeit.

Von einer Mutterschaftsklage, wie in den romanischen Rechten, kann bei uns natürlich so wenig die Rede sein, wie von einer Anerkennung der Mutterschaft. Ebensowenig kann „auf Anerkennung der Vaterschaft" geklagt werden. Das kommt ja auch in Frankreich nur daher, daß eben zunächst nur die Anerkennung zulässig war, und daß man, um diesen Grundsatz wenigstens rein äußerlich nicht zu durchbrechen, nicht auf Feststellung schlechtweg, sondern auf Vornahme der Anerkennung klagen läßt.

b. Allgemeine prozeßrechtliche Fragen.

Schon im Zusammenhang mit der Anerkennung sahen wir, daß der Mutter die Pflicht auferlegt werden müsse, bereits angemessene Zeit vor der Niederkunft dem Vormundschaftsgerichte Mitteilung von ihrer Schwangerschaft zu machen, damit die zur Regelung der Vaterschaftsfrage notwendigen Schritte alsbald getan werden können. Kommt eine Anerkennung aus den oben hiefür angegebenen Gründen nicht zustande, so ist die Feststellungsklage einzureichen.

I. Die Pflicht der Mutter zur Benennung des mutmaßlichen Vaters.

Es war eingehend von den Mitteln die Rede, welche man nach dem B.G.B. und der Z.P.O. gegen eine Mutter anwenden kann, die den mutmaßlichen Vater nicht benennen will. Wir haben hier nur verhältnismäßig wenig hinzuzufügen.

Zur Benennung des mutmaßlichen Vaters ist die unehelich Schwangere verpflichtet. Wir können Schweigeverträge nicht mehr zulassen — auch wenn die materiellen Sicherungen, welche nachgewiesen werden, noch so günstig sind. Denn es dreht sich um die Feststellung der Vaterschaft als solcher — nicht nur um den Unterhalt. Auch hat gerade der Schweigvertrag in hohem Grade den Alimentenschwindel gefördert. Die Mutter konnte mit beliebig vielen Männern solche Schweigeverträge abschließen — wenn nur die Männer töricht genug waren, darauf einzugehen. Und mit einem der auf diese Weise zustandegekommenen Depositionsverträge erreichte sie dann beim Vormundschaftsgerichte die Unterlassung der Vaterschaftsklage gemäß § 1717. Oder sie schloß mit dem einen Mann einen Schweigevertrag, den andern aber, der von der Existenz eines Rivalen keine Ahnung hatte, ließ sie einklagen.

Welche Mittel sind nun gegen die Mutter anzuwenden, wenn sie sich weigert, den Vater zu benennen?

1. Vor allem die Ordnungsstrafen, welche auf Versäumnis der festzulegenden Meldepflicht der Schwangeren gesetzt werden sollen. (Davon im Abschnitt über Aufsicht und Vormundschaft.)

2. Es ist in der Nichtbenennung des mutmaßlichen Vaters eine Verletzung der elterlichen Pflichten zu sehen, welche zur Anwendung des § 1666 B.G.B. führt und demgemäß Veranlassung dazu wird, der Mutter die persönliche Obsorge für das Kind von vornherein nicht zu übertragen. Und was auf Seite 55 ff. bezüglich der elterlichen Gewalt gesagt ist, sollte hier analoge Anwendung finden: Nachdem die Frage der elterlichen Gewalt in dem Augenblick, wo die Mutter in die Lage kommt, die Benennung eines Vaters abzulehnen, noch gar nicht entschieden ist; hätte man doch allen Anlaß auf dies pflichtwidrige Verhalten hin erst gar nicht die Mutter mit der elterlichen Gewalt zu betrauen. Doch wäre immerhin zu berücksichtigen, aus welchen Motiven die Weigerung der Mutter entsprang. Sie können derart sein, daß eine Entziehung, bezw. Nichtbegründung der elterlichen Gewalt dadurch nicht bedingt scheint.

3. Nachdem die uneheliche Abstammung auch väterlicherseits ein Statusverhältnis ist, kommt natürlich auch § 26 Pers. St. Ges. mit § 169 R. St. G. B. in Betracht.

4. Es ist ohne weiteres klar, daß die Mutter — sollte durch ihr hartnäckiges Schweigen wirklich die Ermittelung des Vaters unmöglich gemacht werden, aus § 826 B.G.B. für den Schaden haftbar zu machen sein wird. Inwieweit das für die Unterhaltspflicht von Bedeutung ist, haben wir oben (S. 165 ff.) gesehen: die Mutter als solche haftet nach § 1603 [2] B.G.B. für den Unterhalt; aus § 826 B.G.B. haftet sie absolut, obligationenrechtlich. Die Bemessung des Unterhaltsanspruches bei Anwendng des § 826 kann natürlich nicht nach dem wirklich für das Kind entstandenen Schaden geschehen; der könnte nur ermittelt werden, wenn man wüßte, wer der Vater ist, da sich nach dessen Verhältnissen die Unterhaltshöhe richtet. Aber der von der Mutter verursachte Schaden besteht eben darin, daß sie den Vater verheimlicht. Somit bleibt in der Tat nichts übrig, als die Schadenersatzpflicht nach dem Stande der Mutter zu bemessen; das stimmt insofern mit dem ganzen System überein, als eben das Kind einen nicht feststellbaren Vater hat, darum in seiner Lebenshaltung etc. durch den Stand der Mutter bestimmt wird.

Im übrigen steht natürlich dem Kinde auch aus § 828 das Recht zu, auf Benennung des Vaters zu klagen. (Realisierung nach § 888 Z.P.O.). Der Prozeß wäre im Auftrage des Vormundschaftsgerichtes von einem curator ad hoc (§ 1912 B.G.B.) zu führen, damit die Einleitung des Vaterschaftsprozesses nicht über Gebühr verzögert werde.

Es ist natürlich bei hartnäckiger Weigerung der Mutter nicht möglich, die gewünschte Aussage von ihr zu erreichen — trotz aller Zwangsmittel. In diesem Falle hat dann das Vormundschaftsgericht von sich aus einzugreifen und die Ermittelung des mutmaßlichen Vaters zu versuchen.

Das Vormundschaftsgericht kann zu diesem Zwecke gemäß § 12 F.G.G. Beweise aufnehmen und Zeugen vernehmen.

Dänemark (§ 14[5]) statuiert überhaupt einen Klagezwang für die (dort mit Aktivlegitimation versehene) Mutter nur dann, wenn diese öffentliche Unterstützung für das Kind gemäß § 4 des Gesetzes verlangt. Darin liegt eine offenkundige Abweichung vom Grundsatze der Verwandtschaft nach der Seite der rein obligationsrechtlichen Auffassung der unehelichen Vaterschaft.

Hingegen ist in der Tat eine Klageerhebung nicht zu erzwingen, wenn von vornherein klar ist, daß ein Vater nicht festgestellt werden kann. Man stelle sich den Fall vor: die Mutter gibt wahrheitsgemäß an, sie habe in der einrechnungsfähigen Zeit mit 3 (namentlich aufgegebenen) Männern verkehrt. Die drei Männer werden vorgeladen; jeder verweigert die Anerkennung mit der Begründung, auch andere hätten der Mutter beigewohnt. Die Anerkennung könnte auch vom Vormundschaftsrichter gar nicht sanktioniert werden, weil sie auf einer Basis von sehr wankender Richtigkeit stünde. Es besteht auch keinerlei Aussicht, die Vaterschaft des einen der drei dadurch nachzuweisen, daß man die Beiwohnerschaft der beiden andern durch die Erhärtung der Unmöglichkeit ihrer Kausalität für die Schwängerung unerheblich macht. Soll man nun da das Kind — bezw. seinen gesetzlichen Vertreter — vormundschaftsbehördlicherseits zwingen, einen a priori aussichtslosen Prozeß zu beginnen, der noch dazu durch seinen Ausgang die Lage des Kindes nur noch mehr verschlimmert? Arg genug, wenn ein Vater nicht feststellbar ist; noch viel ärger aber, wenn der Versuch, einen Vater im Prozeßweg festzustellen, mißlang und die „Vaterlosigkeit" somit amtlich beglaubigt und gestempelt ist!

Es braucht wohl nicht gesagt werden, daß der Vormundschaftsrichter sehr vorsichtig sein muß und von dem Verlangen, daß der Prozeß angestrengt werde, erst dann abgehen darf, wenn bei sorgfältigster Prüfung der Sachlage und auf Grund eingehendster Erhebungen nach bestem menschlichem Ermessen keinerlei Hoffnung auf einen dem Kinde dienlichen Ausgang des Prozesses gehegt werden kann.

II. Wann kann die Klage erhoben werden?

Unser B.G.B. gestattet die Erhebung der Klage erst nach der Geburt des Kindes. Die Zulässigkeit einer einstweiligen Verfügung im Sinne des § 1716 B.G.B. ändert daran nichts.

Hingegen lassen die meisten fremden Rechte die Erhebung der Klage schon vor der Geburt zu. So die Schweiz nach Art. 308 Z.G.B. Ebenso Norwegen (§ 8 [2]): drei Monate vor der erwarteten Niederkunft, Dänemark: nach Ablauf des 6. Schwangerschaftsmonats (§ 13 [1]), Schweden (§ 21 [2]): ohne nähere Zeitbestimmung, allgemein „schon vor der Geburt des Kindes." Auch Portugal: wenn die Schwangerschaft in einem besonderen Verfahren festgestellt wird. Die Klagerhebung wird aber hier hinfällig, wenn das Kind totgeboren wird, oder „wenn es nicht mit menschlichen Formen (!!) zur Welt kommt" oder wenn nicht binnen 30 Tagen nach der Geburt die Geburtsurkunde zu den Akten eingereicht wird.

Im Prinzip ist der Erhebung der Klage vor der Geburt nur zuzustimmen. Es kann dann wenigstens vorbereitend die Frage der Beiwohnung selbst erledigt werden; und wenn sich herausstellen sollte, daß der Belangte nicht der Vater sein kann, bleibt noch Zeit genug, vor der Niederkunft einen anderen Klag-Gegner zu suchen. Auch ist die alsbaldige Erhebung des Prozeßmateriales doch von ungeheurem Wert, da es — je mehr Zeit über die Geschehnisse hinging — immer schwerer wird, sich Klarheit zu verschaffen.

Es trifft nicht zu, daß man wegen der vorläufigen Unkenntnis des Zeitpunktes der Niederkunft nichts Ausschlaggebendes ermitteln könne. Mit Recht gab der Direktor des norwegischen „Medicinal-Styrelse" das Gutachten ab (ot. prp. 5/14 S. 49), man könne aus dem Schwangerschaftsgrade der Frau so bündig urteilen, wie nach dem Reifegrad des geborenen Kindes.

Doch ist es m. E. ein schwerer Fehler, wenn man die endgiltige Verbescheidung der Klage vor der Geburt zuläßt, wie es in Dänemark (§ 13 [1]) und Norwegen (§ 8 ff. insbes. §§ 11, 12) statthaft ist. In Norwegen ist es noch dazu so, daß gar nicht das Kind oder die Mutter die Klage erheben, sondern daß der Benannte einfach vorgeladen wird und seinerseits Klage erheben muß, wenn er nicht als Vater angesehen werden will. (§ 11 [3].) Auch im dänischen Gesetz sind die Gefahren der Aburteilung vor der Niederkunft noch verschärft; dort durch eine gut gemeinte aber nicht zu billigende Beschleunigung des Verfahrens. Nach § 13 [2] ist die Klage möglichst schnell zu behandeln. Aussetzung des Verfahrens findet nur ausnahmsweise und nur auf ganz kurze Zeit statt. Damit steht natürlich im Zusammenhang eine recht summarische Behandlung: der Benannte muß — will er nicht als Vater angesehen werden — beschwören, er habe in dem vom Gericht benannten Zeitraum nicht mit der Mutter (Schwangeren) coïtiert. Wenn die Mutter (Schwangere) beschwört, die Beiwohnung habe stattgefunden und anderen Männern habe sie in der benannten Zeit die Beiwohnung nicht gestattet, so wird der Benannte ebenfalls verurteilt. Also eine gesetzliche Beweisregel, an die der Richter gebunden ist, ohne die Möglichkeit einer dem Einzelfall angepaßten Beweiswürdigung. (§ 13[1].)

Mit vollem Recht schließt § 21[2] des schwedischen Gesetzes die Urteilsfällung vor der Geburt aus. Und die Motive (S. 151) geben als Gründe an:

„1. Man wisse nicht, ob nicht die Aerzte am Kinde einen Gegenbeweis gegen die Vaterschaft des Belangten finden.

2. Das Kind kann totgeboren werden und es sind dann im Prozeß eidliche Aussagen gemacht worden, die sich durch die Totgeburt als irrelevant und unnötig herausstellen."

Der erste Grund ist wohl der ausschlaggebende. Der zweite kaum; denn auch wenn das Kind totgeboren wird, bestehen Ansprüche der Mutter an den Vater, zu deren Verwirklichung auch die Feststellung der Vaterschaft als Unterlage dient.

So gut wir die endgiltige Legalisierung der Vaterschaftsanerkennung erst nach der Geburt des Kindes zuließen, müssen wir auch das Urteil im Vaterschaftsprozeß erst nach der Niederkunft fällen lassen. Es muß dem Beklagten möglich sein, aufgrund des Befundes bei der Geburt, aufgrund der körperlichen Beschaffenheit des Kindes, noch stichhaltige Einwände vorzubringen. Wir zwingen uns sonst nur selbst zu einer erweiterten Zulassung der Restitutionsklage wegen neuer Tatsachen; diese Wirkung zeigt sich denn auch in Dänemark und Norwegen. (Dän. Ges. § 13[2]; norw. Ges. § 16[1].).

Eine zeitliche Grenze für die Erhebung der Klage soll nicht gesetzt werden. In der Schweiz besteht eine Frist von 1 Jahr seit der Geburt des Kindes (Verwirkungs- nicht Verjährungsfrist!), binnen welcher die Klage erhoben sein muß. (Vgl. Eggers Kommentar zu Art. 308 Z.G.B.).

Auch v. Liszt (a. a. O. S. 69) und der 3. Deutsche Juristentag sind für die Bestimmung einer kurzen Anstellungsfrist. Die guten Gründe dafür sollen nicht verschwiegen, noch verkannt sein:

1. je länger die über die Geschehnisse hingegangene Zeit, desto erschwerter ihre richtige Beurteilung. Man denke nur z. B. an die manchmal entscheidende Frage des Reifegrades des Kindes bei der Geburt;

2. der Mann ist dadurch unsauberen Machenschaften der Mutter in erhöhtem Maße preisgegeben, daß er nach beliebig langer Zeit noch belangt werden kann."

Aber trotzdem kann man sich m. E. nicht für eine solche Einschränkung entschließen. Im allgemeinen, wo ein mutmaßlicher Vater bekannt ist, wird er auch, unter dem Druck des Vormundschaftsgerichtes, sofort belangt. Wird aber die Person des Vaters erst später bekannt, — z. B. deshalb, weil seinerzeit die Mutter nicht zum Sprechen zu bringen war und dem Vormundschaftsgerichte die Erhebungen mißlangen — so ist nicht einzusehen, warum daraus dem Kinde Schaden erwachsen soll. Zudem handelt es sich um einen Status, an dessen Feststellung der Staat immer noch dasselbe Interesse hat, wie ursprünglich. Die Setzung einer Anstellungsfrist ist nur dann erklärlich, wenn man die Mutter mit Aktivlegitimation ausstattet, so daß die Nichterhebung der Klage binnen eines bestimmten Zeitraumes als Verzicht angesehen werden kann.

III. Der Prozeßgegenstand.

Es war von vornherein nur vom Vaterschaftsfeststellungsverfahren die Rede. Die Alimentationsklage ließen wir zunächst ganz aus dem Spiel. Mit gutem Grunde: Die Vaterschaft als solche muß vor allem festgestellt werden; sie ist das wesentliche — alles andere — auch die Alimentation, ist gewissermaßen Nebensache. Schon deshalb, weil sich ja aus der Vaterschaft alles andere von selbst ergibt.

Das Urteil im Vaterschaftsfeststellungsprozeß muß darum für alle Rechtsfolgen der Vaterschaft, für Alimentation, Legitimation, Ansprüche der Mutter, präjudiziell wirken. Die Vaterschaft ist festgestellt und es ginge nicht an, die Frage der Vaterschaft noch einmal aufzurollen in einem späteren Prozeß wegen des Unterhaltes u. dgl. Einem derartigen Versuche könnte die Einrede der res judicata entgegengehalten werden.

Eine Klage auf Feststellung der Unterhaltspflicht kann es somit überhaupt nicht geben. Ist die Vaterschaft vorher schon festgestellt, so besteht die Unterhaltspflicht notwendig ebenfalls. Ist sie dagegen noch nicht festgestellt, so muß von Vormundschaftsgerichts wegen auf Erhebung der Vaterschaftsklage gedrungen werden. (Ausgenommen sind natürlich jene Fälle, in denen es auch zwischen dem ehelichen Kinde und seinen Eltern zu einem Prozeß auf Feststellung der Unterhaltspflicht kommen kann.)

Eine Verbindung der Klage auf Feststellung der unehelichen Vaterschaft und der Unterhaltspflicht ist somit ein logischer Nonsens, da das zweite vom ersten notwendig bedingt wird.

Doch entsteht eine andere Frage:

Im Anschluß an die Vaterschaft ergeben sich eine Reihe von Einzelfragen, hinsichtlich Höhe des zu leistenden Unterhaltes, Verteilung der Lasten auf die Eltern, Gewährung der elterlichen Gewalt und der Fürsorge für die Person des Kindes, also lauter Dinge, welche unmittelbar nicht zum Prozeß gehören, sondern eigentlich zum Vormundschaftsgerichte zuständig sind, von diesem jedoch erst nach Urteilsfällung im Vaterschaftsprozeß entschieden werden können. Es könnte erwogen werden, ob man nicht der Einfachheit wegen diese Fragen gleich im Feststellungsurteil mitentscheiden soll. Als Grund dafür wäre wohl vor allem zu bedenken, daß unter Umständen über diese Fragen ein neuer Streit entsteht, daß dann also unmittelbar nach Erledigung des einen Prozesses ein neuer anhängig werden könnte.

Allein anderseits ist in Erwägung zu ziehen — und das ist wohl das entscheidende — daß es sich bei den genannten Dingen zum Teil um einen Interessengegensatz zwischen den Eltern handelt, was z. B. die elterliche Gewalt usw. anlangt; daß aber im Vaterschaftsprozeß nur der eine Elternteil, nämlich der Vater, Partei ist. Ferner, daß es um Dinge geht, die in den Zuständigkeitsbereich des Vormundschaftsrichters gehören und darum auch von ihm entschieden werden sollen. Schon deshalb, weil sich z. B. das Quantum der väterlichen Beitragspflicht nicht für alle Zeiten voraus festlegen läßt, somit eine spätere Aenderung notwendig werden kann, die, war der ursprüngliche Betrag durch Urteil festgelegt, wiederum in einem Urteil erfolgen müßte.

Aus diesen Gründen erscheint es als das Zweckmäßigste, wenn das Urteil nur die Vaterschaft feststellt, die nähere Regelung der sich aus ihr ergebenden Rechtsfolgen durch den Vormundschaftsrichter im Wege der freiwilligen Gerichtsbarkeit geschieht, welches Verfahren durch seine größere Beweglichkeit für diese ihrem Wesen nach nicht in aeternum fixierbaren Fragen weit besser sich eignet.

Zu bemerken wäre noch, daß der einmal vom Vormundschaftsrichter festgelegte Alimentenbetrag bei Säumigkeit der Schuldner nicht eigens eingeklagt werden muß, sondern jeweils sofort vollstreckbar ist. Natürlich kann der Betroffene Protest erheben, z. B. mit der Begründung, wegen Aenderung seiner Verhältnisse sei er nicht mehr imstande, den festgesetzten Betrag zu leisten.

Eine besondere Klage der unehelichen Mutter auf Feststellung des Bestehens ihrer Ansprüche aus § 1715 kommt nicht in Frage. Denn die Feststellung der Vaterschaft ist für die mütterlichen Ansprüche präjudiziell. Hingegen ist natürlich einer Leistungsklage hierauf nichts in den Weg gestellt, gesetzt, daß die nötigen Prozeßvoraussetzungen usw. dafür gegeben sind. Die streitgenössische Verbindung der Vaterschaftsklage des Kindes und der Leistungsklage der Mutter ist natürlich jederzeit möglich.

Ueber die Unterhaltsleistungsklage des unehelichen Kindes braucht nicht gesprochen werden, da sie keinerlei Besonderheit zeigt.

IV. Die Parteien des Prozesses.

Aktive Partei im Vaterschaftsprozeß ist natürlich das Kind. Die skandinavischen Rechte sprechen der Mutter die Aktivlegitimation zu. Ungarn und die Schweiz (Art. 307 Z.G.B.) geben sie wahlweise der Mutter und dem Kinde.

Die Parteieigenschaft der unehelichen Mutter hat einen Sinn, wenn sie von vornherein als die gesetzliche Vertreterin des Kindes berufen ist. Dem ist in dem hier entwickelten System nicht so. Bei seiner Geburt steht das Kind noch unter niemandes elterlicher Gewalt. Es ist daher auch de natura ohne gesetzlichen Vertreter. Die elterliche Gewalt wird ja erst begründet durch den Entscheid des Vormundschaftsrichters über diese Frage.

Wohl könnte man — aus rein natürlichen Gründen — die Mutter ad interim als die berufene Vertreterin des Kindes ansehen. Doch scheint es besser, wenn das Vormundschaftsgericht einen curator ad hoc gemäß § 1912 B.G.B. bestellt, welcher die Interessen des Kindes wahrnimmt, bis die Vaterschaftsangelegenheit und die Frage der gesetzlichen Gesamtvertretung (elterliche Gewalt oder Vormundschaft) erledigt ist. Natürlich kann mit dieser cura ad hoc auch die Mutter selbst beauftragt werden. Doch wäre es nicht zu empfehlen. Die Mutter soll nicht Partei sein.

Und zwar nicht etwa aus dem Grunde, damit sie zum Zeugeneid zugelassen werden kann. Im Gegenteil! Wir werden bei Besprechung des Eides noch darauf kommen! Aber aus psychologischen Gründen: die Parteieigenschaft der unehelichen Mutter würde den Prozeß oft zu einem wüsten Szenarium machen. Gegen das Kind kann der Belangte eigentlich keinen Groll hegen. Wohl aber ist er oft genug inzwischen mit der Mutter verfeindet; tritt sie dann offiziell als Partei auf, so wird dies das Verhalten des Beklagten erheblich beeinflussen — und sicher nicht in einem für das Kind günstigen Sinne.

Darum ist auch die Streitgenossenschaft von Mutter und Kind, wenn die Mutter gleichzeitig Leistungsklage bezüglich ihrer Ansprüche stellt, obgleich sie prozeßrechtlich — § 59 Z.P.O. — gegeben ist, nicht gerade wünschenswert.

Daß die uneheliche Mutter am Ausgange des Prozesses — auch ohne diese Streitgenossenschaft — mit Rücksicht auf ihre Ansprüche persönlich interessiert ist, kann nicht als ein Argument dafür verwendet werden, man solle sie von vornherein als Partei betrachten. Hier tritt eben dann der § 393 Ziff. 4 Z.P.O. ein.

Gegenpartei ist der von der Mutter benannte Mann, oder ein anderer, falls der Vormundschaftsrichter die begründete Ueberzeugung hatte, die Klage könne gegen den Benannten keinen Erfolg haben, wohl aber gegen einen anderen, und falls er den curator dazu bestimmte, gegen diesen anderen Klage zu erheben.

Es wurde schon von Mehreren in Erwägung gezogen, die Klage gegen einen „Knaben" auszuschließen. Doch kann nicht eingesehen werden, warum; denn für das Kind besteht das Interesse der Feststellung, ganz unabhängig vom Alter des Vaters. Und für die Oeffentlichkeit desgleichen.

Der Schutz sehr jugendlicher männlicher Personen gegen die Ausbeutungsabsichten gewissenloser Frauenzimmer kommt — angesichts der vormundschaftsrichterlichen Prüfung der Vaterschaftsfrage — kaum in Betracht. Wollte man dennoch darüber hinaus in dieser Richtung Sicherungen schaffen, so wäre doch niemals an eine Ausschließung der Klage zu denken. Höchstens könnte man folgenden Modus wählen:

Bei Knaben unter 16 Jahren wird das Beweisverhältnis umgekehrt. Es handelt sich ja doch, wenn man das Alter des Belangten in Betracht nimmt, nur um die Zeugungsfähigkeit. Bei einem erwachsenen Manne nimmt man sie ohne weiteres an. Will er sich auf Zeugungsunfähigkeit berufen, so muß e r sie beweisen. Bei einem Knaben unter 16 Jahren darf im allgemeinen die Zeugungsfähigkeit nicht vorausgesetzt werden; daher hätte der Kläger den positiven Beweis ihres Vorhanhandenseins zu erbringen.

Ebenso, wie nach § 1593 B.G.B. die Anfechtung der Ehelichkeit eines Kindes auch nach dem Tode des Vaters erfolgen kann, muß nach dem Tode des Benannten noch die Vaterschaftsklage erhoben werden können. Nur ist es fraglich, wem man dann die Passivlegitimation geben soll. Das Schweizer Z.G.B. Art. 307 macht den E r b e n zur Gegenpartei. Das leuchtet ohne weiteres ein, wenn man die uneheliche Vaterschaft nur unter dem Gesichtswinkel der Alimentationspflicht ansieht. Wenn aber das Wesen der unehelichen Vaterschaft mehr auf den Boden der Verwandtschaft hinübergezogen wird, könnte man daran denken, die nächsten Familienangehörigen — die ja von den Erben verschieden sein können — zu Prozeßgegnern zu machen. Doch muß es m. E. beim Erben als Gegenpartei sein Bewenden finden, da ja der Erbe Gesamtrechtsnachfolger — nicht nur Vermögensnachfolger ist.

Einer Besonderheit des dänischen Gesetzes mag hier aus Gründen der Vollständigkeit noch Erwähnung getan werden: Nach § 14[1] des dän. Ges. kann der Beklagte verlangen, daß jeder, der außer ihm noch als Vater in Betracht kommt, gleich unmittelbar als Beklagter in den Prozeß hineingezogen werde. Das mag im Sinne der Prozeßvereinfachung ganz gut sein. Aber es ist doch eine etwas sonderbare Form der Streitverkündung; und man stelle sich vor, was dabei herauskommt, wenn mehrere Männer sich vor Gericht darüber streiten, welcher von ihnen der Vater sei!

V. Der Gerichtsstand.

Der natürliche Gerichtsstand für die Vaterschaftsklage ist der Wohnort des unehelichen Vaters bezw. des Beklagten. Das ist auch der gegenwärtige Rechtszustand bei uns. Aber nur wenige fremde Rechte teilen ihn. Die meisten haben Zugeständnisse zugunsten der Mutter oder des Kindes gemacht.

Holland: Die Klage wird erhoben bei der Arrondissementsrechtsbank am Wohnsitz des Kindes. (Art. 344 b 1. burg. Wetb.).

Schweiz: Wahlweise der Wohnsitz des Klägers z. Zt. der Geburt oder der Wohnsitz des Beklagten z. Zt. der Klageerhebung. (Art. 312[1] Z.G.B.).

Portugal: der Geburtsort.

Norwegen hat eine Rangfolge der Gerichtsstände in seinem § 12[1] aufgestellt: zunächst gilt als Gerichtsstand das forum domicilii der Mutter, wenn diese tot ist, das des Kindes; wenn Mutter und Kind tot sind, der Wohnsitz des Vaters.

In Finnland gilt als Gerichtsstand wahlweise das forum domicilii des Belangten oder der Schwängerungsort.

Schweden: Nach dem Kap. 8 § 7 ärvdabalk mit Kap. 53 missgärningsbalk und Kap. 18 § 9 strafflag war früher der uneheliche Beischlaf ein Delikt, das am forum delicti commissi — also am Beischlafsort — abgeurteilt wurde. Die zivile Unterhaltsklage wurde ebendort als Adhäsionsprozeß behandelt. (Kap. 10 § 21 rättegångsbalk.) Aber in der neueren Zeit bildete sich ein Gewohnheitsrecht, welches sich für den Wohnsitz des Vaters als Gerichtsstand gemäß Kap. 10 § 1 rättegångsbalk entschied.

Das neue schwedische Gesetz (§ 21[1]) stellt die Wahl zwischen dem Wohnsitze des Vaters und dem Schwängerungsort.

Sommer (in Zentr.-Bl. f. Vorm.-Wes. III. 13 ff.) fordert de lege ferenda die Anerkennung des forums des Geburtsortes und zwar mit der Begründung, daß der Vater sich dann nicht mehr durch Verschwinden dem Prozeß entziehen kann, ohne zu gewärtigen, daß Versäumnisurteil gegen ihn ergeht. Die Begründung erscheint jedoch unzulänglich, da ja der Kläger gegen das Verschwinden des Beklagten durch den § 16 Z.P.O. geschützt ist.

Was nun den in Finnland und Schweden anerkannten Gerichtsstand des Schwängerungsortes anlangt, so ist dafür in den schwedischen Motiven (S. 150) folgende Rechtfertigung gegeben: am Schwängerungsort kann am leichtesten und mit den geringsten Kosten die Erhebung der Zeugenbeweise erfolgen; das wiege die Ungelegenheiten für den Beklagten auf. Es mag daran etwas richtiges sein; aber jedenfalls hätte man, wenn in der Tat dies der Grund war, nicht dem Kläger die Wahl lassen dürfen, sondern von gesetzeswegen diesen Gerichtsstand bestimmen müssen.

Außerdem sprechen aber noch zwei schwerwiegende Gründe gegen das forum concubitus.

1. Der Schwängerungsort ist ein Datum, welches deshalb für die Bestimmung des Gerichtsstandes ungeeignet ist, weil es Gegenstand der Beweiserhebung im Prozeß und darum vor der Beweiserhebung gar nicht bekannt ist.

2. Der Schwängerungs- oder der Beiwohnungsort sind praktisch fora delicti commissi, bringen also eine recht peinliche Erinnerung an die Delikts-Theorie herein.

Es besteht m. E. keinerlei Veranlassung, von den allgemeinen Prozeßgrundsätzen abzuweichen. Man belasse es getrost beim Wohnsitz des Beklagten als Gerichtsstand gemäß § 13 Z.P.O.

VI. Die Mutter als Zeugin und der Eid.

Nach den Erfahrungen unserer Richter gibt keine Prozeßgattung Anlaß zu so vielen Meineiden, wie gerade der Alimentations- und Vaterschaftsprozeß. Wir haben ja oben schon die Frage gestreift; die Mutter ist nicht nur als Mutter des Kindes sondern auch für ihre Person — mit Rücksicht auf ihre eigenen Ansprüche — am Ausgange des Prozesses interessiert. Das muß ja den Wert ihres Zeugnisses erheblich herabsetzen. Die Motive zum B.G.B. selbst (S. 869) bezeichnen die Zeugenaussage der Mutter als „verdächtig“. Doch stehe nach der Z.P.O. einer Beweisführung durch Zeugenaussage der Mutter nichts im Wege.

Man hat darum schon mehrfach — auch bei uns — den Gedanken erwogen, die Zeugeneigenschaft der Mutter zu beseitigen und sie zur Partei zu machen. Hingegen sind andere Schriftsteller, so z. B. Rob. Hirsch (S. 66) geradezu ängstlich bemüht, die Zeugeneigenschaft der unehelichen Mutter ja nicht verloren gehen zu lassen. Hirsch geht so weit, daß er aus diesem Grunde von der Bestellung der Mutter zum Vormund abrät.

Es ist dies eine der wichtigsten Fragen, praktisch außerordentlich schwer zu lösen.

Die Mutter prozeßrechtlich ohne weiteres zur Partei zu machen, wie es in einer Reihe von fremden Rechten der Fall ist, (siehe oben S. 199 ff.) geht nicht an; denn sie ist es tatsächlich nicht.

Es sind ja die verschiedensten Experimente gemacht worden, deren wichtigste Ergebnisse hier folgen sollen:

In England ist der Eid der Mutter über den Beischlaf eine Voraussetzung für die Klageerhebung. Doch muß die Behauptung der Beiwohnung noch durch andere Beweise gestützt werden, damit die Mutter zum Eid zugelassen wird. Also schon eine Sicherung gegen den Meineid.

In Holland ist der richterliche Eid bei der Mutterschaftsklage nicht gestattet. (Art. 343 [2] Burg. Wetb.) Dies nur nebenbei als nicht unmittelbar zur Sache gehörig. Ebensowenig kann dem auf Unterhaltsleistung belangten Mann gemäß Art. 344 g [1] burg. wetb. der richterliche Eid auferlegt werden. Offenbar, weil man die Parteien nicht in Gewissensnöte und Versuchungen bringen will.

Schweden (§ 25[1]) schließt den von der Partei angebotenen Eid aus. („Ed må ei bjudas.") Und die Motive (S. 154) bemerken dazu, das Gericht könne ja seinerseits Beweise erheben, habe also den angebotenen Parteien-Eid nicht nötig.

Der norwegische Gesetzgeber (ot. prp. 5./1914 S. 51) „hegt Bedenken" gegen eine ausgedehnte Anwendung des „Parteieides" und zwar deshalb, weil das Gericht durch den Parteieneid gezwungen ist, im Eidessinne zu urteilen. Darum sollen die Parteien als Zeugen schwören, um dem Gerichte immer noch freie Beweiswürdigung offen zu lassen. Demgemäß bestimmen § 12 Abs. 6 und 7: beide Parteien können, wenn der Richter es nach Schluß der Beweiserhebung für unbedenklich hält, durch Zwischenurteil zugelassen werden. „Sie sind zur Aussage (als Parteien) mit derselben Verantwortlichkeit verpflichtet, wie sie für Zeugen besteht."

Eine recht interessante Form findet man in Ungarn. Dort leistet die Mutter Parteieneid; aber, wenn der Mutter keine Indizien zur Seite stehen, so hat den Vorzug bei der Beeidigung der Beklagte. (Also eine gewisse Anlehnung an den obenerwähnten englischen Gedanken!)

Es ist nun in Ansehung des Eidesproblems verschiedenes zu beachten:

Schließe ich, wie es in Holland der Fall ist (ebenso in Schweden) den Eid einfach aus, so mache ich damit den Beweis fast unmöglich; wir müssen doch bedenken, daß nirgends so, wie gerade in Ansehung der unehelichen Vaterschaft, das ganze Wissen um den Prozeßgegenstand in einer Hand steht; bestenfalls in zweien; beim Beklagten und bei der Mutter. Bei letzter aber noch mehr, da sie es ist, welche die Folgen der Beiwohnung am eigenen Körper beobachtet hat.

Gerade das ist ja der Punkt, welcher für die Gefahr des Meineides maßgebend ist: nicht das Interesse der Mutter, sondern die Tatsache, daß sie allein um die zu beschwörenden Beweisgegenstände weiß. Ein Interesse liegt oft vor — und dennoch läßt man den Interessierten zum Eide zu; das ist doch gerade das Wesen des Parteieneides! Die große Gefahr liegt hier eben darin, daß die Mutter, wenn sie einen Meineid leistet, in verhältnismäßig geringem Grade eine Entdeckung zu fürchten hat.

Auf dieses Uebel hat es aber keinen Einfluß, ob man die Mutter als Zeugin oder als Partei beeidigt. Und darum kommt die Frage: „Partei oder Zeugin?" in Ansehung der Person der Mutter für die Lösung des Eides-Problems gar nicht wesentlich in Frage.

Man kann nur insoferne die Frage hereinziehen, als man sagt: Der Zeugeneid verpflichtet den Richter zu nichts. Der Meineid, wenn ein solcher von der Mutter als Zeugin geleistet wird hat also wenigstens keine für den Ausgang des Prozesses entscheidenden Folgen. Dabei ist aber doch zu bedenken, daß der Zeugeneid eben doch das Urteil des Gerichtes wesentlich beeinflussen muß; wozu ließe man denn sonst die Zeugen schwören, als eben, um sich richterliche Gewißheit über eine Tatsache zu verschaffen? Und anderseits genügt es wirklich schon vollkommen, wenn die Gefahr des Meineides besonders erheblich ist, um eine gewisse legislatorische Abneigung gegen den Eid der Mutter zu erzeugen. — Hingegen spricht für den Parteieneid, daß der Schwörende nicht verpflichtet ist, ihn zu leisten. Vor allem aber, daß er von vornherein weiß: „diese Tatsache werde ich beschwören müssen"; während der Zeugeneid erst nach der Vernehmung angeordnet wird, der Schwörende also im Augenblick der Aussage nicht die volle Schwere seiner Verantwortung fühlt. Dagegen fällt hier wieder die von den norwegischen Motiven erwähnte Tatsache in's Gewicht, daß der Parteieneid für das Gericht zwingend präjudiziell ist.

Die Gründe für und gegen halten sich wohl so ziemlich die Wage.

Jedenfalls scheint mir die vollkommene Ausschließung der Beeidigung der Mutter, wie auch von Liszt (a. a. O. S. 36) sie fordert, ein etwas zu radikales Mittel. Und zwar eben deshalb, weil doch der Eid unsere letzte Zuflucht ist, um den Richter zu überzeugen, und gerade hier, wo alles auf die Aussage zweier sich gegenüberstehender Personen ankommt, oft genug das einzige Mittel.

Nebenbei soll eines originellen Grundes für Ausschliessung des Eides im Vaterschaftsprozeß nicht vergessen sein, den Arnold (a. a. O. S. 31) bringt; er spricht von der „. . . Unschicklichkeit, eine so heilige Handlung, wie den „Eid, an so unwürdige Gegenstände verschwenden zu lassen.“ Ein weiterer Kommentar zu dieser Meinung aus der Mitte des vorigen Jahrhunderts erübrigt sich wohl!

Da wir also mit der prozessualen Stellung der Mutter im Vaterschaftsverfahren die Eidesfrage nicht befriedigend lösen können, belassen wir es besser — gemäß den früheren Ausführungen — bei der Eigenschaft der Mutter als Zeugin.

Was uns nun an Mitteln übrig bleibt, um die Gefahr des Meineides zu beschränken, ist wenig genug. Der norwegische Modus nützt — das ist auf den ersten Blick klar, — herzlich wenig. Der Richter kann die Mutter und den Vater vereidigen, wenn er es „nicht für bedenklich“ hält. Die Kriterien für die Unbedenklichkeit können aber doch nur wieder Indizien für die Richtigkeit der vorgebrachten Behauptungen sein. Wenn also der Richter zu einem Schluß über die Unbedenklichkeit der Zulassung zum Eide kommt, so ist er wohl meist schon halb überzeugt. Und da, wo die Indizien fehlen, wo also der Eid gerade die größte Rolle spielen würde, kann er höchstens nach dem allgemeinen Verhalten der Eidesperson, nach einem vagen Eindruck auf ihre Eideswürdigkeit schließen.

Kommen wir zum Schlusse: der Eid des Vaters oder der Mutter im Unterhalts- und Vaterschaftsprozeß ist immer eine große Gefahr. Wir können weder die Ursache der Gefährlichkeit — das häufige Fehlen entsprechender Wahrnehmungen durch unbeteiligte Zeugen — beseitigen oder umgehen, noch können wir auf den Eid der Beteiligten (Mutter und Beklagter) ganz verzichten. Es bleibt uns somit nur übrig mit dem Eide gerade hier besonders vorsichtig zu sein.

Die Mittel und Wege dazu:

1. Der Mutter gegenüber ist § 393 Ziff. 4 Z.P.O. anzuwenden. Nur in wirklich dringenden Fällen soll vom letzten Absatz dieses § Gebrauch gemacht werden.

2. Im übrigen ist durch die Befugnis und Pflicht des Vormundschaftsgerichtes zur selbständigen Erhebung von Material für den Vaterschaftsprozeß an sich schon in vielen Fällen die Beeidigung unnötig, da auf diese Weise andere Beweismittel ausgiebiger zur Geltung kommen können.

3. Endlich werden wir sehen, daß auch im Prozeß selbst weitgehende Zugeständnisse an die Officialmaxime zu machen sind, daß der Parteibetrieb beschnitten, das Gericht zur selbständigen Beweiserhebung befugt wird. Und damit wird ebenfalls auf der einen Seite die Notwendigkeit der Beeidigung eingeschränkt, auf der anderen Seite in den Fällen der Beeidigung das Meineids-Risiko gemildert werden.

VII. Einige kleinere prozeßrechtliche Fragen.

Das deutsche Prozeßrecht schreibt allgemein die Oeffentlichkeit der Verhandlung vor. (§ 170 G.V.G.) Es wird nun von einer Reihe von Schriftstellern mit Rücksicht auf die Peinlichkeit der bei der Verhandlung zu erörternden Gegenstände für die Parteien, besonders für die Mutter, auf die Abschaffung der Vaterschafts- und Unterhaltsklage überhaupt hingearbeitet. Daß uns dieser Grund nicht abhalten kann, die Vaterschaftsklage zuzulassen, daß der Richter den Schmutz in Kauf nehmen muß, der unter Umständen verhandelt werden muß, und daß das Wohl des Kindes der Schonung des mütterlichen Schamgefühles vorgehen muß, — über diese Punkte sind wir uns früher schon klar geworden. Aber wir können dem Zartgefühl der unehelichen Eltern doch insoferne entgegenkommen, als wir die Anwendbarkeit des § 171 G.V.G. für den Vaterschaftsfeststellungsprozeß zulassen; und zwar wäre in diesem Falle das Recht zur Ablehnung der Oeffentlichkeit nicht nur den Parteien sondern sinngemäß auch der unehelichen Mutter zuzubilligen, die ja der Regel nach nicht Partei ist, außer sie befindet sich wegen ihrer eigenen Ansprüche in Streitgenossenschaft.

Damit wäre zugleich auch eine Steigerung des Wertes der Aussagen erreicht. Denn es kann keinem Zweifel unterliegen, daß die Zeugenaussagen — gerade die der Mutter — mit viel mehr Freimut gemacht werden, wenn die Oeffentlichkeit ausgeschlossen ist.

In Holland ist die Oeffentlichkeit im Mutterschafts- und im Unterhaltsprozeß gemäß Art. 343[4] und Art. 344g[2] burg. Wetb. sogar von amtswegen ausgeschlossen und nur die Urteilsverkündung erfolgt öffentlich.

Und in Schweden steht den Parteien (zu denen die uneheliche Mutter nach schwedischem Rechte gehört) gemäß § 23 das Recht zu, den Ausschluß der Oeffentlichkeit zu verlangen, wie dies auch in Ehesachen der Fall ist. (Vgl. auch Schwed. Mot. S. 152.)

Ein Versäumnisurteil soll im Vaterschaftsprozeß nicht gefällt werden dürfen, sowenig, wie das beim Familienprozeß der Fall sein darf, wie aus dem Hinweis des § 640 Z.P.O. auf § 618 Z.P.O. (hier dessen 5. Absatz) hervorgeht.

Das ist gerechtfertigt, ja notwendig gemacht, durch den Statuscharakter der unehelichen Vaterschaft. Natürlich kann das persönliche Erscheinen des Vaters (als Partei) ebenso angeordnet werden, wie es im § 619 Z.P.O. und § 640 Z.P.O. für den landgerichtlichen Familienprozeß vorgeschrieben ist.

In Schweden (§ 24) ist die Fällung eines „Versäumnisurteils" zulässig unter Ausschluß der im Kap. 12 § 3 rättegångsbalk gewährten „återvinning" (= restitutio in integrum). Man darf sich aber durch diese Vorschrift nicht täuschen lassen. Denn es handelt sich nicht um ein Versäumnisurteil im technischen Sinn, d. h. um die kurzhändige Erledigung der Klage durch Urteil im Sinne der erschienenen Partei. Aus den Motiven (S. 152/3) geht das deutlich hervor; da heißt es nämlich: „durch die amtswegige Beweiserhebung seitens des Gerichtes sei den Interessen auch der fehlenden Partei hinreichend Rechnung getragen. um die „återvinning" ausschließen zu können." — Es wird also zwar in Abwesenheit der Partei das Verfahren durch Urteil beendet, jedoch nicht **ohne** sondern **nach** Beweiserhebung und unter Zugrundelegung ihrer Ergebnisse. —

In Dänemark (§ 15 [1]) ist die Regelung ähnlich. —

Uebrigens kann nach den Systemen der drei skandinavischen Rechte die zwangsweise Vorführung des säumigen Vaters vor Gericht angeordnet werden.

Das norwegische Recht (§ 12 [4]) schließt den gerichtlichen Vergleich beim Vaterschaftsprozeß aus. („Forliksmægling finder ikke sted.") Das ist natürlich insoferne auch richtig, als in Statusprozessen ein eigentlicher Vergleich unter dem Gesichtspunkte des öffentlichen Interesses als ein Ding der Unmöglichkeit erscheint. Hingegen kann der Prozeß durch Anerkennung seitens des Beklagten beendigt werden — wobei aber zu beachten ist, daß die Anerkennung auch hier nicht reiner Parteiakt ist sondern der Genehmigung — in diesem Falle des Prozeßgerichtes nach Befragung des Vormundschaftsrichters — bedarf. Vorzunehmen ist die Anerkennung, auch wenn sie im Prozeß angeboten wird, durch den Vormundschaftsrichter.

Die Wiederaufnahme des Verfahrens ist ja im § 580 Z.P.O. geregelt. Daß sie in Dänemark in viel weitergehendem Maße zugelassen wird, sahen wir schon oben (S. 196 ff.). Das gleiche gilt für Norwegen. Es hängt dies damit zusammen, daß man die endgiltige Entscheidung des Prosesses schon vor der Geburt des Kindes zuläßt. (Dän. Ges. § 13², norw. Ges. § 16¹) In Dänemark kann der Verurteilte nach der Geburt die Wiederaufnahme des Verfahrens mit entsprechender Begründung fordern, worauf das Gericht entscheidet, ob die vorgebrachten Gründe die Wiederaufnahme rechtfertigen. In Norwegen hingegen kann die Wiederaufnahme bis zum Ablauf von 5 Jahren nach der Urteilsfällung durch Vorbringen von „nova“ gefordert werden.

Diese Beispiele erscheinen mir keineswegs nachahmenswert. Doch wäre — und zwar allgemein, nicht nur hinsichtlich des Vaterschaftsprozesses — eine Erweiterung der Ziffer 3 des § 580 Z.P.O. in Erwägung zu ziehen: nicht nur, wenn das Urteil auf eine unter vorsätzlicher oder fahrlässiger Verletzung der Eidespflicht gemachte Aussage gestützt war, sollte die Restitution zulässig sein, sondern auch dann, wenn überhaupt das Urteil sich auf eine objektiv falsche Zeugenaussage (auch eine unbeeidigte) stützte. [Das kommt — im Zusammenhang mit der vorhin vorgeschlagenen reichlichen Anwendung des § 393 Ziff. 4 Z.P.O. gegenüber der unehelichen Mutter — gerade beim Vaterschaftsprozeß naturgemäß öfter als sonst in Betracht. Es steht in Einklang mit dem, was wir bei der Anerkennung über die falsche Beteuerung der Mutter, sie habe keinem Andern die Beiwohnung gestattet, gesagt haben.]

Ueberhaupt scheint mir die Regelung der Wiederaufnahme des Verfahrens einer der wundesten Punkte unserer Z.P.O. welcher einer eingehenden Revision zu unterziehen wäre; doch ist hier nicht der Ort, um sich näher darauf einzulassen.

Die Sicherung des Unterhaltes vor der Geburt des Kindes durch Hinterlegung ist schon oben (S. 107 ff.) berührt worden. Hier ist — vom prozeßrechtlichen Standpunkte aus — nur noch folgendes zu sagen (zum Teil in Wiederholung früherer Ergebnisse):

1. die Hinterlegung geschieht aufgrund einstweiliger Verfügung; liegt Anerkennung vor, so ist die einstweilige Verfügung gesondert zu erwirken (wie nach § 1716), ist ein Prozeß anhängig, so wird sie durch Beschluß verhängt, (§ 922¹ Z.P.O.)

2. Die einstweilige Verfügung erfolgt nach Glaubhaftmachung des Anspruchs (d. h. des Bestehens der Vaterschaft, welche den Unterhaltsanspruch bedingt.) § 920² Z.P.O.

3. Die Glaubhaftmachung der Gefährdung des Anspruchs (§ 917 Z.P.O.) ist nicht erforderlich, (wie schon jetzt nach § 1716² B.G.B.)

Hingegen wäre ausdrücklich auszusprechen, daß die Notwendigkeit der Hinterlegung mit Rücksicht auf die Verhältnisse der Mutter gegeben sein muß. Und zwar deshalb, damit man nicht — wie oben (S. 108) gesagt — unnützerweise Gefahr läuft, die Hinterlegung von jemand zu erzwingen, der nicht der Vater ist, wie sich später im Prozeß herausstellt.

Es wäre also zu empfehlen: entweder muß die Notwendigkeit der Hinterlegung im Hinblick auf die Verhältnisse der Mutter glaubhaft gemacht werden. Wenn aber dies nicht geschieht, so haben die gewöhnlichen Regeln des § 917 Z.P.O. zu gelten.

4. Die Reparation des dem Beklagten zu unrecht durch Hinterlegungsverfügung zugefügten Schadens erfolgt gemäß § 945 Z.P.O.

Anschließend noch einige Daten aus dem fremden Recht hinsichtlich dieser Frage.

In Holland sind die Verfügungen des Kantons-Richters in Alimentensachen vorläufig vollstreckbar. (Art. 344m burg. Wetb.) Hingegen gibt es eine Sicherung der Ansprüche des Kindes vor der Geburt nicht.

In Dänemark bestimmt § 13², daß die Berufung die Rechtskraft nicht aufschiebe. („Indankning for höjere Ret af Kendelser og Domme i disse Sager har ikke udsættende Virkning.“)

Im wesentlichen gehen also beide Bestimmungen auf die unseres § 708 Ziff. 6 Z.P.O. hinaus, wonach Urteile in Alimentensachen für vorläufig vollstreckbar zu erklären sind, auch wenn Parteien-Antrag hierauf nicht vorliegt. Nur wirkt das in Dänemark praktisch ebenso, wie eine einstweilige Verfügung auf Hinterlegung, weil dort die Klage schon vor der Geburt durch Endurteil verabschiedet werden kann.

Die Bestimmungen Schwedens und Norwegens sind auf S. 108 schon kurz wiedergegeben. Dorthin sei verwiesen.

Hinsichtlich der Kosten des Verfahrens wäre auf eine Besonderheit des portugiesischen Familiencodex vom 25. 12. 1910 Art. 44 hinzuweisen, wonach die Behandlung der Vaterschaftsprozesse immer im Armenrecht zu erfolgen hat. Das klägerische Kind gilt (bis zum Beweis des Gegenteils) im Vater- oder Mutterschaftsprozeß als unbemittelt. Die Vorschrift ist sehr sozial gedacht und kann mit einer kleinen Modifikation zur Nachahmung empfohlen werden: insoferne nämlich bei Inanspruchnahme des Armenrechtes durch den Kläger von der Prüfung der Bedürftigkeit bezw. vom Armutszeugnis (§ 118² Z.P.O.) abgesehen werden soll. Nimmt der Vertreter des klägerischen Kindes das Armenrecht nicht in Anspruch, so liegt wohl auch kein Grund vor, dem Kläger den Vorteil zu oktroyieren.

Ferner sollte die Prüfung der Sache darauf, ob sie Aussicht auf Erfolg hat, doch nicht ganz unterlassen werden (§ 114[1] Z.P.O.). Doch soll allerdings dabei mit besonderer Weitherzigkeit verfahren werden. Diese Modifikation ist nicht etwa unnötig im Hinblick auf die Tatsache, daß der Vormundschaftsrichter nach dem auf S. 194 gesagten die Klagerhebung bei offenbarer Aussichtslosigkeit nicht erzwingen soll. Denn es kann ja sein, daß der Vertreter des Kindes seinerseits, aus eigenem Antrieb, die Klage trotz ihrer Aussichtslosigkeit erhebt. (Vgl. auch Sommer in Z.-Bl. f. Vorm.-Wes. III, 13 ff.).

c) Dispositions- oder Officialmaxime?

Das geltende Recht wird hinsichtlich des Zivilprozesses von dem Grundsatze der sogenannten Dispositionsmaxime beherrscht. Aber die Regel hat Ausnahmen: nämlich die Familienprozesse. Die Disposition der Parteien als alleinige treibende Kraft im Prozeß ist nur gerechtfertigt und möglich, wo es sich um reine Parteiinteressen handelt, ich möchte sagen, „um verzichtbare Rechte der Parteien". Welchen Grund hätte der Staat, in einen Prozeß, in dem die Parteien um eine Kaufpreisforderung streiten, seinerseits einzugreifen? Das Gericht ist dazu da, den Streit zu entscheiden aufgrund der von den Parteien vorgebrachten Tatsachen. Andere Tatsachen – auch wenn sie dem Gerichte zufällig bekannt sein sollten – dürfen von ihm gar nicht zur Urteilsfindung herangezogen werden.

Anders im Familienprozeß. Hier steht nicht nur Partei gegen Partei, — zwei Streitende, die ihre Sache so gut oder so schlecht vertreten können, wie sie wollen. Hier handelt es sich um Rechtsverhältnisse, an denen nicht nur die Partei als solche, sondern auch der Staat selbst interessiert ist; und das in doppelter Richtung:

1. weil er die materielle Richtigkeit des formellen Personenstandes als eines publizistischen Rechtsverhältnisses im Interesse der öffentlichen Ordnung zu überwachen hat.

2. weil ihm daran gelegen ist, das „unverzichtbare" Recht der Person aus ihrer familienrechtlichen Stellung im Interesse des Berechtigten zu schützen mit der vollen Kraft der Gesetze und Rechte, auch wenn der Berechtigte selbst den ihm vom Gesetze gewährten Schutz nicht voll ausnützt.

Hieraus nehmen die §§ 606—643 Z.P.O. ihren Ursprung. Sie beziehen sich aber nur auf die Ehe und die sie betreffenden oder aus ihr hervorgegangenen Familien-Rechtsverhältnisse. Was die uneheliche Abstammung angeht, so ist sie durch § 644 Z.P.O. ausdrücklich vom Schutze der Offizialmaxime ausgeschlossen. Der Grund dafür liegt darin, daß die uneheliche Vaterschaft — entgegen der Ansicht der Begründung zur Z.P.O.

Novelle (S. 135) — kein Statusverhältnis ist. Hierüber ist auf S. 148 ff., 159 ff. schon ausführlich gehandelt worden.

Es ist — da wir die uneheliche Vaterschaft zu einem vollwertigen Status erhoben haben — gar kein Zweifel, daß wir auch die entsprechenden prozessualen Schutzmaßnahmen treffen müssen. Und was wir — einstweilen nur als vorweggenommene Forderung — über die Tätigkeit des Vormundschaftsgerichts bei der Anerkennung und bei Vorbereitung der Vaterschaftsklage gesagt haben, ist ja schon ein Teil der Verwirklichung der Offizialmaxime.

Was den Prozeß selbst angeht, können wir zu einem richtigen Ergebnis nur kommen, wenn wir das geltende Recht der §§ 606 ff. Z.P.O. gleichzeitig einer scharfen Kritik unterziehen. Die dadurch notwendigen Abschweifungen und Weitläufigkeiten mögen und müssen in Kauf genommen werden.

Der erste sinnenfällige Unterschied ist der, daß die §§ 606 ff. Z.P.O. formell schon bestehende Rechtsverhältnisse schützen sollen, daß dagegen die Vaterschaftsklage einem de facto bestehenden Rechtsverhältnis juristischen Bestand verleihen will. Die Ehe, oder die eheliche Abstammung (diese eben durch die Ehe) sind sinnenfällige Tatsachen publizistischer Natur, die um ihrer publizistischen Sinnenfälligkeit willen den besonderen Schutz des Prozeßrechts genießen. Dem unehelichen Kind steht eine solche Tatsache nicht helfend zur Seite; aber daraus darf nicht ein Grund für Versagung des prozessualen Sonderschutzes hergeleitet werden. Denn Erhaltung des formell schon bestehenden und Erreichung der formellen Sanktion eines noch latenten tatsächlichen Verhältnisses sind nur die positive und die negative Seite des gleichen Problems. Das öffentliche Interesse ist in jedem Falle das gleiche. Wir haben ja auch im geltenden Rechte einen Fall, wo die uneheliche Kindschaft zum Gegenstande eines Prozesses wird, auf welchen die Maximen des § 640 ff. Z.P.O. anzuwenden sind: nämlich den Fall, wo das Kind gegen den Gatten seiner Mutter auf Feststellung der Ehelichkeit klagt mit der Begründung, es liege legitimatio per subsequens matrimonium vor. Hier fallen eheliche und uneheliche Kindschaft zusammen und da es sich auf der einen Seite um die Ehelichkeit handelt, müssen die für diese geltenden Prozeßregeln Anwendung finden. (Vgl. dazu auch den Abschnitt über „Legitimation".) Hier handelt es sich also auch nicht um die Erhaltung eines bestehenden (d. h. formal bestehenden), sondern um die formale Sanktion eines bisher noch latenten Rechtsverhältnisses.

Die uneheliche Abstammung wird eben hier — auf dem Umweg über die nachträgliche Ehe — zum Fundament eines Status. Ist aber die uneheliche Vaterschaft als solche schon ein Status, so muß für sie ein gleicher prozessualer Schutz errichtet werden.

---

§ 606 Z.P.O. erklärt für Ehesachen und § 640 Z.P.O. durch Verweisung auf § 606 auch für andere Familienprozesse das Landgericht für ausschließlich zuständig.

Die Anwendung dieser Vorschrift auf den Prozeß wegen unehelicher Vaterschaft wäre nicht wünschenswert. Nicht nur aus dem justiztechnischen Grunde, daß man die Landgerichte nicht mit einer Unmenge von Prozessen belasten soll, nachdem man erst durch die Novelle von 1909 eine dringend notwendige Entlastung durchgeführt hat. Es spricht auch dagegen die Erwägung, daß die Feststellung der unehelichen Vaterschaft nicht zum Gegenstand eines langwierigen und schwerfälligen Verfahrens, wie das landgerichtliche ist, gemacht werden soll. Gerade deshalb, weil es sich hier darum handelt, ein in seiner rechtlichen Wirksamkeit pendentes Verhältnis festzustellen, tut Eile not. Wenn die Ehelichkeit angefochten ist, so bleibt sie ja bis zur Entscheidung des Prozesses bestehen. Das uneheliche Kind aber hängt bis zum Ausgang des Prozesses in der Luft; und das ist nicht nur wegen seiner Unterhaltsansprüche von Uebel (dagegen ist ja eventuell durch Deposition gesorgt), sondern in erster Linie wegen des Personenstandsverhältnisses. — Dann läßt aber auch der organisationelle Zusammenhang des Vormundschaftsgerichtes, das ja doch immer mit der unehelichen Vaterschaft befaßt ist, mit dem Amtsgerichte die sachliche Zuständigkeit des letzteren technisch angezeigt erscheinen.

Wir kommen damit zum zweiten Punkt: wer soll dann im amtsgerichtlichen Verfahren die Stelle des Staatsanwaltes gemäß § 607¹ Z.P.O. einnehmen? Das Natürliche und Zweckentsprechende ist, daß der Vormundschaftsrichter (oder ein Organ des Vormundschaftsgerichtes, wenn der Amtsrichter zugleich Vormundschaftsrichter ist), die Funktion des § 607¹ Z.P.O. ausfüllt. Es ist aus dem freiwillig-gerichtsbarkeitlichen Vorverfahren schon über die materiellen Unterlagen informiert und hat darum das sicherste Urteil. Er ist auch kraft seines Amtes als Beschützer aller Elternlosen am ehesten berufen, das Interesse an der Feststellung der Vaterschaft zu vertreten.

Wie aber ist nun die Mitwirkung des öffentlichen Organes aufzufassen? In welcher Richtung liegen denn die öffentlichen Interessen, die von ihm wahrgenommen werden sollen? Dies sind Fragen, deren Beantwortung uns in einen heftigen Widerspruch gegen das bestehende Recht setzen wird.

Nach §§ 607³, 640 Z.P.O. hat das öffentliche Organ für die Aufrechterhaltung der Ehe, bezw. der Ehelichkeit zu wirken. In dem ganzen System prozeßrechtlicher Sicherungen ist von der Z.P.O. auffallenderweise als öffentliches Interesse nicht etwa die Erforschung der Wahrheit in den Vordergrund gestellt, sondern die Aufrechterhaltung des bestehenden familienrechtlichen Zustandes coûte, que coûte, — eventuell entgegen dem objektiven Sachverhalt —: ein sonderbares „öffentliches Interesse!"

Soweit es sich um die Ehescheidung handelt, findet dieser Grundsatz noch einigen Anschein von Rechtfertigung. Das Scheidungsurteil ist konstitutiv. Es handelt sich darum, ob der Kläger einen materiellen Anspruch auf Scheidung hat, und wenn ja, ob er ihn durchsetzen kann. Die Ehe besteht bis zum Prozeßurteil; von ihm hängt ihr Fortbestehen oder ihre Auflösung ab. Und es ist nicht zweifelhaft, daß das Interesse des Staates zunächst auf das Fortbestehen der Ehe gerichtet ist. Doch kann man auch hier geteilter Meinung sein. Wenn schon der Staatsanwalt am Prozeß teilnimmt, ist es dann „gesetzgeberisch anständig", das öffentliche Organ nur zugunsten einer Partei (des Beklagten) tätig werden zu lassen? Das jus scriptum gibt dem Kläger aufgrund gewisser Tatbestände einen materiellen Anspruch auf Scheidung. Ob er diese Tatbestände nachweisen kann, ist freilich seine Sache. Allein, wenn schon die Tatsachen objektiv vorliegen und einem am Prozesse teilnehmenden öffentlichen Organ bekannt sind, so könnte man die Abweisung der Klage wegen der Unfähigkeit des Klägers zur prozessualen Durchsetzung seines materiell bestehenden Anspruchs, beinahe sittenwidrig nennen. Und zudem — um auch das letzte nicht zu vergessen: Kann der Staat wirklich ein begründetes Interesse daran haben, eine innerlich zerfallene, zerrüttete Ehe mit dem künstlichen Kitt der staatlichen Autorität notdürftig zu flicken? kann er ein Interesse daran haben, die von ihm als heilig geachtete, seinen Bürgern als heilig und unantastbar empfohlene Ehe zu einem moralischen Sumpf, oder zu einem Kerker, einer Hölle auf Erden herabzuwürdigen? Der Leser mag sich die Antwort darauf geben, mag auch entscheiden, ob man demgegenüber noch mit dem Hinweis auf das Interesse der Kinder am Bestand der elterlichen Familie operieren kann, ohne sich lächerlich zu machen!

Nun aber die Ehelichkeitsklage! Bei ihr dreht es sich um mehr, als den Anspruch einer Partei auf ein konstitutives Urteil. Die eheliche Kindschaft hängt nicht vom Urteil ab. Sie hat ihr Fundament in der natürlichen Vaterschaft, wenn auch deren Begriff von Beweisregeln umrankt und dadurch in seiner Reinheit, Klarheit arg beeinträchtigt ist. Die Ehelichkeit und die Unehelichkeit bestehen — aufgrund der natürlichen Vaterschaft des Ehegatten oder eines anderen. An dieser Vaterschaft kann das Urteil nichts ändern; sie besteht, auch wenn das Urteil des Gerichts sie leugnet, sie fehlt, auch wenn das Urteil sich für ihren Bestand ausspricht. Die Wirkung des Urteils ist nur eine: es treten mit Wirkung für und gegen alle die Rechtsfolgen des vom Gerichte festgestellten Rechtsverhältnisses ein.

Wenn die Ehelichkeit eines Kindes vom Gatten seiner Mutter angefochten wird, so dreht es sich um den Anspruch des Klägers, ein Kind, dessen Vater er nach dem Naturgesetze nicht ist, nicht von Rechts wegen in seiner Familie dulden zu müssen. Dies klägerische Interesse könnte man vielleicht bei sehr weitem gesetzgeberischem Gewissen dem staatlichen Interesse an der Erziehung des Kindes im Verbande der ehelichen Familie aufopfern. Aber es handelt sich doch auch um die Richtigstellung des Personenstandes. Und dieses Interesse geht — als rein öffentliches — allen anderen vor; auch dem an der Ehelichkeit des Kindes. Hier ist in der Tat ein dunkler Punkt in unserer Gesetzgebung, der uns beinahe dazu bringen könnte, mit Kuttner eine fiktive Vaterschaft als Grundlage des Personenstandes anzunehmen, sprächen nicht alle anderen Erwägungen so eklatant dagegen! Der Staatsanwalt ist nicht befugt, Beweise für die Unehelichkeit des Beklagten, die ihm zufällig bekannt sind, dem Anfechtungskläger aber nicht, zu dessen Gunsten vorzubringen; von der amtswegigen Erhebung solcher Beweise gar nicht zu reden!

Wenn wir uns etwas drastisch ausdrücken wollen: das öffentliche Organ muß eine passive Personenstandsfälschung ausüben, indem es die Richtigstellung eines ihm als materiell falsch bekannten Personenstandes nicht durch Angaben fördern darf, welche die Unehelichkeit des Kindes dartun!

Das ist umso auffallender, als doch im übrigen die richtige Erkenntnis des oben berührten Unterschiedes der öffentlichen Interessen beim Scheidungsprozeß einerseits und bei anderen Familienprozessen anderseits im Gesetze durchgedrungen ist: nach § 632 Z.P.O. kann z. B. die Ehenichtigkeitsklage auch vom Staatsanwalte selbst erhoben werden; doch offenbar deshalb, weil hier die Integrität des Personenstandes auf dem Spiele steht, weil es sich nicht um einen Parteianspruch auf Konstitution eines Rechtsverhältnisses (Lösung der Ehe), sondern um die Beseitigung der Rechtswirksamkeit eines materiell falschen Rechtszustandes handelt. Nach § 622[1] Z.P.O. kann im Ehescheidungsprozeß auch das Gericht (!!) nur zugunsten der Aufrechterhaltung der Ehe mit Offizialbetrieb eingreifen, was es aber im Ehelichkeitsanfechtungsverfahren auch zu Ungunsten der Ehelichkeit kann. (Vgl. Anm. 7 zu § 640 Z.P.O. bei Freudenthal.) Doch wohl wiederum nur deshalb, weil es sich im zweiten Fall um die Bereinigung des Status handelt.

Warum werden die Befugnisse des Staatsanwaltes nicht wenigstens im Sinne des § 622 ausgedehnt?

Eine Revision des Standpunktes unserer Z.P.O. gegenüber diesen Fragen täte dringend not. —

Kommen wir zu unserem Thema zurück, indem wir die eben geübte Kritik praktisch darauf anwenden: Wir haben de lege lata festgestellt, daß dem Staate heute nicht das Interesse an der möglichsten Erforschung der objektiven Wahrheit vordringlich erscheint, sondern das der Aufrechterhaltung der Ehelichkeit. Wir bekämpfen diesen Standpunkt und fordern Wandel. Aber finden wir uns für den Augenblick mit ihm ab, wenn auch widerstrebend!

Folgt dann notwendig, daß auch beim Prozeß über die uneheliche Kindschaft das öffentliche Organ, der Vormundschaftsrichter, nur zugunsten der Feststellung der unehelichen Vaterschaft wirken dürfe? Ehe wir die Frage unmittelbar beantworten, seien die Folgen ihrer Bejahung an einem Beispiel überdacht:

> X wird als unehelicher Vater belangt. Er ist der festen Ueberzeugung, nicht der Vater zu sein, bezw. in der einrechnungsfähigen Zeit noch Nebenbuhler in der Gunst der Mutter gehabt zu haben. Aber die B e w e i s e fehlen ihm. Der Vormundschaftsrichter bekommt während der Rechtshängigkeit Kenntnis von Tatsachen, deren Geltendmachung den Beklagten siegreich aus dem Prozeß hervorgehen ließe. Da der Vormundschaftsrichter nur zugunsten der Vaterschaft arbeiten darf, verschweigt er diese Tatsachen. Der Beklagte verliert den Prozeß entgegen dem objektiven Recht. —

Nun könnte man freilich sagen: es ist oben (S. 179) dafür gesprochen worden, die Anerkennung zu gestatten, auch wenn mehrere Männer in der Beiwohnerschaft konkurrieren, soferne nur der zur Anerkennung sich erbietende m ö g l i c h e r w e i s e der Vater sein kann und nicht die Vaterschaft eines anderen den Vorzug hat, wahrscheinlich im Prozeßweg beweisbar zu sein. Somit sei die Herstellung des den objektiven Tatsachen entsprechenden Rechtszustandes nicht unbedingt erfordert. Aber man bedenke, mit welcher Begründung diese Ansicht belegt wurde; die in diesem Fall vorhandenen väterlichen Gefühle gegenüber dem Kind, verbunden mit dem Gleichgewichtsverhältnis der Wahrscheinlichkeit für die Vaterschaft der einzelnen Konkurrenten, rechtfertigen ein Abgehen vom Standpunkte der strengen Objektivität. Hier haben wir einen v i e l l e i c h t nicht wirklichen Vater, der die Vaterschaft f r e i w i l l i g auf sich nimmt, obgleich er die ihm zur Abwälzung der Vaterschaft zu Gebote stehenden Mittel kennt. (Es wurde ja gesagt, daß der

Vormundschaftsrichter ihn davon in Kenntnis setzen müsse!) — In unserem Prozeß aber handelt es sich um einen Mann, der gezwungen sich dem ihm ungünstigen Urteil fügt; der es sicher nicht täte, hätte er Kenntnis von den Tatsachen, die der Vormundschaftsrichter ihm vorenthält —; warum hätte er es sonst auf den Prozeß ankommen lassen?

Wir haben uns an den Grundsatz zu halten: vom Bereitwilligen (scil.: zur Anerkennung) darf — soferne er mit gleicher Wahrscheinlichkeit, wie ein anderer, der Vater sein kann — die Vaterschaft übernommen, niemals aber darf sie (durch Urteil) dem Widerstrebenden gegen besseres Wissen aufgehalst werden!

So kommen wir zu dem Ergebnis: Wo mehrere Konkumbenten in Konkurrenz treten, oder, wo Tatsachen vorliegen, welche die Unmöglichkeit der Vaterschaft des Beklagten darzutun geeignet sind, da darf der Vormundschaftsrichter nicht mit seiner Kenntnis hinter dem Berge halten, damit nicht durch seine Unterlassungsschuld der objektiv richtige Personenstand unterdrückt, ein objektiv falscher legalisiert oder ein objektiv zweifelhafter dem Beklagten oktroyiert werde. —

Das Fazit: im Verfahren über die uneheliche Vaterschaft sind de lege ferenda die Aufgaben des öffentlichen Organes andere, als sie es de lege lata im Ehelichkeitsanfechtungsprozeß sind. Damit ist nicht gesagt, daß der § 640 Z.P.O. weichen müsse; man kann — von den oben erhobenen schweren Bedenken abgesehen — sehr wohl so argumentieren: die bestehende Ehe und — auch wenn sie geschieden wird — die Tatsache des Hineingeborenseins eines Kindes in die Familie, in die Vaterschaft des Ehemannes, das sind Tatsachen, welche eine gewisse Nachgiebigkeit gegen die sonst zwingende Kraft des objektiven Sachverhaltes rechtfertigen; eine Nachgiebigkeit, die hinsichtlich der unehelichen Kindschaft nicht als notwendig, noch auch nur als billig indiziert ist. —

Schälen wir uns die drei Richtpunkte heraus, die für unsere Stellungnahme maßgebend sein und innerhalb deren wir uns zu einem Kompromiß entschließen müssen, so ergeben sich:

1. Das Kind soll, wenn irgend möglich, von rechtswegen einen Vater bekommen.

2. Es soll seinen wirklichen, natürlichen Vater bekommen.

3. Der Belangte hat Anspruch auf Obsiegen im Prozeß, wenn die Tatsachen — seien sie von ihm vorgebracht oder nicht — nach dem Gesetze und seinen Beweisregeln gegen die Vaterschaft sprechen.

Und wenn wir uns entscheiden, so müssen wir unbedingt die Punkte 2. und 3. als weitaus vordringlich bezeichnen, hinter denen Punkt 1. im Sinne der Gerechtigkeit zurückstehen muß. So bedauerlich es sozial und menschlich ist, wenn ein Kind keinen Vater hat, so unmöglich ist es, ihm von Gerichts wegen einen zu geben, obgleich er von Rechtswegen keinen hat, da der tatäschliche Vater nicht zu ermitteln ist.

Nicht die Durchsetzung einer Vaterschaft à tout prix ist die Aufgabe der öffentlichen Organe, sondern die Erforschung der Wahrheit über den Personenstand des Kindes und die rechtliche Bekräftigung der objektiven Tatsachen.

Anlangend die auswärtige Gesetzgebung ist hier festzustellen:

In Dänemark wird die Offizialmaxime erst im Prozesse selbst aktuell. Vorher besteht kein Klagezwang, es sei denn, daß die Mutter öffentliche Unterstützung beantragt. Das Prozeßgericht ist nach § 14⁴ zur Beweiserhebung von amtswegen ermächtigt.

In Norwegen (§ 9) findet — was das Vorverfahren anlangt — die amtswegige Nachforschung nach einem Vater erst dann statt, wenn die Mutter keinen Vater benennt oder die Umstände auf einen anderen, als den von ihr Benannten deuten. — Im Prozeß nimmt der „bidrags-foged“ die öffentlichen Interessen wahr. (§ 12³.) Er ist befugt seinerseits Rechtsmittel zu ergreifen und zwar sowohl zugunsten des Kindes, als auch zugunsten des Beklagten. Jedoch nur im Sinne des öffentlichen Interesses (§ 14¹). Das Gericht ist zur Beweiserhebung von amtswegen befugt. (§ 16⁵.) Dabei ist aber zu bemerken: dem objektiven Fundamente der Anerkennung wird nicht von amtswegen nachgespürt. Und zum Prozeß kommt es nur, wenn der Benannte Widerspruch gegen die Benennung erhebt.

In Schweden ist nach dem § 6¹ des lag om äktenskaplig börd die Offizialmaxime für den Ehelichkeitsanfechtungsprozeß voll durchgeführt: Erhebung aller nötigen Beweise von amtswegen. Das Gericht ist nicht an die Parteitätigkeit gebunden. (Außerdem Ausschluß der Eideszuschiebung; auf Wunsch der Parteien, Entfernung der Oeffentlichkeit.) Und da nach den Motiven (S. 153) der Prozeß um die uneheliche Vaterschaft ein Statusprozeß ist, so hat § 25 des lag om barn utom äktenskap auch hiefür die gleichen Grundsätze anerkannt, wie für die Anfechtung der Ehelichkeit. — Namentlich hat das Gericht von sich aus Sachverständigengutachten einzuholen. (§ 25³, Mot. S. 154.)

Auch in Portugal ist der Offizialbetrieb insoferne anerkannt, als der Staatsanwalt zum Schutze der unehelichen Mutter und des Kindes (also einseitige Offizosität, wie nach Z.P.O.!) am Prozeß teilnimmt. (Art. 45, Familiengesetz v. 25. 12. 10.)

Schon E. v. Liszt (a. a. O., S. 25) fordert die amtswegige Klärung der Vaterschaftsverhältnisse. — Wir präzisieren unsere Forderungen hier auf folgende Punkte:

1. Nach früher erörterten Regeln hat das Vormundschaftsgericht unter allen Umständen für Erforschung der Tatsachen von amtswegen zu sorgen — auch dann, wenn unmittelbare Zweifel an den Angaben der Mutter oder des zur Anerkennung bereiten Mannes nicht bestehen.

2. Im Prozeß vertritt der Vormundschaftsrichter die öffentlichen Interessen in dem oben besprochenen Sinne. Er ist befugt und verpflichtet, ihm notwendig erscheinende Beweisanträge zu stellen und von ihm gefördertes Tatsachenmaterial zur Sprache zu bringen — gleichviel in welchem Sinne dieses Material den Prozeß beeinflußt. Er kann auch Rechtsmittel zugunsten beider Parteien ergreifen. Insbesondere ist er über die Zulassung eines gerichtlichen Anerkenntnisses zu hören. Die Klage kann von der klägerischen Partei nicht ohne seine Zustimmung zurückgenommen werden, noch kann der Beklagte ohne Einwilligung des Vormundschaftsrichters den Anspruch des Klägers anerkennen. Wird ein gerichtliches Anerkenntnis zugelassen, so ist es noch nicht gleichbedeutend mit der Anerkennung sondern stellt nur dessen Grundlage dar. Die Anerkennung selbst wird immer im Wege der freiwilligen Gerichtsbarkeit vorgenommen.

3. Auch das Gericht seinerseits ist berechtigt und verpflichtet, jegliche sachdienlichen Beweise seinerseits zu erheben und nötigenfalls Sachverständige zu vernehmen. Es hat angebotenes gerichtliches Anerkenntnis des Beklagten oder die Zurücknahme der Klage durch den Kläger zurückzuweisen, wenn ihm der Fall noch nicht hinreichend geklärt erscheint. Das Anerkenntnis ist nur zuzulassen, wenn nach Ueberzeugung des Gerichtes die Vaterschaft eines anderen als des Beklagten nicht beweisbar ist. Die positive Feststellbarkeit der Vaterschaft des zur Anerkennung bereiten Beklagten ist nach früher Gesagtem nicht erforderlich.

Die Zurücknahme der Klage ist nur zuzulassen, wenn nach Ueberzeugung des Gerichts auf Grund sorgfältiger Prüfung des Prozeßmateriales die Vaterschaft des Beklagten nicht beweisbar ist.

4. Die kurzhändige Hereinziehung eines — im Lauf des Prozesses der Vaterschaft verdächtig erscheinenden — anderen Mannes als Beklagten ist nicht zulässig. (Gegen Dänemark § 14 1.) Treten während des Prozesses die tatsächlichen Grundlagen hiefür ein, so ist die Klage abzuweisen und gegen den neu für die Vaterschaft in Betracht kommenden Mann neue Klage zu erheben.

5. Das Gericht kann von sich aus oder auf Antrag des Vormundschaftsrichters das persönliche Erscheinen des Beklagten anordnen. (Der Kläger, das Kind, kommt ja hier nicht in Betracht.) — Mit dem norwegischen Recht (ot. prp 5/1914 S. 51) die Parteiverantwortlichkeit für die Aussage nach Maßgabe der Zeugnis-Grundsätze auszusprechen, würde mit unserem gesamten Prozeßsystem in Widerspruch stehen.

Ueber die Zulassung des Beklagten zum Parteieneid und der Mutter zum Zeugeneid hat das Gericht zu entscheiden.

d) Beiwohnung und Empfängniszeit Praesumptionstatsachen.

(Materielles Beweisrecht).

Für den Nachweis der unehelichen Vaterschaft müssen aus technischen Gründen gewisse Präsumptionen aufgestellt werden. Denn nur aus nicht vollkommen schlüssigen Indizien kann die Vaterschaft geschlossen werden.

Das Kardinalindiz, das ja schon vor der Verhandlung selbst als Klageerhebungstatsache in Frage kommt, ist die Tatsache der Beiwohnung.

Natürlich muß bezüglich der Kausalität der Beiwohnung für die Empfängnis und damit für die Vaterschaft ein weiteres beweisrechtliches System bestehen. Es muß festgestellt werden, bis zu welchem Umfange die Beiwohnung zeitlich als kausal anzusehen sei, mit welchen Beweisen die von ihr begründete Vermutung widerlegt, mit welchen Beweisen sie entkräftet werden kann.

Diesem Zwecke dienen die Vorschriften:
1. über die Empfängniszeit;
2. über den Beweis der Unmöglichkeit der Vaterschaft;
3. über die exceptio plurium concumbentium.

Die Erörterungen über den ersten und dritten Punkt müssen in getrennten Abschnitten erfolgen. Hier handelt es sich zunächst nur um den Beweis der Unmöglichkeit der Vaterschaft und um die allgemeine präsumptive Kraft der Beiwohnung.

Schon früher (S. 171) sprachen wir uns dafür aus, daß die Beiwohnung noch nicht mit der immissio penis in vaginam (wie im Strafrecht), sondern erst mit der emissio seminis als vollzogen anzusehen sei. Damit ist also die Leugnung der emissio seminis nicht eine exceptio, sondern sie ist die Leugnung einer Prozeßvoraussetzung.

Die exceptio im eigentlichen Sinne liegt erst vor mit der Behauptung, die Beiwohnung sei zwar vollzogen worden, könne aber nicht kausal für die Schwängerung sein.

Die Einrede, welche hier zu besprechen ist, nämlich die der Unmöglichkeit der Vaterschaft, findet ihr Wesen darin, daß sie nicht etwa nur die vermutungsbegründende Kraft der Beiwohnung erschüttert, die Konkludenz von der Beiwohnung zur Empfängnis bis zu dem Grade abschwächt, daß die Vermutung unhaltbar wird; nein, sie ist der positive Beweis für das Fehlen der Kausalität.

Nun darf man daraus nicht etwa den Schluß ziehen, daß dieser Beweis ein absolut sinnenfälliger sein müsse. Das kann er in Anbetracht der geheimnisvollen Natur des Beweisgegenstandes nicht sein! Das menschliche Ermessen des Richters muß darüber entscheiden, ob die Vermutung als widerlegt gelten könne oder nicht. Aber jedenfalls muß hier mit ziemlicher Strenge vorgegangen werden, muß rigoros geprüft werden, ob wirklich die menschliche Logik zu dem Schlusse führt, daß der Kausalnexus zwischen Coïtus und Empfängnis zerstört sei.

Die Tatbestände, welche zu diesem Schlusse führen oder führen können, sind schon an früherer Stelle (S. 172 ff.) einer Untersuchung unterzogen worden.

Allgemein wäre zu bemerken, daß es sich bei allen die Unmöglichkeit der Vaterschaft betreffenden Beweisen um physiologische Tatsachen diffizilster Natur handelt, daß also die Erholung eines Sachverständigengutachtens in diesen Fällen wohl immer angezeigt erscheint. Mit Recht empfehlen darum die schwedischen Motive (S. 154) den Gerichten, gerade hier von der Befugnis zur amtswegigen Einholung von Gutachten ausgiebigen Gebrauch zu machen.

1. Der klarste Beweis für die Unmöglichkeit der Vaterschaft ist immer der Nachweis der Impotenz für die Zeit der vollzogenen Beiwohnung. Er ist natürlich immer durch ärztliches Gutachten zu belegen.

2. Der Beklagte kann zugeben, die Beiwohnung vollzogen zu haben, kann aber die immisso seminis in vaginam leugnen. (Sogenannter „coïtus interruptus.“) Rob. Hirsch (S. 67/68) ist der Meinung, daß diese Behauptung sogar als Leugnung des Beischlafs überhaupt in Betracht gezogen werden könne. Dem muß aber doch widersprochen werden. Die Gefahr der Konzeption liegt im Gegenteil hier schon so nahe, daß sogar der Beweis der Unmöglichkeit der Vaterschaft nur unter ganz bestimmten Umständen damit zu führen ist. Denn wir wissen von unseren medizinischen Kapazitäten, daß einerseits der Augenblick des Samenergusses nicht genau feststellbar ist, daß also bei der retractio penis schon eine kleine Menge Samen entwichen und in die vagina eingedrungen sein kann; daß aber anderseits die bloße äußerliche Benetzung der Vagina durch

Samenflüssigkeit sehr leicht zur Schwängerung führen kann; denn die Spermen sind imstande, auch von außen her in den uterus einzuwandern. (Vgl. darüber: Mantegazza, „Hygiene der Liebe“, Kap. 17 u. 19, Kornfeld, „Gerichtliche Medizin“ S. 369.) Soll also der coïtus interruptus schlüssig für Unmöglichkeit der Schwängerung sein, so müßte schon der Nachweis erbracht werden, daß auch eine äußere Benetzung der Vagina nicht stattgefunden habe — ein Nachweis, der natürlich schwer zu führen sein wird; allenfalls durch Parteieneid. —

(Was übrigens die — kaum rechtserhebliche — Frage der künstlichen Imprägnation anlangt, so findet sich darüber Näheres im „Recht“ 1909 bei Winkel S. 161 ff. und Trautmann S. 761 ff.).

3. Die Verwendung von Antikonzeptionalien ist ebenfalls eine sehr schwierige Frage. Unsere Praxis erachtet die Anwendung empfängnisverhindernder Mittel überhaupt für unerheblich. Damit ist aber wohl zu weit gegangen. Man unterschätzt ihre Bedeutung doch etwas. Wenn man nämlich behauptet, es gebe keine absolut sicher wirkenden Mittel, so ist doch damit noch nicht gesagt, daß ihre Anwendung als Gegenbeweis keinesfall in Betracht kommen könne. Es dreht sich ja nicht um absolute Unmöglichkeit, sondern um Unmöglichkeit nach menschlichem Ermessen. Wenn einerseits zugunsten des Kindes bei der Feststellung der unehelichen Vaterschaft eine gewisse Unsicherheit außer Acht bleibt, so darf auf der anderen Seite bei Widerlegung der Vermutung ein kleiner Schlüssigkeitsdefekt zugunsten des Beklagten außer Ansatz bleiben. Dazu haben wir einen Richter, der angemessen entscheidet, um solche Zweifelsfragen und Grenzfälle befriedigend lösen zu lassen. Sonst bedürften wir ja nur eines Rechtsprechungsautomaten! (Vgl. auch v. Liszt a. a. O. S. 48.).

Die schwedischen Motive (S. 160) haben sich wohl ganz richtig dahin entschieden, daß „es Sache der Gerichtspraxis sei, die Beachtlichkeit der Anwendung von Antikonzeptionalien mit schärfster Kritik zu prüfen.“

Es ist natürlich klar, daß die bloße Vornahme einer kalten Spülung nach der Beiwohnung nicht die Empfängnis ausschließt. Auch die sogenannten „Condoms“ sind kein hinreichender Schutz. Hingegen wirkt die Anwendung eines Pessariums (Mutterkranzes) schon mit derart hoher Wahrscheinlichkeit empfängnisverhindernd, daß ihre Rechtserheblichkeit ernsthaft in Frage zu ziehen ist.

Besonders wäre zu bemerken, daß natürlich ein gesetzliches Verbot der Befruchtungsverhinderung die Wirkung einer sich auf sie beziehenden Einrede nicht eliminieren, sondern nur zu strafrechtlicher Verfolgung führen kann.

4. Daß das nochmalige Auftreten der Menses nach dem in Frage stehenden Coïtus kein Beweis für die Unmöglichkeit der Vaterschaft ist, wurde schon früher (S. 173) festgestellt.

5. Die Konkludenz gewisser Merkmale einer Rassenabweichung zwischen dem Kind und dem Beklagten ist unter Umständen eine absolute und manchmal doch — wenigstens nach dem heutigen Stande der Wissenschaft — eine so bedeutende, daß mit Hilfe ärztlicher Gutachten der Unmöglichkeitsbeweis durch sie erbracht werden kann. (Man denke an die Rolle der körperlichen Aehnlichkeit in jenem berüchtigten „Fall Kwilecky!“)

6. Die Frage nach dem Reifegrad des Kindes spielt schon hinüber in das Gebiet der Empfängniszeit. Man könnte hier gewissermaßen von einer individuellen Empfängniszeit sprechen im Gegensatz zur generellen. Daß ein vollkommen ausgetragenes Kind nicht einem am 200. Tage vor der Geburt vollzogenen Beischlaf sein Dasein verdanken kann, ist doch wohl klar. Grenzfälle sind natürlich mit großer Vorsicht zu beurteilen.

Sehr wesentlich scheint es mir, darauf hinzuweisen, daß Einwände des Beklagten, die, jeder für sich allein, eine Widerlegung der Präsumption nicht herbeiführen können, in ihrer Kumulierung doch vielleicht hinreichen, um die Unmöglichkeit der Vaterschaft zu indizieren. Vor allem wäre da zu denken an das Zusammentreffen einer nicht völlig konkludenten Abnormität des Reifegrades mit der Anwendung von Antikonzeptionalien oder dem Nachweis des coïtus interruptus; oder an das Zusammentreffen der letzten beiden Tatsachen. Dann aber auch an die gehäufte Anwendung mehrerer Antikonzeptionalien, z. B. Pessarium und nachfolgende kalte Spülung etc.

Als Empfängniszeit ist in unserem B.G.B. die Zeitspanne vom 181. bis rückwärts zum 302. Tage vor der Geburt festgelegt, mit Einschluß des 181. und des 302. Tages. (§ 1717 [2].) Es ist das die gleiche Empfängniszeit, wie sie auch der § 1592 [1] B.G.B. aufstellt, nur daß dort ein Gegenbeweis zugelassen ist, nach § 1717 aber nicht. (Vgl. S. 171 ff.). Hierin liegt eine negative präsumptio juris et de jure, wie sie sonst das B.G.B. nicht kennt. Selbst dann, wenn alle Umstände dafür sprechen, daß ein Kind aus einer bestimmten Beiwohnung herstamme, kann die Vaterschaft nicht festgestellt werden, falls diese Beiwohnung mehr als 302 Tage vor der Geburt stattfand. X wohnte z. B. der Y bei. Am 306. Tage nach der Beiwohnung wird sie von einem sichtlich über-ausgetragenen Kinde entbunden. Andere Beiwohner außer dem X sind nicht feststellbar, ja es ist vielleicht sogar beweisbar, daß die Y mit keinem anderen Manne verkehrt hat. Obwohl also die Vaterschaft des X soviel als sicher ist, kann sie doch nicht rechtswirksam werden, weil die Präsumption der Empfängniszeit des § 1717 B.G.B. in ihrer negativen Wirksamkeit es unmöglich macht.

Damit sind natürlich die Grenzfälle außerordentlich benachteiligt. Und daß die faktische Empfängniszeit mit der gesetzlichen verhältnismäßig oft in Widerspruch steht, ist durch die medizinische Wissenschaft eindringlich genug dargetan.

So gibt Zangemeister (in „Das Recht" XXI. 345) an, daß die beobachtete Schwangerschaftszeit für das reife Kind 206—348 Tage betrage. Dies sind die Extreme. Das Häufigkeitsmaximum liegt nach diesen Angaben beim 273. Tag nach der Empfängnis. Von 1 900 000 Geburten wird bei 50 000, also bei 2,63% (nach anderen Daten sogar 2,7%) die gesetzliche Höchstgrenze der Schwangerschaftsdauer von der Natur überschritten.

Aehnliche Angaben macht auch v. Winkel in „Die deutsche Klinik am Eingange des 20. Jahrh." IX.) Nach seinen Feststellungen liegen 0,48% aller reifen Geburten zwischen dem 302. bis 336. Tag nach der Empfängnis und 0,23% aller Schwangerschaften dauern 331 bis 347 Tage.

Diese Mitteilungen dürften genügen, um die Unzulänglichkeit unserer gegenwärtigen Fixierung der Konzeptionszeit darzutun. Nach unten ist sie ja hinreichend weit begrenzt, um alle denkbaren Fälle zu erfassen. Denn Kinder, die weniger als 180 Tage getragen sind, haben als Abortus zu gelten und sind nicht lebensfähig. Dagegen ist die obere Grenze viel zu niedrig gezogen. Das erkennt ja das B.G.B. selbst, indem es die Widerleglichkeit dieser Grenze im § 1592² B.G.B. zuläßt. Jedenfalls aber ist es eine Ungerechtigkeit sonder gleichen, die Widerleglichkeit dieser Grenze nur für das eheliche Kind zu gestatten, dem unehelichen aber sie abzuschneiden. Dies betont auch mit vollem Recht der schwedische Gesetzgeber (Mot. S. 165). Es handelt sich hier um einen absolut unsozialen und unlogischen Schutz des unehelichen Erzeugers.

Nun soll durchaus nicht verkannt sein, daß sich der Gesetzgeber in Ansehung der Konzeptionszeit für das uneheliche Kind in einer viel schwierigeren Lage befand, als hinsichtlich der für das eheliche. Eine Vermutung mußte aufgestellt werden. Faßte man aber die obere Grenze so weit, daß alle erdenklichen Fälle innerhalb ihrer zu liegen kamen, so wäre anderseits die Präsumption sehr zu ungunsten des Mannes ausgefallen, der gegen eine auf unsicheren Annahmen aufgebaute Vermutung einen schwierigen Gegenbeweis hätte führen müssen. Die Ausdehnung der Empfängniszeit schlechtweg empfiehlt sich somit durchaus nicht.

Die fremden Systeme zeigen hier reiche Mannigfaltigkeit:

In der Schweiz gilt die Zeit vom 300.—180. Tag als Empfängniszeit. (Art. 314[1].) Sie ist für das uneheliche Kind unwiderleglich. Hingegen können Kinder, welche mehr als 300 Tage nach Auflösung der Ehe von der Ehegattin geboren sind, ihre Ehelichkeit nach Art. 252[2] Z.G.B. beweisen.

Holland setzt im Art. 344a burg. Wetb. eine unwiderlegliche Konzeptionszeit fest, die den 301. und den 179. Tag vor der Geburt umfaßt. Hingegen läuft für das eheliche Kind die Empfängniszeit vom 300.—180. Tage (Art. 306); doch kann der Beweis einer längeren Schwangerschaft von der Mutter geführt werden. (Art. 309.)

Nach dem portugisischen Recht sind nur jene Beiwohnungen rechtserheblich, die zwischen dem 300.—181. Tag vor der Geburt liegen.

Rußland begrenzt die Konzeptionszeit auffallenderweise nur nach oben (306 Tage Maximum), wogegen nach unten dem richterlichen Ermessen freier Spielraum gegeben ist. (Art. 132 der Novelle vom 3. 6. 1902.)

In Schweden bestand eine fixe Konzeptionszeit überhaupt nie. Das alte Gesetz von 1734 hatte keine festgelegt. Und die Praxis hat im Lauf der Zeit verschiedene Normierungen zum Gewohnheitsrecht erhoben. So wurde eine am 243. Tag nach der Beiwohnung erfolgte Niederkunft als nicht von dieser Beiwohnung herrührend erachtet. Später rechnete man die Empfängniszeit im allgemeinen vom 316. bis zum 196. Tag, dann vom 309. oder 310. bis zum 180. Das Höchstgericht arbeitete mit einer Konzeptionszeit, die vom 310.—240. Tage lief und seit 1916 rechneten sie die Hofgerichte vom 300. bis zum 200. Tage.

Auch das neue Gesetz von 1917, § 26 begnügt sich mit einer allgemeinen Formel ohne ein ziffernmäßiges Fixum zu geben. „Wird festgestellt, daß der Beklagte der Mutter zu einer Zeit beiwohnte, zu welcher das Kind empfangen (gezeugt) worden sein kann, so soll er als Vater angesehen werden.“ („Varder utrett, att svaranden haft samlag med modern å tid, då harnet kan hava avlats, skall han anses såsom fader...“)

Aehnlich verhält es sich auch im dänischen Gesetz, das die Empfängniszeit (nach § 19[1]) jeweils individuell vom Gericht festsetzen läßt und zwar in der Form, daß der Mutter ein richterlicher Eid diktiert wird, in welchem das Beilager binnen der aktuell vom Gericht als wahrscheinlich angesehenen Schwangerschaftszeit zu beschwören ist.

Auch Norwegen kennt eine fixe Empfängniszeit nicht. Die Motive (ot. prp. 5./1914 S. 59) geben als Begründung dafür die okjektive Unsicherheit jeglichen Fixums an. Der § 13[1] lautet fast ebenso, wie der schwedische § 26: „... den, som med moren havde samlejen i en saadan tid,... at han efter naturens ordning kan være faren.“ („... wer der Mutter zu einer Zeit beigewohnt hat... daß er nach natürlichen Grundsätzen der Vater sein kann.“)

Alle diese Schemen scheinen mir unzweckmäßig zu sein. Eine fixe Konzeptionszeit brauchen wir schon aus dem Grunde, weil die Beiwohnung *an sich* nicht als Klagerhebungstatsache genügen kann, sondern doch eine gewisse zeitliche Kausalität, wenigstens die *Möglichkeit* einer solchen, zwischen Geburt und Beilager bestehen muß, um die Klagerhebung zu rechtfertigen.

Ferner ist es aber m. E. auch nicht zweckmäßig, wenn man dem Richter die vollkommen freie Bestimmung der Konzeptionszeit für jeden einzelnen Fall überläßt. Gewisse Grenzen sollen doch grundsätzlich gezogen sein.

E. v. Liszt, der sich (a. a. O. S. 41) auch gegen die Unwiderleglichkeit der Konzeptionszeit des § 1717 B.G.B. wendet, bringt (S. 46/47) den Vorschlag, man möge eine sehr lang bemessene unwiderlegliche Empfängniszeit fixieren. Innerhalb ihrer Grenzen solle man noch eine „Kernzeit“ festlegen. Der Gegenbeweis zu Lasten des Kindes solle dann für Beiwohnungen in der Kernzeit unmöglich sein. Hingegen entstehen zwischen der unteren Grenze der Kern- und der unteren Grenze der Gesamtempfängniszeit und ebenso zwischen den bezüglichen oberen Grenzen „Schwebezonen“, innerhalb welcher der Gegenbeweis gegen die Kausalität der Beiwohnung für die Empfängnis mit allen Mitteln zulässig sein soll.

Dieser Vorschlag, so bestechend er für den Augenblick sein mag, gibt doch zu Bedenken Anlaß. Vor allem wäre es doch ein Ding der Unmöglichkeit, für die Kernzeit den Gegenbeweis gegen die Vaterschaft ganz auszuschließen. Wir kämen ja damit zu einer unumwundenen Fiktion, gegen die v. Liszt selbst so energisch kämpft. Dann aber dürfte auch eine „untere Schwebezone“ kaum notwendig sein. —

Ich möchte dagegen folgenden Vorschlag machen: Es wird — als Klagerhebungstatsache — eine sehr lang bemessene Empfängniszeit (z. B. vom 350. bis zum 180. Tag vor der Geburt) gesetzlich fixiert. Fand die Beiwohnung nicht innerhalb dieser Zeit statt, so ist die Klagerhebung selbst unzulässig, weil nach menschlichem Ermessen die Schwangerschaft nicht länger als 350 Tage dauern *kann*. Die weiteren Anordnungen bestehen dann in Beweisregeln. Lag die behauptete Beiwohnung zwischen dem 300. und dem 180. Tage vor der Niederkunft, so ist damit eine vom Beklagten zu widerlegende Vaterschaftsvermutung begründet. Die Widerlegung kann auch dadurch geschehen, daß der Beklagte mit Hilfe von Sachverständigen aus dem Reifegrad des Kindes nachweist, die generelle Konzeptionszeit (300.—180. Tag) sei im aktuellen Falle physiologisch unzutreffend. Wenn die in Frage stehende Beiwohnung zwischen dem 350. und dem 301. Tage vor der Geburt liegt, so ist damit eine Vermutung ihrer Kausalität für die Niederkunft nicht gegeben. Die Beweislast wird also zu ungunsten des Kindes verschoben. Es hat — ohne Hilfe von Vermutungen — seine Abstammung vom Beklagten zu erweisen. Dieser Beweis ist natürlich sehr schwer. Doch kann er z. B. auch dadurch geführt werden, daß ein der behaupteten langen Schwangerschaft entsprechender Reifegrad des Kindes dargetan wird. (Darin liegt gewissermaßen die Begründung einer individuellen oder aktuellen Vermutung für die Kausalität, trotz Fehlens der generellen Präsumption.) Doch kann auch z. B. bewiesen werden — eventuell durch Zeugeneid der Mutter — daß der Beklagte der Vater sein müsse, da ein anderer Beiwohner nicht in Frage komme. Natürlich muß das Gericht hier Vorsicht walten lassen und alle Umstände einzeln und in ihrem Zusammenwirken eingehend würdigen.

Bemerkt darf noch werden, daß auch für den § 1592 B.G.B. die Festlegung einer 350tägigen Maximaldauer der Schwangerschaft als Klagerhebungstatsache für die Ehelichkeitsfeststellung angezeigt erschiene. Durch diese Regelung scheint mir beiden Parteien am meisten Gerechtigkeit zu widerfahren und der Erforschung der Wahrheit am besten gedient zu sein. Der Richter hat im Prozeß selbst die gleiche Ermessensfreiheit, wie er sie nach den skandinavischen Systemen hat, ohne daß einer allzu willkürlichen und nutzlosen Mehrung von unbegründeten Paternitätsklagen durch das Fehlen einer zeitlichen Begrenzung für die Rechtserheblichkeit der Beiwohnung die Tür geöffnet wäre und ohne daß allzu große Variationen in der Praxis der einzelnen Gerichte zu befürchten wären.

e) Die Einrede der mehreren Beihälter.

(Exceptio plurium concumbentium.)

Das Hinausfallen des von dem klägerischen Kinde behaupteten Beischlafs über die Grenzen der gesetzlichen Konzeptionszeit schaltet diese Beiwohnung von vornherein für die Begründung einer Klage aus. Es entsteht überhaupt keine Rechtsvermutung für die Vaterschaft.

Der Nachweis der Unmöglichkeit der Vaterschaft hingegen kommt erst in Frage, wenn eine Vermutung besteht; er richtet sich gar nicht gegen die Vermutung als solche, sondern unmittelbar gegen die vermutete Tatsache, die Vaterschaft, indem er diese positiv widerlegt, und damit die Vermutung als unanwendbar auf den speziellen Fall dartut.

Die Einrede der mehreren Beihälter negiert nicht die Vaterschaft selbst, sondern sie zerstört die Präsumptionskraft der erwiesenen Beiwohnung. Wenn nämlich die schwedischen Motive (S. 160) sagen: „die Präsumption der Vaterschaft wird durch die exceptio plurium abgeschwächt", so befinden sie sich in einem grundlegenden, logischen Irrtum. Die Präsumption ist eine rein juridische Angelegenheit. Sie kann nur bestehen oder nicht bestehen; von einer „Abschwächung" kann keine Rede sein. Die Präsumption wird aber zerstört, wenn ihr der Boden entzogen wird, auf dem sie aufgebaut ist: die Schlüssigkeit und die Wahrscheinlichkeit des kausalen Zusammenhanges zwischen vermutungbegründender und vermuteter Tatsache. Sie wird zerstört mit dem Augenblick, wo die Schlüssigkeit des Präsumptionsfaktums (der Beiwohnung), für das Präsumptionsziel (die Schwängerung) keine Wahrscheinlichkeit mehr ist, sondern nur noch eine Möglichkeit. Darin liegt ja der Unterschied zwischen der Einrede der Unmöglichkeit der Vaterschaft und der exceptio plurium: jene erweist die Unrichtigkeit des Schlüssigkeitszieles unmittelbar. Diese hingegen erweist nur die Unanwendbarkeit der Schlußmethode.

So zeigt sich denn, wenn wir einmal nur von der Vaterschaft selbst, nicht von der Unterhaltspflicht sprechen, daß die Vaterschaft und die exceptio plurium notwendige, untrennbare Korrelate sind. Hebe ich die exceptio plurium auf, so ist damit die Verwandtschaft als Fundament der rechtlichen Beziehungen zwischen dem unehelichen Kinde und seinem — nicht „Vater" sondern — Ernährer unmöglich gemacht.

Das Kind der verheirateten Frau hat — auf Grund der allgemeinen Sitte und des Wertes, den diese der Ehe beimißt — einen Vater. Das Kind der unverheirateten Frau muß ihn sich suchen. Der Ehemann befindet sich also gegenüber dem von seiner Gattin geborenen Kinde in der Angriffsstellung, der Liebhaber einer unehelichen Mutter steht gegenüber deren Kind in der Defensive. Daß dem so ist, läßt sich nicht ändern. Wenigstens nicht in dem Sinne, daß wir das uneheliche Kind in eine gleich günstige Lage setzen, wie das von der Ehefrau geborene. Und daß wir die — sagen wir: prozeßrechtliche — Gleichstellung herbeiführen, indem wir auch vom Kind der Ehefrau den Beweis seiner Abstammung vom Manne verlangen, ist als bloßer Gedanke schon lächerlich genug.

Eben weil aber das Gesetz erkannte, in welch prekärer Lage sich von Natur das uneheliche Kind befindet, half es ihm dadurch, daß es ihm den ungeheuer schweren, unmittelbaren Beweis seiner Abstammung erließ und nur den Beweis einer Beiwohnung forderte, welche dem Zeitpunkte ihres Stattfindens nach physiologisch kausal für die Empfängnis sein kann. Da man im allgemeinen die sexuellen Beziehungen der Frau — auch die unehelichen — wenigstens in der Weise für monogamisch hält, daß während eines gewissen Zeitraumes nur einem Mann der sexuelle Verkehr gestattet wird, so konnte man sehr wohl der erwiesenen Beiwohnung (binnen der Empfängniszeit) präsumptive Kraft geben. Zwischen Eheleuten vermutet man das Stattfinden des sexuellen Verkehrs (§ 1591 [2] B.G.B.) aus dem Bestehen der Ehe und ihrem bürgerlichen Sinne und dessen monogamischen Charakter. Für zwei unverheiratete Personen verschiedenen Geschlechtes muß der sexuelle Verkehr nachgewiesen werden; geschah das aber, so wird zunächst die Monogamie — wenigstens auf der weiblichen Seite, auf der allein sie von rechtlicher Bedeutung ist — als gegeben erachtet.

Gerade darum aber, weil nur die Vermutung der Ausschließlichkeit des sexuellen Verkehrs überhaupt die Möglichkeit gibt, von der Beiwohnung auf die Zeugung zu schließen, gerade darum muß die exceptio plurium für den Nachweis der Vaterschaft zerstörend wirken. Denn sie nimmt der Beiwohnung das, was sie schlüssig macht: die wahrscheinliche Ursächlichkeit, welche ihrerseits in der Vermutung des monogamischen Charakters des Sexualverkehrs begründet liegt. Handelt es sich um die Vermutung eines Rechtsverhältnisses, das gleichzeitig zwischen einem Anspruchsberechtigten und mehreren Anspruchsgegnern bestehen kann, so wird die Erfüllung des Vermutungs-Indiziums in der Person mehrerer Anspruchsgegner zu einer Solidarität derselben führen können (doch wäre auch das eine bedenkliche Folgerung). Wo es sich aber, wie hier um ein Rechtsverhältnis (die Verwandtschaft aus Abstammung) handelt, das seiner Natur nach nur zwischen zwei Personen bestehen kann, da muß die Erfüllung des vermutungbegründenden Tatbestandes (der Beiwohnung) in der Person mehrerer möglicher Anspruchsgegner notwendig zur Unbeweisbarkeit des Rechtsverhältnisses (der Vaterschaft) und damit zur Unmöglichkeit seiner prozessualen Verwirklichung führen. (Vgl. Mot. B.G.B. S. 885.)

Es ist eine folgenschwere Irrung, wenn die schwedischen Motive (S. 161) und mit ihnen eine Reihe von Schriftstellern behaupten: „wer der unehelichen Mutter binnen einer bestimmten Zeit beigewohnt hat, der hat die Voraussetzungen für das »Vaterwerden« erfüllt, muß somit als Vater herangezogen werden können." Die Beiwohnung ist gar nicht die Voraussetzung für das Vaterwerden. Sie ist nur die äußere Tatsache, aus welcher das Gesetz auf die Vaterschaft schließt. Die unmittelbare Voraussetzung des Vaterwerdens ist die Zeugung.

Und wenn dieser Akt — theoretisch gesprochen — aus mehreren möglicherweise für ihn ursächlichen Beiwohnungen geschlossen werden könnte, so kann er — praktisch — aus keiner geschlossen werden.

Wir kämen mit dieser falschen Argumentation zu einem logisch so unklaren Rechtszustand, wie wir ihn nachher in den skandinavischen Rechten erkennen werden. Die Möglichkeit der Vaterschaft kann nicht zum Fundament für die Begründung einer Verwandtschaft werden — nicht einmal in dem halben Sinn, in welchem das B.G.B. die Verwandtschaft in unserem Falle anerkennt, nämlich als bloßen Rechtsgrund der Alimentationspflicht.

Aber man könnte, wenn nicht die Vaterschaft, so doch die Unterhaltspflicht von der exceptio plurium unabhängig machen. Bevor wir uns mit dieser Frage befassen, lassen wir aber das Recht des Auslandes kurz Revue passieren.

In England ist zwar der Beweis der Beiwohnung Mehrerer zugelassen; aber er wirkt nicht zwingend dahin, daß der Unterhaltsanspruch des Kindes entfällt.

Die Schweiz kennt keine exceptio plurium concumbentium im eigentlichen Sinne. Sie hat anstelle dessen im Art. 314 [2] Z.G.B. die allgemeine Vorschrift: „Die Vermutung" (scil.: der Vaterschaft) „fällt weg, sobald Tatsachen nachgewiesen werden, die erhebliche Zweifel über die Vaterschaft des Beklagten rechtfertigen." Das ist also eine bedeutend erweiterte Form der exceptio plurium, d. h. eine Formel, welche natürlich auf die Beiwohnerschaft mehrerer, als besonders eklatanten Spezialfall der Zweifelhaftigkeit der Vaterschaft, anwendbar ist. Außerdem wird aber im Art. 315 Z.G.B. noch ein zwingender Klagabweisungsgrund gegeben: der „unzüchtige Lebenswandel" der Mutter, nachgewiesen für die Zeit der Empfängnis. Diese Spezialfrage wird uns später noch beschäftigen.

Holland gibt im Art. 344a Abs. 3 Ziff. 1 der Einrede der mehreren Beihälter Raum in dem gleichen Sinne, wie unser B.G.B. Außerdem aber fügt es in Ziff. 2 noch dieselbe allgemeine Formel an, welche auch das schweizerische Z.G.B. hat: „indien de regter in gemoede overtuigd is, dat de verweerder niet is de vader van het kind." Also auch hier: eine allgemeine, dem Ermessen des Richters freien Spielraum gewährende Regel und außerdem eine für einen bestimmten Tatbestand gefaßte, zwingende.

In Portugal ist die exceptio plurium hinsichtlich der Ansprüche des Kindes durch das Familiengesetz vom 25. 12. 1910 als rechtsunerheblich erklärt. Dagegen ist sie aufrecht erhalten in Ansehung der Ansprüche der **Mutter** gegen ihren Schwängerer.

Ungarn kennt die exceptio plurium nicht. Aber statt ihrer besteht dort die Einrede des „liederlichen Lebenswandels, der in der Gerichtspraxis als gleichbedeutend mit „gewerbsmäßiger Unzucht“ aufgefaßt wird und somit nur eine besonders krasse Form der Beiwohnerschaft Mehrerer darstellt.

Finnland kennt zwar in seinem bisherigen Recht die exceptio plurium, doch ist ihre Wirkung in der Praxis verschieden gewesen. Teils sah man durch ihren Nachweis die Unterhaltspflicht als vernichtet an, teils auch begründete sie eine Solidarschuld der sämtlichen Beihälter.

Der neue Entwurf steht auf fast dem gleichen Boden, wie das gleich zu besprechende norwegische Recht.

Dänemark unterscheidet scharf zwischen der Vaterschaft und der Unterhaltspflicht. Die Beiwohnung mehrerer Männer binnen der Konzeptionszeit schließt die Feststellung der Vaterschaft aus. (§ 13 [1].) Hingegen führt sie nach § 14 [3] zu einem Solidarschuldverhältnis der mehreren Beiwohner auf den dem Kind zu leistenden Unterhalt.

Das alte norwegische Recht kannte die exceptio plurium überhaupt nicht. Die Folge davon war nicht nur, daß einfach der Nächste-beste, dem sexueller Verkehr mit der Kindsmutter nachgewiesen wurde, als Vater angesehen ward, sondern — wie uns die Motive zum neuen Gesetz (ot. prp. 5./1914 S. 49) mitteilen, es kam mehrmals sogar dazu, daß mehrere Männer als Väter eines Kindes verurteilt wurden.

Das neue Recht hat nun eine ähnliche Regelung getroffen, wie sie in Dänemark besteht, nur in einer minder klaren Form. Nach § 13 [1] wird als Vater derjenige verurteilt, welcher der Mutter in der einrechnungsfähigen Zeit beigewohnt hat, es sei denn, daß entweder die Annahme der Beiwohnerschaft Mehrerer vorliegt oder aus anderen Gründen die Vaterschaft des Beklagten zweifelhaft erscheint. Damit ist also implicite auch der liederliche Lebenswandel einbezogen. Einerseits als ein Grund für die richterliche Annahme der Beiwohnerschaft Mehrerer — die ja in Norwegen nach dem Wortlaut nicht positiv nachgewiesen werden muß („... saafremt... retten ikke finder grund til, at anta, at moren har hat samleje med nogen anden —“; anderseits als ein Tatbestand, welcher generell die Vaterschaft des Beklagten zweifelhaft macht.

Die Unterhaltspflicht aber besteht auch auf Grund der bloßen Beiwohnung, gemäß § 17 [1]. Und für ihre näheren Modalitäten bestimmt § 22 [2], daß sie von den mehreren Beitragspflichtigen zu gesamter Hand zu übernehmen ist; jedoch wird für jeden von ihnen ein seinem Vermögen entsprechender Anteil an der Gesamtschuld durch den Richter festgestellt. Nach § 22[1] werden auch die Ansprüche der Mutter durch die Beiwohnerschaft mehrerer nicht irritiert.

Schweden endlich hat eine sehr verhängnisvolle Bestimmung in seinem § 26: als Vater wird verurteilt, wer es, mit Rücksicht auf die Zeit, zu welcher er der Mutter beigewohnt hat, sein kann. Nur der positive Gegenbeweis der Unmöglichkeit der Vaterschaft ist zugelassen.

Für das alte schwedische Recht vertreten allerdings Nehrmann („Föreläsningar öfver ärvdabalken", 1752) und Westdahl („Uttydning öfver Sveriges riges lag", 1770) die Gesamthaftung aller Konkumbenten. Aber die Praxis hat ihre Auffassung nicht übernommen. Und merkwürdigerweise ließ es das neue Gesetz von 1917 bei der alten Anschauung, obgleich es, über die bloße Alimentationspflicht hinausgehend, Vaterschaft und Verwandtschaft zwischen Vater und unehelichem Kind anerkennt.

Nicht ohne Interesse mag es sein, daß das alte Koburgische Gesetz vom 28. 7. 1858, artt. 10; 25; 30 und der bayerische codex Maximilianus, I. 4. § 9 Ziff. 4 in Ablehnung der exceptio plurium jeden Beihälter pro rata und alle untereinander subsidiaer auf den Unterhalt haften lassen —: also eine Umkehrung der Solidarität.

Das B.G.B. läßt die exceptio plurium zu, da es auf dem Boden der Blutsgemeinschaft als Element der Rechtsbeziehungen zwischen Vater und unehelichem Kinde steht.

Zu ihrer Begründung ist notwendig der Nachweis des sexuellen Verkehrs der Mutter mit wenigstens noch einem anderen Manne binnen der einrechnungsfähigen Zeit. Und zwar muß sowohl mindestens ein Beiwohnungsfall nachgewiesen werden als auch der Mann, welcher der Mutter außer dem Beklagten noch beigewohnt haben soll, individuell gekennzeichnet sein (sei es durch Angabe seines Namens, sei es durch andere eindeutige Angaben).

Hinsichtlich des rechtlichen Wesens der Einrede der mehreren Beiwohner sagen die Protokolle (IV. 679), sie sei „keine Einrede im technischen Sinn, vielmehr negative Litiskontestation mit Umkehrung der Beweislast". Dies stimmt überein mit dem, was wir oben schon über den Charakter der exceptio plurium gehört haben; es ist aber zugleich auch eine unzweideutige Widerlegung jener Ansicht, dem Kinde stehe gegen die exceptio plurium des Beklagten nicht die Replik zu, der andere Konkumbent könne unmöglich der Vater sein. Denn, wenn durch die erfolgreiche Anwendung der exceptio plurium „die Beweislast umgekehrt" wird, so muß ja dem Kinde nunmehr der Beweis erlaubt sein, der bisher seinem Gegner offen stand. — Der Wortlaut des § 1717[1] zeigt das auch ganz klar.

Es ergibt sich, daß in vielen Fällen die Klage auf Feststellung der Vaterschaft abgewiesen werden muß. Das erscheint nun vielen Schriftstellern unbillig und zwar deshalb, weil die exceptio plurium vom Manne oft genug mißbraucht werde. Er führe sie absichtlich herbei, um dadurch sich den unangenehmen materiellen Folgen zu entziehen, die sein sexueller Verkehr mit sich bringen könne.

Darum wird vielfach behauptet, es stehe dem klägerischen Kinde de lege lata eine replica doli gegen die beklagtische exceptio plurium concumbentium zu. (So u. a. Scherer a. a. O., dagegen Staudingers Kommentar bei § 1717, Anm. 3, b, 8.)

Der in Seufferts Archiv (LXX. 143) wiedergegebenen Entscheidung liegt folgender Tatbestand zugrunde: X wohnte der Kindsmutter in einer Kammer bei. Er hatte vorher mit dem Y verabredet, er, X werde unter einem Vorwand für kurze Zeit sich entfernen, um gleich wieder zu kommen. Statt seiner solle aber dann Y sich in die Kammer begeben und solle nunmehr seinerseits mit dem Mädchen, das ihn in der Dunkelheit für den X halten werde, den Beischlaf vollziehen. Die Täuschung gelang.

In dem Urteil heißt es nun: „haben sonach X und Y in bewußter und gewollter Weise zusammengewirkt, um gegenüber den Ansprüchen des Kindes gegen X die Einrede der mehreren Zuhälter aus § 1717 zu schaffen, und ist infolge dieser Einrede das Kind mit seiner Klage gegen X abgewiesen und um seine Rechte gegen X gebracht worden, so erscheint damit auch rechtlich die vom Kind in Anspruch genommene Schadenshaftung des X durchaus begründet."

Ist nun dieses Urteil mit unserem geltenden Gesetze zu rechtfertigen?

Vor allem müssen wir nach den Voraussetzungen der Schadenshaftung fragen.

Der § 823 B.G.B. würde an sich zutreffen. Es ist das Recht des Kindes auf den Unterhalt verletzt; und zwar in vorliegendem Falle durch eine vorsätzliche Handlung. Auch § 826 B.G.B. käme in Betracht. Aber der schwierige Punkt, über den wir nicht hinauskommen, und der auch Schweizer und Wurzer, die für die Schadenshaftung besonders nachdrücklich eintreten, viel zu schaffen machte, dieser Punkt ist die Frage nach dem Anspruchsberechtigten; in dem Augenblick, wo der Mann die schädigende Handlung begeht (die dolose Herbeiführung der exceptio plurium), existiert ja das Kind noch gar nicht! Schweizer (Jur. Woch.-Sch. 1911, S. 697) argumentiert nun: „Nach § 826 B.G.B. ist nicht notwendig, daß ein bestehendes Recht verletzt werde, sondern es genügt auch der Nichterwerb eines Rechtes, was auch ein Schaden ist. Darum muß das Kind also nicht zur Zeit der Tat schon existieren." Auch Wurzer („Recht" 1912 S. 226 ff.) begründet in ähnlicher Weise. Er will dem Kinde aus § 826, der Mutter aus § 823 und § 825 B.G.B. einen Schadenersatzanspruch gewähren.

Aber diese Konstruktionen sind gekünstelt. Gesetzt sogar, der § 826 B.G.B. sei im Sinne Schweizers auszulegen, so müßte doch immerhin schon eine Anwartschaft auf das Recht bestehen, dessen Erwerb dann dolo malo vereitelt wurde, der Anspruchsberechtigte müßte also doch schon existiert haben. Schweizer will sich mit dem Beispiele helfen: X hat eine Höllenmaschine mit einjähriger Verzögerung konstruiert; als sie nach einem Jahre explodiert, führt sie den Tod eines 6 Monate alten Kindes herbei. Der Täter sei für den Tod dieses Kindes sowohl straf- als zivilrechtlich ebenso verantwortlich, als ob es sich um den Tod eines Menschen handelte, der zur Zeit der Tat (der Herstellung der Höllenmaschine) schon gelebt habe. Aber diese Analogie kann nicht anerkannt werden: die zivilrechtliche Haftung entspringt hier aus einer strafbaren Handlung. Strafrechtlich aber ist die Verantwortlichkeit gegeben, insoferne (im Sinne einer Erfolgshaftung) der Täter jeden voraussehbaren Erfolg seiner verbotenen Handlung auf seine Schultern zu nehmen hat. Wo aber ein strafbarer Tatbestand nicht vorliegt, kann doch in der Tat nur eine im Zeitpunkt der schädigenden Handlung existente Person als geschädigt in Frage kommen. Es ist doch ganz unmöglich, dem Kinde aus demselben Akt, der ihm das Leben überhaupt gab, einen Schadenersatzanspruch dafür zu gewähren, daß es in diesem Leben einen Nachteil gegenüber anderen habe.

Die oben zitierte Entscheidung sieht das auch ein und meint darum: es handle sich gar nicht um den Ersatzanspruch eines noch nicht Lebenden, sondern um den eines nasciturus. Denn zur Zeit der schädigenden Handlung habe das Kind schon existiert, es sei schon gezeugt gewesen. Aber das ist aus drei Gründen falsch: 1. Kann man nicht entscheiden, ob der Coïtus des X oder der des Y zur Empfängnis führte. 2. findet die Befruchtung selbst meist erst geraume Zeit nach dem Vollzug der Beiwohnung statt, so daß man nicht ohne weiteres annehmen kann, das Kind sei schon ein nasciturus gewesen im Augenblick der 2. Beiwohnung, selbst wenn man für erwiesen hielte, daß es aus der ersten Beiwohnung stamme. Endlich aber ist 3. der Grundsatz „nasciturus pro jam gnato habetur" vom B.G.B. durchaus nicht allgemein aufgestellt, sondern nur pflegschaftlich und erbrechtlich. (Vgl. übrigens auch Schweizer in Jur. Woch.-Sch. 1912 S. 555.).

Wir kommen, bei aller noch so kunstvollen und spitzfindigen Beweisführung nicht darüber hinaus, daß eben die Konstruktion eines Schadenersatzanspruchs des Kindes aus der dolosen Herbeiführung der exceptio plurium nur eine wohlgemeinte Insinuation ist.

Nun kann man wohl in dem der oben zitierten Entscheidung zugrundeliegenden Fall der Mutter des Kindes einen Schadenersatzanspruch aus § 825 und § 823 zusprechen. Sie ist hinterlistig zu einer zweiten, die exceptio plurium begründenden Beiwohnung mißbraucht worden. Diese Konsequenz ist vollkommen klar.

Wir werden von der Frage dieser Haftung aus der dolos herbeigeführten exceptio plurium noch bei Besprechung der Reform zu handeln und dort die allgemeinen rechtlichen Grundlagen zu besprechen haben. Hier sei nur noch festgestellt: dem Kinde kann und will das B.G.B. einen solchen Anspruch nicht geben, weil der Unterhaltsanspruch des Kindes nur aus der natürlichen Abstammung, nicht aber aus einer Obligation herrühren kann.

Der von vielen Schriftstellern geführte heftige Kampf gegen die exceptio plurium de lege ferenda nimmt zum großen Teil seinen Ursprung nur von der „Billigkeitserwägung" her, man könne doch das Kind nicht darunter leiden lassen, daß der Mutter in der einrechnungsfähigen Zeit mehrere Männer beigewohnt haben. Diese Billigkeitserwägungen wuchern in unserer neueren Rechtsentwickelung mehr und mehr. Sie führen zur Ausschaltung der logischen und philosophischen Grundlagen des Rechtes und damit zu einer Kasuistik, die ins Uferlose geht. Die besten Beispiele dafür haben wir an den skandinavischen Rechten, in denen irgend ein leitender Grundsatz überhaupt nicht mehr zu finden ist; so trefflich die dort verwirklichten Ideen im einzelnen sein mögen, so wäre doch nichts bedenklicher, als, um der Möglichkeit ihrer Nachahmung willen, diese Systemlosigkeit mitzuübernehmen.

In Ansehung der Feststellung der Vaterschaft kann die exceptio plurium nicht abgeschafft werden. Das sahen wir schon oben (S. 226 ff.). Es führt — wie das schwedische Gesetz zeigt — unbedingt zum Prinzip der Möglichkeit der Vaterschaft als Grundlage — nicht etwa der Alimentationspflicht, was noch nicht das Schlimmste wäre, sondern als Fundament der Verwandtschaft. Es ist demnach ein reiner Zufall, wer der gesetzliche Vater wird, ein Zufall, der von der Wahl und Willkür der unehelichen Mutter abhängt. Das geben die schwedischen Motive auch unumwunden zu (S. 162), meinen aber, es als notwendige Begleiterscheinung mit in Kauf nehmen zu können, „da ja aus der so festgestellten Verwandtschaft kein Erbrecht hervorgehe, die berechtigten Interessen Dritter also nicht gefährdet würden!"

Es wäre also nur zu erwägen, ob wir nicht die exceptio plurium ausschalten sollen im Hinblick auf die Unterhaltspflicht allein. Das würde bedeuten, daß wir, wie Norwegen, zwei Formen der Unterhaltspflicht bekämen: die eine aus der Vaterschaft — wo eine solche festgestellt werden kann, — die andere aus der Möglichkeit der Vaterschaft, d. h. aus der Beiwohnung selbst.

Die Gründe, welche dafür geltend gemacht werden, sind mannigfach genug. Aber sie reichen alle zusammen nicht aus, um die Aufhebung der exceptio plurium zu rechtfertigen. Von vorneherein darf ich mich auf die glänzenden Ausführungen E. v. Liszt's (a. a. O. S. 52—64) zugunsten der Aufrechterhaltung der Einrede der mehreren Beiwohner berufen.

Es gibt keinen Billigkeitsgrund, keine noch so kühne und geniale Konstruktion, welche den Gesetzgeber in seinem Bestreben wankend machen dürfte, g e r e c h t zu sein, d. h. ihn verleiten dürfte, erweisbare Rechte zu ignorieren oder vollkommen unerweisbaren Ansprüchen zur Verwirklichung zu verhelfen. Da aber die Beiwohnung bei Konkurrenz mehrerer Konkumbenten in der Tat n i c h t s für die Vaterschaft und darum auch nichts für die n u r aus dieser entspringenden Unterhaltsansprüche des Kindes sagt, so h a n d e l t es sich hier um unerweisbare Ansprüche. Oder wollen wir wieder in den — gottlob überwundenen — Fehler zurückfallen, die Beiwohnung zur Anspruchsbegründung heranzuziehen und damit in das alte Gleise der Deliktsobligation geraten?

In der D. J. Z. 1917 S. 318 bei Gerson und auch in den schwedischen Motiven (S. 162) findet man gegen die exceptio plurium das Argument, sie diene oft nur zur Prozeßverschleppung und werde darum vom Beklagten versucht, auch wo er selbst kaum hoffe, mit ihr durchzudringen. Mit Recht bemerkt dagegen Kluckhohn (Zeitschr. f. Rechtspfl. in Bay. 1918 S. 211 ff.) es gehe doch nicht an, wegen prozessualer Mängel das logisch erkannte materielle Recht zu beugen. Dagegen müssen andere Mittel gefunden werden. Und sie s i n d gefunden in der Depositionspflicht des Belangten aufgrund einstweiliger Verfügung.

Wenn gar der schwedische Entwurf hinzufügt, die exceptio plurium führe zu skandalösen Erörterungen im Prozeß, so muß über die Unsachlichkeit dieses Einwandes gestaunt werden. Die Anstößigkeit der Wahrheit kann den Richter nicht hindern, sie zu erforschen, den Gesetzgeber nicht abhalten, ihre Erforschung zu fordern. Der Gerichtssaal ist kein ästhetischer Salon. Und im Uebrigen kann durch Takt und sachliche Behandlung auch das Anstößige allgemein diskutabel gemacht werden. Darauf hinzuwirken ist Sache des Richters. Und die Möglichkeit des Ausschlusses der Oeffentlichkeit auf Wunsch der Parteien oder der Mutter als Zeugin, wie wir sie gefordert haben (vgl. S. 206) mildert an sich die Peinlichkeit der Verhandlung erheblich.

Wenn immer wieder von der Tatsache gesprochen wird, der Mann habe den Genuß der Beiwohnung gehabt, solle also auch die Folgen davon tragen, so ist das eine Konsequenz von sonderbarer Moral. Damit würde sich die Unterhaltspflicht einfach als eine Art „Sündenlohn" darstellen, würde stark in die Delikt-Haftung hinüberschillern. Es ist von recht fragwürdigem Werte für das Kind, wenn ihm von mehreren Beiwohnern der Mutter solidarisch der Unterhalt zu gewähren ist. Das dänische Gesetz sah diese häßliche Konsequenz voraus und traf darum eine recht sinnreiche Sonderbestimmung: „Es obliegt dem Vormundschaftsrat, Sorge dafür zu tragen, daß ein Kind, für welches mit Wissen des Vormundschaftsrates Unterhaltsbeiträge von mehreren Männern geleistet werden, nicht als Pflegekind an einem Ort untergebracht wird, wo seine Umgebung diese Umstände kennt, wenn Grund zu der Befürchtung vorliegt, das Kind könne davon Schaden leiden." (§ 9[4].).

Eine recht lächerliche Begründung scheint mir die zu sein, es sei doch eine Farce, von der unehelichen Mutter sexuelle Treue gegenüber dem Vater des Kindes, ihrem Liebhaber, zu fordern. Als ob es sich da um irgendwelche moralische Forderungen handelte! Kein Mensch denkt daran, der Mutter eine solche Pflicht aufzuerlegen. Aber wenn sie einem anderen Manne die Beiwohnung gestattet, so muß sie eben die rechtlichen Folgen dieser Handlungsweise ihrem Kinde gegenüber tragen. Dem Mann gegenüber hat sie keine Pflichten. Aber dem Kind gegenüber. Wenn sie sich einem zweiten Mann binnen der Empfängniszeit hingibt, so macht sie dem Kinde den Vaterschaftsbeweis unmöglich und ist ihm darum verantwortlich für den Unterhalt. So will es das geltende Recht und so ist es ganz natürlich und selbstverständlich.

Wenn man endlich die moralischen Folgen der Gewährung der exceptio plurium als Gegenargument heranzieht, wenn man sagt, der Mann beute die Möglichkeit der Einrede zu seinen Gunsten aus, so ist diese Beweisführung deshalb schon sehr schwach, weil jede rechtliche Möglichkeit widerrechtlich ausgebeutet werden kann. Darin liegt ja das Wesen des Spitzbubentums. Und man sollte doch auch bedenken, daß die Abschaffung der exceptio plurium nur den Stiel umdrehen würde. Wer hätte denn den Vorteil davon? Nicht das Kind, sondern jene Sorte liederlicher Mütter, deren Geschäft schon heute darin besteht, für ein uneheliches Kind von einem halben Schock Männern Abfindungen, Alimente und Schweigegelder zu bekommen. Zugegeben, daß mancher Mann sich mit Hilfe der exceptio plurium concumbentium böswillig um seine Verpflichtungen herumdrückt. Das ist nur ein Grund, um das Institut zu verbessern, die Auswege, die es dem Schuften bietet, zu verengen, die Lücken zu schließen; aber nicht, um das ganze Institut zum alten Eisen zu werfen. Ganz richtig sagt v. Liszt (a. a. O. S. 12), „daß nicht coûte, que coûte ein Alimentator, sondern der Vater für das Kind gesucht werden soll." In diesem Sinne müssen wir trachten, eine möglichste Geschlossenheit der Beweisführung zu erreichen und dem gewissenlosen Schürzenjäger seine unsauberen Experimente zu legen.

Es ist m. E. ein nicht zu übersehendes Motiv für die Beibehaltung der exceptio plurium, daß dadurch die Mutter in ihrem und des Kindes Interesse veranlaßt wird, auch in ihrem unehelichen Sexualleben eine gewisse Monogamie zu beobachten. Es soll hier nicht doppelte Moral gepredigt werden; aber die Monogamie ist nun einmal bei der Frau von viel höherer Bedeutung, als beim Manne. Bei ihr wirkt die Beiwohnung, wenn sie zur Empfängnis geführt hat, noch 3/4 Jahre lang körperlich nach. Beim Manne ist es ein actus perfectus mit der physischen Beendigung der Beischlafshandlung. Freilich darf man nicht so weit gehen, zu behaupten, die Abschaffung der exceptio plurium fördere das Dirnentum und die Prostitution, indem die von einem Habenichts Geschwängerte sich alsbald einen Crösus suche und ihn zum Beischlaf verleite. (So Mot. B.G.B. S. 886/887.) Es ist nicht gerade anzunehmen, daß die Moral der Weiblichkeit dadurch erheblich verschlechtert würde —; aber sicher ist, daß man den an sich schlechten weiblichen Elementen ihr Handwerk erleichtern würde.

Dem unehelichen Kinde kann man einen Anspruch beim Vorliegen der exceptio plurium nicht geben. Seine Ansprüche stehen in notwendigem und unlösbarem Zusammenhang mit der natürlichen Abstammung und die Konstruktion eines obligatorischen Anspruches könnte weder rechtlich gehalten noch sozial gutgeheißen werden. Man mag immerhin sagen, das arme Kind leide dergestalt unter der Liederlichkeit seiner Mutter —: es ist nicht zu vermeiden! Und leidet nicht endlich auch das Kind der Syphilitikerin unter der Liederlichkeit seiner Mutter, ohne daß ihm geholfen werden kann? Es ist nun einmal das Traurige, daß wir von unseren Eltern und Ahnen Ketten ins Dasein mitbekommen, die wir nicht abtun können, die wir durchs Leben mitschleppen müssen, ebenso wie uns das Erbe der Vorfahren einen Halt im Leben gibt. — Das Schlimmste ist jedenfalls, daß wir dem Kinde beim Vorliegen der exceptio plurium keinen Vater geben können. Die Unterhaltsfrage, um die allein es sich handeln kann, ist ja dadurch schon gelöst, daß die Mutter unterhaltspflichtig ist und im Fall ihrer Unfähigkeit der Staat.

Doch wäre immerhin zu überlegen, ob man nicht der Mutter einen Anspruch auf Ersatz ihrer Auslagen für das Kind gegen die mehreren Beiwohner geben will. Das norwegische und dänische Gesetz, welche ja überhaupt der Mutter den Unterhaltsanspruch gewähren, verfahren in dieser Weise. Und wir sahen, daß nach dem geltenden Rechte die §§ 823 und 825 B.G.B. in gewissen Fällen zweifelsohne anwendbar sind. Aber wenn wir der Sache auf den Grund gehen, kommen wir zu sonderbaren Konsequenzen.

Die Entscheidung bei Seuffert (LXX. 143) spricht von „bewußtem und gewolltem Zusammenwirken“ der Constupratoren. Mit Recht; denn die Arglist, d. h. die Absicht, ein eventuelles Kind um den Unterhalt zu prellen, bezw. sich die Unterhaltsleistung zu ersparen, ist offensichtlich das Wesentliche. Nun wird aber die Zahl der eklatanten Fälle, wie der genannten Entscheidung einer zugrunde liegt, kaum recht groß sein. Nebenbei bemerkt: ich glaube überhaupt nicht daran, daß ein Mädchen von einer solchen Personenvertauschung nichts merkt. Wenn aber Gewalt, Drohung oder Ausbeutung eines willenlosen Zustandes vorliegt, so ist an sich schon eine strafrechtliche Haftbarkeit gegeben — gegenüber der Mutter.

Die Absicht, das Kind um den Unterhalt zu prellen, ist aber nicht nur gegeben, wenn die Mutter getäuscht wird, sondern auch dann, wenn zwei Männer verabredetermaßen mit demselben Mädchen innerhalb der gleichen Zeitspanne verkehren. Der Studenten-Jargon bezeichnet das mit dem zynischen aber treffenden Ausdruck: „G.m.b.H.“ Das bewußte und gewollte Zusammenwirken, welches nach jener Entscheidung das maßgebende Moment sein soll, liegt hier ebenso vor. Und gehen wir noch weiter: macht ein Mann sich an ein Mädchen heran, von dem er weiß, daß es erst vor kurzem mit einem Anderen Verkehr gehabt habe, hat er dabei die Absicht, auf diese Weise sich einen Genuß ohne Risiko zu verschaffen, so ist der dolus ebenso gegeben — nur ist er dann auf einen der beiden „socii“ beschränkt. Die weitere Folge wäre: am sichersten fällt die Haftung auf denjenigen, der eine Dirne gebraucht. Denn da weiß er ganz bestimmt, daß sie auch anderen die Beiwohnung gestattet und er wählt sie deshalb zu seiner Befriedigung, um den Alimenten zu entgehen. Eine wahnsinnige Konsequenz!

Die ganze Schwierigkeit liegt darin, daß eben nicht nur die Arglist des Mannes, sondern auch der Wille der Mutter im Spiele ist und daß den Schaden eine dritte Person hat — das Kind.

Dem Kinde könnte man zwar einen obligatorischen Unterhaltsanspruch geben — wenn es nur zur Zeit der dolosen (oder nach § 823 B.G.B. der fahrlässigen) Handlung schon existiert hätte! Da würde die Einwilligung der Mutter keine Rolle spielen.

Die Mutter könnte an sich wohl einen obligatorischen Anspruch auf Schadenersatz aus der Beiwohnung bekommen; aber in den allermeisten Fällen ist es doch nicht nur die Arglist des Mannes, sondern zugleich der Wille der Mutter, welcher zu der Mehrheit der Beiwohnungen geführt hat. Damit ist die Arglist des Mannes als Verpflichtungsgrund gegenüber der Mutter gegenstandslos gemacht. Aus einer Handlung, die sie selber wollte, kann sie keinen Ersatzanspruch für die ihr erwachsenden Unterhaltskosten herleiten.

Und — meines Erachtens müßte hier die nicht bestreitbare Leichtfertigkeit des Mädchens wirklich als Gesetzgebungsmotiv hinter der absichtlichen Böswilligkeit des Mannes zurückweichen. Es ist genugsam bekannt, mit welchen Mitteln da oft gearbeitet wird; mit welchem Zynismus junge Männer ihre Verhältnisse untereinander verschachern. Mag auch die Schuld des Mädchens zugegeben sein: es wäre doch in vielen Fällen der Grundsatz angebracht, daß die moralische Mitschuld der Mutter gegenüber der bewußten Arglist des Mannes verschwindend gering ist, und darum trotz allem ein Ersatzanspruch der Mutter begründet werden soll. Das wohlerwogene Interesse des Kindes vor allem und auch das des Staates, werden das ihre tun, um einen künftigen Gesetzgeber in diesem Sinn zu beeinflussen. Aber es wäre hiezu unbedingt eine besondere gesetzliche Bestimmung nötig; denn, daß eine solche Haftung des Mannes eine von den logischen Grundrichtungen abweichende Konzession an die bloße „Billigkeit“ ist, kann nicht verkannt werden. Und zwar dürfte es sich empfehlen, diese Sonderbestimmung beim § 825 B.G.B. einzuschalten und nicht in den Komplex der Regeln über das uneheliche Kind aufzunehmen, damit die rein obligatorische Wesensart der Erstazhaftung nicht durch einen äußeren Zusammenhang mit dem Familienrecht getrübt wird.

Es müßte auch mit Sorgfalt darauf geachtet werden, daß wir nicht etwa auf diese Weise eine Kautschuknorm in's Gesetz bekommen, die in ihrer Anwendung zugunsten eines falsch verstandenen vagen Billigkeitsempfindens mißbraucht werden kann. Die in neuerer Zeit auch bei einigen männlichen Schriftstellern zu konstatierende Neigung, den Mann immer als Wolf im Schafspelz, die Frau aber immer als „verführt“ zu betrachten, gibt genug Anlaß zu dieser Befürchtung. Es dürfen nur jene Fälle unter die Bestimmung fallen, wo der Richter wirklich den sicheren Eindruck gewinnt, daß der Mann bewußt arglistig gehandelt hat und das Mädchen „verführt“ war, soweit man von „Verführung“ überhaupt sprechen kann. Die Beweislast ist natürlich der Frau aufzubürden. Die prozessuale Durchsetzung des Anspruchs hätte in einem besonderen Verfahren nach Abweisung der Vaterschaftsklage zu erfolgen, in einem

Verfahren, worin die Mutter dem Konkumbenten klägerisch gegenüber steht.

Dabei ist aber wohl zu bedenken, daß da, wo der Wille der Mutter doch nicht ganz ausgeschaltet war, der dolos handelnde Mann immerhin nur zur Leistung dessen verpflichtet werden kann, was er als Vater hätte leisten müssen; denn darin allein besteht der Schaden, welcher der Mutter erwächst. D. h. auf der Mutter bleibt natürlich ihr Anteil an der Alimentationspflicht lasten. Ja, man könnte eigentlich dem Manne nur die Pflicht zur Leistung des Ersatzes für den dem Stande der Mutter entsprechenden Unterhalte auflegen. Denn es handelt sich ja um eine Ersatzpflicht gegen die Mutter, nicht um Unterhaltspflicht gegen das Kind. Aber man kann mittels einer kleinen Abschwenkung zur obligatio ex lege und mit Rücksicht auf die besondere Art dieser Schadenersatzpflicht, die ja in ihrem ganzen Wesen von den allgemeinen rechtlichen Grundsätzen abweicht, doch ausnahmsweise auch diese obligatorische Pflicht nach dem Vermögen des Verpflichteten bemessen. Der Anspruch muß natürlich vererbt werden, damit auch im Falle frühzeitigen Todes der Mutter das Kind sein Auskommen hat. Damit wird dann das Kind selbst anspruchsberechtigt — aber nicht als Kind, aus dem Vaterschaftsverhältnis, sondern aus dem obligatorischen Verhältnis, als Erbe seiner Mutter. Die Alimentationspflicht der Mutter gegen das Kind geht dann — nach den früher entwickelten Regeln auf deren Aszendenten über.

Lag der dolus bei mehreren Männern vor (plures socii), so sind sie natürlich für den Anteil des nicht zu ermittelnden Vaters am Unterhalt solidarisch haftbar und zwar auch unter sich zu Anteilen, die ihren Verhältnissen entsprechen.

Im übrigen wäre de lege ferenda noch darauf hinzuweisen, daß — zur Vermeidung der allzu häufigen Anwendung der exceptio plurium — die gegenwärtigen Beweisanforderungen geändert werden müßten. Zum Teil ist das schon notwendig durch die vorgeschlagene Reform der Empfängniszeit. Als exceptio plurium wirkt an sich die Beiwohnung eines anderen in der Zeit vom 180. bis 350. Tage, also innerhalb der „großen" Konzeptionszeit. Der Beklagte hat die Beiwohnung der Mutter mit einem individuell bestimmten anderen Mann in mindestens einem positiven Fall nachzuweisen. Die Individualisierung der Konkurrenten kann nicht nur durch Namensangabe, sondern auch durch andere individuelle Kennzeichen geschehen.

Dafür soll aber dann der Gegenbeweis des Kindes nicht unnötig erschwert werden. Ich möchte mich nicht gerade den Systemen anschließen, die, wie das norwegische, überhaupt die

Beurteilung der Frage, wer der Vater sei, ganz in das Ermessen des Richters stellen, ohne eine eigentliche Beweisregel als Anhaltspunkt zu geben. Anderseits ist aber v. Liszt aufs Energischste zu bekämpfen, der (a. a. O. S. 63/64) die Unwiderleglichkeit der exceptio plurium verlangt. Er meint, wenn schon die Mitbeiwohnerschaft eines zweiten Mannes nachgewiesen werde, so dürfe man den Mangel ihrer Kausalität für die Empfängnis (durch Beweis der Unmöglichkeit der Vaterschaft) nicht mehr zulassen. Denn in allen diesen Fällen bestehe die Wahrscheinlichkeit, daß auch noch ein dritter oder vierter Mann unbekannterweise im Spiel sei. Aber wir müssen davon ausgehen, daß wir es mit einer Beweisregel zu tun haben. Hat der Beklagte die Beweislast durch die erfolgreiche Anwendung der exceptio plurium von sich abgewälzt, so soll es dem Kinde nicht verwehrt sein, den schwierigen Beweis der Unmöglichkeit der Vaterschaft des Anderen zu erbringen. Es ist zu bedenken, daß unbekannte Tatsachen keine Rolle spielen dürfen. Wenn die Wahrscheinlichkeit der Kausalität des Beischlafs zwischen Mutter und Beklagtem für die Empfängnis durch den Nachweis der Beiwohnung zwischen Mutter und einem Dritten gebrochen ist, so kann sie — unter Berücksichtigung der bekannten und Außerachtlassung unbekannter Tatsachen — durch den Nachweis wiederhergestellt werden, daß der Dritte nicht der Vater sein könne. Es ist unrichtig, zu behaupten: wo ein festgestellter Konkurrent ist, sind wahrscheinlich noch mehrere nicht feststellbare. Die Möglichkeit liegt vor; nicht eine prozessual beachtliche Wahrscheinlichkeit.

Ja, ich möchte in diesem Sinne noch weiter gehen: Wenn zwei Konkurrenten da sind (oder mehrere), dann soll man es mit dem Beweis der Unmöglichkeit der Vaterschaft des zweiten (oder aller bis auf einen) seitens des Kindes nicht so streng nehmen, wie beim Manne, wenn er sich dieses Beweises zu seinen Gunsten bedient. Und das nicht etwa nur „in favorem pupilli.“ Es liegen logische Gründe dafür vor, die im Wesen des Prozesses ihre Rechtfertigung finden. Liefert der Beklagte den Beweis der Unmöglichkeit seiner Vaterschaft, so ist er der Einzige, der bekanntermaßen mit der Mutter verkehrt hat. Die prozessuale Wahrscheinlichkeit seiner Vaterschaft ist also sehr groß und der Beweis, daß er nicht der Vater sei, muß darum geführt werden. Versucht das Kind gegen die exceptio plurium die Replik, daß der Konkurrent des Beklagten nicht der Vater sei, so steht es vor der Möglichkeit der Vaterschaft mehrerer, durch welche die Wahrscheinlichkeit der Vaterschaft des Beklagten zerstört ist. Da sollte es nun m. E. genügen, wenn das Kind nachweist, trotz der Konkurrenz mehrerer sei die Vaterschaft des Beklagten die wahrscheinliche. Natürlich müßte es sich um einen sehr hohen Wahrscheinlichkeitsgrad handeln. Aber den positiven Beweis der Unmöglichkeit der Vaterschaft jedes einzelnen Konkurrenten (oder des einzigen Konkurrenten) des Beklagten braucht man nicht zu verlangen. Denn es sind (und dies gegen v. Liszt) nur diejenigen Beihälter zu berücksichtigen, welche dem Gerichte bekannt sind. Einer von ihnen ist der Vater. Und wenn für einen von ihnen eine überwiegende Wahrscheinlichkeit spricht, so soll er als solcher festgestellt werden. Hier wäre dann vor allem die Frage der Antikonzeptionalien aktuell, deren vollkommene Ignorierung durch unsere Praxis ja schon Neumond (S. 39) bedauert und Staudingers Kommentar verurteilt. Wenn zwei Männer X und Y in der Beiwohnerschaft konkurrieren, wenn X gutwirkende Antikonzeptionalien gebraucht hat und Y keine, so meine ich, kann man ohne die geringsten Bedenken den Y als Vater feststellen. Aehnlich verhält es sich mit der Bedeutung des Reifegrades, den ja die Motive (S. 887 u. 888) hier als Gegenbeweis überhaupt nicht gelten lassen wollen. (Vgl. S. 174.).

Man darf annehmen, daß dadurch einerseits die exceptio plurium als prozessual notwendige und im Sinne der „gerechten" Rechtsprechung unentbehrliche Einrichtung aufrecht erhalten werden kann, anderseits aber ihre unmoralische Ausbeutung durch gewissenlose Männer nach Möglichkeit verhindert ist.

Wir kommen noch zu einer — der exceptio plurium concumbentium verwandten — Einrede, die in mehreren fremden Rechten sich praktisch durchgesetzt hat: zur „Einrede des liederlichen Lebenswandels."

Die exceptio plurium erfordert den Nachweis der Beiwohnung eines bestimmten anderen Mannes innerhalb der Empfängniszeit und zwar den Nachweis der Beiwohnung in einem bestimmten Falle. Wenn wir nun sehen, wie manchmal dem Beklagten der Nachweis der exceptio plurium concumbentium gegenüber dem Kinde der Kellnerin einer Animierkneipe mißlingt, welcher die Spuren eines sexuell exzessiven Lebens ins Gesicht geschrieben sind, so möchten wir in der Tat der Einführung dieser Einrede zustimmen.

Das frühere Deutsche Recht hat schon zum Teil den liederlichen Lebenswandel der Kindsmutter berücksichtigt. Wir finden die Zulassung einer auf ihn gegründeten Exception im preuß. Gesetz vom 24. 4. 1854, §§ 9 und 13.

Im Ausland ist sie anerkannt von Italien, Portugal, der Schweiz, in Ungarn und — wenn auch nicht unmittelbar ausgesprochen — in Norwegen.

In Ungarn wird der Nachweis des liederlichen Lebenswandels nur dann für erbracht angesehen, wenn gewerbsmäßige Unzucht vorliegt. Das erklärt sich im Zusammenhang damit, daß die exceptio plurium in Ungarn ausgeschlossen ist und darum der liederliche Lebenswandel nur als besonders krasse Form der Beiwohnung Mehrerer Berücksichtigung findet.

Die Schweiz läßt den liederlichen Lebenswandel der Mutter unbedingt zur Klagabweisung führen. (Art. 315 Z.G.B.). Und zwar ist dort erforderlich, daß 1. geschlechtlich unsittliches Leben nachgewiesen werde und daß es sich 2. um liederliches Leben in der Zeit der Empfängnis handle.

Norwegen hat ja keinerlei besondere Beweisregeln aufgestellt. Aber die Motive zum § 13 (ot. prp. 5/1914 S. 52) sagen ausdrücklich: Zu den Gründen, welche Zweifel an der Vaterschaft des Belangten rechtfertigen, gehört auch allgemein unsittlicher Wandel. Das sexuelle Moment ist nicht erforderlich.

So sehen wir schon daß der Begriff des liederlichen Lebenswandels in seiner Dehnbarkeit sehr verschieden aufgefaßt und ausgelegt wird. Soll man ihn auf das Gebiet der sexuellen Moral beschränken, soll man ihn allgemein fassen? Gerade diese Unklarheit, die sehr verschwommenen Grenzen, sind ein starkes Gegenargument gegen seine Verwendung im Gesetz. Das war auch einer der Gründe, die unseren Gesetzgeber zur Ablehnung dieser Einrede veranlaßt haben. (Vgl. Mot. B.G.B. S. 889.).

Es wäre m. E. ein Unding, den Begriff des „unsittlichen Lebenswandels“ allgemein zu fassen, ihn über das Sexuelle hinaus für rechtserheblich anzusehen, wie es die norwegischen Motive tun. Mit dem Nachweis einer „Liederlichkeit“ der Mutter in diesem Sinne kann doch wirklich nicht das Geringste gegen die Vaterschaft des Beklagten bewiesen werden. Es würde sich dann einfach um eine Herabsetzung des Zeugnisses der Mutter in seiner Glaubwürdigkeit handeln. Das ist aber eine Frage, die nicht besonders geregelt zu werden braucht. Es ist selbstverständlich, daß der Richter bei Abwägung des Aussagenwertes die allgemeinen moralischen Qualitäten der Zeugin (Mutter) prüft. Und ein schlechter Leumund der Mutter wird ihn wahrscheinlich dazu veranlassen, auf die Beeidigung der Mutter zu verzichten.

Es ist nun überaus auffallend, daß nach Eggers Kommentar zum Schweizer Z.G.B. (S. 419) das Motiv für die Gewährung der Einrede der Liederlichkeit — obgleich es sich nach Art 315 um sexuelle Verfehlungen handeln muß — doch die dadurch indizierte Unglaubwürdigkeit der Mutter ist. Zudem brauchte man sich dann nicht auf das Vorliegen der Liederlichkeit zur Zeit der Empfängnis zu versteifen, sondern hätte besonders den

Lebenswandel der Mutter z. Zt. des Prozesses in Rücksicht zu ziehen.

Der Grund für diese Auffassung ist nun folgender: Wo die exceptio plurium gewährt ist, hat die Zulassung der Einrede der Liederlichkeit im ungarischen Sinn (gewerbsmäßige Unzucht) an sich keinen Zweck. Denn sie wäre nur ein besonders eklatanter Spezialfall der ersteren, wenn man die Liederlichkeit — was doch das Natürliche ist — durch den Nachweis einer Reihe von sexuellen Exzessen dartun müßte. Wo die Einrede der Liederlichkeit neben der exceptio plurium einen Sinn haben soll, da ist es der: es kann sein, daß der Beklagte mit seiner exceptio plurium durchfällt, weil ihm z. B. die Unmöglichkeit der Vaterschaft des anderen entgegengehalten wird. Doch muß man den Eindruck haben, daß — was v. Liszt als generelle Erscheinung bei der Beiwohnerschaft eines zweiten ansieht — mehrere unbekannte Konkurrenten im Hintergrund stehen, wo einer festgestellt ist. Oder der vom Beklagten einredeweise nachgewiesene Coïtus begründet keine exceptio plurium, weil er zeitlich nicht in Frage kommt. Und in solchen Fällen, wo die Vaterschaft des Beklagten zwar nach dem vorliegenden Beweismaterial als erwiesen anzusehen wäre, dennoch aber die richterliche Ueberzeugung von ihrer objektiven Wahrheit fehlen muß, soll die Einrede des liederlichen Lebenswandels helfend eingreifen.

Hier haben wir also in der Tat eine Einrede, welche die vermutungsbegründende Kraft der Beiwohnung nicht zerstört sondern nur abschwächt. Oder besser gesagt: die Einrede der Liederlichkeit begründet gegen die Präsumption der Vaterschaft aus der Beiwohnung eine neue Präsumption der exceptio plurium aus dem Lebenswandel.

Insoferne ist die Forderung des Art. 315 Z.G.B. vollkommen richtig, daß es sich um sexuelle Liederlichkeit handeln müsse und daß sie vorgelegen haben müsse zur Zeit der Empfängnis. Denn nur dann kann sie eine der Vermutung aus der Beiwohnung entgegengesetzte Präsumptionskraft haben.

So verlockend es ist, die Einrede der Liederlichkeit zu übernehmen, so viele Bedenken namentlich praktischer Art erheben sich doch auf der anderen Seite dagegen. Eines wurde schon erwähnt: die Vagheit des Begriffs. Dem könnte man allenfalls durch strengere Fassung abhelfen. Aber eine ganz besonders große Gefahr ist es, daß sich natürlich immer leicht Freunde des Beklagten und Feinde der Mutter finden werden, welche die Tatsachen aufbauschen. Die Beiwohnung eines anderen Mannes binnen eines bestimmten Zeitraumes ist ein konkreter Tatbestand, an dem durch Flunkereien nichts verfälscht werden kann. Aber hier kommen die feinsten, vom

Richter kaum zu erfassenden Nüancen zu einer ausschlaggebenden Bedeutung und es wäre darum eine sehr schwankende Gerichtspraxis als Folge zu befürchten. (Vgl. auch Mot. B.G.B. S. 889/890.) Der Nachweis konkreter Fakta, welche ein sexuell ausschweifendes Leben der Mutter zur Zeit der Empfängnis dartun, kommt bei uns nicht in Betracht, weil damit ja schon die exceptio plurium concumbentium gegeben wäre. Und andere Tatsachen, welche einzeln nicht zur Begründung der exceptio plurium ausreichen, werden wohl auch nicht genügen, um die Vaterschaft des Beklagten ernstlich in Frage zu stellen. (Mot. B.G.B. S. 889.)

Dennoch möchte auch ich mich, — wenn auch in sehr beschränkter Form — für die Einrede des liederlichen Lebenswandels einsetzen. Mit Recht sagt v. Liszt (a.a.O. S. 76): „Wir werden uns hüten, einem weiblichen Aktmodell ohne weiteres nahezutreten. Und doch...“. Dieses „Und doch“ enthält sehr viel Wahrheit. Aehnlich ist es z. B. mit Kellnerinnen in Animierkneipen. Ich habe solche gekannt, die — jungfräulich waren. Aber es ist immerhin ein starkes Risiko, einen Mann „zur Vaterschaft zu verurteilen“ wenn die Mutter nachweislich ein sexuell lockeres Leben geführt hat, ohne daß es doch dem Beklagten gelänge, sich durch einen bestimmten Nachweis von der Klage zu lösen.

Aeußerste Vorsicht ist geboten. Aber ich glaube doch, die Grenzen sind nicht zu schwer zu finden; und zwar unmittelbar aus dem Sinn der Sache:

Die Einrede soll in Fällen, wo man den concursus plurium ohne weiteres als gegeben erachten kann, dem Beklagten die Substanzierung der Einrede der mehreren Beihälter ersparen. Das ist kein Widerspruch. Es ist nämlich nicht etwa der Nachweis der Beiwohnung zwischen der Mutter und verschiedenen Männer in einer Reihe von Fällen notwendig, um sexuell liederlichen Lebenswandel darzutun. Das wäre natürlich schwerer, als der Nachweis der exceptio plurium. Es ist aber eine bekannte Tatsache, daß gerade bei den Weibern, wo die exceptio plurium an sich beinahe zweifelsfrei vorliegt, der Lebenswandel im einzelnen sehr unkontrollierbar und darum ein bestimmter Coïtus mit einem persönlich zu bezeichnenden Mann außerordentlich schwer nachzuweisen ist. Das, worum es sich dreht, ist: Gewerbs- und Gewohnheitsmäßigkeit der sexuellen Hingabe, verbunden mit einer sexuellen Wahllosigkeit. Dies und nichts anderes können die Merkmale eines „liederlichen Lebenswandels“ von rechtlicher Erheblichkeit sein. Man denke an folgenden Fall: X kommt in eine „Weinstube“, trinkt dort mit dem sich an seinen Tisch setzenden Serviermädchen zusammen Wein und begleitet sie nach Geschäftsschluß auf ihre Wohnung, wo er den Beischlaf mit ihr vollzieht. Anläßlich später wiederholter Besuche gelingt es ihm nicht mehr, die gleiche Gunst von dem Mädchen zu erreichen, da dieses mit freigebigeren Gästen abzieht. X kennt den Namen dieser Begleiter nicht, kann auch, da er nicht mit ihnen in Berührung kam, keine näheren Angaben über ihre Person machen. Auch wird die bloße Tatsache, daß die Kellerin nach Lokalschluß zusammen mit dem oder jenem Gast fortging, kaum zum Nachweis der exceptio plurium genügen. Dennoch wird man hier mit Bestimmtheit die Konkurrenz mehrerer Männer annehmen müssen. Das Verhalten des Mädchens rechtfertigt ohne Zweifel das Urteil sexueller Wahllosigkeit als eines Kennzeichen von liederlichem Lebenswandel.

Ebensowenig würde z. B. in einem Vaterschaftsprozeß der Belangte eine exceptio plurium für sich begründen können durch das Zeugnis der Hauswirtin der Mutter, daß diese häufig Nachts „verdächtigen" Herrenbesuch mitbringe. Die Wirtin kann weder positiv feststellen, daß der Zweck dieser Besuche sexueller Verkehr sei, noch auch kann sie die Männer bezeichnen, welche kamen, da sie keinen sah, sondern nur Gespräche und Geräusche hörte. Der Nachweis des liederlichen Lebenswandels wäre erbracht.

So werden wir kaum fehlgehen mit folgendem Vorschlag: Die Einrede des liederlichen Lebenswandels wird zugelassen. Zu ihrem Nachweis ist erforderlich:

1. Der Beweis eines Verhaltens der Mutter, welches mit Sicherheit auf gewerbs- oder gewohnheitsmäßigen sexuellen Verkehr mit mehreren Männern schließen läßt.

2. Der Beweis muß erbracht werden für die Zeit der Empfängnis. Denn nur dann kann er von Bedeutung sein.

Auf diese Weise wird den berechtigten Interessen beider Teile am besten Rechnung getragen sein. Das Kind soll nicht unnötigerweise unter dem Leichtsinn seiner Mutter zu leiden haben. Aber andernteils wäre es doch kaum verantwortlich, den Beklagten als Vater festzustellen, wenn die Indizien für seine Vaterschaft durch die Umstände weit unter das Maß einer überwiegenden Wahrscheinlichkeit herabsinken. Warum soll denn der Mann unter der Schlechtigkeit der Kindsmutter zu leiden haben? Auf die Wahrung seiner Interessen wird in der Literatur viel zu wenig Wert gelegt. Es wird immer dieselbe Leier aufgezogen: das Kind darf nicht von den Verfehlungen seiner Mutter Ungunst erfahren. Sehr treffend bemerkt v. Liszt (a. a. O. S. 75 ff.), daß es sich ja niemals um die Leugnung des Anspruchs des Kindes handelt. Der Anspruch besteht und bleibt intakt. Nur kann er nicht realisiert werden.

Die Verwirklichung aller Ansprüche aber im Prozeß hängt von tausend zufälligen Nebenumständen ab, unter deren Ungunst der Anspruchberechtigte gegebenenfalls leidet, insofern sie ihm den Beweis unmöglich machen. Warum ist hinsichtlich keines einzigen anderen Anspruches diese bedauerliche Tatsache mit solchem Aufwand von Sentiment und — mit so wenig Logik erörtert worden, als gerade im Zusammenhang mit den Ansprüchen des unehelichen Kindes?

VI. Abschnitt.

Die Ansprüche der unehelichen Mutter gegen den Vater ihres Kindes.

Der § 1715 B.G.B. gewährt auch der unehelichen Mutter gewisse Ansprüche gegen den Vater ihres Kindes. Und zwar:

1. Den Anspruch auf Ersatz der Entbindungskosten.
2. Den Anspruch auf Unterhalt für die Dauer von 6 Wochen von der Entbindung an gerechnet.
3. Den Anspruch auf Ersatz der infolge der Schwangerschaft oder der Entbindung entstehenden besonderen Kosten.

Diese Ansprüche stehen der Mutter auch zu, wenn das Kind totgeboren ist und sie können gegen den Nachlaß des vor der Entbindung etwa verstorbenen Vaters geltend gemacht werden. (§1715 [2] B.G.B.).

Es kann durch einstweilige Verfügung die Hinterlegung des Betrages der sämtlichen Ansprüche aus § 1715 [1] B.G.B. angeordnet werden.

Der gewöhnliche Betrag der Kosten, also die sub Ziff. 1 und 2 genannten Ansprüche im Rahmen eines Normalbedarfes, können ohne weiteren Nachweis der Verausgabung eingefordert werden. Insoweit aber der normale Betrag überschritten wird, ist ein besonderer Verwendungsnachweis zu erbringen. (§ 1715 [1] B.G.B.). Demnach kann auch die Hinterlegung im Sinne des § 1716 B.G.B. nur verfügt werden bis zum Betrage der normalen Auslagen, da die Rechtfertigung des darüber hinausgehenden Bedarfes erst nach der Verausgabung, vor allem aber erst nach dem Anfallen der Kosten beurteilt und verbeschieden werden kann.

Der Anspruch ist gegründet auf eine reine Obligatio ex lege, die aus Billigkeitsgründen statuiert ist. Und zwar sind die Entbindungskosten als reiner Ersatzanspruch gedacht, während das Wochenbettgeld sich schon sehr dem Unterhaltsbegriff nähert. Die Motive zum B.G.B. entschieden sich dafür, auch das Wochenbettgeld juristisch-formal als reinen Ersatzanspruch anzusehen. Denn es werde praktisch — in Ermangelung einer Vorausleistung — darauf hinauskommen, daß die Kosten erst nach Ablauf der 6 Wochen gezahlt würden, für die sie gelten. (Vgl. Mot. B.G.B. S. 908.) Hier liegt schon ein schwerer Fehler: gerade in den Fällen, wo die Ansprüche der Mutter wirklich aktuell werden, d. h. wo sie in Not und darauf angewiesen ist, da muß die Vorausleistung durch einstweilige Verfügung angeordnet werden und die Leistungen haben praktisch den Charakter eines Unterhaltes. Und übrigens ist die Tatsache der Nach-Leistung gar kein Grund, einem Anspruch seine Eigenschaft als Unterhaltsanspruch abzusprechen. Das Kriterium dafür liegt nicht im Zahlungsmodus, sondern im Verwendungszweck. Und das ist nun einmal, soweit es sich um Wochenbettgeld handelt, der Unterhalt für eine Person, die sich den Unterhalt nicht selbst schaffen kann.

Uebrigens war der Entwurf zum B.G.B. so konsequent, die Ermöglichung der Vorausleistung der mütterlichen Ansprüche abzulehnen (vgl. Mot. B.G.B. S. 893, 912). Dort heißt es:

„Ein Bedürfnis, der Mutter schon vor der Niederkunft ein Recht zu geben, von dem vermutlichen Schwängerer die Hinterlegung der Kosten zu verlangen, ist nicht vorhanden.“ Natürlich, wenn es sich nur um einen Kostenersatz handelt, dann nicht. Aber es ist doch sonnenklar, daß solche Ansprüche vor allem gewährt werden für Fälle, wo die Mutter bedürftig ist. Ist das aber der Fall, wovon soll sie dann die Kosten auslegen, deren Ersatz sie nachher verlangen kann? Der Einwand der Motive, daß der Anspruch erst nach der Geburt entstehe und darum nicht pränumerando zu verwirklichen sei, hält nicht Stich. Denn die einstweilige Verfügung hat doch u. a. gerade den Zweck (§ 916² Z.P.O.), Forderungen zu sichern, von denen man nicht bestimmt weiß, ob sie überhaupt fällig werden. In der endgiltigen Fassung des § 1716 B.G.B. wurde denn auch die Hinterlegungsklausel auf das Wochenbettgeld ausgedehnt. — Wir werden auf diesen Punkt nachher nochmal zurückkommen müssen.

Nach allgemeiner Anschauung kann die uneheliche Mutter Ansprüche aus § 1715 B.G.B. nur erheben, wenn sie ein lebensfähiges Kind zur Welt gebracht hat. Auf die Totgeburt sind die Ansprüche durch das Gesetz ausdrücklich ausgedehnt. Hingegen bestehen sie nicht, wo es sich um eine Fehlgeburt handelt. Da man als abortus im allgemeinen nur eine Niederkunft betrachtet, die vor dem 180. Tag nach der Konzeption erfolgt, so geht das eigentlich schon aus dem Wortlaut des Gesetzes klar hervor. Denn die Verpflichtungen des § 1715 B.G.B. treffen den „Vater“ des Kindes. Die Feststellung eines solchen kann aber nur in Frage kommen, wenn die Entbindung frühestens 181 Tage nach der Beiwohnung erfolgte. Sonst steht ja die gesetzliche Konzeptionszeit des § 1717² B.G.B. im Wege. Und wenn auch die Feststellung eines Vaters vielleicht theoretisch manchmal trotzdem möglich wäre, weil der „Vater“ schon vor der Konzeption mit der Mutter verkehrte und somit zeitlich ein größerer Spielraum — nicht für die Empfängnis, aber für die Beiwohnung — gegeben wäre, so müssen wir doch bei derartigen prinzipiellen Fragen uns akademisch auf die für die Konzeption kausale Beiwohnung beschränken; und wenn nur eine Beiwohnung stattfand oder die befruchtende die erste war, so deckt sich das ja auch mit der Wirklichkeit. — Gleichviel: Theorie und Praxis gehen darin einig, daß die Mutter nur Ansprüche erheben kann, wenn sie ein Kind zur Welt brachte, das nach dem Austritt aus den Geburtswegen noch lebensfähig ist (nach Reife und Bildung) und sei es für noch so kurze Zeit; ferner natürlich auch im Falle der Totgeburt. (Vgl. § 1715 ² B.G.B., Mot. B.G.B. S. 911, Rob. Hirsch a. a. O. S. 49/50.) Dem Sinne nach ist es natürlich ein Widerspruch, einerseits bei Totgeburt den Anspruch zu gewähren und ihn anderseits beim Abortus zu versagen. Geht man von dem Grundsatze aus, daß der Mutter als solcher die Ansprüche zustehen, mit Rücksicht auf die Tatsache ihrer durch die Niederkunft verursachten Erwerbsunfähigkeit, so müßte man sie ihr in beiden Fällen gewähren; will man dagegen die Ansprüche nur begründen mit dem Interesse des Kindes, so muß man, da ein „Kind" weder bei Tot- noch bei Fehlgeburt vorhanden ist, die mütterlichen Ansprüche in beiden Fällen ablehnen.

Die Mutter kann jedoch, wenn sie eine Fehlgeburt hatte, da ihr der Weg des § 1715 versperrt ist, mit dem § 825 B.G.B. den Ersatz ihrer Kosten erreichen. Freilich nur dann, wenn die sonstigen Voraussetzungen dieses § (Hinterlist etc.) vorliegen; zudem hat sie dann natürlich nicht die beweiserleichternde Präsumption des § 1717 für sich, sondern muß den vollen „Vaterschaftsbeweis" liefern, d. h. den schweren Beweis, sie sei aus der Beiwohnung mit dem Beklagten schwanger geworden. (Vgl. auch Knitschky a. a. O. S. 81.)

Die fremden Rechtssysteme bringen eine ganze Reihe von verschiedenen Ansprüchen der Mutter; zum Teil liegt die Verschiedenheit nur im Namen, zum anderen Teile aber verbergen sich unter der gleichen Bezeichnung ganz wesentlich verschieden geartete Ansprüche.

Der Art. 317 des Schweizerischen Z.G.B. gibt der Mutter Anspruch auf Ersatz der Entbindungskosten und anderer im Zusammenhang mit der Schwangerschaft und Entbindung auftretende Ausgaben; ferner auf den Unterhalt für mindestens vier Wochen vor und vier Wochen nach der Geburt.

Außerdem besteht nach Art. 318 Z.G.B. noch eine Art Deflorationsbuße: „Hat der Vater der Mutter vor der Beiwohnung die Ehe versprochen, hat er sich mit der Beiwohnung eines Verbrechens an ihr schuldig gemacht, oder die ihm über sie zustehende Gewalt mißbraucht, oder ist sie z. Zt. der Beiwohnung noch nicht mündig gewesen, so kann ihr der Richter eine Geldsumme als Genugtuung (für die verlorene Geschlechtsehre eine Genugtuung in Geld!!! d. Verf.), zusprechen."

In Holland bekommt die Mutter nach Art. 344 f. burg. Wetb. nur den Unterhalt für die ersten 6 Wochen nach der

Entbindung. Der Anspruch besteht auch bei Totgeburt. (Art. 344 f. 2.)

In Portugal (Familiengesetz v. 25. 12. 1910) hat die Mutter den Ersatz für die Kosten der Entbindung, für eventuelle Krankenkosten und außerdem einen zeitlich begrenzten Unterhalt nur zu beanspruchen, wenn sie unbemittelt ist. Die Ansprüche gehen ihr verloren, wenn ihr unmoralischer Lebenswandel nachgewiesen wird. (Anläßlich der Behandlung der exceptio plurium wurde ja festgestellt, daß diese in Portugal für die Frage des Kindesunterhalts nicht in Betracht kommt, hingegen die Ansprüche der Mutter zerstört.)

In Ungarn kann die Mutter nur den Ersatz der Entbindungskosten verlangen — und auch den nur dann, wenn die Beiwohnung ein straf- oder privatrechtliches Delikt des Mannes darstellte.

Rußland beschränkt die Ansprüche der Mutter auf den Fall ihrer Mittellosigkeit. Zu ersetzen sind dann die Entbindungskosten und außerdem ist der Unterhalt — ohne zeitliche Fixierung — „bis zur Wiederherstellung" zu gewähren. (Art. 132/7 der Novelle v. 3. 6. 1902.) Der Unterhalt für die Mutter der hiernach zu leisten ist, wird als Bestandteil des Unterhalts des Kindes aufgefaßt. Er wird darum nur gewährt, insofern die Mutter „in Ansehung der Pflege des Kindes außerstande ist, sich selbst zu ernähren". Gibt also die Mutter das Kind gleich nach der Geburt weg, so entfällt der Anspruch. (Art. 132/6.)

Nach dänischem Recht muß der Vater die Niederkunftskosten tragen. Und zwar hat er sie sofort nach der Verurteilung (also frühestens 3 Monate vor der Geburt) amtlich zu hinterlegen. Außerdem ist der Vater verpflichtet, die Mutter während eines Monats vor und eines Monats nach der Entbindung zu unterhalten. Auch dieser Betrag ist sofort nach Urteilsfällung zu deponieren. (§§ 2[1], 13[1].) Die Niederkunftsauslagen und der Unterhalt der Mutter werden ihr „angemessene Zeit vor der erwarteten Geburt" durch den Polizeimeister (in Kopenhagen durch den Magistrat), bei welchem die Hinterlegung erfolgt, ausbezahlt. (§ 13.)

Norwegen hat die Ansprüche der Mutter sehr ins Einzelne gehend behandelt. Für die letzten 3 Monate vor der Niederkunft sind ihr Schwangerschaftsbeiträge in der Minimalhöhe von 15 Kronor auf dem Lande und 20 Kronor in den Städten monatlich im Voraus zu entrichten (§ 21[2]). Ferner hat sie — nur auf ihren Antrag — den Ersatz der Niederkunftskosten mit mindestens 30 Kronor zu beanspruchen; die Kosten, die aus der notwendigen Wochenbettpflege entstehen, sind in diesem Betrage inbegriffen (§ 21[1]). Niederkunfts- und Wochenbettgeld sind auch bei Fehlgeburt und Totgeburt („om fostret“ (Frucht) „ikke er levedygtig“) zu erlegen. Endlich steht der Mutter ein sogenanntes „Stillgeld“ (Opamningsbidrag) zu. Die Leistung desselben erfolgt in Form eines Zuschlages zu den Unterhaltskosten des Kindes während der ersten 9 Monate nach der Geburt, jedoch nur solange, als die Mutter das Kind wirklich bei sich hat. Und zwar sind zu leisten als Minima im ersten Monat 20 Kr. in der Stadt oder 15 Kr. auf dem Lande, in den folgenden 8 Monaten 15 Kr. in städtischen, 10 Kr. in ländlichen Gemeinden. Da die Unterhaltsbeiträge für das Kind monatlich im Voraus zu leisten sind, gilt dies natürlich auch für diese Zuschläge. (§ 20[3], § 20[5].) Die Niederkunfts- und Wochenbettkosten werden mit der Niederkunft fällig (§ 21[4]). Das Stillgeld für den ersten Monat verfällt im Falle der Totgeburt an die Mutter, (§ 21[4]). obgleich das Stillgeld zu den Ansprüchen des Kindes gerechnet wird, und der Unterhalt des Kindes für den ersten Monat bei Totgeburt nicht der Mutter verbleibt!

Es ist also — von dieser Inkonsequenz abgesehen — genau unterschieden zwischen den der Mutter durch ihre Schwangerschaft erwachsenden Kosten, die ihr „aus Billigkeitsgründen“ ersetzt werden müssen, und dem Stillgelde, das dem Kind zuliebe gewährt und darum zu seinen Ansprüchen gerechnet wird. (Vgl. auch ot. prp. 5/1914 S. 64, 65.)

Es kann demnach die Mutter mit Einwilligung des Amtsmannes auf ihre Ansprüche — also auf den Ersatz der Kosten für Niederkunft und Wochenbett — verzichten. Nicht dagegen auf die Stillgelder. (§ 23[2].)

Bei einer Mehrheit von Unterhaltspflichtigen gegenüber dem Kind übernehmen diese auch die Deckung der mütterlichen Ansprüche in Gesamtschuld. (§ 22.)

Schweden; verpflichtet den Vater zur Leistung des Unterhalts an die Mutter „nach dem Verhältnis seiner und der Mutter Mittel“, und zwar für die Dauer von 6 Wochen vor und 6 Wochen nach der Niederkunft. (§ 5.) Die besondere Vergütung der Niederkunftskosten usw. hat das schwedische Gesetz abgelehnt mit der Begründung, daß eine rechtswidrige Handlung des Mannes, die eine derartige Haftung rechtfertigt, nicht vorliegt. (Mot. S. 103.) Die entsprechenden Kosten sind bei Bemessung des zu leistenden Unterhalts zu berücksichtigen. Krankheitskosten, die im Zusammenhang mit Schwangerschaft oder Kindbett auftreten, und der Verdienstentgang, der die Mutter infolge der Pflege und Wart ihres Kindes, namentlich infolge des Stillungsgeschäftes trifft, sind nicht besonders und nach Maßgabe ihres Anfalles zu ersetzen, sondern der Vater kann in solchem Fall zu einer zeitlich ausgedehnten Unterhaltsleistung herangezogen werden; jedoch nur bis zur Maximaldauer von 4 Monaten vor und 9 Monaten nach der Entbindung.

Der Anspruch steht der Mutter zu, ist aber in erster Linie im Interesse des Kindes gewährt. Darum auch die Festsetzung der Maximalfrist von 9 Monaten seit der Geburt, da dies die höchste Normaldauer für das Stillungsgeschäft ist. (Vgl. Mot. S. 103.)

Die Gewährung von Ansprüchen irgend welcher Art an die Mutter ist eine Frage von größter grundsätzlicher Bedeutung. Zunächst wäre festzustellen, daß im Normalfall, wo die Mutter sich dem Vater ihres Kindes aus freien Stücken hingab, ein Anspruch unmöglich auf dem Wege der reinen Logik konstruiert werden kann. Diese Möglichkeit bestünde nicht einmal dann, wenn man sich auf den Standpunkt der Deliktstheorie stellte; denn die Mutter kann keine Ansprüche aus einer — wenn auch deliktischen — Handlung erwerben, deren willentliche Teilnehmerin sie selbst war. Dies ist auch wohl so ziemlich überall richtig erkannt. Schon G e t t („Rechtsverhältnisse" S. 9) spricht die Ueberzeugung aus, daß l o g i s c h die Grundlage a l l e r denkbaren Ansprüche der Mutter gegen ihren Schwängerer nur aus der rechtswidrigen Beiwohnung hergeleitet werden könne.

Die logisch-juristisch zu konstruierenden Forderungen der Mutter haben also mit der Schwängerung und der Niederkunft, kurz, sie haben mit der Mutterschaft gar nichts zu tun, da sie aus dem B e i w o h n u n g s a k t als solchem entspringen. Sie werden nur auf die durch eine eventuelle Schwangerschaft entstehenden Kosten ausgedehnt, insofern diese sich als Folge der Beiwohnung darstellen. Hierher gehört übrigens auch die Frage des Deflorationsanspruchs, der früher eine große Rolle spielte. Es ist sehr schwer, sich über diesen Punkt zu entscheiden. Auf der einen Seite steht die Tatsache, daß das Mädchen (die Frau) durch die Hingabe oder die Verletzung seiner weiblichen Ehre in der Tat geschädigt ist — oder doch sein kann. Auf der andern Seite aber ist gar kein Zweifel darüber, daß die Gewährung einer Geldentschädigung zu sonderbaren moralischen Folgerungen Anlaß geben muß. Sicherlich wird gerade da, wo wirklich eine weibliche „Ehre" verletzt ist, der bestehende Anspruch (bei uns aus § 825 B.G.B.) nicht erhoben — eben weil die Verletzte ihre an sich vom Manne körperlich versehrte Ehre nicht noch mehr schädigen will, indem die den Anspruch begründenden körperlichen Vorgänge vor Gericht erörtert und dann die Schmälerung der Ehre — in Geld abgeschätzt wird. Frauen, die sich durch keinerlei Zartgefühl darin gehemmt fühlen, die Klage aus § 825 zu erheben und sich dann mit Geld abfinden zu lassen, können eigentlich kaum noch Anspruch auf Anerkennung einer weiblichen Geschlechtsehre machen und unterscheiden sich — etwas kraß ausgedrückt — von der Prostituierten nur dadurch, daß sie die Zahlung postnumerando entgegennehmen. Diesen Anschauungen steht offenbar auch E. v. Liszt sehr nahe. Vor allem ist er der Meinung, daß ein „Deflorationsanspruch" nur dann gewährt werden sollte, wenn durch die Beiwohnung der Mann wirklich den Tatbestand einer strafbaren Handlung erfüllt hat. Wo immer die Frau — sei es auch unter dem Einfluß der vom Manne angewendeten raffinierten Mittel — der Beiwohnung zugestimmt hat, da könne der Anspruch nicht gegeben werden. Nun meine ich aber: auf der einen Seite ist doch die durch gemeine Mittel erreichte Zustimmung der Frau zum Beischlaf als Willensakt bedeutungslos oder doch im Wert erheblich herabgesetzt; und anderseits haben wir eben keine andere Möglichkeit, den in der Tat vorliegenden immateriellen Schaden einigermaßen auszugleichen, als eben die Geldvergütung; es sei denn, wir griffen zur Zwangskopulation zurück! Wohl könnte man z. B. bei der Beischlafserschleichung durch Eheversprechen behaupten, wenn die Frau sich durch dies Versprechen zur Gestattung der Beiwohnung bewegen ließ, so habe sie eben doch dem außerehelichen Beischlaf zugestimmt und damit freiwillig auf die weibliche Geschlechtsehre in diesem engsten Sinn verzichtet. Allein es muß eben doch zugegeben werden, daß die Inaussichtstellung einer Ehe für die Frau die Sachlage ändert und daß zwischen dem antizipierten und dem schlechthin außerehelichen Verkehr ein nicht unerheblicher Unterschied ist; daß also die Nichterfüllung des Eheversprechens als hinreichender Grund — ja als der wesentlichste Grund — für die Gewährung von Ansprüchen an die Betrogene anerkannt werden muß. Das neuere finnische Recht hat übrigens in der Tat die Zwangskopulation für solche Fälle in einem veränderten, modernen Sinn wieder aufleben lassen: der Mann wird zwar nicht zur Ehe gezwungen; aber die „sitzen Gelassene" erhält dieselben Ansprüche, als wäre sie seine Frau, einschließlich des Rechts der Namensführung. Es wird also gewissermaßen eine Ehe mit rein wirtschaftlichen Rechtsfolgen, ohne die Rechtswirkungen der Ehe auf sexuellem Gebiet und ohne Lebensgemeinschaft, hergestellt.

Genug davon; was uns hier angeht, sind vor allem die unmittelbar aus der Mutterschaft (nicht aus der Beiwohnung) hervorgehenden Rechte der Mutter; wenn eine verheiratete Frau ein Kind bekommt, so hat ihr Ehegatte alle daraus erwachsenden Kosten zu tragen. Diese Pflicht hat er aufgrund der wirtschaftlichen Rechtsfolgen der Ehe, als Haupt und Ernährer der Familie. Die Rücksicht auf den Nachwuchs und die wirtschaftliche Sicherung der Schwangeren, Gebärenden und Stillenden sind ja zum großen Teil die gesellschaftshistorischen Gründe für die Institution der Ehe.

Hat eine Frau sich außerehelich dem sexuellen Verkehr aus völlig freier Entschließung hingegeben, so wußte sie auch um die möglichen Folgen dieses Aktes für ihre Person. Sie hat darum auch alle diese Folgen auf eigene Verantwortung zu übernehmen. Dieser grundsätzlichen Anschauung sind auch die schwedischen Motive (S. 101) und E. v. Liszt (S. 102 ff.) Es bestehen zwischen dem Vater und der Mutter keinerlei Beziehungen, welche rechtliche Folgerungen zuließen. Wohl ist die Mutter durch die Niederkunft und alles, was damit zusammenhängt, in ihrem Fortkommen gehindert — wenn sie einem Erwerb nachzugehen pflegt — ist zu Ausgaben veranlaßt, während der Mann keinerlei körperliche oder wirtschaftliche Nachteile zu spüren bekommt. Aber dennoch kann nicht die „Billigkeit“ dazu führen, daß wir der Mutter schlechthin Ansprüche gegen den Vater gewähren. Denkt doch auch — wie v. Liszt sehr treffend bemerkt — niemand daran, dem Manne, selbst wenn er nachweislich verführt worden wäre, wegen eines körperlichen Schadens, der ihm aus der Beiwohnung erwächst, einen Schadenersatzanspruch gegen die Verführerin zu geben. Warum also sollte es umgekehrt der Fall sein, sogar da, wo von Verführung keine Rede sein kann? Würden wir einen Ersatzanspruch schlechthin konstruieren, so müßten wir rettungslos in das Gleis der Deliktshaftung geraten, mindestens aber uns dem Deliktsgedanken verfänglich nähern.

Wenn überhaupt, so kann ein Anspruch nur begründet werden mit einer obligatio ex lege in favorem pupilli. In der Tat ist die Unterstützung der Mutter unter Umständen sehr im Interesse des Kindes gelegen. Denn es beeinflußt das Kind auf lange Zeit hinaus, unter welchen Verhältnissen, welchen äußeren Bedingungen, es getragen, geboren und während seiner ersten Lebenswochen und -Monate aufgezogen wurde. (Vgl. dazu vor allem Othmar Spann.) Dieser Gedanke ist vor allem in Norwegen sehr stark gewesen, wo man den „opamningsbidrag“ darum überhaupt zum Kindesunterhalt rechnete. Nun könnte man wohl sagen: alle durch die Schwangerschaft, Geburt und Stillung verursachten Kosten, insoweit sie dem Kind zuliebe aufzuwenden sind, gehören indirekt zum Unterhalt des Kindes und sind daher Lasten des Vaters so gut, wie Lasten der Mutter. Und da die Mutter in der Zeit der Entbindung und des Stillungsgeschäftes ökonomisch lahmgelegt ist, so fallen eben die Kosten ganz dem Mann zur Last. Auch E. v. Liszt möchte die Kosten auf Vater und Mutter halbpart verteilen. Allein das wäre eine rein formalistische und durch nichts begründete Lösung. Gehen wir schon vom Gedanken aus, daß diese Kosten mittelbar Unterhaltskosten seien, so müßten wir ihre Verteilung auf die beiden Unterhaltspflichtigen auch nach den gleichen Grundsätzen vornehmen, wie es beim Unterhalt selbst geschieht.

Aber man kann m. E. mit dem Begriff des „mittelbaren Unterhaltes" gar nicht arbeiten, mag er auch praktisch seine Berechtigung haben. Beim Stillgeld möchte es noch angehen; aber auf die Entbindungskosten und gar auf etwaige Schwangerschaftsbeiträge (vor der Niederkunft) kann man den Begriff nicht mehr anwenden. Das Kind als solches lebt ja noch gar nicht und der Verzehr findet doch in der Tat durch die Person der Mutter statt. Es ist aber praktisch unbedingt wünschenswert, alle diese ihrem Wesen nach zusammengehörigen Ansprüche gemeinsam zu behandeln. Und bezeichne ich z. B. das Stillgeld als Bestandteil des Unterhalts des Kindes, so muß ich naturnotwendig auch dem Kinde den Anspruch darauf geben; müßte also, um Entbindungs- und Schwangerschaftsgeld gleich zu behandeln, auch hierauf dem Kinde den Anspruch gewähren — was schlechterdings unmöglich ist.

Wir müssen also der Mutter den Anspruch zugestehen. Nun könnte man freilich einwenden, es bestehe doch kein Anlaß, der unehelichen Mutter Vorteile zu gewähren, die — wie z. B. die Möglichkeit der vollkommenen Hingabe an die Pflege des Kindes während einer gewissen Zeit — den meisten ehelichen Müttern, namentlich denen aus dem Arbeiterstande, vorenthalten sind. Aber dieser Einwand, der in der Tat auch mehrfach in der Literatur vertreten ist, hält nicht Stich. Er ist nur zu begründen mit dem hier verworfenen Grundsatze, daß das Kind nach dem Stande seiner Mutter zu erziehen sei. Die eheliche Mutter wird nur dann sich dem Wohl und der Pflege ihres Kindes vollkommen hingeben können, wenn sich die Familie in entsprechenden Verhältnissen befindet. Und auch das uneheliche Kind wird die Vorteile einer sorgfältigen Pflege, die uneheliche Mutter die Möglichkeit, sich solcher Pflege zu widmen, eben nur dann haben, wenn die Mutter oder der Vater finanziell dazu imstande sind. Und nachdem wir einerseits den unehelichen Vater wie einen ehelichen zum Unterhalt herangezogen haben, anderseits der Mutter Ansprüche geben wollen im Hinblick auf das Kind, so ist diese Konsequenz logisch und im Gesamtbild unseres Systems relativ „gerecht" — also kaum anzutasten. Uebrigens darf nicht vergessen werden, daß in Fragen der Mutterpflege der Staat noch große Aufgaben zu erfüllen hat — und zwar gegen eheliche Mütter ebenso, wie gegen uneheliche. Erwähnt darf auch sein, daß Ruth Bré („keine Alimentationsklage mehr!" S. 22ff.) für eine allgemeine Mutterschaftsversicherung eintritt. Von diesen Dingen zu handeln, wird unsere Aufgabe im Abschnitt „über soziale Fragen“ sein.

Gewähren wir der Mutter gewisse Ansprüche gegen den Vater im Interesse des Kindes, so können wir doch die Frage der wirtschaftlichen „Billigkeit“ nicht ganz außer acht lassen. Wir sahen oben, daß diese „Billigkeit“ allein nicht den Ausschlag geben kann. Aber auch das Interesse des Kindes wirkt nur insoferne anspruchbegründend, als eben die Mutter selbst nicht imstande ist, die notwendigen Aufwände selbst zu machen. Das Interesse des Kindes und die Bedürftigkeit der Mutter sind also zwei kumulierte Bedingungen für das Entstehen eines Anspruchs. Damit sind wir auch bei der Frage nach dem Wesen des Anspruchs angelangt. Geben wir ihn der Mutter, so möchte die Vermutung naheliegen, daß es sich nur um einen Schadenersatz oder doch um einen Kostenersatz handle. Und beides soll vermieden werden. Das erste deshalb, weil eine schädigende Handlung — die Voraussetzung für den Schadenersatzanspruch — nicht vorliegt; der zweite aus Gründen rein praktischer Logik: ein Kostenersatz kann erst in Frage kommen, nachdem der Aufwand gemacht ist. Aber gerade da, wo überhaupt mütterliche Ansprüche auftreten können, d. h. wo die Mutter bedürftig ist, wird die Vorausleistung erforderlich sein, weil eben nichts da ist, um Kosten „auszulegen“, die dann nachher zu erstatten wären. Dann aber könnte auch ein Kostenersatz sich immer nur im Rahmen des Standes der Mutter bewegen -- eine Konsequenz, die unbedingt vermieden werden soll — da sie dem Interesse des Kindes gerade zuwiderläuft. Aber auch den Begriff eines „Unterhalts der Mutter“, auf dem Wege zu welchem manche moderne Gesetze sich zu befinden scheinen, dürfen wir nicht hereinziehen. Denn ein Unterhalt kann nur begründet werden kraft Familienrecht oder kraft unerlaubter Handlung. Man wird also die Ansprüche der Mutter zu konstruieren haben als das aus einer obligatio ex lege herrührende Recht auf unmittelbare Tragung gewisser Kosten durch den Vater des Kindes. Wohl ist es die Mutter, welche zunächst verpflichtet ist, die Kosten der Niederkunft und alle damit zusammenhängenden Aufwände zu tragen, sodaß wirklich auf den ersten Blick die Leistung des Mannes fast als Kostenersatz erscheinen möchte. Aber tatsächlich ist dem nicht so; sondern der Vater gewährt der Mutter die ihr fehlenden Mittel, um die im Interesse des Kindes nötigen oder wünschenswerten Aufwendungen zu machen.

Aus den gefundenen Richtpunkten ergibt sich nun im Einzelnen das folgende:

1. Die Ansprüche können nur dann anerkannt werden, wenn ein Kind vorhanden ist. Wir haben schon die mangelhafte

Folgerichtigkeit des § 1715 B.G.B. getadelt, welcher einerseits bei Fehlgeburt den Anspruch der Mutter leugnet, ihn aber bei Totgeburt anerkennt. Norwegen ist konsequenter. Es neigt überhaupt dazu, einen natürlichen Anspruch der Mutter gegen ihren Schwängerer zugrunde zu legen und gewährt darum das Recht auf Entbindungs-, Schwangerschafts- und Wochengeld auch im Fall der Tot- und Fehlgeburt. — Nachdem rechtlich nur das Kind einen Anspruch der Mutter gegen den Vater rechtfertigt, kann man — auch im Falle der Bedürftigkeit — eigentlich der Mutter keinen Anspruch gewähren, wenn sie eine Fehl- oder Totgeburt hat. Sie ist eben in solchem Falle auf die öffentliche Unterstützung und die Versicherung angewiesen. Man mag das hart, mag es zynisch nennen. Allein: rechtliche Fundamente für einen Anspruch liegen nicht vor. Und ob vielleicht innere, psychische Beziehungen zwischen Schwängerer und Geschwängerter eine Beteiligung des Mannes an den Kosten moralisch begründen, das Urteil darüber müssen wir dem Gewissen des Mannes überlassen. Das Gesetz ist dazu da, rechtliche Ansprüche zu sichern, nicht aber, um gegen Zynismus und moralische Gewissenlosigkeit zu schützen.

Nun fragt es sich, zu welchen praktischen Ergebnissen wir mit der Ablehnung der mütterlichen Ansprüche bei Tot- und Fehlgeburt kommen. Nachdem die Leistung des Mannes nur in Frage kommt bei Bedürftigkeit der Mutter, also die Zahlung seitens des Mannes — wenigstens im Bezug auf etwaige Schwangerschaftsbeiträge — schon vor der Geburt zu erfolgen hätte, so würde die Mutter im Falle der Totgeburt zur Rückzahlung verpflichtet. Bei Fehlgeburt wäre diese Komplikation nicht zu befürchten, da sie ja so früh erfolgt, daß im Zeitpunkt ihres Eintretens die Hinterlegung oder gar die Leistung noch nicht erfolgt sein wird. Im Falle der Totgeburt aber werden die Schwangerschaftsbeiträge des Mannes schon ganz oder zum Teil verbraucht sein. Der bedürftigen Mutter dann die Pflicht zur Rückzahlung aufzuhalsen, ist zweifellos eine Härte. Aber das kann uns doch nicht abhalten, bei dem Grundsatze zu verharren, daß ihr diese Pflicht an sich obliegt, weil kein Interesse eines Kindes ihre Subvention rechtfertigt. Worum es sich handeln kann, das ist einzig die Frage der Durchsetzung dieser Rückzahlungsverpflichtung. Und da diese nach Maßgabe der Regeln über ungerechtfertigte Bereicherung zu erfolgen hätte — ja den typischen Fall einer solchen darstellt — so wird ja die Härte gar nicht praktisch. Die Schwangere hat mehr aufgewendet, als sie ohne Hilfe des Mannes gekonnt hätte, da ja dessen Leistungen sich nicht nach ihrem Stande, sondern nach seinen Mitteln bemaßen. Sie kann somit immer nur zur Rückzahlung dessen herangezogen werden, wodurch sie tatsächlich noch bereichert ist.

2. Was nun die vom Vater zu betätigenden Leistungen im Einzelnen angeht, so wäre vor allem die Gewährung eines Schwangerschaftsgeldes sehr wesentlich. Unser B.G.B. tut mit seinem § 1715 nur halbe Arbeit — und darum eigentlich nichts! Bis das Kind zur Welt kommt, kann schon mehr an ihm gesündigt sein, als jemals wieder gutzumachen ist. Mit vollem Recht weisen darum die schwedischen Motive (S. 100) ganz besonders auf das Interesse des nasciturus hin. Nun muß hier allerdings mit einiger Vorsicht zu Werke gegangen werden: es geht wohl zu weit, wenn das schwedische Gesetz der Mutter Ansprüche auf Unterhalt bis zur Dauer von 4 Monaten vor der erwarteten Niederkunft gewährt. (Norwegen: 3 Monate, Finnland: mindestens 2 Monate.) Unter normalen Verhältnissen wird die Unterstützungsbedürftigkeit der Mutter nicht so lange dauern, d. h. nicht so früh eintreten. Für die anormalen Fälle aber wird besondere Regelung getroffen. Es wird genügen, die Unterstützungspflicht des Mannes vor der Geburt im allgemeinen auf die letzten 6 Wochen zu beschränken. Wenn nicht ausgesprochene Krankheitserscheinungen vorhanden sind, so dürfte damit den berechtigten Anforderungen Genüge getan sein. Und nur von normalen Entbindungen und Schwangerschaften soll zunächst die Rede sein. Einen Minimalbetrag für die Sustentationspflicht des Mannes festzulegen, hielte ich nicht für angebracht. Die Höhe mag von Fall zu Fall bestimmt werden.

3. Das Entbindungsgeld soll die eigentlichen Kosten der Entbindung decken, d. h. die Kosten für Arzt, Hebamme, eventuell für Niederkunft in einer Klinik und außerdem die Kosten einer Säuglingsausstattung. Das B.G.B. stellt den Grundsatz auf, die normalen Kosten hiefür könnten ohne Nachweis der Verwendung von der Mutter gefordert werden. Dagegen wendet sich E. v. Liszt (S. 103) sehr scharf. Die Mutter bekomme dadurch Gelegenheit, ihre Niederkunft zu eigennützigen Bereicherungszwecken auszuschlachten. Aber man kann dies Bedenken doch fallen lassen: der Betrag, welcher als normal und ohne Verwendungsnachweis für berechtigt angesehen wird, ist ja doch immer ein Minimalbetrag, der wohl kaum in irgend einem Falle nicht voll für seinen Zweck verbraucht wird. Und die prozessuale Erleichterung, die sich durch die Regel des § 1715 [1] Satz 2 B.G.B. ergibt, ist praktisch nicht zu verachten; besonders, da ja die Leistung seitens des „Vaters" hier der Natur der Sache nach im Voraus erfolgen muß, also in einem Zeitpunkt, wo ein Verwendungsnachweis noch gar nicht erbracht werden kann. Ihn dann — wo es sich um ein Minimum handelt, — nachträglich noch zu fordern, wäre doch arg kleinlich! — Auch hier muß bemerkt werden: wir sprechen nur von der normalen Entbindung. Treten in-

folge krankhafter Erscheinungen besondere Kosten auf — z. B. für eine kostspielige Operation —, so ist dafür besondere Regelung zu treffen.

4. Das Wochenbettgeld und das Stillgeld sind am besten zusammenzunehmen. Gerade diese Bezüge, — vor allem das Stillgeld — sind ganz eklatant auf das Wohl des Kindes zugeschnitten, weshalb man sie ja auch in Norwegen zum Kindesunterhalt rechnet und als temporären Zuschlag hierzu erhebt.

Diese Folgerung haben wir freilich oben abgelehnt, weil ja doch der Verzehr durch die Person der Mutter stattfindet, — dem Kind nur unmittelbar zugute kommt.

Da aber die Mutter diese Bezüge nur im Hinblick auf das Wohl des Kindes bekommt, so sind sie keinesfalls für längere Dauer zu gewähren, als das Kind eben von der Mutter gestillt wird. So schreibt es auch Norwegen hinsichtlich seines „Opamningsbidrag" und Schweden für den „Underhåll" der Mutter vor. Wird das Kind also aus irgendwelchem Grunde alsbald nach der Geburt von der Mutter fortgenommen und in Anstalts- oder Privatpflege gegeben, so kommt von diesem Augenblick an ein Stillgeld und auch ein Wochenbettgeld nicht mehr in Betracht. Ich halte es darum auch für vollkommen falsch, daß das norwegische Gesetz (§ 21 [3] mit § 20 [3]) den Opamningsbidrag für den ersten Monat im Falle der Totgeburt an die Mutter fallen läßt. Ein Stillgeld kann da gar nicht akut werden, weil niemand zu stillen ist. Und daß man der Mutter in solchem Falle kein Wochenbettgeld gewährt, ist zwar eine Härte — vom rein gefühlsmäßigen Standpunkt aus — vom rechtlichen aber nicht zum umgehen. — Das Stillgeld soll monatlich im Voraus geleistet werden, wie der Unterhalt des Kindes.

Was nun die Dauer dieser Verpflichtung angeht, so muß sie natürlich begrenzt sein. Es ist klar, daß eine möglichst lange Ernährung des Kindes durch die eigene Mutter äußerst wünschenswert ist. Im allgemeinen dauert das Stillungsgeschäft höchstens $1/2$—$3/4$ Jahre. Es wird also vollkommen genügen, zeitlich die obere Grenze der Verpflichtung auf 6 Monate ab Niederkunft anzusetzen. Die Ausdehnung auf 9 Monate, wie sie Schweden im § 5 vorsieht, ist wohl übertrieben. (Ebenso Norwegen. Finnland: 6 Monate.) Denn wenn auch das Stillungsgeschäft sich über 6 Monate ausdehnen kann, so ist doch in den späteren Monaten eine besondere Aufwendung nicht mehr erforderlich; auch können dann die Unterhaltsbeiträge für das Kind zweckentsprechend zur Deckung besonderer Auslagen verwendet werden. Das Kind *für seine Person* verbraucht ja an sich im ersten Lebensjahr sehr wenig. Der Hauptaufwand besteht da in der Wart und Pflege.

Natürlich ist bei Leistung eines Stillgeldes genau darauf zu achten, daß die Mutter es auch wirklich sinngemäß, d. h.

zu ihrer besseren Ernährung im Interesse der Erhaltung ihrer Stillfähigkeit verwendet, und daß sie wirklich das Kind selbst nährt. Darüber zu wachen ist Sache der Aufsichtsorgane. (Vgl. auch ot. prp. 5/14 S. 63.) Nur so kann die Leistung ihrem Zweck dienen: den körperlichen Zustand unehelicher Säuglinge zu heben und der furchtbaren Säuglingssterblichkeit der Unehelichen zu steuern. Damit, daß man der Mutter die Möglichkeit gibt, dem Kinde sich zu widmen, ist es leider nicht getan. Man muß darüber wachen, daß sie diese Möglichkeit auch ausnützt und nicht mit neuen Liebhabern das „Stillgeld" verjubelt.

Dauer und Höhe der Leistungen des Vaters an Stillbeiträgen müssen sich natürlich ganz nach seinem Vermögen richten und es wäre durchaus nicht im Sinne der Vorschrift, wollte man sie dazu benützen, um den unehelichen Vater zu Leistungen heranzuziehen, die er als ehelicher niemals aufbringen könnte und würde. Einem Monteur mit gutem Einkommen wird man kaum die Auflage machen, dem unbemittelten Mädchen, das ein Kind von ihm hat, 6 Monate lang Stillgeld zu geben. Wäre er verheiratet, so würde er kaum während so langer Zeit seiner Frau mit Rücksicht auf die Stillung des Kindes besondere Aufwände gestatten.

5. Wird die uneheliche Mutter infolge der Schwangerschaft oder Entbindung krank, so ist dies an sich ein Fall, für den der Schwängerer nur aufzukommen hat, wenn er sich durch die Beiwohnung einer unerlaubten Handlung gegen die Mutter schuldig gemacht hat. Allein das Wohl des Kindes, das Wohl des naciturus veranlassen uns auch hier zu einer willkürlichen Abweichung. Die Grenzen für die zu machenden Zugeständnisse sind hier besonders schwer zu ziehen. Sicher ist, daß eine Schwangerschaftserkrankung der unehelichen Mutter — oder vielmehr der unehelich Geschwängerten — immer eine Heranziehung des Mannes zur Unterstützung veranlaßt. Von der sachgemäßen ärztlichen Behandlung der Schwangeren hängt in diesem Fall nicht nur das Wohl, sondern unmittelbar das Leben des nasciturus ab. Ebenso ist es hinsichtlich der Kosten einer operativen Entbindung. Treten bei der Mutter nach der Niederkunft Krankheitserscheinungen auf, z. B. Kindbettfieber, Stillfieber und dgl., so ist der Zusammenhang mit der Existenz des Kindes zwar minder eng, aber er genügt immerhin zur Rechtfertigung von Ansprüchen gegen den Vater, da die Wiederherstellung der Mutter doch von größter Bedeutung für das Wohl des Kindes ist.

Aber gewisse Grenzen müssen gegeben sein; sonst kämen wir zu dem Schlusse, daß der Vater für die wirtschaftliche Lage der Mutter überhaupt verantwortlich ist, insoferne die Erhaltung des Lebens der Mutter für das Kind immer, auch in späteren Jahren, von hoher Bedeutung bleibt. Schweden nimmt auch hier als Maximal-Spielraum 4 Monate vor und 9 Monate nach der Niederkunft an. (Vgl. Mot. S. 103.) Auch hier erscheint mir das zu weit gegriffen, ebenso, wie die russische Forderung auf Unterhalt der Mutter bis zu ihrer Wiederherstellung (Nov. v. 3. 6. 02, Art. 132/7) übertrieben erscheint. Die Verpflichtungen des Vaters sollen m. E. nicht vor dem 180. Tag nach der Beiwohnung beginnen, da erst mit diesem Tage die Niederkunft der Schwangeren ihn zum „Vater" machen kann. Eine vorher erfolgte Entbindung wäre ja ein abortus und darum rechtlich belanglos. Und was die Unterstützung im Krankheitsfalle nach der Geburt anlangt, so soll sie nicht weiter reichen, als bis zum Ende des 6. Monats — wie der Stillbeitrag.

Während dieser Zeit hat der Vater — immer die Bedürftigkeit der Mutter und seine Leistungsfähigkeit vorausgesetzt — alle Kosten zu tragen, welche durch die Krankheit der Mutter entstehen. Und zwar sinngemäß nicht nur etwa die Kosten einer Krankheit, die im unmittelbaren ursächlichen Zusammenhang mit der Schwangerschaft oder Entbindung etc. stehen (so § 1715 B.G.B.), sondern die Kosten jeglicher Krankheit, welche auf das Wohl des Kindes oder nasciturus von schädlichem Einfluß sein kann. Wir leiten ja den Anspruch der Mutter nicht aus dem Akt der Beiwohnung und deren Folgeerscheinungen, sondern nur aus dem Interesse des Kindes her, das darum allein maßgebend bleiben muß und das offenbar durch eine in den letzten Wochen der Schwangerschaft auftretende schwere Bronchitis genau so gefährdet ist, wie durch eine ausgesprochene Schwangerschaftserkrankung. Analog ist es natürlich mit Krankheiten, die nach der Entbindung auftreten. Dieser Gesichtspunkt ist auffallenderweise auch in den modernen skandinavischen Gesetzgebungen nicht beachtet.

Es ist kaum notwendig, zu sagen, daß auch diese Krankenansprüche der Mutter, insoferne sie sich auf die Zeit nach der Niederkunft beziehen, nur aktuell werden können, wenn und solange sie das Kind bei sich hat und selbst pflegt. Die Unterstützung durch den Vater erfolgt auch hier nicht auf Grund eines Verwendungsnachweises, sondern, soweit es sich um ärztliche Behandlung etc. handelt, durch Bezahlung der Rechnungen und im übrigen durch Leistung eines in angemessener Höhe festzusetzenden Zuschusses.

Uebrigens ist auch in dem Falle, wo das Kind sich nicht bei der Mutter befindet oder die Krankheit der Mutter sich länger als 6 Monate von der Entbindung ab hinzieht, eine gewisse indirekte Leistung des Vaters für die Mutter darin enthalten, daß dieser in Anbetracht der Umstände als der wirtschaftlich leistungsfähigere Teil in höherem Maße als die

Mutter oder überhaupt allein zum Unterhalt des Kindes herangezogen werden wird, also der Mutter in Ansehung ihrer Krankheit normalerweise auf ihr ruhende finanzielle Lasten abnimmt; es liegt sohin kaum ein Grund vor, die uneheliche Mutter durch unsere Vorschläge insoferne als benachteiligt anzusehen, als ihrer eigenen Person und ihrer Lage nicht Rechnung getragen sei.

6. Mehrmals war schon von der Vorausleistung gewisser Verpflichtungen des Mannes die Rede. Sie ist gerade hier von eminenter Wichtigkeit. Mit einem nachträglichen Ersatz aufgewendeter Kosten ist es in diesen Dingen nicht getan, da nur die unbemittelte Schwangere überhaupt Anspruch auf Schwangerschafts- und Entbindungsgeld hat — wovon sollte sie es denn auslegen, wenn sie unbemittelt ist? Es muß unter allen Umständen durch einstweilige Verfügung die sofortige Hinterlegung des Entbindungsgeldes und die Zahlung des Schwangerschaftsgeldes praenumerando angeordnet werden können. Post festum nützt es der Mutter nichts mehr. Ebenso ist es natürlich mit dem, eventuell vom 180. Schwangerschaftstag an fälligen, Krankenbeitrag für die letzten drei Schwangerschaftsmonate. — Was dann in Fällen zu geschehen hat, wo die Ansprüche der Schwangeren sich infolge Totgeburt als illusorisch erweisen, ist oben schon kurz gestreift worden: der Leistende hat Anspruch auf Rückzahlung nach den für die Herausgabe einer ungerechtfertigten Bereicherung geltenden Vorschriften. Auch die Kosten für die Säuglingsausstattung müssen nicht nur vor der Entbindung hinterlegt, sondern auch der Mutter schon angemessene Zeit vor der Niederkunft zugänglich gemacht werden. Die Wochenbett- und Stilbeiträge sind jeweils für einen Monat (oder eine Lohnperiode des Mannes) im Voraus zu zahlen; erstmals werden sie also bei der Geburt des lebenden Kindes fällig.

7. Erfüllt der Mann die an ihn gestellten Forderungen nicht freiwillig, so kann die Mutter darauf klagen. Die Klage ist an sich von der Klage des Kindes auf Feststellung der unehelichen Vaterschaft prozessual unabhängig. Jedoch ist das Urteil im Vaterschaftsprozeß für den Prozeß der Mutter präjudiziell; auch kann die Mutter als Streitgenossin des Kindes auftreten und so die formale Verbindung beider Prozesse herbeiführen. In Wiederholung des früher schon Gesagten, mag nochmal darauf hingewiesen sein, daß die Mutter niemals eine Vaterschaftsfeststellungsklage von sich aus und mit Rücksicht auf ihre Ansprüche erheben kann. Denn falls ein lebendes Kind zur Welt kommt, so geschieht ja die Feststellung der Vaterschaft notwendig im Prozeß des Kindes. Im Falle der Fehl- und Totgeburt kommen aber Ansprüche der Mutter gar nicht in Frage, weshalb sie auch kein rechtliches Interesse an der

Feststellung der „Vaterschaft“ haben kann. (Vgl. dazu oben S. 198 f.)

8. Was nun die Einreden des Belangten gegen die von der Mutter erhobenen Ansprüche angeht, so kommt natürlich in erster Linie die Behauptung in Betracht, die Mutter sei nicht bedürftig. Glaubmaftmachung der Bedürftigkeit muß schon als Voraussetzung für den Erlaß der einstweiligen Verfügung auf Deposition des Schwangerschafts- und Entbindungsgeldes gefordert werden. Ferner kann der Belangte einredeweise seine eigene Leistungsunfähigkeit geltend machen. Bedürftigkeit der Mutter und Leistungsfähigkeit des Vaters sind dabei natürlich untrennbare Korrelate. Da es sich darum handelt, dem Kinde möglichst günstige, den wirtschaftlichen Verhältnissen beider Eltern entsprechende, Bedingungen für seine Geburt und die unmittelbar anschließende Zeit (Säuglingsalter) zu sichern, muß die „Bedürftigkeit“ der Schwangeren und Mutter an der „Leistungsfähigkeit“ des Schwängerers oder Vaters relativ gemessen werden — und umgekehrt. Der Vater kann natürlich — bei teilweiser Leistungsfähigkeit der Mutter — auch zu einem angemessenen B e i t r a g herangezogen werden.

Daß die exceptio plurium concumbentium die Ansprüche der Schwangeren und der Mutter zerstört, ist klar; denn sie vernichtet ja auch die Möglichkeit der Vaterschaftsfeststellung. Wurde die exceptio plurium von einem der Konkumbenten oder von mehreren gemeinsam dolos herbeigeführt, so wird die Frage der Verpflichtung schwieriger sein. v. Liszt leugnet hier jeglichen Anspruch der Mutter, falls sie nicht geradezu vergewaltigt wurde oder sonst ein strafbarer Tatbestand durch mindestens eine der mehreren Beiwohnungen erfüllt wurde. Aber es ist eigentlich nicht einzusehen, warum man die Strenge der Beurteilung der dolos herbeigeführten Einwilligung der Mutter zur Beiwohnung eines oder mehrerer anderer Männer variieren will. Die dolose Herbeiführung der exceptio plurium begründet, wie wir sehen, nur einen Anspruch der M u t t e r auf Ersatz der von i h r dem Kinde zu gewährenden Alimentation. Wir haben diesen Anspruch trotz vorhandener Einwilligung der Mutter in die Beiwohnung eines zweiten Mannes bestehen lassen, vorausgesetzt, daß gegenüber der böswilligen Handlungsweise des Mannes (oder der Männer) diese halberschlichene Einwilligung billigerweise als Willensakt der Mutter außer Ansatz gelassen werden darf. Auch hier handelt es sich um Ansprüche der Mutter. Der Unterschied ist nur der, daß die Kindesalimente erst durch die Beiwohnerschaft Mehrerer Lasten der Mutter w e r d e n, die hier in Frage stehenden Auslagen und Kosten es aber von vornherein s i n d. In beiden Fällen kann nur das Interesse des Kindes maßgebend sein für die Heranziehung des dolosen Konkumbenten. Warum also im einen Falle die Konsequenz ziehen, im anderen nicht? Es müssen m. E. die dolosen Konkumbenten nach den gleichen Grundsätzen zur Sustentation der Mutter herangezogen werden, wie man sie zur Schadloshaltung der Mutter für ihre Unterhaltsleistung an das Kind heranzieht.

Schon in den Motiven zum B.G.B. macht sich diese verschiedene Auffassung, der wir soeben entgegentraten, geltend. Es heißt da (S. 908), man könnte geneigt sein, hinsichtlich der Ansprüche der Mutter auch die Einrede des liederlichen Lebenswandels zuzulassen, welche als Verteidigungsmittel gegen die Ansprüche des Kindes schlechthin abgelehnt wird. Auch E. v. Liszt neigt dazu, die Ansprüche der Mutter durch Tatbestände als zerstört anzusehen, welche die Ansprüche des Kindes intakt lassen. Aber auch der Einwand des liederlichen Lebenswandels kann rechtlich keinen anderen Einfluß auf die Ansprüche der Mutter ausüben, d. h. er kann hier nicht weiter gefaßt werden, als in Ansehung der Feststellung der unehelichen Vaterschaft. Bedürftigkeit der Mutter und Interesse des Kindes auf der Basis der Vaterschaft begründen unter allen Umständen die Ansprüche der Mutter.

Insbesondere kann man aus der Tatsache, daß die Mutter für die Gestattung des Beischlafs ein Entgelt bekam, nichts für die Zerstörung der mütterlichen Ansprüche schließen. Schon deshalb nicht, weil das Entgelt und die Tatsache seiner Leistung an die Mutter nichts an den Voraussetzungen für das Bestehen der Ansprüche ändern kann: an der Bedürftigkeit der Mutter und am Interesse des Kindes. Gäben wir — wie Norwegen — der Mutter Ansprüche um ihrer selbst willen, dann müßten wir sie durch den Empfang eines Entgeltes für die Beischlafsgestattung als getilgt ansehen. Uebrigens ist überhaupt der Begriff des Entgelts schwer faßbar. Welcher Unterschied ist zwischen dem „Goldstück“, das die Prostituierte bekommt, und dem Nerzmantel, den der Lebemann seiner Demimondaine schenkt? Und wenn wir schon notgedrungen über die „Barzahlung“ hinaus- und auf „Naturalleistungen“ übergreifen —: wo ist die Grenze zwischen dem „Entgelt für Gestattung der Beiwohnung“ und dem harmlosen Geschenk, das der Liebhaber seinem Mädchen macht? — Genug —: wir kämen auf einen Boden, der uns unter den Füßen entgleiten würde!

Muß noch besonders erwähnt werden, daß natürlich im Falle der Notzucht oder in anderen Fällen, wo die Beiwohnung eine strafbare Handlung des Mannes, begangen an der Mutter, darstellt, den Täter die vollen Kosten treffen? Ebenso, wie er in diesen Fällen den vollen Unterhalt des Kindes zu leisten hat? Das ergibt sich ja aus den §§ 823, 825 B.G.B.

VII. Abschnitt.

Familienrechtliche Sonderfragen.

Es entstehen einige familienrechtliche Probleme, die gesondert gelöst werden müssen. Dazu gehört vor allem die Frage des Ehehindernisses, der Legitimation und der Adoption. Dann aber auch das Problem des „Brautkindes", das wohl schon da und dort gestreift wurde, aber hier noch eine kurze zusammenfassende Besprechung erfahren soll.

Zuerst ein paar Worte über den unehelichen Personenstand und seine Registrierung. Bisher wird zwar die uneheliche Vaterschaft ins Geburtenregister eingetragen und zwar in eine Nebenrubrik, — jedoch nicht mit der Wirkung, daß die uneheliche Vaterschaft eine Personenstandstatsache würde. Dies muß hier nur gegen die Behauptungen mancher Schriftsteller und gegen mehrfach in der Praxis vertretene Anschauungen wiederholt festgestellt werden. Begründungen für unsere gegenteilige Ansicht haben wir schon an früherer Stelle gebracht. In der Folge wird die uneheliche Vaterschaft ein Personenstand sein, wie auch das eheliche Abstammungsverhältnis. Sie wird zu den im § 22 Pers.St.Ges. unter Ziffer 5 genannten Tatsachen gehören. Die Geburt muß nach § 17 Pers.St.Ges. binnen einer Woche gemeldet werden. Meist wird in diesem Zeitpunkte die Vaterschaft noch nicht feststehen, da ja — sowohl durch Anerkennung, als auch durch Urteil — die formale Begründung der unehelichen Vaterschaft erst n a c h der Geburt erfolgen kann. Die Anmeldung, zu der übrigens gemäß § 18 Pers.St.-Ges. der u n e h e l i c h e Vater nicht verpflichtet ist und auch in Zukunft nicht verpflichtet sein soll, hat also zunächst nur mit dem Zusatze „unehelich" zu erfolgen. Erst nachdem die Anerkennung vollzogen oder das Vaterschafts-Feststellungsurteil rechtskräftig ist, soll die nachträgliche Einzeichnung des Vaters-Namens in das Register geschehen; und zwar wird am besten unmittelbar das Vormundschaftsgericht selbst die entsprechende Mitteilung an das Standesamt ergehen lassen. Die Anordnung einer Antragspflicht der Beteiligten (wie sie § 26 P.St.G. hat), können wir uns dadurch ersparen. Das Vormundschaftsgericht ist ja doch in allen Fällen unmittelbar mit den Vaterschaftsfragen befaßt und kann dem zuständigen Standesbeamten die Mitteilung zugehen lassen. Natürlich müßte sich dementsprechend der § 25 Pers.St.Ges. ändern; die Anerkennung erfolgt ja nicht mehr durch gerichtliche oder notarielle Urkunde oder vor dem Standesbeamten. § 25 müßte also lauten: „Die Vaterschaft an einem unehelichen Kinde ist erst einzutragen auf Anweisung des Vormundschaftsgerichtes, bei welchem die Anerkennung der Vaterschaft vorgenommen wurde oder bei welchem aufgrund gerichtlicher Feststellung der unehelichen Vaterschaft die familienrechtlichen Verhältnisse des Kindes geregelt worden sind.“ Eine besondere Frage bildet hier noch der Name des Kindes. Nach dem gegenwärtigen Rechtszustande braucht davon im § 22 Pers.St.Ges. gar nicht gesprochen zu werden. Denn aus der Angabe des Namens der (ehelichen) Eltern oder der (unehelichen) Mutter gemäß § 22 Ziff. 5 Pers.-St.Ges. geht ja der dem Kinde zukommende Familienname ohne weiteres hervor. Nicht so nach unseren Vorschlägen (S. 60 ff.). Das Kind kann entweder den Namen seines Vaters oder den seiner Mutter bekommen. Auch das wird erst nach Erledigung der Vaterschaftsfrage durch das Vormundschaftsgericht festgestellt und entschieden. Es ist also vom Vormundschaftsgerichte gleichzeitig mit dem Antrag auf Eintragung der Person des unehelichen Vaters dem Standesbeamten auch Anweisung zu geben, welcher Name als Familienname des Kindes einzutragen sei.

Läßt sich ein unehelicher Vater nicht feststellen, so ist auch hiervon zur gegebenen Zeit dem Standesbeamten vom Vormundschaftsgerichte Mitteilung zu machen. Der für den Vatersnamen bestimmte Platz im Register bleibt alsdann leer. —

Die Eintragungen haben, wie alle anderen Registervermerke, Wirkung für und gegen alle und können nur im Weg der Klage angefochten werden. Sie wirken präjudiziell für alle Angelegenheiten, in denen die Abstammung eine Rolle spielt — insbesondere also auch für die Frage des Ehehindernisses.

1. Das Ehehindernis des § 1310 B. G. B. und die uneheliche Abstammung.

Der § 1310[3] B.G.B. erklärt die uneheliche Blutsgemeinmeinschaft als Verwandtschaft im Sinne des Ehehindernisses. Er mußte das ausdrücklich feststellen, da die uneheliche Abstammung bekanntlich nach B.G.B. grundsätzlich keine Verwandtschaft vermittelt.

Natter erklärt — auf dem Boden des B.G.B. — die Feststellung der unehelichen Vaterschaft laut § 1717 B.G.B. als nicht präjudiziell für die Frage des Ehehindernisses; oder vielmehr: er meint, die Abweisung der Vaterschaftsklage aus § 1717 beweise noch nicht, daß kein Ehehindernis im Sinne des § 1310 Abs. 1 B.G.B. vorliege. Und zwar behauptet er: für die uneheliche Abstammung im Sinn des § 1310[1] B.G.B. genüge die Möglichkeit der Vaterschaft, während sie für § 1717 B.G.B. nicht genüge. Der Grund, warum man den Vaterschaftsbegriff nach § 1310[1] B.G.B. weiter zu fassen habe, als nach § 1717

B.G.B. — diesen Grund sucht er in dem staatlichen Interesse an der Vermeidung der Sanktion eines Incestes durch die Ehe. (Vgl. Natter a. a. O. S. 132 ff.). Kuttner ist der Anschauung, der möglichen Vaterschaft sei ja durch § 1310² B.G.B. Rechnung getragen. Denn danach bestehe ja ein Ehehindernis auch im Falle der Geschlechtsgemeinschaft; man habe es also nicht nötig, die Möglichkeit der Vaterschaft unter den § 1310¹ zu fassen. Mit Recht wird dagegen von Natter betont, daß dies kein zulängliches Argument sei. Denn der § 1310¹ B.G.B. begründet ein trennendes Ehehindernis nach § 1327 B.G.B., während das Ehehindernis des § 1310² B.G.B. nicht die Nichtigkeit der Ehe zur Folge hat. Auch hat ja das Ehehindernis des § 1310² einen ganz anderen Sinn, als das des § 1310¹. Es bezieht sich weder auf eine wirkliche, noch auf eine mögliche Verwandtschaft, sondern auf die Geschlechtsmoral. Darum entsteht hier nicht die Frage nach einer Empfängniszeit und nach der Wahrscheinlichkeit der Empfängnis, sondern nur nach der Beiwohnung überhaupt.

Aber keines der beiden Lager hat Recht. Und die Komplikation rührt nur her von den verworrenen und falschen Anschauungen über den Begriff der unehelichen Vaterschaft, dessen Korrektur wir oben (S. 148 f., S. 158 f. u. 175 f.) versucht haben. Wir gehen hier nicht mehr näher darauf ein. Zur Klärung der gegenwärtigen Frage de lege lata genügt Folgendes: Maßgebend für das Vorliegen oder Nichtvorliegen des trennenden Ehehindernisses im Sinne des § 1310¹ B.G.B. ist materiellrechtlich die wirkliche, natürliche Abstammung — genau so, wie in allen anderen Fragen, wo die uneheliche Vaterschaft hereinspielt, also wie im § 1717 oder 1720 B.G.B. Von einer Möglichkeit der unehelichen Vaterschaft als materiell-rechtlicher Grundlage irgend eines Rechtsverhältnisses kann gar keine Rede sein. Das B.G.B. kennt überhaupt keine Möglichkeit der unehelichen Vaterschaft als rechtserhebliche Tatsache. Aber prozeßrechtlich ergibt sich gerade hinsichtlich des Ehehindernisses eine recht sonderbare Konsequenz infolge des Beweisrechtes — das wir ja oben als die Urquelle der Begriffsverwirrung bloßgelegt und erkannt haben: irgendwelche Vermutungsregeln sind für den § 1310³ B.G.B. nicht aufgestellt. Wer also aufgrund des § 1327 mit § 1310¹ und 1310³ B.G.B. eine Ehe anfechten will, der muß die uneheliche Blutsgemeinschaft positiv und ohne jedes prozessuale Hilfsmittel beweisen. Keine Vermutung aus der Beiwohnung binnen der Empfängniszeit steht ihm unterstützend und erleichternd zur Seite; gerade das Gegenteil also von dem, was Natter meint, ist der Fall. Der Beweis der Vaterschaft im Sinne des § 1310³ B.G.B. ist der schwerste von allen Vaterschaftsbeweisen. Von einer Interpretation auf „Möglichkeit der Vaterschaft“ keine Rede; woher soll sie denn begründet werden? Es kann also in einem Falle, wo die uneheliche Vaterschaft im Sinne des § 1717 festgestellt ist, dennoch der Nachweis des Ehehindernisses nach § 1310 Abs. 1 mit 3 in der Ehenichtigkeitsklage mißlingen! Gewiß eine widersinnige Konsequenz. Aber: ita lex est scripta; ita jus esto! Da hilft kein Hinweis auf das öffentliche Interesse an der gesunden Rassenzucht. Alle Versuche zur Deutung im Natter'schen Sinne sind nichts als gröbste petitiones principii; der Wunsch ist des Gedankens Vater. Und übrigens stelle man sich vor: Herr X, ein Witwer, ist der Hausfreund der verheirateten Frau Y. Frau Y empfängt von ihm ein Kind, das natürlich gemäß § 1591 B.G.B. als eheliches Kind des Herrn Y anzusehen ist; Herr Y ahnte von dem Verhältnis seiner Frau mit Herrn X nichts und dachte nicht daran, die Ehelichkeit des Töchterchens seiner Frau anzufechten. Nach Jahren heiratet der Sohn des Witwers X das Töchterchen der Frau Y — und seines Vaters; also seine eigene Halbschwester. Wer will denn da die Ehenichtigkeitsklage erheben und die Vaterschaft des Herrn X am Töchterchen der Frau Y beweisen? Wo bleibt hier das Interesse der Reinhaltung der Rasse? Oder will man auch hier die Möglichkeit der Vaterschaft, dargetan durch den Nachweis des sexuellen Verkehrs zwischen Herrn X und Frau Y als Fundament des Ehehindernisses im Sinne des § 1310^1 mit ^{3} B.G.B. ansehen? Man sieht, zu welchen unmöglichen Konsequenzen uns Natter drängen würde! — Bezüglich des Ehehindernisses des § 1310^2 B.G.B. ist etwas besonderes nicht zu bemerken. —

Was nun die künftige Gestaltung des Ehehindernisses angeht, so ist durch die Erhebung der unehelichen Vaterschaft zum Status im Sinne des Personenstandsgesetzes diese Frage eindeutig entschieden: Nur die Eintragung in das Personenstandsregister begründet das Ehehindernis. Dabei ist natürlich hier eine Besonderheit wohl zu beachten: entgegen der Eintragung im Personenstandsregister kann natürlich die Ehe-Nichtigkeitsklage jederzeit erhoben werden. Handelt es sich dagegen um u n e h e l i c h e Abstammung als Basis der Ehenichtigkeitsklage, so kann die Klage nur erhoben werden, wenn der Vaterschafts-Eintrag im Personenstandsregister auf Grund freiwilliger Vaterschaftsanerkennung erfolgt war. Fand der Eintrag auf Grund gerichtlicher Feststellung der Vaterschaft statt, so steht einer Ehenichtigkeitsklage, welche die Abstammung von einem anderen, wie dem als solchem eingetragenen unehelichen Vater voraussetzt, bezw. behauptet, die Einrede der res judicata entgegen. Das ergibt sich notwendig aus der allgemein präjudiziellen Eigenschaft der Feststellung der „unehelichen Vaterschaft an sich." —

Wird die Tatsache des sexuellen Verkehrs (§ 1310^2 B.G.B.) zur Begründung eines Ehehindernisses benützt, so ist natürlich nur dieser nachzuweisen. Die Frage nach dem hier zugrunde zu legenden Begriff der „Geschlechtsgemeinschaft“ ist leicht gelöst aus dem Sinn der Vorschrift: es ist der strafrechtliche Begriff. Darum wählt auch mit Recht und in anerkennenswerter Klarheit der § 1310² B.G.B. nicht den Ausdruck: „Beiwohnung“ sondern den allgemeineren Ausdruck: „Geschlechtsgemeinschaft“. Es genügt jede körperlich-erotische Beziehung zwischen dem einen Teile und den Eltern, Voreltern oder Abkömmlingen des anderen Teiles. Es muß also nicht einmal die „Vereinigung der Geschlechtsteile“ nachgewiesen werden, sondern es genügt auch die Vornahme irgendwelcher anderen, ihrem Wesen und ihrer Bedeutung nach sexueller Handlungen (z. B. mutuelle Onanie und Masturbation etc.).

Was den strafrechtlichen Begriff der unehelichen Abstammung anlangt, so muß natürlich auch die Eintragung in's Personenstandsregister als maßgeblich erachtet werden, — es sei denn, daß der Gegenbeweis erbracht, die Eintragung als falsch erwiesen wird, was ja immerhin möglich ist.

---

2. Die Legitimation.

Unser B.G.B. kennt zwei Arten der Legitimation: die natürliche durch nachfolgende Ehe der unehelichen Eltern und eine „künstliche“ — per rescriptum principis. Beides sind Akte, durch welche das Kind aus einem unehelichen zu einem ehelichen gemacht wird. Der Staat und die Gesellschaft haben ja ein hervorragendes Interesse daran, daß das uneheliche Kind ehelich werde. Und am einfachsten geschieht das dadurch, daß die Eltern sich heiraten. In diesem Falle ist es ja eigentlich eine reine Formsache, ob man das Kind als ehelich oder unehelich ansehen will; d. h., es wäre ein Unding, es als unehelich zu bezeichnen. Das Kind ist vorehelich. C. Rauhe bezeichnet die Legitimierten überhaupt nicht als eigentlich Uneheliche. Es ist auch schließlich kein wesentlicher Unterschied, ob ein Kind unehelich (vorehelich) empfangen und dann ehelich geboren ist (binnen der Frist des § 1592 B.G.B.) oder ob auch die Geburt vor der Ehe oder so kurze Zeit nach deren Eingehung stattfand, daß die Ehelichkeitsvermutung der § 1591 f. B.G.B. nicht Platz greifen kann.

Wie aber behandelt das B.G.B. die Legitimation durch nachfolgende Ehe? Hier, wo Ehelichkeit und Unehelichkeit ineinandergreifen, treten die ungeheuerlichen logischen Inkonsequenzen grell zutage und führen zu den denkbar haarsträubendsten Folgen.

Nach § 1719 B.G.B. erlangt das uneheliche Kind die rechtliche Stellung eines ehelichen dadurch, daß der Vater die Mutter heiratet. Schon oben (S. 158 ff.) wurde auseinandergesetzt, daß der Vaterschafts b e g r i f f bei der Legitimation kein anderer sei, als sonst auch. Daß aber die Beweisführung, die Rechtsvermutung, anders geregelt sei und darum praktische Verschiedenheiten zwischen der unehelichen Vaterschaft des § 1717 und der des § 1719 B.G.B. auftreten. Da nämlich beim § 1719 B.G.B. die Unehelichkeit nicht im Gegensatz zur Ehelichkeit steht, sondern Unehelichkeit in Ehelichkeit übergehen soll, so hat der Gesetzgeber hier die gleichen Regeln aufgestellt, wie für die Ehelichkeit selbst: Der Beweis der Konkurrenz mehrerer Konkumbenten ist nicht zugelassen, die exceptio plurium also ausgeschlossen — wie nach § 1591 ff. (Natürlich kann die Beiwohnerschaft mehrerer als Hilfsbeweis für den Nachweis der Unmöglichkeit der Vaterschaft hier wie dort auftreten.) Ja, wir haben sogar (nach § 1720 ²) eine Vermutung der Beiwohnerschaft zwischen den Eheleuten, analog der Beiwohnungsvermutung nach § 1591 ². Und zwar wird diese Vermutung auf die Vaterschaftsanerkennung des § 1718 B.G.B. gegründet — ein rein formalistischer Standpunkt also. Anstatt die materielle Wahrheit der Vaterschaftsanerkennung zu prüfen, macht der Gesetzgeber sie noch zum Fundament einer Präsumption!

Die Angleichung an die §§ 1591 ff. geht allerdings nach dem Wortlaut des Gesetzes nicht soweit, daß auch die Dehnbarkeit der Empfängniszeit nach § 1592 ² B.G.B. Anwendung fände. Doch spricht sich die Literatur mit starker Mehrheit dafür aus, daß der § 1592 ² in Analogie auf § 1720 B.G.B. anzuwenden sei. (So vor allem Raape a. a. O. S. 250/251. Ebenso Knitschky S. 34.) Allerdings sind die dafür angegebenen Gründe verschieden; Raape stützt sich auf ein Redaktionsversehen; die Dehnbarkeit der Konzeptionszeit wurde erst durch die zweite Kommission in den § 1592 hereingebracht. Nun ist es sehr wohl möglich, daß man vergaß, bei dieser Gelegenheit auch den § 1720 entsprechend zu ändern und — statt auf § 1717 ² — auf 1592 ² zu verweisen. Dies ist sogar durchaus wahrscheinlich, wenn man bedenkt, daß es sich im § 1720 ebenso, wie im § 1592 um den „Schutz der Ehelichkeit" im Sinne des Gesetzgebers handelt, und daß ferner das B.G.B. auch im übrigen die Angleichung der Legitimations-Regeln an die für die Ehelichkeit geltenden Maximen durchgeführt hat. Anders Knitschky: er meint, wenn § 1592 die Dehnbarkeit der Frist vorsehe, so könne daraus, daß dies im § 1720 (und § 1717!) nicht der Fall sei, nicht geschlossen werden, daß der Nachweis einer längeren Empfängniszeit unmöglich sei. Nur die Vermutung sei ausgeschaltet. Dabei vergißt aber Knitschky eines: § 1592 ² enthält ja selbst nur die Gestattung des Nachweises einer längeren

Empfängniszeit. Die Rechtsvermutung, die er daran knüpft, bezieht sich gar nicht auf die Konzeptionszeit, sondern auf die Tatsache der — ehelichen — Beiwohnung nach § 1591 [2] Satz 1; also eine Vermutung, die für § 1719 und 1720 wegen des Nichtvorliegens einer Ehe zur Zeit der Beiwohnung gar nicht in Betracht kommen kann; diese Vermutung der Beiwohnung kommt ja für die Ehelichkeit noch zu der — bei Ehelichkeit und Unehelichkeit gemeinsamen — Vermutung der Empfängnis hinzu und ist von ihr streng zu trennen. Was die Anwendung der Dehnbarkeit der Empfängniszeit auf § 1717 angeht, so wurde davon ja schon früher mit hinreichender Begründung ablehnend gesprochen.

Den Ausführungen Raape's dagegen wird wohl zugestimmt werden müssen.

So ergibt sich denn: es ist denkbar, daß das Kind mit seiner Klage aus § 1717 B.G.B. abgewiesen wurde mit der Begründung, der Beklagte sei nicht der Vater. (exceptio plurium). Wenn hingegen später der Beklagte die Kindsmutter heiratet und das Kind klagt nunmehr auf Feststellung der Legitimation, so wird dem Klagantrag nach § 1720 stattzugeben sein, da nach diesem Paragraphen der Einwand der mehreren Beihälter rechtsunerheblich ist. Und zwar wird die Begründung des Urteils lauten: „die Legitimation ist eingetreten, da der Beklagte der Vater des Kindes im Sinne des § 1720 ist.“

Aber noch ist dies nicht der größte Widersinn, der sich aus unserem Gesetz ergibt. X wurde seinerzeit von der Kindsmutter als Vater des Kindes bezeichnet. Das Kind erhob Alimentationsklage gegen ihn. X wurde „als Vater im Sinne des § 1717“ zur Alimentation verurteilt. Er hatte keine Kenntnis von der Tatsache, daß auch Y der Kindsmutter binnen der gesetzlichen Empfängniszeit beigewohnt habe und hat daher den Einwand der mehreren Beiwohner nicht geltend gemacht. Nachher heiratet die Mutter den Y. Und nunmehr klagt das Kind gegen ihn auf Bestehen der Legitimation. Es wird mit seiner Klage durchdringen und hat nun — einen „ehelichen“ Vater und einen unehelichen; denn X kann sich von seiner unehelichen Vaterschaft auch in diesem Falle nur dann befreien, wenn einer der Restitutionsgründe vorliegt, insbesondere also dann, wenn das Urteil im damaligen Alimentationsprozeß aufgrund Meineids der Kindsmutter gefällt wurde, was ja durchaus nicht immer der Fall gewesen sein muß. (Vgl. auch: Mot. B.G.B. S. 921.) Nun aber das Schönste: wer ist in diesem Fall alimentationspflichtig? Der Legitimierende oder der uneheliche Vater? —: der uneheliche in erster Linie. Was er zu leisten hat, gilt als „Einkünfte“ im Sinne des § 1602 [2] B.G.B. Und nur, was das Kind mit Rücksicht auf die Standesgemäßheit des Unterhaltes darüber hinaus noch braucht, hat der legitimierende Vater zu leisten. Da der Legitimierende die Verwaltung und Nutznießung des Kindesvermögens hat, so hätte er also — sehr geschmackvollerweise — für sein legitimiertes Kind von dessen unehelichem Vater, seinem Rivalen hinsichtlich der natürlichen Abstammung, die Alimente einzukassieren!

Es ist ganz belanglos, wenn man behauptet: so etwas kommt in praxi nicht vor. Daß es nach dem Gesetz vorkommen kann, genügt vollkommen, um zu beweisen, daß das Gesetz unsinnig ist.

Es besteht aber noch eine keineswegs bedeutungslose prozeßrechtliche Frage, die — soweit ich sehen konnte — nirgends noch ventiliert wurde: die Frage nach dem Gerichtsstand für die Legitimationsklage. Die Legitimationsklage kann sowohl vor als nach Eingehung der Ehe erhoben werden. Nun wird allgemein angenommen, daß vor Eingehung der Ehe für die Legitimationsklage das Amtsgericht zuständig sei, nach Eingehung der Ehe aber das Landgericht gemäß § 640 Z.P.O. Diese Folgerung ist nun an sich schon hinreichend auffällig, um Zweifel an ihrer Richtigkeit aufkommen zu lassen. Treten wir der Frage näher, so ergibt sich:

1. Vor Eingehung der Ehe kann allerdings auf die Klage des Kindes auf Feststellung der Vaterschaft im Sinne des § 1719 B.G.B. der § 640 Z.P.O. nicht angewendet werden. Denn: auf das Vorliegen der Legitimation kann noch nicht geklagt werden, da noch keine Ehe besteht, welche die Legitimation begründen könnte. Eine Klage auf Feststellung ist ja gemäß § 256 Z.P.O. nur möglich im Bezug auf Rechtsverhältnisse, welche im Augenblick der Klage schon bestehen (oder nicht bestehen), nicht hinsichtlich solcher, die erst entstehen sollen — wie die Legitimation; und die bloße Klage auf Feststellung der unehelichen Vaterschaft im Sinne des § 1719 B.G.B. gehört nicht zu den Rechtsverhältnissen, welche unter den § 640 Z.P.O. subsumiert werden können. (Vgl. § 644 Z.P.O.).

2. Nach Eingehung der Ehe aber müßte also nach allgemeiner Anschauung die Legitimationsklage beim Landgericht erhoben werden. Aber: die Legitimation begründet ja gar kein eheliches Kindesverhältnis, sondern sie gibt dem unehelichen Kinde nur die rechtliche Stellung eines ehelichen Kindes (§ 1719). Es bleibt unehelich! Wir können also die Anwendung des § 640 Z.P.O. auf die Legitimationsklage, die übrigens von der Begründung zur Z.P.O. gewollt ist, nur dadurch konstruieren, daß wir sagen: die rechtliche Stellung eines ehelichen Kindes wird vom Unehelichen durch die Legitimation auch prozeßrechtlich erlangt. Diese Folgerung ist auch zweifellos richtig. Denn wenn der Legitimierende selbst gegen das Kind auf Bestehen der elterlichen Gewalt klagt,

so muß ja § 640 Z.P.O. angewendet werden, wie sich aus dem Wortlaut klar ergibt.

3. Das Unleidliche besteht also darin, daß nicht überhaupt für die Feststellung der unehelichen Vaterschaft im Sinne des § 1719 B.G.B. das Landgericht zuständig ist. Denn es ist doch klar, daß die Frage nicht durch ihre Aufrollung vor der Ehe unwichtiger ist und darum ihre Beurteilung dem Amtsgerichte überlassen werden kann. Aber, da der § 644 Z.P.O. für die Unehelichkeit im Sinne des § 1719 keine Ausnahme macht, so ist de lege lata an dieser fragwürdigen Konsequenz nichts zu ändern. Die wenig aufmerksame Redaktion des § 644 Z.P.O. war ja schon im Zusammenhang mit der Erörterung des Begriffs der unehelichen Vaterschaft besprochen worden.

Da die Legitimation nicht die Ehelichkeit des legitimierten Kindes herbeiführt, sondern ihm nur die rechtliche Stellung eines ehelichen Kindes gewährt, so hat die Legitimation auch keine rückwirkende Kraft: sie wirkt erst vom Augenblick der Eheschließung ab. Hinsichtlich der vor der Eheschließung der Eltern liegenden Zeit bleibt das Kind in der rechtlichen Stellung eines unehelichen, sodaß also für ein vor der Ehe verstorbenes Kind die nachfolgende Ehe der Eltern rechtlich bedeutungslos bleibt. Nur eine Ausnahme macht das B.G.B. von diesem Grundsatze: laut § 1732 wirkt die Ehe legitimierend auf die Abkömmlinge des vor der Eheschließung verstorbenen unehelichen Kindes. Das Bild ist also dies: Das Kind war und bleibt unehelich — aber es vermittelt legitime Abstammung zwischen seinem unehelichen Vater einerseits und seinem ehelichen Abkommen anderseits.

Die Ehelichkeitserklärung hat in ihrer Wirkung nur die eine Abweichung von der Legitimation durch nachfolgende Ehe, daß die Ehelichkeitserklärung nur in der Person des Vaters wirkt, nicht aber für dessen Verwandte. (§ 1737 B.G.B.) Im übrigen ist die Ehelichkeitserklärung ein ganz unvollkommenes Institut, ein Lückenbüsser. Da man dem unehelichen Kinde eine bedeutend mindere Rechtsstellung gegeben hat, mit der Begründung, zwischen Vater und Kind bestünden im allgemeinen nicht die erforderlichen moralischen Beziehungen, so hat man für den Fall, daß der Vater doch väterlich empfindet, ihm die Möglichkeit geben wollen, diese Empfindungen in die Tat umzusetzen und ein ihnen entsprechendes (verwandtschaftliches) Verhältnis auf ihnen zu basieren. Aber das hat man — in Anlehnung an die vom römischen Recht überkommene legitimatio per rescriptum princips — auf die denkbar unpraktischeste Art und Weise getan. Letzten Endes ist nämlich dem Vater doch nicht die Entscheidung zugestanden; eine Menge von Hindernissen und Zäunen umgeben die Ehelichkeitserklärung — derart, daß diese Hindernisse allein schon eine recht spärliche Frequenz des Institutes bedingen. Daß die Einwilligung des erwachsenen Kindes erforderlich ist (§ 1726) kann noch gerechtfertigt werden. Zweifelhaft ist schon die Einwilligung der Mutter, falls das Kind minderjährig ist; wenn sie auch aus dem Rechte der Mutter auf die Sorge für die Person des Kindes abgeleitet wird, so wäre doch ein minder starker Einfluß der Mutter wünschenswerter. Und die Ersetzung dieser versagten mütterlichen Zustimmung durch das Vormundschaftsgericht (§ 1727) kann nicht als hinreichende Kautel angesehen werden, zumal die Ehelichkeitserklärung nur dann über den Kopf der Mutter hinweg erfolgen kann, wenn das Unterbleiben „dem Kinde zu unverhältnismäßigem Nachteile gereichen würde". (§ 1727.) Ganz ungerechtfertigt aber ist die Bestimmung des § 1726 [1] Satz 2, wonach der verheiratete uneheliche Vater auch noch die Einwilligung der Ehegattin braucht. Wenn auch damit der „Schutz der Ehe" bezweckt ist — eine Brustwehr, hinter welcher das B.G.B. sich überall da verschanzt, wo es unsoziale Vorschriften gibt — so dürfte doch die Wohltat der Ehelichkeitserklärung nicht von dem guten Willen der Ehefrau des Mannes abhängen.

Das Schlimmste aber ist, daß, selbst wenn alle diese Zustimmungen vorliegen, die Ehelichkeitserklärung immer noch nicht gesichert ist: sie kann nach § 1734 ohne Angabe des Grundes trotz Vorliegens der gesetzlichen Voraussetzungen versagt werden. Das „Verwaltungsmoment" ist hier ganz im unrichtigen Sinne hereingebracht. Statt es einzig im Interesse des Kindes wirken zu lassen, ermöglicht man eine rechenschaftslose Ablehnung der vom Vater angebotenen Ehelichkeitserklärung im Verwaltungsweg! — Doch muß zugestanden werden, daß innerhalb des ganzen Systems des B.G.B. eine wesentlich andere Regelung nicht gut möglich war.

Im übrigen darf hinsichtlich der Ehelichkeitserklärung auf die ausführlichen Darlegungen bei Knitschky (a. a. O. S. 42 ff.) hingewiesen werden.

Die Legitimation durch nachfolgende Ehe ist im Grunde etwas Selbstverständliches. Der Grund für die veränderte Rechtsstellung des unehelichen Kindes gegenüber dem ehelichen ist nur der, daß die Familie fehlt, daß Vater und Mutter nicht verheiratet sind. Daraus ergibt sich klar, daß die nachfolgende Ehe der Eltern, welche diesen Defekt der tatsächlichen Verhältnisse korrigiert, notwendig auch die Defekte der aus ihnen resultierenden Rechtsstellung heilen muß. Die Ablehnung der Legitimation überhaupt, wie sie in England besteht, ist darum ein offenbarer Widersinn; Schottland und die meisten amerikanischen Staaten weichen auch in diesem Punkte vom englischen Rechte ab.

Wenn wir aber von dem Grundsatze ausgehen, daß nur das Fehlen eines Familienbandes zwischen Vater und Mutter die veränderte Rechtsstellung des unehelichen Kindes rechtfertigt — daß dies eigentlich der einzige Unterschied zwischen dem ehelichen und dem unehelichen Kinde ist, — so müssen wir logischerweise auch die Rückwirkung der Legitimation annehmen. Es liegt ein Mangel vor, welcher geheilt wird; das heißt, für niemals vorhanden gewesen zu erachten ist. Ich kann keinen vernünftigen Grund einsehen, warum das Kind bis zur Eheschließung seiner Eltern unehelich gewesen sein und es für diesen Zeitraum auch b l e i b e n soll, während doch der „Defekt" seiner Geburt geheilt ist. In der Tat haben auch die modernen Gesetze die rückwirkende Kraft der nachfolgenden Ehe anerkannt. Nur nach dem russischen Gesetz vom 12. 3. 1891 Art. 144/I wirkt die Legitimation erst vom Tage der Eheschließung ab. Aber das neue Schweizerische Z.G.B. Art. 258 hat die rückwirkende Kraft der Eheschließung anerkannt. Dementsprechend bemerkt auch Egger in seinem Kommentar, Anmerkung 1 zu Art. 258, daß die Legitimation auch für v o r v e r s t o r b e n e Kinder eintrete — nicht nur für ihre Abkömmlinge, wie nach § 1722 B.G.B. Auch in N o r w e g e n hat die Legitimation rückwirkende Kraft, d. h. es gibt eigentlich keine Legitimation im alten Sinne, sondern v o r e h e l i c h e Kinder gehören zu den ehelichen. (§ 4^1 lov om arv 31. 7. 1854; § 4^1 forandringslov til lov om arv 10. 4. 15.)

Leider hat Schweden im § 8 seines lag om äktenskaplig börd diesen Standpunkt abgelehnt, was weniger aus dem Gesetzestext, als vielmehr aus den Motiven hervorgeht. (Vgl. Edling a. a. O. S. 113.).

Wir haben uns unbedingt auf den Standpunkt zu stellen, daß das voreheliche Kind dem ehelichen gleichzustellen sei. Die von den Motiven zum B.G.B. (S. 923) angeführten Gegengründe sind mehr als fadenscheinig! Die Tatsache der nachfolgenden Ehe beweist, daß der sexuelle Verkehr, welchem das Kind seine Existenz verdankt, den Charakter des ehelichen Verkehrs trug; dem Kinde ist das bürgerliche Fundament der Ehe, der Familie gegeben —: und darum i s t es sinngemäß ehelich.

Es i s t ehelich — hat nicht nur dieselbe Rechtsstellung, wie ein eheliches Kind. Das ist auch von wesentlicher Bedeutung. Der Wortlaut unseres § 1719 B.G.B. muß sich unbedingt ändern. Ja, ich wäre überhaupt dafür, bei den Bestimmungen über e h e l i c h e Abstammung, d. h. bei der Begriffsbestimmung der ehelichen Abstammung, den Fall der nachfolgenden Ehe gleich zu berücksichtigen.

Was nun die näheren Modalitäten der Legitimation angeht, so ist natürlich zunächst daran festzuhalten, daß die Eintragung in das Geburtenregister maßgebend ist. Durch die Ehe mit der Kindsmutter wird derjenige Mann ehelicher Vater des Kindes, welcher laut Eintrag im Geburtenregister bisher der uneheliche Vater war. Eine Anfechtung der Eintragung ist nur nach den allgemeinen Regeln über die Anfechtung personenständlicher Registertatsachen möglich. Damit ist den unmöglichen Konsequenzen des B.G.B. ein für allemal der Boden genommen: Kein Kind wird mehr in Zukunft einen ehelichen und einen unehelichen Vater zugleich haben können.

Es ist also soweit alles klar — wenn das Kind laut Geburtenregister einen unehelichen Vater h a t. Was aber dann, wenn es k e i n e n hat? Für diese Fälle trifft das B.G.B. Vorsorge durch den Ausschluß der exceptio plurium concumbentium hinsichtlich der Legitimation. Wollten wir streng konsequent sein, so müßten wir in diesen Fällen die Legitimation ganz fallen lassen. Allein, da wir sagen: die n a c h f o l g e n d e Ehe wirkt genau so, wie die vorhergehende, so können wir auch die nur durch das Bestehen der Ehe gerechtfertigten Vermutungen in diesen Fällen eintreten lassen. D. h.: wenn ein Beiwohner der Mutter diese heiratet, so greift die Vermutung seiner Vaterschaft Platz. Das ist durchaus nicht inkonsequent: dadurch, daß die Ehe geschlossen wird, bekommt der v o r e h e l i c h e Sexualverkehr den psychologischen und sozialen Charakter des e h e l i c h e n — er hat somit auch dieselben Folgen. Man könnte sich auch so ausdrücken: in favorem legitimitatis wird die Ehe als zur Zeit der mutmaßlichen Empfängnis eingegangen fingiert. Damit ist man durchaus nicht in den alten Fehler des B.G.B. verfallen, für die Begründung der unehelichen Vaterschaft verschiedene Beweisgrundsätze aufzustellen. Die uneheliche Vaterschaft wird immer nach den gleichen Grundsätzen festgestellt. Und in dem hier vorliegenden Fall dreht es sich gar nicht um u n e h e l i c h e, sondern um e h e l i c h e Vaterschaft; es wurde ja oben ausdrücklich gesagt, daß das legitimierte Kind ehelich i s t. Wir haben also von vornherein nicht zu sagen: das uneheliche Kind wird durch die Ehe seines Vaters mit der Mutter legitimiert — um dann die Begriffsmerkmale der unehelichen Vaterschaft „im Sinne dieser Vorschrift" zu fixieren; sondern wir sagen: ein von der Ehefrau v o r der Ehe geborenes Kind ist mit Eingehung der Ehe ehelich, wenn der Ehemann der Frau innerhalb der gesetzlichen Konzeptionszeit beigewohnt hat. (Gegenbeweis zugelassen, wie bei Ehelichkeitsanfechtung, Beweis des Kindes für längere Empfängniszeit ist ebenfalls zugelassen!) Wir schalten also die Frage der u n e h e l i c h e n V a t e r s c h a f t ganz aus, nehmen unsere Einstellung von vornherein auf die v o r e h e l i c h e B e i w o h -

nung. Darum gehört auch die Behandlung der Legitimation nicht in den Abschnitt über uneheliche Abstammung, sondern in den über die eheliche. Es gelten also dieselben Regeln, wie für die eheliche Geburt. Nur mit einer Ausnahme, die sich aus der Natur der Dinge ergibt: die Vermutung der Beiwohnung (§ 1591 ^{2} B.G.B.) fällt fort. Denn sie kann nur begründet werden durch eine Ehe, die zur Zeit der Beiwohnung schon besteht.

Aber damit sind noch nicht alle Schwierigkeiten behoben. Es ist ein Fehler des B.G.B., daß nach § 1720 ein Kind nicht nur coincidenter einen ehelichen Vater (per legitimationem) und einen unehelichen, sondern daß es auch konsecutiv mehrere eheliche Väter (durch Legitimation) haben kann; beides aus dem gleichen Grunde, nämlich wegen des Ausschlusses der exceptio plurium. Heiratet die Kindsmutter nacheinander mehrere Männer, die in der Konzeptionszeit als Beihälter konkurriert haben, so wird nacheinander jeder von ihnen Vater des Kindes durch Legitimation, weil die Voraussetzung dafür in der Person eines jeden vorliegt. Das wäre nun auch der Fall nach unsern bisherigen Ausführungen —: eine unerträgliche Konsequenz. Hier hilft in der Tat nichts, als eine gewaltsame Konstruktion. Die einmal begründete eheliche Vaterschaft muß die Begründung eines zweiten und dritten ehelichen Abstammungsverhältnisses ausschließen. Und in der Praxis ist das gar nicht so folgenschwer. Man kann freilich sagen: es sei ein Zufall, welcher von den mehreren in Betracht kommenden Beihältern der Mutter mit dieser zuerst die Ehe eingehe und damit der eheliche Vater des Kindes werde, während der zweite, den sie nach Auflösung der ersten Ehe heiratet, nicht ehelicher Vater wird, obgleich die Voraussetzungen dafür in seiner Person ebenso gegeben sind. Aber, denken wir uns einen analogen Fall: Die Ehefrau X kommt nieder. Ihr Gatte ficht die Ehelichkeit des Kindes an und behauptet, das Kind stamme von dem Y ab, mit dem die Frau X nachweislich die Ehe gebrochen hat: Das Kind bleibt eheliches Kind des Ehegatten X, wenn er nicht die Unmöglichkeit seiner Vaterschaft nachweisen kann. Stirbt der betrogene Gatte oder setzt er die Scheidung durch und heiratet nun Y die ehemalige Frau X, so steht seiner ehelichen Vaterschaft (durch Legitimation) eben auch nur die eheliche Vaterschaft des geschiedenen oder verstorbenen Ehegatten im Weg. Und ob die Ehe zur Zeit der Geburt bestand (wie in diesem Fall) oder erst nach der Geburt eingegangen wurde (wie in unserem), das spielt hier keine Rolle. Es handelt sich eben um einen Grenzfall, der mit künstlichen Konstruktionen geregelt werden muß; um eine praktische Folge der — leider unvermeidlichen — Anordnung von Rechtsvermutungen. Im übrigen wird die Verehelichung einer „unehelichen" Mutter mit mehreren Beihältern nacheinander doch zu den großen Seltenheiten gerechnet werden dürfen.

Eine Klage auf Feststellung der Legitimation gibt es also überhaupt nicht mehr; sondern nur noch eine Klage auf Feststellung der Ehelichkeit. Und auch diese nur dann, wenn ein unehelicher Vater im Geburtenregister nicht eingetragen ist. Denn mit dem Eintrag des Ehemannes als unehelicher Vater ist die Ehelichkeitsfrage an sich schon entschieden; diesesfalls könnte höchstens der Ehemann den Eintrag angreifen. Ist aber ein anderer Mann als unehelicher Vater eingetragen, so kann das Kind auf Feststellung der Ehelichkeit gegen den Ehemann seiner Mutter nur dann klagen, wenn es gleichzeitig den Eintrag im Geburtenregister anficht. Da es sich immer um ein eheliches Kindesverhältnis handelt, so ist auch immer das Landgericht zuständig. Vor Eingehung der Ehe soll übrigens in Zukunft die Legitimationsfrage nicht mehr durch gerichtliches Urteil erledigt werden dürfen. Denn da es sich nicht mehr um Feststellung der unehelichen Vaterschaft „im Sinne der Legitimation" als Grundlage derselben handelt, sondern unmittelbar um Feststellung der Ehelichkeit, so muß nach § 256 Z.P.O. die Ehe schon bestehen; auf Feststellung künftig etwa eintretender Rechtsverhältnisse kann ja nicht geklagt werden. Und die Unterlagen für die Legitimation in unserm Sinn sind keine Rechts- sondern rein tatsächliche Verhältnisse. Man könnte höchstens — im Interesse einer möglichst raschen Entscheidung — die Erhebung der Klage schon vor Eingehung der Ehe gestatten und nur die Verehelichungsabsicht als Klagevoraussetzung verlangen, die Entscheidung der Klage durch Urteil aber auf die Zeit nach der Eheschließung suspendieren. Es hätte ja keinen Zweck, wäre unsinnig, ein Urteil in der Form zuzulassen: „Falls X mit der Y die Ehe eingehen sollte, so wäre der Z ein eheliches Kind des Beklagten X."

Damit ist dann auch zugleich die Zuständigkeit des Landgerichtes in allen Fällen erreicht. Wird die Klage wirklich schon vor Eingehung der Ehe anhängig gemacht, so hat dies doch beim Landgerichte zu geschehen mit Rücksicht darauf, daß es sich unter allen Umständen um die eheliche Kindschaft handelt und daß der Prozeß nur dann bis zum Endurteil gedeihen kann, wenn die Ehe wirklich geschlossen wird.

Die Wirkung der Legitimation ist die, daß das legitimierte Kind ehelich ist und zwar mit rückwirkender Kraft vom Tage seiner Geburt an. Dieser eine Grundsatz macht alle weiteren Erörterungen unnötig.

Eine legitimatio per rescriptum principis, oder Ehelichkeitserklärung haben wir gar nicht mehr nötig. Sie wäre im Zusammenhang mit dem hier entwickelten Rechtssystem das fünfte Rad am Wagen. Die tatsächliche Ehelichkeit kann man dem unehelichen Kinde niemals geben; und eine formelle hat keinen Wert, wenn die grundsätzliche Gleichstellung der Ehelichen und Unehelichen erreicht ist. Wenn der Vater will, so kann er — falls dies mit dem Wohle des Kindes vereinbar erscheint — ihm seinen Namen geben, gemeinsam mit ihm leben, es bei sich erziehen, und dem Kinde erwächst daraus auch die volle erbrechtliche Gleichstellung ohne die kleinen Beeinträchtigungen, welche wir hinsichtlich der nicht unter der Gewalt des Vaters stehenden Kinder aufrecht erhalten zu müssen glaubten. (Vgl. S. 137 ff.)

Es ist auch höchste Zeit, daß diese rein formalistische Rechtsfigur der Ehelichkeitserklärung endlich verschwinde. Sie hat eine starke Aehnlichkeit mit der konstitutiven Anerkennung der romanischen Systeme, deren Unbrauchbarkeit für ein modernes Gesetz schon hinreichend dargetan ist. —

Das Hauptbestreben unserer Sozialpolitik hinsichtlich der Unehelichen muß dies sein: recht viele unehelich Geborene zu ehelichen Kindern zu machen. Den Weg dazu bietet die Legitimation durch nachfolgende Ehe. Für die Vergangenheit hat sich gezeigt, daß die Legitimation zwar sehr häufig vorkommt, (stellenweise werden bis zu 40 % aller unehelich Geborenen per matrimonium subsequens legitimiert), daß sich aber diese Erscheinung im Wesentlichen auf die unteren Volksschichten beschränkt hat. Der Grund dafür ist sehr klar: ich möchte ihn nicht so sehr mit C. Rauhe und O. Spann in der Tatsache suchen, daß in den oberen Schichten das Sexualleben leichtsinniger aufgefaßt wird. Mindestens scheint mir das nicht der unmittelbare Grund zu sein. Im Wesentlichen lag es wohl offenbar daran, daß in den oberen Schichten die Unehelichkeit durch die Kasten-Sitte streng verpönt war. Und das wirkte naturgemäß in doppeltem Sinne gegen die Legitimationsfrequenz: einmal waren diejenigen Frauen und Mädchen der oberen Schichten, welche uneheliche Mütter wurden, für die Ehe mit dem unehelichen Vater außer Betracht gerückt, weil er dadurch „gesellschaftlich unmöglich" geworden wäre; zum andern aber suchte der Mann aus den oberen Schichten — weil eben die Mädchen seines Standes ungleich schwerer zugänglich waren — sein sexuelles Bedürfnis bei Mädchen zu befriedigen, mit denen ein späteres Ehebündnis von vornherein „sozial ausgeschlossen" war. Daß dies auf die sexuelle Moral keineswegs günstig und veredelnd wirkte, ist ja klar. Aber der sexuelle Leichtsinn ist nicht das Primäre: unter dem Druck der sozialen Hemmungen sah der „Mann aus guter Familie" sich eben dazu gezwungen, von vornherein die Eingehung einer Ehe mit der Mutter seines unehelichen Kindes außer Betracht zu stellen.

Der Mann „aus dem Volke" dagegen kannte diese Hemmungen nicht. Hier herrschte noch das gesunde Empfinden, daß es weit weniger kompromitierend für den Mann sei, die Mutter seines unehelichen Kindes wenigstens nachträglich zu heiraten, als sie seiner persönlichen Stellung zum Opfer zu bringen — und sitzen zu lassen. Aber wiederum nicht etwa deshalb, weil die Geschlechtsmoral in den unteren Schichten höher stünde, sondern aus dem einleuchtenden Grunde, — weil der „Mann aus dem Volke" sich nicht kompromittieren konnte, und weil er keine persönliche oder soziale Stellung hatte, welcher er etwas hätte zum Opfer bringen können. Menschliche Moral und Standessitte treten eben hier in keinen Konflikt; aber bei den gehobenen Kasten ist es der Fall. Von ihnen gilt cum grano salis, was ein boshafter Menschenkenner vom Adel gesagt hat: „sie dulden in ihrem Kreise lieber stillschweigend einen Hochstapler oder Gauner, als einen Menschen, der sich sein Brot durch den Verkauf von Heringen redlich verdient."

Diese wunderlichen und traurigen sozialen Zustände, diese Perversion der ständischen Sitte kann man nicht von heute auf morgen ändern — am wenigsten durch Gesetze. Aber abgesehen davon, daß die letzten politischen Geschehnisse den längst brüchigen Verputz ständischer ungeschriebener Sittengesetze von dem Gebäude der bürgerlichen Gesellschaft schon zum großen Teil abgebröckelt haben: die soziale und wirtschaftliche Hebung des unehelichen Kindes selbst ist das beste Mittel, um dem unehelichen Verkehr sein soziales Odium zu nehmen und damit die Legitimation des unehelichen Kindes durch nachfolgende Ehe auch in den bürgerlichen Schichten — soweit sie als solche in Zukunft noch existieren — zu einer häufigeren Erscheinung zu machen. Denn nicht das uneheliche Kind als solches war in der bürgerlichen Gesellschaft verpönt, sondern das uneheliche Kind als lebender Beweis für die Tatsache des außerehelichen Verkehrs — weshalb auch die Gesellschaft dem Manne lächelnd nachsieht, was sie der Frau zum bürgerlichen Tode werden läßt — weil an ihr die Konsequenzen sichtbar und dauernd in Erscheinung treten.

3. Die Adoption.

Die Motive zum B.G.B. verteidigen die Ablehnung der Verwandtschaft zwischen dem unehelichen Vater und seinem Kinde damit, daß ja in den Fällen, wo die „moralischen Grundlagen dafür gegeben sind", dem Vater die Adoption freistehe. Nun ist aber sogar bestritten gewesen, ob überhaupt der uneheliche Vater und die uneheliche Mutter imstande seien, ihr Kind zu legitimieren. Dittenberger, der diese Frage im Archiv für zivilistische Praxis (Bd. 95 S. 431 ff.) eingehend behandelt, kommt allerdings zu dem Schlusse, daß die Adoption des unehelichen Kindes auch durch den unehelichen Vater und die uneheliche Mutter möglich sei — wenn nur die allgemeinen Voraussetzungen erfüllt seien. Die Folgerungen Dittenbergers und seine Ergebnisse sind de lege lata nicht anzutasten. Aber unterm kritischen Gesichtswinkel muß vor allem gesagt werden: wie kann — natürlich betrachtet — die uneheliche Mutter ihr eigenes Kind adoptieren? So etwas ist nur denkbar als äußerste Folge der durch ein unnatürliches Gesetz herbeigeführten Perversion der Begriffe.

Was die Adoption durch den unehelichen Vater angeht, so ist sie im Rahmen des B.G.B. vollkommen logisch, da sie verwandtschaftliche Beziehungen herstellt, wo noch keine bestehen. Aber die Möglichkeit der Adoption durch den unehelichen Vater wird in ihrem praktischen Wert außerordentlich herabgesetzt dadurch, daß sie nur unter den allgemeinen Bedingungen statthaft ist. Die sind aber: Fehlen ehelicher Nachkommen (§ 1741 B.G.B.), ein Altersunterschied von mindestens 18 Jahren und Vollendung des 50. Lebensjahres durch den Adoptierenden (§ 1744 B.G.B.). Nun kann freilich von den Erfordernissen des § 1744 B.G.B. dispensiert werden (§ 1745 [1] B.G.B.); aber eine Erschwerung bleibt damit doch gegeben und außerdem haben wir eben den gleichen Zustand, wie bei der Ehelichkeitserklärung: es steht im vollkommen freien Verwaltungsermessen, ob die Dispens erteilt werden soll oder nicht. Sie kann ohne Angabe eines Grundes versagt werden. Zudem ist es natürlich sehr nachteilig, daß von dem Augenblick an, wo der uneheliche Vater verheiratet ist und eheliche Kinder hat, das „Erwachen seines Gewissens" nichts mehr hilft: dann kann er sein uneheliches Kind unter keinen Umständen mehr adoptieren. Denn vom Erfordernis des § 1741 B.G.B. gibt es keine Dispens.

In Ansehung unserer allgemeinen Grundsätze können wir über die Adoption des unehelichen Kindes durch seinen Vater dasselbe sagen, wie über die Ehelichkeitserklärung: sie ist unnötig, ja mehr noch: ihre Gestattung wäre ein Unsinn; wo Verwandtschaft durch Abstammung besteht, da ist kein Platz für eine Rechtsfigur, die den Zweck hat, durch juristische Form die natürliche Tatsache zu ersetzen. Die Adoption des unehelichen Kindes durch seine Eltern soll darum rundweg ausgeschlossen werden. Erscheint es im Interesse des Kindes tunlich, so wird zwischen ihm und seinem Vater dasjenige Verhältnis hergestellt, welches die Adoption vermitteln könnte. Und erschien das nicht tunlich, so wäre auch die Adoption es nicht. Daß Schweden (lag om adoption § 1) und Rußland (Ges. vom 12. 3. 1891, § 150 [1]) die Adoption eigener unehelicher Kinder zulassen, scheint mir darum verfehlt.

Hingegen haben wir uns hier umso intensiver mit der Frage zu befassen, wie die Adoption des unehelichen Kindes durch Fremde gestaltet werden soll. Sie ist ganz besonders wichtig. Ist das uneheliche Kind ohne Familie, so liegt es umsomehr in seinem Interesse, durch Rechtsakt in eine solche aufgenommen zu werden und damit in den Genuß der Segnungen zu kommen, die dem ehelichen Kinde mit seinem Eintritt in die Welt schon garantiert sind: in den Genuß wirtschaftlicher Zugehörigkeit und sozial-ethischer Bodenständigkeit.

Ist das uneheliche Kind der elterlichen Gewalt eines der beiden Elternteile zugesprochen, so haben für die Adoption die allgemeinen Regeln zu gelten. Die Einwilligung gemäß § 1747 B.G.B. ist von dem mit der elterlichen Gewalt ausgestatteten Elternteil zu erholen. Die Verweigerung der Einwilligung kann zum Vorgehen nach § 1666 B.G.B. Anlaß geben.

Besonders aktuell wird die Adoption für das vollkommen elternlose, d. h. das nicht unter elterlicher Gewalt stehende Kind. Und dafür sollten die Bedingungen unbedingt erleichtert werden.

Wenn unser B.G.B. im § 1741 nur solchen Personen die Adoption eines Kindes gestattet, welche keine ehelichen Nachkommen haben, so liegt darin eine einseitige Auffassung der Adoption: sie ist nur unter dem Gesichtswinkel des Interesses an der Nachkommenschaft betrachtet, also nur aus dem Standpunkte des Adoptierenden. Das Interesse des Adoptanden, des Kindes, ist ganz außer Acht gelassen. Mit Recht hat Friedeberg auf der allgemeinen deutschen Tagung über soziale Fürsorge für Kriegswitwen und Kriegswaisen (vgl. Zentr.-Bl. Vorm.-Wes. VII. 31) gemeint: „Die Bestimmung, daß diejenigen Menschen, die mutmaßlich am geeignetsten zur Kindererziehung sind, weil sie selbst Kinder erzogen haben, Kinder nicht adoptieren dürfen, muß beseitigt werden und es muß für solche Eltern ein Dispens möglich sein.“

Nun ist freilich zu beachten, daß die Adoption eines Kindes den ehelichen Kindern des Adoptierenden erbrechtlich und auch in anderer Hinsicht zum Nachteile gereicht oder doch gereichen kann. Insofern erfordert also die Rücksicht auf die natürliche und bürgerliche Familie eine Beschränkung. Trotzdem lehnt das schwedische Adoptionsgesetz (§ 1) die Aufnahme eines Adoptionsverbotes für Personen mit ehelichen Nachkommen ab. Und die Motive (vgl. Edling S. 117, 118) begründen es damit, daß gemäß § 8 des lag om adoption das Gericht die Rechtfertigung der Annahme an Kindesstatt zu prüfen habe und daß die amtliche Einwilligung beim Vorhandensein ehelicher Nachkommen nur dann zu geben sei, wenn besondere Gründe vorliegen. Nun möchte ich einerseits nicht so weit gehen, wie der schwedische Gesetzgeber, sondern sähe die grundsätzliche Versagung der Annahme an Kindesstatt seitens Personen mit ehelichen Kindern (oder unehelichen, die unter ihrer elterlichen Gewalt stehen!) gerne aufrecht erhalten. Anderseits wären aber Dispensen zu erteilen nicht nur beim Vorliegen besonderer Gründe, sondern auch dann, wenn die Adoption in Ansehung der ehelichen Nachkommenschaft nicht bedenklich erscheint. Das wäre insbesondere der Fall, wenn der Adoptierende in besonders guten Verhältnissen lebt und somit eine erhebliche Beeinträchtigung der ehelichen Kinder in Lebenshaltung und Erbberechtigung nicht eintritt. — Der schwedische Gesetzgeber denkt bei den von ihm erwähnten „besonderen Gründen" vornehmlich an den Fall, daß der uneheliche Vater (oder die Mutter), der indessen eheliche Nachkommen bekam, sein uneheliches Kind adoptieren will. Und Rußland macht von dem auch dort bestehenden Adoptionsverbot gegenüber ehelichen Eltern in seinem Gesetz vom 12. 3. 1891, § 150/1 ausdrücklich eine Ausnahme zugunsten des unehelichen Vaters (oder der unehelichen Mutter), die ihr eigenes uneheliches Kind adoptieren wollen. Das lehnen wir deshalb ab, weil wir ja die Adoption des unehelichen Kindes durch seinen eigenen Aszendenten überhaupt nicht für richtig halten.

Wir können uns somit zunächst auf die Formel festlegen: das generelle Verbot der Adoption gegenüber Personen mit ehelichen Nachkommen wird aufrecht erhalten; ihnen sind Personen gleichzustellen, welche die elterliche Gewalt über uneheliche Abkömmlinge haben. Doch ist Dispens von diesem Verbot vorzusehen, mit der Maßgabe, daß die Dispens erteilt werden soll, wo nicht das Interesse der Blutsabkommen der Adoption entgegensteht.

Im Besonderen wäre noch zu bemerken: soll ein uneheliches Kind adoptiert werden, das nicht unter elterlicher Gewalt steht, so ist natürlich auch keiner der beiden Elternteile um seine Einwilligung anzugehen. Sie ist nur vom Vormund zu erteilen. Dies ist zu bemerken insbesondere entgegen dem dänischen Gesetz (§ 11 [3]) wonach — auch wenn das Kind in der Hand der Mutter steht — die Adoption durch einen Fremden nur erfolgen kann, nachdem der uneheliche Vater befragt wurde; ist er bereit, dem Kinde seinen Namen zu geben, so hat er das Vorrecht. Die Bestimmung ist ungerechtfertigt — wäre es im Rahmen unseres Systems noch mehr, als innerhalb des dänischen: wenn der uneheliche Vater bereit ist, das Kind zu sich zu nehmen, und man gab es ihm dennoch nicht, so hatte das seinen Grund in dem wohlerwogenen Interesse des Kindes. Und in diesem Falle kann die Bereitwilligkeit des Vaters zur Erziehung des Kindes dessen Adoption seitens eines Dritten nicht im Wege stehen. Nur in einem Fall käme die Befragung des Vaters, bezw. ein Vorrecht des Vaters in Betracht: wenn nämlich die Erziehung der Mutter übertragen wurde, obgleich auch der Vater dazu bereit und geeignet war, dann aber die Mutter das Kind in fremde Adoption geben will. Doch sollte auch hier nicht schlechthin dem Vater ein Vorrecht eingeräumt werden; es würde dann nur dem Vater Mitteilung von dem Vorhaben der Mutter zu machen sein und nachdem er sich dazu geäußert hat, müßte das Vormundschaftsgericht im Interesse des Kindes entscheiden, ob nunmehr der Uebergang der elterlichen Gewalt auf den Vater oder die Adoption des Kindes durch einen Fremden vorzuziehen sei. Ebenso wäre es natürlich auch, wenn der Vater die Erziehung des Kindes führte, obgleich auch die Mutter sich dazu erbot, und nun der Vater das Kind von Fremden an Kindesstatt annehmen lassen will.

Keinesfalls wäre wohl dem schwedischen Gesetze zu folgen, das im § 5 (lag om adoption) das Einverständnis des mehr als 12 Jahre alten Kindes zur Adoption erfordert. Die Einwilligung der Eltern oder des Vormundes allein ist ja niemals maßgebend, sie muß ergänzt werden durch das amtliche Befinden. Damit sind die wünschenswerten Garantien für das Wohl des Kindes gegeben. Und einem 12- oder 13-jährigen Kind kann man kaum ein hinreichendes Verständnis für seine eigene gegenwärtige Lage und seine Zukunft zutrauen, um ihm das entscheidende Wort in dieser Sache anheimzustellen.

Noch eine weitere Frage wäre zu erörtern: § 1749 B.G.B. gestattet logischerweise nur Ehegatten die gemeinsame Annahme an Kindesstatt. Aber die positive Ergänzung zu dieser negativen Vorschrift fehlt. Es wäre wohl nur angebracht, wenn man Ehegatten n u r die gemeinsame Adoption gestatten würde. So sieht es z. B. auch § 3 des schwedischen lag om adoption vor (mit einigen Ausnahmen, von denen noch die Rede sein wird.) Damit würde der § 1746 [1] B.G.B. dann hinfällig. Es ist in der Tat eigentlich ein Unding, wenn zwischen dem einen Ehegatten und einem Dritten ein Verwandtschaftsverhältnis künstlich hergestellt wird, während der andere Ehegatte ganz aus dem Spiel bleiben soll. Die Adoption soll doch nur eine Nachahmung des natürlichen Abstammungsverhältnisses sein und dürfte darum von Ehegatten nur gemeinsam vorgenommen werden. Eine Ausnahme wäre nur angebracht, wo zwischen dem e i n e n Ehegatten und dem zu adoptierenden Kind das natürliche Abstammungsverhältnis besteht; wo also der eine Ehegatte den Abkömmling des anderen adoptieren will, um damit das einseitige natürliche Abstammungsverhältnis rechtlich zum beiderseitigen zu erheben. Das wird wichtig für das angeheiratete Kind und gewinnt somit besondere Bedeutung auch für das uneheliche Kind. Sprachen wir doch schon früher (S. 48) davon, daß die Adoption des unehelichen Kindes durch den nachmaligen Ehegatten des mit der elterlichen Gewalt ausgestatteten Elternteiles etwas überaus Erstrebenswertes sei. Eine gemeinsame Adoption ist hier nicht möglich, weil der eine Ehegatte als natürlicher Aszendent gar nicht adoptieren kann. Somit muß hier die Adoption durch den anderen Ehegatten allein statthaft sein.

Für diesen Fall wäre auch die Einwilligung des nicht adoptierenden Ehegatten notwendig. Sie müßte auch eigens vorgeschrieben werden. Denn sie ist nicht immer schon in der Einwilligung des Inhabers der elterlichen Gewalt, — der ja mit dem nicht adoptierenden Gatten identisch ist — enthalten; wenn das Kind schon volljährig ist, kommt der nicht adoptierende Gatte als Inhaber der elterlichen Gewalt nicht mehr in Betracht, womit also sein Einwilligungsrecht als Gatte aktuell wird.

Im übrigen hat schon Katte (Zentr.-Bl. f. Vorm.-Wes., IV. 173) für diese Fälle der Adoption Erleichterung der Voraussetzungen gefordert. Vor allem wäre in Ansehung der Kinder des einen Gatten aus erster Ehe oder seiner unehelichen Kinder bei der Adoption durch den anderen Ehegatten stets von dem Erfordernis des Fehlens ehelicher Abkömmlinge auf Seiten des Adoptierenden Befreiung zu erteilen. Dann wäre auch, wo es sich um uneheliche Kinder handelt, die Bereitwilligkeit des anderen Elternteiles zur Uebernahme der Erziehung kein Grund, um der Adoption die Bestätigung zu versagen. Denn der mit der elterlichen Gewalt ausgestattete Elternteil will ja das Kind nicht fortgeben; die Adoption löst ja die Beziehungen zwischen ihm und dem Kind nicht auf. Es wäre nur ex officio zu prüfen, ob die Adoption des Kindes durch den anderen Ehegatten, d. h. ob das Verbleiben des Kindes in der neugegründeten Familie tunlich erscheint; wo der Ehegatte die Adoption anbietet, dürfte aber im allgemeinen kein Bedenken gegen den Verbleib des Kindes vom Standpunkt seiner Interessen aus bestehen.

Wenn das uneheliche Kind der Frau von deren Ehemann adoptiert wird, so wird natürlich die elterliche Gewalt damit auf ihn übergehen, wird zur väterlichen Gewalt werden. Außerdem ist damit die Aenderung des Namens verbunden: das Kind bekommt den Namen des Adoptierenden, den ja nunmehr auch seine Mutter führt.

Es würde hier zu weit führen, wollten wir uns über das Recht der Annahme an Kindesstatt allgemein verbreiten — so verlockend es auch sein mag, dem System des B.G.B. kritisch nahezutreten: wir beschränken uns auf das, was mit besonderem Bezug auf das Unehelichenproblem zu sagen war.

Eine Besonderheit noch wäre zu bedenken: nach § 1765 B.G.B. wird durch die Annahme an Kindesstatt die Unterhaltspflicht der natürlichen Eltern mit deren elterlichen Gewalt sistiert. An ihre Stelle tritt die Unterhaltspflicht des Annehmenden. Inwieweit diese Vorschrift generell sich rechtfertigt, soll hier nicht weiter untersucht werden. Jedenfalls sollte man im Bezug auf Uneheliche eine Ausnahme davon machen. Es mag genug Menschen geben, die ein Kind gerne adoptieren würden, denen aber die Mittel zu seinem Unterhalt doch nicht ganz ausreichen. Vor allem denke ich da an ältere unverheiratete Frauen, die gerne an einem fremden Kind die mütterliche Fürsorge üben würden, für welche nun einmal die Frau geschaffen ist. Da die Adoption des unehelichen Kindes — vor allem, wenn es nicht unter elterlicher Gewalt steht — unbedingt in dessen Interesse liegt, so sollte durch Aufrechterhaltung der Unterhaltspflicht der Eltern die Adoption in weiterem Maße ermöglicht werden. Natürlich wäre dann durch entsprechende Sorgfalt bei Erteilung der Adoptionsbestätigung Vorsorge gegen gewinnsüchtige Absichten des Annehmenden zu treffen. Aber an sich kann durch Weiterbestehen der elterlichen Alimentationspflicht, die ja vom Bestande der elterlichen Gewalt unabhängig ist, die an sich wünschenswerte Annahme an Kindesstatt nur gefördert, kann in Fällen ermöglicht werden, wo sie ohne diesen Fortbestand nicht geschehen würde.

Ja, dies ist sogar ein Fall, wo man geneigt sein möchte, trotz grundsätzlicher Abneigung dagegen, die einmalige Abfindung anstelle der fortlaufenden Unterhaltsleistung zu befürworten: die Eltern wollen von dem Kind nichts wissen oder wurden beide für untauglich zu seiner Erziehung befunden; die elterliche Gewalt ging auf den Annehmenden über: mag es da nicht manchmal das beste sein, das Kind wird abgefunden und der Betrag dem Annehmenden als Erziehungs- und Unterhaltsbeitrag zur Verfügung gegeben? Zum Vergleiche darf bemerkt sein, daß nach dem dänischen Gesetze (§ 10[4]) die Unterhaltsansprüche gegen den unehelichen Vater auf die Adoptiveltern übergehen.

4. Das Brautkind.

Was ist ein Brautkind? Wollten wir uns an eine streng logische Definition halten, so müßten wir als Brautkind jedes Kind bezeichnen, welches in einem vorehelichen Beischlafe erzeugt ist. Dies wäre die logisch-psychologische Begriffsbestimmung. Aber sie kommt juristisch nicht in Frage. Die juristische Definition muß viel enger sein; denn es fallen von den Kindern, die unter den eben geprägten Begriff subsumiert werden können, noch viele für die praktisch-rechtliche Betrachtung fort: vor allem jene, die zwar vor der Ehe erzeugt, aber in der Ehe geboren sind und zwar in einem solchen zeitlichen Verhältnis, daß sie nach § 1591 und § 1592 B.G.B. von vornherein als ehelich zu gelten haben. Dann aber auch die eigentlich „vorehelichen“ Kinder, d. h. jene, die durch nachfolgende Ehe legitimiert werden — sei es nun, daß die Ehe im Zeitpunkt der Geburt schon geschlossen war oder erst später geschlossen wird. Es verbleiben also jene Kinder, die im Verlöbnis gezeugt und empfangen sind und die nicht durch nachfolgende Ehe legitimiert werden. Dies sind die Verlöbniskinder im eigentlichen, engeren Sinn.

Unter ihnen haben wir wieder zu unterscheiden diejenigen Kinder, welche nicht legitimiert werden, weil die Ehe unmöglich wurde (durch vorzeitigen Tod des einen Elternteils) und jene, die nicht legitimiert werden, weil das Verlöbnis aufgelöst wird. Im allgemeinen denkt man sich unter „Brautkind“ nur die ersteren.

Da der Begriff des „Brautkindes“ im technischen Sinne eine besondere Klasse derjenigen Kinder umfaßt, die aus einem vorehelichen Coïtus hervorgehen, — gleichviel, ob die Eheschließung nachfolgt oder nicht, — da die Sitte der vorehelichen Beiwohnung überhaupt die logische Vorbedingung für den Begriff des Brautkindes bildet, so wäre es von großem Wert, über die Ausdehnung dieser Sitte näher unterrichtet zu sein. Zahlenmäßige Angaben darüber sind kaum je zu erlangen. Hingegen hat man versucht, festzustellen, wieviele vor dem Gesetz als ehelich geltende Kinder faktisch vorehelich gezeugt sind. C. Rauhe (S. 19 a. a. O.) macht z. B. Angaben darüber, wieviel % der „ehelichen“ Erstgeborenen 7 Monate oder früher nach Eingehung der Ehe geboren, somit aller Wahrscheinlichkeit nach vor der Eheschließung gezeugt sind. Und zwar sollen es sein:

in Dänemark (bei der Landbevölkerung)	39 %
in Sachsen	45 %
in Berlin	45 %
in Dresden	39 %
in Oesterreich	23,1 %

Die voreheliche Beiwohnung ist in gewissen Bevölkerungsschichten etwas durchaus übliches, eine Sitte oder Unsitte, an der niemand sich stößt. Manchmal hat sie ihren Grund einfach darin, daß wirtschaftliche Hemmnisse der Eheschließung zunächst noch im Wege stehen. Meistens aber handelt es sich um eine Art „Ehe auf Probe“. So ist es besonders bei der ländlichen Bevölkerung, wo es allgemein üblich ist, daß der Bursch „das Mädel zuerst probiert“. Zum Teil mag es sich dabei darum drehen, zu sehen, ob nicht reziproke Sterilität vorliege, d. h. ob eine Ehe zwischen den beiden mit Kindern gesegnet sein werde — so wenigstens habe ich mir mehrfach sagen lassen. Diese Erwägung steht natürlich im Zusammenhang mit dem bäuerlichen Hof- und Erbrecht, das eine kinderlose Ehe des Hofeigentümers besonders mißlich erscheinen läßt. In solchen Fällen also käme die Ehe überhaupt erst zustande, wenn das Mädchen sich guter Hoffnung fühlt. —

Das wesentliche an der Frage des Brautkindes ist: daß der Akt der Zeugung und Empfängnis schon im Zeichen einer künftigen Ehe stand, daß also vom sozialen und ethischen Standpunkte aus kaum von Unehelichkeit gesprochen werden kann, da der für die Existenz des Kindes kausale Geschlechtsverkehr nicht den Charakter einer ephemeren Sexualverbindung trug. Darum rechnet auch C. Rauhe die Brautkinder gar nicht zu den eigentlichen Unehelichen: sie sind ja schon, ehe sie noch geboren, ja ehe sie auch nur gezeugt sind, für die Legitimation, mithin für die Ehelichkeit prädestiniert. Daß die Legitimation dann nicht wirklich eintrat, ist nur auf Rechnung eines Zufalls zu setzen, der die Eheschließung verhinderte. Insofern möchte man in der Tat stark versucht sein, dem Brautkind die Stellung des ehelichen einzuräumen oder es doch erheblich besser als das eigentlich uneheliche stellen. Ethisch und sozial ließe es sich durchaus rechtfertigen; denn mag man auch rigoros genug sein zu sagen: „die voreheliche Beiwohnung ist und bleibt unmoralisch“, so wird man doch immerhin zugeben müssen, daß das Moment der in Aussicht genommenen Ehe, daß die damit verbundene Idee der Verlöbnistreue, auf die ethische Beurteilung einen erheblichen Einfluß zum Guten ausüben müssen. Aber anderseits sind die praktischen Schwierigkeiten einer gerechten Regelung sehr groß, größer als man auf den ersten Blick meinen möchte.

Sehen wir uns zuerst die fremden Rechte an!

Die Schweiz (Art. 260 Z.G.B.) läßt die Ehelichkeitserklärung durch richterliches Urteil zu, wenn die Eltern sich die Ehe versprochen haben und die Trauung durch Tod oder Eheunfähigkeit eines Verlobten unmöglich wurde; jedoch nur, wenn der andere Verlobte die Ehelichkeitserklärung verlangt.

Das schwedische Recht gibt dem Brautkind (trolovningsbarn) Erbrecht gegenüber dem Vater; außerdem hat es Anspruch auf den Vatersnamen.

Hingegen hat in Finnland das Brautkind die gleiche Stellung wie das eheliche. Die Mutter hat ja sogar Anspruch auf den Namen des Mannes und die Stellung seiner Ehefrau und zwar nicht nur, wenn die Ehe unmöglich geworden ist, sondern in erster Linie — wenn der Mann sein Eheversprechen bricht. Darin liegt klar ausgesprochen, daß es sich im Wesentlichen um eine Maßnahme handelt, die sich gegen den Mann richtet. Der Begriff des Brautkindes ist hier weiter gefaßt, als wir es tun: er umfaßt auch die Fälle der Verlöbnisauflösung. Durch die bessere Stellung des Brautkindes im Verhältnis zum unehelichen Kind im eigentlichen Sinn ist also eine Art Haftung des Mannes aus leichtfertigem oder lügenhaftem Eheversprechen erreicht. Wie diese Haftung zu gestalten ist, davon sprachen wir schon früher; keinesfalls darf sie ihren Ausdruck in einer Begünstigung des Kindes finden, da sie nur der Mutter gegenüber begründet ist und von der Geburt eines Kindes nicht abhängt, sondern sich unmittelbar an die erschlichene Beiwohnung selbst knüpfen muß.

Aber auch, wenn wir den strengen Begriff der Brautkindschaft zugrunde legen, so können wir doch kaum dem Verlöbniskind eine besondere Rechtstellung zuerkennen, so gerechtfertigt es vom sozialethischen Standpunkt aus wäre. Die Beurteilung wäre zu unsicher.

Die günstigere Stellung nur dann dem Kinde zu gewähren, wenn die Ehe unmöglich ist — wie es die Schweiz macht — erscheint mir ungerecht; denn es kommt gar nicht auf die Lage der Dinge im Zeitpunkt der Geburt oder später an, sondern auf die psychologischen Fundamente der Beiwohnung; die Beiwohnung aber war in der Vorstellung der beiden Eltern (mindestens aber des einen Teiles, meist der Mutter) auch dann eine voreheliche und nicht uneheliche, wenn das Verlöbnis nachträglich gelöst wird. Dem Schwindel wären damit Tür und Tor aufgetan: jede Kindsmutter würde behaupten, sie sei zur Zeit der Beiwohnung mit dem Kindsvater verlobt gewesen und dann von ihm sitzen gelassen worden. Und was ein Verlöbnis sei, das ist mit der Formel: „ernsthaftes Eheversprechen" einfacher gesagt, als es sich im einzelnen Fall entscheiden läßt. Die richterlichen Anschauungen darüber dürften sehr auseinandergehen. Uebrigens darf eines nicht vergessen sein: das finnische Recht, das ja den eben erwogenen Standpunkt vertritt, ist auch nicht konsequent; von der fixen Idee der Schlechtigkeit der Männer besessen, wendet es den Begriff des Brautkindes nur an, wenn der Mann das Verlöbnis gebrochen hat. Aber wir müssen doch vor allem an das Kind denken. Und unter diesem Gesichtswinkel wäre es ganz gleich, ob einseitiger Verlöbnisbruch oder Auflösung des Eheversprechens unter beiderseitigem Einverständnis vorliegt: das Kind leidet unter dem einen so unschuldig wie unterm andern und man müßte demnach in beiden Fällen den favor pupilli wirksam werden lassen — oder in keinem.

Aber auch, wenn wir uns unlogischerweise — auf die Fälle beschränken wollen, in denen die Ehe unmöglich wurde — vor allem durch Tod eines Elternteiles — so würden die Schwierigkeiten noch nicht aufhören. Kann man noch von „Brautkind" sprechen, wenn der Mann 20 Jahre nach Geburt des Kindes stirbt, ohne die Ehe mit der Mutter eingegangen — freilich auch ohne das Eheversprechen ausdrücklich widerrufen zu haben? Wäre das nicht geradezu lächerlich? und müßte man nicht in solchem Falle eine stillschweigende Lösung des Verlöbnisses durch Zeitablauf annehmen? — Wo aber die Grenze dafür finden? Kurz man sieht, daß die praktischen Schwierigkeiten die Durchführung des Gedankens einfach unmöglich machen.

Endlich aber fragen wir uns: ist in Deutschland die Sonderstellung des Brautkindes wirklich ein so dringendes Bedürfnis? In Schweden ist es insoferne der Fall, als in den nördlichen Provinzen (Finnmarken!) der Weg zum nächsten Amt ungeheuer weit ist, die Brautleute somit oft Monate lang nicht Gelegenheit finden, sich trauen zu lassen und natürlich inzwischen ehelich zusammenleben. Aehnlich verhält es sich in Norrland und Island. Dieses Moment kommt für uns nicht in Frage.

Schweden hat übrigens auch nur in zwei Punkten dem Brautkind eine Sonderstellung eingeräumt: es hat Anspruch auf den Vaternamen (§ 1 [3]) und hat Erbrecht gegenüber dem Vater (§ 12 [2]). Das sind auch wohl die einzigen Punkte, die in Frage kommen können. Und diese beiden Ansprüche geben wir ja dem unehelichen Kinde allgemein — mithin auch dem Brautkind. Man mag einwenden: das Erbrecht des Unehelichen sei aber doch unter gewissen Umständen beschränkt. Allein, wo es sich um ein echtes Brautkind handelt, da wird der Vater bei seinem Tode keine ehelichen Nachkommen haben (wenigstens in der Regel nicht — nur wenn er Witwer ist und Kinder aus erster Ehe hat), somit erbt das uneheliche Kind (Brautkind) auch voll.

Kommen wir zum Schlusse: praktische Hemmnisse lassen eine Sonderstellung des Brautkindes und ihre gerechte Fundierung ausgeschlossen erscheinen. Zudem erübrigt sich die besondere Bevorzugung des Brautkindes durch die nahezu ebenbürtige Stellung des unehelichen Kindes im allgemeinen.

VIII. Abschnitt.

Die freiwillige Gerichtsbarkeit.

(Vormundschafts- und Aufsichtswesen.)

1. Einleitende Bemerkungen.

Der in Deutschland bisher bestehende Zustand des Vormundschaftszwanges für uneheliche Kinder muß ein Ende finden. Die uneheliche Mutter -- oder gegebenenfalls der Vater — sind generell betrachtet der elterlichen Gewalt ebenso würdig, wie eheliche Eltern. Es ist nicht erforderlich hier nochmal alle Gründe und Gegengründe in's Feld zu führen; in früheren Erörterungen ist das ausführlich genug geschehen. (Vgl. S. 52 ff.).

Eine Einzelvormundschaft kommt also beim unehelichen Kinde — wie beim ehelichen — nur dann in Frage, wenn eine elterliche Gewalt nicht besteht. In Kürze mag hier noch auf die Systeme einiger fremden Rechte zurückgekommen sein.

In Finnland besteht keine eigentliche elterliche Gewalt; die Mutter gilt als der natürliche Vormund des Kindes, falls sie dazu geeignet ist. Andernfalls wird ein Vormund bestellt.

Nach dem Art. 132/10 des russischen Gesetzes vom 3. 6. 1902 hat die uneheliche Mutter zunächst die elterliche Gewalt über ihr Kind. Kommt sie aber ausnahmsweise aus irgendwelchen Gründen nicht dafür in Betracht, und muß darum ein Vormund bestellt werden, so hat der Vater den Vorrang vor dritten Personen. Wir brauchen uns damit kaum noch auseinanderzusetzen: der uneheliche Vater kann nur Inhaber der elterlichen Gewalt, niemals Vormund sein — von Natur wegen nicht. Ueberdies muß die Frage der Vormundschaft rein aus dem Gesichtspunkt des wohlerwogenen Interesses des Kindes entschieden werden; ein Vorrang des Vaters ließe sich daher kaum rechtfertigen — es sei denn in der Form, daß vor anderen, gleich geeigneten, Personen der Vater den Vorrang erhält.

In Holland bekommt der anerkennende Elternteil ipso jure die Vormundschaft über das uneheliche Kind; jedoch nur in den Fällen, wo im Zeitpunkte der Anerkennung noch kein Vormund bestellt war. Besteht zur Zeit der Anerkennung schon eine fremde Vormundschaft, so tritt der Uebergang der Rechte und Pflichten auf den Anerkennenden nicht ipso jure ein, sondern erst nach Prüfung der Verhältnisse. Damit ist die Möglichkeit gegeben, das Wohl des Kindes ex officio zu berücksichtigen in den Fällen, wo es dem Anerkennenden gegenüber besonders notwendig erscheint —: wenn er nämlich erst später sich zur Anerkennung entschließt. Findet die Anerkennung alsbald statt, so erscheint solche Vorsicht minder dringlich, da man mit dem Vorhandensein ausgeprägter elterlicher Gefühle rechnen darf. Die ganze Anordnung des holländischen Gesetzes hängt zusammen mit der konstitutiven Anerkennung des romanischen Rechtskomplexes und ist nur auf diesem Boden denkbar. (Artt. 408 ff. burg. Wetb.) —

Die gesamte freiwillige Gerichtsbarkeit muß auf einen neuen Boden gestellt werden. Insoweit es sich noch um Einzelvormundschaft handeln kann, besteht kein Unterschied zwischen dem ehelichen und dem unehelichen Kinde. Nur, wenn das uneheliche Kind nicht unter die elterliche Gewalt eines Elternteiles gestellt wird, ist ein Vormund zu bestellen. Wann dieser Fall eintritt, wurde oben im Abschnitt über die elterliche Gewalt behandelt. (Vgl. S. 52 ff.). Für falsch halte ich es, daß das norwegische Gesetz — § 17² — die Bestellung eines Vormundes immer dann fordert, wenn die uneheliche Mutter mehrere Männer als Beiwohner angibt. Das kann an sich kein Grund sein, der Mutter die elterliche Gewalt zu entziehen (ein Vater als Träger der elterlichen Gewalt kommt ja in diesen Fällen meist nicht in Betracht). Die Tatsache der Beiwohnerschaft Mehrerer könnte nur — zugleich mit anderen Umständen und Tatsachen — für die Beurteilung der Eignung der Mutter zur Ausübung der elterlichen Gewalt herangezogen werden.

Im übrigen ist die Tätigkeit des Vormundschaftsgerichtes bezüglich der unehelichen Kinder vom privatrechtlichen Boden abzuziehen und auf die soziale Linie einzustellen.

Es handelt sich also dabei nicht so sehr um eine privatrechtliche Interessenvertretung des Kindes im Sinne des B.G.B. sondern um die Wahrnehmung der öffentlich-rechtlichen Interessen an dem Heil und Wohlergehen jedes, insbesondere des heranwachsenden, Staatsbürgers. Das uneheliche Kind — in Anbetracht der durch seine persönlichen und familiären Verhältnisse gegebenen besonderen Gefahren — ist eines derartigen Schutzes in erhöhtem Maße bedürftig. Uebrigens ist nicht zu vergessen, daß auch mehr als ein eheliches Kind eines derartigen Schutzes bedürfte und daß unsere zivil- und strafrechtlichen Bestimmungen bei weitem nicht genügen, um dem Kinde sein Kindesrecht zu wahren. Werke, wie Ferriani's „Entartete Mütter" und hundert andere zeigen uns das zur Genüge. Die in der Familie sich abspielenden Dinge sind eben der öffentlichen Kenntnis und Beurteilung viel zu sehr entzogen, als daß der Arm des Gesetzes überall dahin reichen könnte, wohin es nötig wäre. Soziale, namentlich Kindes-Schutz-Organisationen haben ja auf diesem Gebiete in der letzten Zeit ungeheuer viel getan und könnten noch viel mehr tun, wenn sie in ihren Bestrebungen vom Staate intensiver als bisher unterstützt würden. —

Wenn also hier nur von unehelichen Kindern und ihrer sozialen Beschützung die Rede ist, so ist damit nicht gemeint, daß die zur Sprache kommenden Maßnahmen auf sie beschränkt werden sollen: es ist nur eine Folge der Beschränkung auf das Problem.

Unser mustergiltiges deutsches Vormundschaftswesen gibt uns das Fundament für den Ausbau einer ganz vortrefflichen Aufsicht an die Hand. Wir brauchen das bestehende System nur in der Richtung der Berufsvormundschaft weiterzuentwickeln. Die Ueberzeugung von der Unzulänglichkeit der Einzelvormundschaft kommt ja schon allgemein in der Literatur zum Ausdruck.

Die Bedenken, welche auf der anderen Seite gegen die Vertiefung der Berufsvormundschaft gemacht werden, können kaum stichhalten. Zwar fürchtet auch der schwedische Gesetzgeber (vgl. Schwed. Mot. S. 86, 137) eine Uebersteigerung des amtlichen Schematismus als Folge der Erweiterung der berufsvormundschaftlichen Kompetenzen. Aber durch eine sorgfältige Auswahl der geeigneten Personen wird dem wirksam gesteuert werden. In Charlottenburg und auch anderwärts hat die Berufsvormundschaft gegenüber der Einzelvormundschaft schon sehr schöne Erfolge gehabt, wie man aus den Berichten von Samter im Zentr.-Bl. f. Vorm.-Wes. Bd. I. S. 8. S. 17 ff. ersieht.

Für ganz verfehlt hielte ich es, dem Vorschlag der badischen Frauenvereine — anläßlich des badischen Berufsvormundschaftsgesetzentwurfs vom 30. 4. 1914 — zu folgen und die Vermögensverwaltung dem Berufsvormund zu übertragen, die sonstige (persönliche) Obsorge aber einem Einzelvormund. Dieser Anregung ist auch schon Klumker im Zentr.-Bl. f. Vorm.-Wes. Bd. VI. S. 64 entgegengetreten.

Die Aufgaben, um welche es sich hier handelt, sind im Wesentlichen sozialer Art und es ist daher erforderlich, den ganzen berufsvormundschaftlichen Apparat zu einem sozialen Organismus auszubilden. Daß es dabei nicht ohne mehrfache Eingriffe in das private Leben der betroffenen Personen abgeht, ist klar und die Parallele mit dem alten Polizeistaat liegt nahe. Allein, wir dürfen es uns nicht verhehlen, daß — so sehr dies auch vermieden werden soll — wirklich soziales Wirken ohne solche Eingriffe nicht möglich ist. Wir haben zwischen zwei Uebeln zu wählen. Und in einer Zeit, wo der europäische Individualismus seinem Ende entgegengeht, wo der Staat als solcher anfängt, ein selbständiges Dasein über seinen Bürgern zu führen, wo demgemäß die Interessen einer Gemeinschaft, eines Wirtschaftsorganismus, mehr und mehr Bedeutung gegenüber den Interessen der persönlichen Freiheit gewinnen, wird man ohne Zweifel in zunehmendem Maße eine Kürzung dieser persönlichen Freiheiten in Kauf zu nehmen geneigt sein.

Welches nun die sozialen Aufgaben der neuen Berufsvormundschaft sein werden, kann erst im einzelnen auseinandergesetzt werden, wenn wir über die Organisation des Apparates im Klaren sind.

2. Die Organisation des Aufsichtsapparates.

Es kann hier nicht scharf geschieden werden zwischen rein vormundschaftlichen und sozialaufsichtlichen Aufgaben. Und das ist auch nicht notwendig, insoweit es sich um die Ausführung dieser Aufgaben handelt. In der Hand des Vormundschaftsrichters vereinigt sich alles. Inwieweit es dann hinsichtlich des eigentlichen Vollzuges möglich sein wird, Vormundschaft und Aufsicht zu trennen und verschiedenen Organen zu übertragen, wird sich zeigen. Insoweit die Aufsicht auch über den Vormund — wo ein solcher vorhanden ist — ausgeübt wird, ist ja die Trennung ohne weiteres klar.

Es würde uns zu weit führen, wollten wir hier des näheren auf alle die — zum Teil sehr guten — Ueberwachungs- und Aufsichts-Systeme fremder Rechte eingehen. Besonders mag nur hingewiesen sein auf Belgien, Holland und die skandinavischen Staaten. Allerdings muß bemerkt werden, daß nach meiner Meinung z. B. Norwegen des Guten zuviel tut und einen viel zu umfangreichen und komplizierten Aufsichtsapparat hat. Der Kontrollmänner, Vertrauensmänner, Mündelräte, Beitragsvögte und Wohlfahrtsräte ist hier gar kein Ende.

Wir haben es in Deutschland bedeutend leichter, eine durchgreifende und doch verhältnismäßig einfache Organisation einzuführen, indem wir das Vorhandene sinngemäß erweitern. (Während schon die Korrekturen des gegenwärtigen Buchs vorliegen, entnimmt der Verfasser den norwegischen Tageszeitungen, daß man nunmehr auch in Norwegen eine Neuregelung des Vormundschaftswesens und seine Vereinfachung unter weitgehender Heranziehung der deutschen Organisation als Muster plant.)

Die Oberleitung über das gesamte Vormundschafts- und Aufsichtswesen steht dem Vormundschaftsrichter zu. Es kann natürlich keinem Zweifel unterliegen, daß die zum Teil nur stärker auszubildenden, zum Teil auch ganz neuen Aufgaben eine erhebliche Personalvermehrung notwendig machen; und es wird daher wohl notwendig sein, auch an kleineren Amtsgerichten den Amtsvorstand durch Beigabe eines besonderen Vormundschaftsrichters zu entlasten. Durchaus wertvoll wäre es, die vormundschaftsrichterliche Laufbahn zu einer besonderen zu machen und auch besondere theoretische und praktische sozial-wissenschaftliche Ausbildung neben der allgemein-juristischen dafür zu verlangen.

Der Vormundschaftsrichter ist in allen vormundschaftlichen und aufsichtlichen Fragen das entscheidende Organ. Er bestellt die Vormünder, leitet Vorladungstermine, nimmt Berichte entgegen und verfügt aufgrund derselben: seine Tätigkeit spielt sich im Amtszimmer ab.

Ihm steht zur Seite der Berufsvormund; eine Persönlichkeit, die juristischer Bildung nicht bedarf, desto mehr aber sozialer Kenntnisse und Erfahrungen. Er ist in erster Linie vollziehendes Organ. Entscheidungsrecht steht ihm nicht zu. Außer den bisherigen berufsvormundschaftlichen Aufgaben obliegt es ihm, die Aufsicht über die Vormünder und über die elterliche Erziehungstätigkeit auszuüben. Dann aber auch alle jene sozialen Nebenfunktionen zu erfüllen, die wir noch kennen lernen werden. Er ist also — abgesehen von den Fällen, in denen er selbst Vormund ist, — nur soziales Organ, hat sich nur mit den sozialen Fragen zu befassen und übt über die Vermögensverwaltung der Vormünder keinerlei Kontrolle aus. Denn rein sozialer Art soll ja die Aufsicht selbst sein; eine unmittelbare Beschränkung der privatrechtlichen Ausdehnung der Vormundschaft soll sie nicht bedeuten. Nur insoferne unterliegt die Vermögensverwaltung der Vormünder der berufsvormundschaftlichen Kontrolle, als etwaige Unregelmäßigkeiten sinnenfällig bei der Unterhaltung und Erziehung des Mündels in Erscheinung treten.

Der Berufsvormund hat somit eine doppelte Eigenschaft; er ist als amtlich hierzu bestellte Person der Vormund jener Minderjährigen — auch Unehelichen —, für welche ein Einzelvormund nicht bestellt ist. Dann aber hat er auch die soziale Aufsicht, über die bestellten Einzelvormünder, über uneheliche Eltern und ist sozialer Berater in allen Mündelangelegenheiten.

Es ist ohne weiteres klar, daß in einem größeren Amtsgerichtsbezirk auch er nicht imstande sein wird, alles das selbst zu tun, was mit seinem verantwortungsvollen Amte zusammenhängt. Die Aufsicht erfordert vor allem eine häufige persönliche Nachschau, erfordert eingehende Kenntnisnahme von den individuellen Verhältnissen jedes einzelnen Falles. Dazu bedarf es in größeren Amtsgerichtsbezirken, namentlich aber in den Großstädten, eines ziemlich zahlreichen Personals.

Das Einfachste und Zweckmäßigste wäre es, sich der schon bestehenden sozialen Vereinigungen und Organisationen zu bedienen. Dort finden wir eine Anzahl von tüchtigen, geeignet ausgebildeten Kräften, die gerade im unmittelbaren sozialen Wirken, im Umgang mit Menschen und in deren richtiger Behandlung bedeutende Erfahrung haben. Wenn der Staat, wie es den hier gemachten Vorschlägen nach geschähe, einen großen Teil der Aufgaben übernähme, die bisher von den sozialen

Privatorganisationen erfüllt wurden, so würde sich der Funktionsbereich dieser Organisationen erheblich mindern und sie wären dann sehr wohl imstande, eine Anzahl ihrer geschulten Kräfte zu entbehren.

Ich möchte nicht an eine unmittelbare Uebertragung der sozialen Aufsicht an die sozialen Organisationen denken; und zwar deshalb nicht, weil nicht alle sozialen Aufgaben vom Staate selbst übernommen und dann im Vollzug diesen Organisationen — die staatlich subventioniert werden müßten — überantwortet werden könnten. Es würde also der Zustand eintreten, daß ein staatlich unterstütztes Institut teils staatliche teils selbstgesetzte Aufgaben erfüllt. Und dies könnte wohl nur zu Unzuträglichkeiten führen. (Dieselbe Auffassung vertrat der Verfasser schon in einer Abhandlung über „Schutzaufsicht" — Strafrechtliche Abhandlungen Band 200).

Es ist nun die Frage, wie die Auswahl geeigneter sozialer Vollzugsorgane erfolgen soll. Für diese Funktionen kommen nun neben Männern auch Frauen und zwar in erhöhtem Maße in Betracht. Aus mehreren Gründen: einmal sind die Frauen gerade auf diesem Gebiete auch jetzt schon sehr stark tätig und es ist daher ein Stamm von geeignetem, fachlich ausgebildetem weiblichem Personal vorhanden. Dann aber dreht es sich doch zum großen Teil um den Verkehr und die Beratung der unehelichen Mütter und unehelich Schwangeren. Dafür ist aber doch eine Frau weit geeigneter als ein Mann. Nun herrscht ja allerdings vielfach die Auffassung — und zum Teil wohl in Uebereinstimmung mit den praktischen Erfahrungen —, daß Frauen, namentlich der unteren Stände, um die es sich doch in erster Linie handelt, den Frauen gehobener Klassen ein starkes Mißtrauen entgegenbringen und sich viel lieber einem Manne anvertrauen. Das mag an sich nicht ganz falsch und von der Hand zu weisen sein. Doch glaube ich nicht, daß dem nicht abgeholfen werden könnte. Zum großen Teil haben sich aber auch „Damen der Gesellschaft" dilettantisch mit sozialer Tätigkeit befaßt und haben es dabei keineswegs verstanden, ihr Verhalten auch nur einigermaßen so einzurichten, daß die Frau aus dem Proletariate Vertrauen zu ihnen fassen konnte. Daher kommen wohl die weiblichen Mißerfolge, während wirklich geschulte Frauen, welche sich der sozialen Arbeit mit Ernst und Eifer widmeten, die besten Erfolge haben und das Vertrauen der unehelichen Mütter genießen. Jedenfalls ist eine Frau viel geeigneter für den Verkehr mit den unehelichen Müttern; namentlich die Beratung und Hilfe in der Schwangerschaftszeit macht Mitteilungen intimster Art notwendig, die keine Frau einem Manne machen wird, wohl aber einer anderen Frau, die selbst schon in gleicher Lage war oder doch jederzeit in dieselbe Lage kommen kann. Uebrigens wäre es vielleicht nicht das Ungeschickteste, man würde uneheliche Mütter, wenn sie Neigung und Veranlagung dazu zeigen, selbst für die soziale Tätigkeit auf diesem Gebiet ausbilden. Ihnen würde wohl das denkbar größte Vertrauen entgegengebracht. Man würde sie als Leidensschwestern betrachten und sie selbst hätten naturgemäß das denkbar größte Verständnis und Mitgefühl für ihre Schutzbefohlenen und das gerechteste Urteil über die ihrer Aufsicht unterworfenen Verhältnisse. Zugleich wäre damit einer — wenn auch noch so kleinen — Anzahl unehelicher Mütter ein fester Pflichtenkreis und ein gesichertes kleines Einkommen gewährt.

Ein dritter Grund noch spricht für weibliche Kräfte auf diesem Gebiete: die nebenberufliche Arbeit scheint mir hier beinahe wünschenswerter, als die hauptberufliche; sie garantiert eher eine innere Neigung zur gewählten Art der Tätigkeit und eine freudige Hingabe an sie. Die nebenberufliche Tätigkeit aber kommt vor allem für Frauen in Frage, insbesondere für verheiratete, welche einen Teil ihres Tages durch hausfrauliche Arbeit beansprucht sehen, was ihnen aber an Zeit bleibt, zu einem, wenn auch nicht allzu bedeutenden, Erwerb verwenden wollen. —

Erste Forderung natürlich ist es, daß man bei der Auswahl der Angestellten äußerst vorsichtig ist. Das Amt ist verantwortungsvoll und verlangt nicht nur soziale Erfahrungen, sondern auch sozialen Takt — eine Eigenschaft, die in Deutschland leider sehr selten ist. Umsomehr muß man darauf bedacht sein, sie denjenigen Organen, die ihrer bei Ausübung ihres Amtes bedürfen, allmählich anzuerziehen. Die letzten politischen Ereignisse haben vielleicht auch das ihrige dazu getan, in Schichten, denen soziales Verständnis und Empfinden bisher abging, den Sinn dafür zu wecken.

Im Uebrigen wird uns die Besprechung der einzelnen Aufgaben der sozialen Organe noch Gelegenheit geben, über die Art und Weise ihrer Ausführung uns näher zu verbreiten.

3. Die Aufgaben der Vormundschaftsgerichte und ihrer Organe.

Am besten werden wir tun, wenn wir die einzelnen Aufgaben der freiwilligen Gerichtsbarkeit und der sozialen Organe nicht systematisch geordnet darstellen, sondern in der zeitlichen Aufeinanderfolge ihres Akutwerdens. So erhält, glaube ich, der Leser am leichtesten ein klares Bild, wie der Verfasser sich das Wirken des ganzen vormundschaftsgerichtlichen Apparates vorstellt.

a) Vor der Geburt des unehelichen Kindes.

Das norwegische Gesetz hat ein ausgedehntes System der Meldepflicht, um ein möglichst frühzeitiges Eingreifen der Behörden zu Gunsten des unehelichen Kindes zu gewährleisten. Nicht etwa das Interesse an der Richtigkeit des Personenstandes ist es, was den norwegischen Gesetzgeber zu seinen Sicherungsmaßnahmen veranlaßt hat, sondern einzig und allein das persönliche Interesse des Kindes. (ot. prp. 5/14 Seite 47 ff.). Auch Landsberg trat schon auf der Tagung der Berufsvormünder in Dresden dafür ein, eine Meldepflicht für unehelich Schwangere anzuordnen. Man hat seither mehrfach gehört, das sei undurchführbar — und doch haben Dänemark, Schweden und namentlich Norwegen diese Meldepflicht weitgehend durchgeführt, und es ist das einzige Mittel, um von vornherein die entsprechenden Maßnahmen treffen zu können.

Nach schwedischem Recht (§ 14[1]) hat die außerehelich Geschwängerte 3 Monate vor der erwarteten Niederkunft spätestens dem „Barnavardsnämnd" zu Protokoll zu erklären, daß sie schwanger ist und, wenn möglich, von welchem Manne. In Norwegen ist dieselbe Bestimmung vorhanden (lov om barn § 6[1]), doch kommen noch eine Anzahl von Zusätzen, welche die Meldepflicht ausdehnen auf Aerzte, Hebammen, Familienangehörige und Hausgenossen. Am geeignetsten wäre es wohl, man würde die entsprechenden Meldungen in Deutschland an den Berufsvormund gehen lassen, der in erster Linie sozial beratendes Organ wird; er hätte eine Liste anzulegen über alle diejenigen Fälle, die seiner Kontrolle unterliegen, und hat mit der Schwangerschaftsmeldung ein Personalfolium seiner Liste zu eröffnen. Die Unterlassung der vorgeschriebenen Meldung muß natürlich mit Ordnungsstrafen geahndet werden.

Die Mutter hat nun gleich bei dieser Gelegenheit auch anzugeben, wer der mutmaßliche Vater ist; tut sie das ohne Widerrede, wird der Name des Benannten zu Protokoll genommen, und die Angelegenheit wird dann des Weiteren verfolgt, wie wir es oben (S. 179 ff.) gesehen haben: der Benannte wird alsbald vorgeladen und über seine Vaterschaft befragt. Weigert sich die Mutter, den Vater zu benennen, so wird gegen sie mit den Zwangsmitteln vorgegangen, die wir bei Besprechung der Offenbarungspflicht der Mutter kennen gelernt haben. Der Vormundschaftsrichter ist auch berechtigt, Zeugen vorzuladen und sie eidlich zu vernehmen. Die Möglichkeit dazu ist nach geltendem Recht vorhanden. (§ 159 G.V.G.) Man soll sie also ausnützen und nicht künstlich fortkonstruieren, wie es das Reichsgericht versucht hat. (Vgl. Ztschr. f. Rechtspfl. in Bayern 1911/1912, S. 446., dagegen auch Z. Bl. Vorm. Wes. Bd. III., S. 212 f.)

Im Allgemeinen wird es am besten sein, wenn man diese erste Befragung der Mutter nicht in den Amtsräumen, nicht durch den Vormundschaftsrichter vornehmen läßt, sondern wenn sich zu diesem Zwecke ein soziales Organ in die Wohnung der Schwangeren begibt und mit ihr deren Angelegenheiten bespricht — unter möglichster Vermeidung alles dessen, was die amtliche Eigenschaft des Fragers in den Vordergrund stellt, mehr nach Art eines menschenfreundlichen Beraters. Bei dieser Gelegenheit wird sich dann auch ergeben, ob die Verhältnisse eine Klage auf die Vorausleistung von Schwangerschaftsgeldern erforderlich erscheinen lassen.

Das Fürsorgeorgan berichtet dem Vormundschaftsrichter und dem Berufsvormund über den Stand der Dinge. Nur dann, wenn die unehelich Geschwängerte die Auskunft verweigert hat oder wenn ein anderer Grund dafür vorliegt, soll Vorladung erfolgen. Der Vorladungstermin findet dann vor dem Vormundschaftsrichter in Gegenwart des Berufsvormundes oder des mit dem Falle speziell beauftragten Fürsorgeorganes statt.

Zeigt es sich, daß ein Prozeß gegen den als Vater Benannten notwendig ist, so bestellt der Vormundschaftsrichter gemäß dem auf S. 193 ff. Gesagten einen curator ad hoc nach § 1912 B.G.B. der die Interessen des nasciturus wahrnimmt.

Ueber die Tätigkeit der vormundschaftlichen und sozialen Organisation in einem etwa stattfindenden Prozesse werden wir nachher noch besonders sprechen.

Hat der als unehelicher Vater Benannte freiwillig sich zur Leistung von Schwangerschaftsbeiträgen usw. bereit erklärt, so ist es nunmehr wiederum Sache der Fürsorgeorgane durch Nachschau von Zeit zu Zeit sich davon zu überzeugen, daß auch wirklich die Zahlungen zweckentsprechend verwendet werden. Es ist ohne weiteres klar, daß diese Kontrollbesuche nicht in die Formen eines bürokratischen Spitzeltums ausarten dürfen, sondern daß dabei mit besonderem Takte vorgegangen werden muß. Das Fürsorgeorgan kommt von Zeit zu Zeit, unterhält sich ein wenig mit der Schwangeren und wird bei einem kleinen Gespräch Gelegenheit genug finden, etwas zu beobachten und aus dem und jenem Schlüsse zu ziehen. Zeigt sich, daß die Schwangere an sich alles Nötige tut und so lebt, wie es für eine werdende Mutter angebracht ist, so können ja die Kontrollbesuche eingeschränkt werden; ihre Häufigkeit zu regeln muß Sache des Pflichtgefühls und des sachlichen Ermessens der in Betracht stehenden Organe (des Fürsorgers, der Fürsorgerin und des Berufsvormundes) sein.

Zeigen sich Unregelmäßigkeiten im Verhalten der Schwangeren, oder besteht begründeter Verdacht, daß sie sich nicht entsprechend verhält, so mag gegebenenfalls auch Nachfrage bei Arbeitgebern, Nachbarn, Angehörigen usw. gehalten werden. Die Fürsorgeorgane werden dann, wie sie zur Beratung der Schwangeren jederzeit bereit sein sollen, in solchem Falle auch mit einer ernsten Verwarnung nicht zurückhalten und werden ernstliche Bedenken in das Personalfolium des Berufsvormundes eintragen, da sie bei der Entscheidung über die Betrauung mit der elterlichen Gewalt in's Gewicht fallen können. In besonders schweren Fällen mag wohl auch der Berufsvormund selbst die Schwangere verwarnen, unter Umständen muß sie sogar zwangsweise in eine entsprechende Anstalt (Entbindungsanstalt) verbracht werden.

Hat der als Vater Benannte sich zur Anerkennung der Vaterschaft bereit erklärt, so ist es Aufgabe des Berufsvormundes, durch die Fürsorgeorgane die Richtigkeit der behaupteten Tatbestände zu prüfen und den Vormundschaftsrichter darüber zu unterrichten, damit dieser imstande ist, zu beurteilen, ob er dem Anerkennungsbegehren stattgeben soll oder nicht. Ebenso verhält es sich natürlich, wenn ein von der Schwangeren nicht benannter Mann sich anheischig macht, der Vater des Kindes zu sein.

Hat die Mutter keinen Vater benannt, oder hat sie angegeben, sie habe mehreren Männern die Beiwohnung gestattet oder endlich leugnet der Benannte seine Vaterschaft, so haben die Fürsorgeorgane zur Unterstützung des Vormundschaftsrichters die erforderlichen Erhebungen zu pflegen.

Wir sehen also: sie sind nicht nur dazu bestimmt, sozial zu wirken, sondern sie haben auch unmittelbar Aufgaben der freiwilligen Gerichtsbarkeit. Und zwar vor allem insoferne es gilt, die Anerkennung der Vaterschaft oder einen Vaterschaftsprozeß vorzubereiten. Es wäre doch ein Unding, für diese Funktionen noch eine weitere Organisation ins Leben zu rufen, da doch die sozialen Fürsorgeorgane vollkommen imstande sind, sie zu erfüllen. Ja, es scheint mir sogar einen besonderen Vorteil zu haben, daß allenfalls nötige Nachforschungen von denselben Personen gepflogen werden, die auch als Berater und Helfer wirken; dadurch wird der Recherche der Charakter der Schnüffelei und des Spitzeltums genommen und man wird viel mehr aus den Beteiligten herausbekommen; zumal das Fürsorgeorgan seine Nachforschungen in einer Weise einziehen kann, die für die Befragten gar nicht erkennen zu lassen braucht, daß es sich um amtliche Erkundigungen handelt. So nebenbei im Gespräch erfährt man viel mehr, als durch ausdrückliche Vernehmung.

Es läßt sich natürlich nicht vermeiden, daß die auf diese Weise zunächst „unter der Hand“ gemachten Aussagen nachder vor dem Vormundschaftsgerichte wiederholt werden müssen. Das mag nun an sich manchmal recht peinlich sein, namentlich dür die Schwangere oder Mutter; und im Interesse der Schonung des Zartgefühles wollen ja auch mehrere Schriftsteller von einer halb-inquisitorischen Behandlung der Vaterschaftsangelegenheiten nichts wissen. Allein die Schonung des Zartgefühls kommt an Wichtigkeit doch erst nach dem vitalen Interesse des Kindes, einen Vater und den wirklichen Vater zu haben. Dann wird wohl auch die Tendenz des künftigen Rechtes mehr und mehr dahin gehen, persönliche Freiheit in zunehmendem Maße den sozialen Interessen der Gemeinschaft zu opfern. Und welches wesentlichere Interesse hätte die Gemeinschaft, als das an der Nachkommenschaft, die das Erbe der gegenwärtigen Generation antreten soll? Endlich aber wird gerade die vorherige Befragung durch die im Vertrauen der Schwangeren stehenden Fürsorgeorgane es ermöglichen, sich in der vormundschaftsgerichtlichen Verhandlung — und auch nachmals im Prozesse selbst — auf die wirklich wesentlichen und relevanten Punkte zu beschränken. Nicht alles, was die Fürsorgeorgane ermittelt haben, wird dann im Termin verhandelt werden müssen. Unter vier Augen ließ sich das Peinlichste — besonders zwischen Frauen — leichter besprechen; im Termin bleibt es der Schwangeren erspart. Dazu kommt natürlich, daß auch der Vormundschaftsrichter nicht mit unnahbarer Amtsmiene vom grünen Tisch herab verhandeln darf, sondern sich und der Schwangeren die Situation durch menschliches Verständnis, Takt und Zartgefühl erleichtern muß.

Insoweit die Fürsorgeorgane dem Vormundschaftsrichter in Ermittlungssachen beistehen, könnte man sie ihm — unter Ausschaltung des Berufsvormundes — unmittelbar unterstellen. Doch wäre eine solche Durchbrechung der organisationellen Einheit m. E. nicht angezeigt. Der Berufsvormund soll allein an der Spitze des Fürsorge- und Ermittlungs-Apparates stehen. Ihm mag der Vormundschaftsrichter die Ermittlungsaufträge geben und er betraut damit dasjenige Fürsorgeorgan, das den in Frage stehenden Fall behandelt. (Denn es ist wesentlich, daß jeder Fall einheitlich von ein- und demselben Organ durchgeführt werde, damit sich auch wirklich ein Vertrauensverhältnis zwischen der Schwangeren und Mutter einerseits und dem Fürsorger — der Fürsorgerin — anderseits herausbilden kann.) Der Vormundschaftsrichter kann selbstverständlich gleichwohl den Bericht des Fürsorgeorgans unmittelbar entgegennehmen und wird es im Interesse der Geschäftsvereinfachung, der klareren Unterrichtung durch mündlichen Vortrag und der Ersparung von Schreibwerk wohl immer tun. Auch kann er in Unterredung mit dem Fürsorgeorgan diesem direkt Weisungen erteilen, hat diese aber dann nachher schriftlich niederlegen und dem Berufsvormund zugehen zu lassen, damit dieser über die Obliegenheiten seiner Beamten, für deren Tätigkeit er verantwortlich ist, unterrichtet sei.

b) Der Prozeß.

Ist das uneheliche Kind zur Welt gekommen, so hat die Mutter sowohl, als die sonst nach dem Pers. St. Ges. verpflichteten Personen die Geburt beim Standesamt anzumelden. Außerdem aber ist die Geburt dem Vormundschaftsgerichte anzuzeigen. Auch der Standesbeamte, welcher die Geburt eingetragen hat, soll dem Vormundschaftsrichter umgehend Mitteilung davon machen. Eine entsprechende Bestimmung könnte beim § 48 (F. G. G.) untergebracht werden.

Hierauf wird die vom als Vater Benannten etwa angebotene Anerkennung der Vaterschaft perfekt gemacht — oder endgiltig zurückgewiesen — jenachdem die näheren Umstände die Vaterschaft des Benannten oder dessen, der sich, ohne benannt zu sein, zur Anerkennung bereit erklärt hat, glaubhaft machen oder nicht. Kommt Anerkennung nicht in Frage, so wird nunmehr, nach Geburt des Kindes, die Klage anhängig gemacht; dies kann, wie wir sahen, auch gegen den Willen der Mutter geschehen, wenn diese sich weigert, den Vater zu benennen. Das Vormundschaftsgericht kann die Klage sogar selbst anhängig machen, ehe es noch einen Pfleger als Vertreter des Kindes bestellt hat. Und zwar sowohl aus § 1846 B.G.B., wie auch in Analogie des § 632 Z.P.O. Der nachträglich bestellte gesetzliche Vertreter des Kindes tritt dann als Parteivertreter in den anhängigen Prozeß ein.

Wir haben für den Vaterschaftsprozeß weitgehende Anerkennung der Offizialmaxime gefordert. Und ebenso natürlich verhält es sich mit allen Prozessen, welche ein uneheliches Familienverhältnis zum Gegenstande haben. Es ist nicht mehr notwendig, das zu wiederholen, was darüber oben schon gesagt worden ist. (Vgl. S. 210 ff.).

Die skandinavischen Gesetzgebungen lassen die Offizialmaxime erst wirksam werden vom Augenblick der Rechtshängigkeit an. Eine amtswegige oder erzwungene Klagerhebung kennen sie nicht. Das hängt in Norwegen damit zusammen, daß der als Vater Benannte als solcher ohne weiteres gilt, wenn er nicht seinerseits Klage erhebt. (§ 11 [3].) In Dänemark besteht dagegen in der Tat kein Klagzwang. (§ 13.) In Schweden hat nach § 13 der barnavårdsman die Aufgabe für Erhebung der Vaterschaftsklage zu sorgen. Gegen Versäumnis kann durch Absetzung des barnavårdsman seitens der barnavårdsnämnd reagiert werden. (§ 16.) —

Nachdem der Prozeß durch den Vormundschaftsrichter vorbereitet ist, nimmt dieser auch an ihm selbst als Vertreter der öffentlichen Interessen teil — also in der Eigenschaft eines Amtsanwaltes. Da der erheblich vermehrte Pflichtenkreis des Vormundschaftsrichters an den meisten Amtsgerichten einen eigenen

Vormundschaftsrichter notwendig machen wird, so ergeben sich in dieser Hinsicht keine Schwierigkeiten wegen der bisherigen Personalunion: Amtsrichter = Vormundschaftsrichter. Wo aber wirklich — an ganz kleinen Amtsgerichten — der Amtsvorstand selbst auch Vormundschaftsrichter ist, da mag dann die Vertretung der öffentlichen Interessen im Prozeß um die uneheliche Vaterschaft dem Berufsvormund auferlegt werden.

In Norwegen hat diese Aufgabe der „Bidragsfoged". (§ 12 3.)

Das mit dem Fall betraute und mit den sachlichen Ermittlungen beauftragte Fürsorgeorgan tritt als Zeuge auf.

Der Vormundschaftsrichter hat das Recht, Beweisanträge zu stellen, sowie seinerseits Material zu fördern und es im Prozeß geltend zu machen. Die Ermittlungstätigkeit des Fürsorgeorganes ist also mit dem Eintritt in den Prozeß nicht beendet. Vielmehr können ihm jederzeit noch Ermittlungsaufträge erteilt werden.

Insbesondere kann der Vaterschaftsprozeß nicht durch Anerkennung der Vaterschaft oder sonst einen prozeßualen Vergleich beendet werden, wenn nicht der Vormundschaftsrichter seine Einwilligung dazu erteilt. (Vgl. S. 218.) Die Anerkennung findet ja immer nur vor dem Vormundschaftsgerichte statt, da sie ein Akt der freiwilligen Gerichtsbarkeit ist; sie kann, wenn stichhaltige Gründe für die Annahme vorliegen, daß der Anerkennende nicht der Vater sei, zurückgewiesen werden. Es ist natürlich, daß eine entsprechende Erklärung des Vormundschaftsrichters, wenn die Anerkennung im Prozeß angeboten wird, von dem anwesenden Vormundschaftsrichter auch im Prozeß selbst gegeben wird.

Natürlich kann auch der Vormundschaftsrichter, falls die Klagpartei ihre Klaganträge zurückziehen will, sich dem widersetzen und Durchführung des laufenden Verfahrens fordern, wenn er sich irgendwelchen Erfolg von der Fortsetzung des Verfahrens verspricht. Umgekehrt kann er auch den Antrag auf Einstellung des Verfahrens einbringen, wenn er zu der Ueberzeugung gelangt ist, der Beklagte sei nicht der Vater. Gleichzeitig kann er dann gegebenenfalls die Erhebung der Klage gegen einen anderen Mann, der seinen Ermittlungen nach der Vater ist, beantragen und, falls sich der Vertreter des Kindes dessen weigert, die Klage selbst erheben. Seinem Antrag auf Zurücknahme der Klage kann aber vom Gericht nur dann stattgegeben werden, wenn der Kläger damit einverstanden ist. Die Vaterschaftsklage ist und bleibt eine Zivilklage und man kann dem Zivilkläger nicht das Recht nehmen, einen Prozeß bis zu Ende zu führen, wenn er will. Nur kann natürlich, falls dann der Prozeß zu Ungunsten des Klägers entschieden wird, der Vertreter des Kindes vom Vormundschaftsgerichte wegen der etwa dem Kinde verursachten unnötigen Prozeßkosten mit seinem eigenen Vermögen zum Schadenersatz herangezogen werden.

Schon früher haben wir erwähnt, daß die Kosten eines gegen den klägerischen Parteiwillen fortgeführten Prozesses der Staatskasse zu überbürden sind, falls nicht der Beklagte sie zu tragen hat.

c) Vormundschaft, Pflegschaft, Fürsorge und Aufsicht über minderjährige Uneheliche.

Da die Frage der elterlichen Gewalt sich erst nach Entscheidung des Vaterschaftsprozesses oder nach Erledigung des Anerkennungsverfahrens — also immer erst nach der Geburt, wenn auch sehr bald danach — regeln läßt, so kann die uneheliche Mutter nicht von Anfang an die Angelegenheiten ihres Kindes als gesetzliche Vertreterin führen. Es bedarf also eines Pflegers ad hoc im Sinne des § 1912 B.G.B. Jedoch mit dem einen Unterschiede, daß diese cura nicht nach § 1918² B.G.B. mit der Geburt endet, sondern darüber hinaus dauert, bis zu dem Augenblick, wo ein Vormund bestellt oder die elterliche Gewalt eines Elternteiles festgestellt ist. Dies ist auch das System der Schweiz, wo das uneheliche Kind, sobald die Vormundschaftsbehörde Kenntnis von der Schwangerschaft erlangt hat, einen curator für seine Vermögensangelegenheiten bekommt, der bis zur Entscheidung über Vormundschaft oder elterliche Gewalt fungiert. Art. 311 Z.G.B.

Sobald das Kind zur Welt gekommen und die Frage der Anerkennung erledigt oder der Vaterschaftsprozeß entschieden ist, hat das Vormundschaftsgericht die weitere Frage der Vormundschaft oder elterlichen Gewalt zu entscheiden. Und zwar zusammen mit der Frage, welchen Namen das Kind führen soll, wo es erzogen werden soll und welche finanziellen Leistungen den beiden Elternteilen aufzuerlegen sind. Auch diese Dinge sind schon früher (vgl. „Elterliche Gewalt" S. 52 ff.) behandelt. Wann ein Vormund bestellt werden soll, haben wir gesehen: in allen den Fällen, wo man keinem der Elternteile die elterliche Gewalt anvertrauen kann. Jedenfalls ist der Grundsatz des dänischen Gesetzes abzulehnen, daß immer ein Vormund zu bestellen sei, wenn die Mutter die nach dem Gesetze auf sie entfallenden $^{2}/_{5}$ des Unterhaltsbedarfes wegen Unvermögens nicht leistet. (§ 9².) Das ist doch kein Grund, um der Mutter einen — nach dänischem Recht mit elterlicher Gewalt ausgestatteten — Vormund vor die Nase zu setzen! Ebenso ist eine andere dänische Vorschrift zu beurteilen, wonach der Vater die Bestellung eines Vormunds verlangen kann, wenn er mehr für das Kind zahlt, als er nach den Verhältnissen der Mutter zahlen müßte, insbesondere, wenn er einen besonderen Ausbildungsbeitrag leistet. Der Vormund soll dann über dessen richtige Verwendung durch die Mutter wachen und ist haftbar dafür. (§ 1[4].) Solange kein Grund zum Mißtrauen gegen die Mutter vorliegt, ist m. E. eine solche Sonderaufsicht weder notwendig noch auch angebracht. Im Gegenteil —: sie ist dem guten Willen der Mutter nur abträglich und muß verbittern. —

Die eigentliche aufsichtliche Tätigkeit, wie ich sie mir vorstelle läuft neben der elterlichen Gewalt oder neben der Vormundschaft her. Es ist tatsächlich beim unehelichen Kinde, als einer sozial besonders gefährdeten Menschenklasse, eine solche soziale Aufsicht angezeigt und darum kann gegen ihre Einrichtung nicht der Einwand erhoben werden, sie greife störend in Privatangelegenheiten und in die persönliche Freiheit ein.

Diese Aufsicht beginnt nun schon vor der Geburt, nämlich mit dem Augenblicke, wo die Schwangerschaft angezeigt und ein Fürsorge-Organ mit dem Fall beschäftigt ist. Sie erstreckt sich auf die Hygiene ebenso, wie auf die finanziellen Pflichten der Eltern und die elterlichen Pflichten des erziehenden Teiles. Außerdem aber ist noch eine Ermittlungstätigkeit der Fürsorgeorgane in Sachen der freiwilligen Gerichtsbarkeit notwendig. Wir wollen diese, sachlich verschiedenen, aber eng zusammenhängenden Dinge gemeinsam in der Reihenfolge betrachten, in der sie normalerweise zeitlich aufeinanderfolgen.

Sobald die Anzeige der unehelichen Schwangerschaft erfolgt ist, sind, wie wir sahen, Nachforschungen darüber anzustellen, ob der von der Schwangeren bezeichnete Mann wirklich der Vater ist bezw. wer sonst der Vater ist. Gleichzeitig muß nun die wirtschaftliche Lage, müssen die sonstigen Eigenschaften der beiden Elternteile erforscht werden, weil sich danach die Entscheidung des Vormundschaftsgerichtes über die Höhe des Erziehungsaufwandes und seine Verteilung auf die beiden Eltern, über Zahlung von Schwangerschafts- und Stillgeldern und über die Zuerkennung der elterlichen Gewalt usw. richtet.

Die Vermittlung der Polizei ist bei derartigen Nachforschungen nur im äußersten Notfalle in Anspruch zu nehmen. Hingegen sind die Steuerbehörden, Banken, öffentlichen Kassen und Arbeitgeber zur Auskunft verpflichtet.

Was nun die eigentliche Aufsicht über Vormünder und Eltern angeht, findet sie zuerst gegenüber der Schwangeren statt. Allgemein sind die Schwangeren zu beaufsichtigen, ob sie auf das Wohl des werdenden Kindes die erforderliche Sorgfalt verwenden. Vor allem ist eine Art von Arbeitspolizei auszuüben, d. h. darauf zu achten, daß die Schwangere nicht eine ungesunde Arbeit verrichtet oder die Erwerbsarbeit bis zu einem zu kurz vor der erwarteten Niederkunft liegenden Zeitpunkt fortsetzt. Diese Frage muß natürlich von Fall zu Fall individuell vom Fürsorgeorgan beurteilt werden. Diese Aufsicht kann zugleich als eine wirksame Schutz- und Verhütungsmaßnahme gegen Abtreibung etc. wirken, wie überhaupt die Kontrolle der unehelich Schwangeren die Abtreibungs- und Kindstötungsziffern günstig beeinflussen wird. — Zum zweiten aber sind diejenigen Schwangeren, welche Schwangerschaftsgelder erhalten, zu kontrollieren, ob sie diese Leistungen auch wirklich zum Besten des Kindes aufwenden.

Zeigen sich während der Schwangerschaft irgendwelche ernsten Unregelmäßigkeiten im Verhalten der werdenden Mutter, so kann unter Umständen vom Vormundschaftsgericht zwangsweise Einbringung in ein Entbindungsheim angeordnet werden.

Dem beitragleistenden Manne steht ein eigentliches Antragsrecht hierauf nicht zu, da die Motive, die ihn dazu bewegen, unkontrollierbar und oft nicht von der schönsten Art sind; doch kann natürlich eine von ihm erstattete Anzeige, eine Mitteilung seinerseits zur Verhängung der Maßnahme durch das Vormundschaftsgericht führen — aber erst nach eingehender Prüfung der Sachlage. —

Auch während der Stillzeit soll die Aufsicht besonders intensiv sein — womit nicht gesagt ist, daß die stillende Mutter von früh bis abends bespitzelt werden soll! Bekommt sie Stillgeld, so ist darauf zu achten, daß sie auch wirklich während der Dauer der Zahlungen selbst stillt. Sobald das Kind entwöhnt ist, hat das Fürsorgeorgan hievon dem Berufsvormund Meldung zu machen, der dann seinerseits beim Vormundschaftsgericht Antrag auf Sistierung der Zahlungen stellt.

Mit der Meldung von Verstößen muß es in der Zeit der Schwangerschaft und Stillung besonders genau genommen werden, weil Fehler, die in dieser Zeit gemacht werden, besonders verhängnisvoll nachwirken, dann aber auch, weil zur Zeit der Schwangerschaft noch keine Entscheidung über die elterliche Gewalt getroffen ist, schlechtes, wenig vertrauenswürdiges Verhalten der Mutter also noch berücksichtigt werden kann.

Kommt nun das Kind in eine Anstalt, so bedarf es einer besonderen Aufsicht nicht mehr. Es wird ja die Anstalt als solche amtlich kontrolliert. Die Kontrolle über Entbindungs-, Mutter-, Säuglings-, Kinder- und Erziehungsanstalten etc. würde übrigens zweckmäßig auch der Berufsvormundschaft übertragen. In Norwegen (lov om forsorg for barn § 11, [1], [2]) ist die Aufsicht des Wohlfahrtsrates nur obligatorisch für die in fremder Pflege befindlichen Kinder. Sie k a n n nur auch ausgedehnt werden auf Kinder, die bei einem Elternteil untergebracht sind. Aus Gründen der Vorsicht halte ich es für angezeigter, wenn die Einzelkontrolle sich erstreckt auf diejenigen Kinder, welche sich bei einem Elternteil befinden oder unter Vormundschaft stehen und in Privathänden untergebracht sind. Wir sagten schon, daß diese Aufsicht mit großem Takt ausgeübt werden muß. Am wichtigsten ist sie wohl, am intensivsten muß sie also sein, wenn das Kind in fremder Privatpflege ist. Hier wird sie auch am wenigsten heikel zu handhaben sein, da nicht die Gefahr der Verletzung elterlicher Gefühle besteht.

Ist das Kind bei einem Elternteil, so ist wiederum die Gefahr am größten, die Aufsicht also am notwendigsten, wenn der erziehende Elternteil mittellos ist und der größte Teil der Kosten vom andern Teil getragen wird. Damit ist nicht gesagt, daß der Mittellose mindere Sorgfalt auf sein Kind zu verwenden pflegt. Aber die Versuchung, sich selbst Vorteile zu verschaffen, ist naturgemäß hier größer, als in anderen Fällen.

Weniger notwendig wird im allgemeinen die Aufsicht sein, etwas freier und leichter wird sie gehandhabt werden können, wenn der erziehende Elternteil selbst den Hauptteil der Erziehungskosten trägt, vielleicht überhaupt allein dafür aufkommt. Hier wird man sich damit begnügen können, von Zeit zu Zeit Nachschau zu halten, nachdem man bei anfangs fleißigerer Kontrolle keinen Anlaß zum Mißtrauen gefunden hat.

Ist ein Elternteil selbst der Aufsicht unterworfen, so ist die taktvolle und sinnentsprechende Ausübung der Kontrolle besonders schwer. Es muß peinlichst alles vermieden werden, was dem guten Willen und dem elterlichen Empfinden abträglich sein, das Zartgefühl durch das Bewußtsein, bespitzelt zu werden, verletzen könnte. Sonst kann die Aufsicht nur schaden. Vor allem würde dann hinter dem Rücken der Fürsorgeorgane das Kind zum Objekt werden, an dem die Mutter oder der Vater ihren Zorn über den Fürsorger auslassen.

Die eigentliche Erziehungsmethode unterliegt nicht der Kritik der Fürsorgeorgane. Hierin muß den unehelichen Eltern, wie auch den ehelichen, vollkommene Freiheit gelassen werden. Nur Uebergriffe oder Vernachlässigungen hat das Fürsorgeorgan festzustellen und zu melden.

Unter Umständen hätte auf eine solche Meldung hin, wenn es sich um einen groben Verstoß oder um Wiederholung eines an sich kleineren handelt, der Berufsvormund beim Vormundschaftsgerichte entsprechenden Antrag zu stellen — gegebenenfalls auf Entziehung der elterlichen Gewalt, Entlassung des Vormundes, Verbringung des Kindes in eine andere Privatpflege.

Die Entziehung der elterlichen Gewalt kommt — außer den selbstverständlichen Fällen, wie Mißhandlung und dgl. mehr —

vor allem in Betracht, wenn der erziehende Elternteil nicht die ganzen, ihm vom anderen Teil gezahlten Beiträge für das Kind verwendet. So auch Dänemark, § 9². Ein anderer Grund für Bestellung eines Vormundes ist nach dänischem Recht die Wegnahme eines Kindes aus einem guten Pflegeheim, ohne daß ein hinreichender Grund dazu vorliegt. (§ 9².) Nach unseren Vorschlägen steht ein dauernd in fremder Hand untergebrachtes Kind überhaupt nicht in elterlicher Gewalt. Eine Fortnahme aus einer guten Pflegestelle kann somit gar nicht in Betracht kommen und ebensowenig die Entziehung der elterlichen Gewalt. Ist das Kind nur vorübergehend, bei Bestehen einer elterlichen Gewalt, in fremder Pflege untergebracht, so steht es der Mutter (dem Vater) an sich frei, ihr Kind unterzubringen, wo sie (er) will. Doch hat sie (er) die Einwilligung des Vormundschaftsgerichtes einzuholen, die erst erteilt werden darf, wenn man sich davon überzeugt hat, daß die Pflegestelle die erforderlichen Garantien für das Wohl des Kindes bietet. Ein Verstoß gegen diese Vorschrift kann unter die §§ 1666 oder 1838 B.G.B. fallen. — Nach norwegischem Recht muß die Weggabe eines Kindes in Pflege binnen 3 Tagen dem Wohlfahrtsrat angezeigt werden (§ 14¹ lov om forsorg for barn), der das Recht hat, schlecht untergebrachte Kinder anderweit zu versorgen (§ 12 lov om forsorg for barn).

Sehr wesentlich ist es auch, daß das Fürsorgeorgan amtliches Einschreiten veranlaßt, wenn der erziehende Elternteil die Beitreibung rückständiger Alimente unterläßt und wenn dadurch das Wohl des Kindes gefährdet erscheint, bezw. wenn es sich um eine im Verhältnis zu dem auf die Erziehung des Kindes zu verwendenden Betrag hohe monatliche Summe handelt. (Vgl. S. 109 ff.).

Entstehen zwischen den beiden Elternteilen untereinander oder zwischen dem erziehenden Elternteil oder dem Vormund einerseits und der Berufsvormundschaft anderseits Streitigkeiten, so ist natürlich immer das Fürsorgeorgan als Zeuge zur Sache zu hören.

Erhält das Fürsorgeorgan Kenntnis von einer erheblichen Aenderung in den Verhältnissen der Eltern, so hat es davon dem Vormundschaftsgerichte (auf dem Dienstwege über den Berufsvormund) Mitteilung zu machen, damit das Erforderliche veranlaßt werden kann. Unter Umständen kann eine Erhöhung der Alimentation eintreten, vielleicht nur eine andere Verteilung der Lasten unter den beiden Eltern. Die Fürsorgeorgane haben in dieser Hinsicht immer die Augen offen zu halten und den Vorteil des Kindes wahrzunehmen.

Endlich hat das Fürsorgeorgan die soziale Pflicht, auf Wunsch der unehelichen Mutter oder dem erziehenden Vater oder auch den Pflegeeltern mit Rat und Tat beizustehen. Doch wäre es vollkommen unangebracht, wenn es versuchen würde, sich unbefragt in die internen Erziehungsangelegenheiten usw. einzumengen.

d) Formelles Recht. — Strafen.

Es ist selbstverständlich, daß gegen ein fehlerhaftes Verhalten der Fürsorgeorgane von dem Betroffenen Beschwerde eingelegt werden kann. Die Beschwerdeinstanz ist das Vormundschaftsgericht. Auch die Entscheidungen des Vormundschaftsgerichtes selbst, besonders in Sachen der elterlichen Gewalt, der Namensführung usw. müssen anfechtbar sein und sind es nach Maßgabe der Bestimmungen über die freiwillige Gerichtsbarkeit.

Die sozialpolizeilichen Maßnahmen, wie z. B. die Anmeldepflicht, welche für unehelich Schwangere besteht, usw., müssen, um Autorität zu haben, durch Strafbestimmungen garantiert sein. Die zu verhängenden Strafen können natürlich nur Uebertretungsstrafen sein d. h. nur in Haft oder Geldbuße bestehen. —

Anderseits muß der Offenbarungspflicht der unehelichen Mutter hinsichtlich des mutmaßlichen Vaters eine Wahrheitspflicht bei Benennung des Vaters zur Seite stehen, deren Verletzung ebenfalls strafbar sein muß. In Norwegen steht auf falsche Vaterschaftsangabe eine Geldstrafe oder Gefängnisstrafe bis zu 2 Jahren. (§ 6 [2].) Wir können, da die uneheliche Vaterschaft zum vollwichtigen Statusverhältnis erhoben werden soll, die Strafvorschriften über Verschleierung des Personenstandes anwenden. —

Die Vernachlässigung der Unterhaltspflicht (durch Vater oder Mutter) ist in Zukunft nach § 361 R. St. G. B., zu bestrafen, dessen Anwendbarkeit auf die uneheliche Vaterschaft und die aus ihr entspringende Unterhaltspflicht bisher zweifelhaft und umstritten war. Als Kuriosum mag hier die einschlägige dänische Strafbestimmung erwähnt sein: wenn der Vater böswillig den Unterhalt nicht zahlt, so hat er ihn im Gefängnis bei Wasser und Brot (!!!) oder im Gefängnis bei gewöhnlicher Gefangenenkost — dann jedoch vierfache Zeit! — abzuverdienen. (§ 19 [1]: „Afsoning af de i denne Lov omhandlede Bidrag skal i Stedet for Fængsel paa Vand og Bród ske ved Fængsel paa sædvanlig Fangekost i den firedobbelte Tid. Dog kan overóvrigheden . . . indrómme Afsoning ved Fængsel paa Vand op Bród.“) Zeugt ein Mann bei Lebzeiten einer Frau, die ein uneheliches Kind von ihm hat, mit einer anderen ein zweites uneheliches Kind, und zahlt er nicht (aus Unvermögen d. V.), so hat er die Schuld durch Zwangsarbeit abzuverdienen.

Diese Bestimmungen scheinen mir denn doch etwas drakonisch. Die zweitgenannte ist ein recht mißlungener Versuch, die Monogamie auch im unehelichen Geschlechtsleben zu erzwingen. Offensichtlich eine Ueberschreitung der moralrichterlichen Kompetenzen des Staates.

Wir können uns mit der Gleichstellung der Unterhaltspflicht aus ehelicher und unehelicher Verwandtschaft im Sinne der Zwangsvollstreckung und mit der Anwendbarkeit des § 361 St. G. B. begnügen. Auf die Ausführungen Seite 113 ff. sei verwiesen.

4. Besondere soziale Maßnahmen.

a) Geldleistungen und Unterstützungen.

Mit der Uebernahme und Durchführung einer sozialen Aufsicht über die unehelichen Kinder hat der Staat bei weitem noch nicht alle seine sozialen Aufgaben erfüllt. Es bedarf auch weitgehender finanzieller Leistungen. Viel weitergehender, als wir es bisher gekannt haben. — Wir sprachen immer davon, daß der Unterhalt des unehelichen Kindes von Vater und Mutter gemeinsam getragen werden müsse nach Maßgabe ihrer Mittel. Wie aber, wenn beide Elternteile unfähig zur Ernährung ihres Kindes sind, wie dann, wenn das Kind keinen Vater vor dem Gesetze hat, weil er nicht ermittelt werden kann?

1. Wenn von den Eltern kein Teil unterhaltungsfähig ist, oder wenn bei Unterhaltsunfähigkeit der Mutter ein Vater nicht zu ermitteln ist, so haften eben zunächst die Aszendenten der Eltern (oder der Mutter). Kommen aber auch diese nicht in Frage, so muß die öffentliche Unterstützung einspringen. Das tut sie ja auch bisher; aber in welcher Form: letzten Endes läuft es auf ein Waisen- und Armenhaus hinaus. Es ist nun kein Zweifel, daß gerade bei den Unehelichen der Prozentsatz der Unterstützungsbedürftigen besonders groß ist — viel größer als bei den Ehelichen. Denn nicht nur, daß sie mütterlicherseits in überwiegender Anzahl aus dem Proletariat stammen; sondern es kommt dazu, daß in der Mehrzahl der Fälle die Eltern noch junge Leute sind, die eben wegen der wirtschaftlichen Unmöglichkeit einer Heirat unehelich verkehrt haben, also wirtschaftlich außerstande sind, ihre Nachkommenschaft entsprechend zu ernähren. Damit sind also die Unehelichen in weit größerer Anzahl aufs Waisenhaus usw. angewiesen, als andere Kinder. Und so ist es erklärlich, wenn man gerade in Ansehung ihrer die Forderung aufstellt, daß nicht der Leichtsinn oder die mißliche Vermögenslage der Eltern es sein dürfe, die einen hoffnungsvollen und vielleicht begabten Menschen von Jugend auf unweigerlich in eine untergeordnete Bahn drängt,

ihm den Aufstieg zur geistigen Arbeit, den Genuß einer höheren Ausbildung unmöglich macht. Die erste Forderung — und sie gilt dann natürlich für eheliche Kinder so gut, wie für uneheliche — ist also: die Bildungsmöglichkeiten müssen für die Unbemittelten frei sein. D. h. begabten Kindern aus allen, auch aus den ärmlichsten, Verhältnissen muß — nach Prüfung ihrer Fähigkeiten und ihrer Eignung — der Weg zur geistigen oder sonstigen höheren Berufsausbildung eröffnet werden. Der neue Staat wird dafür hoffentlich entsprechend sorgen. Die Ansätze dazu sind gemacht.

Die Verwirklichung freilich ist viel weniger einfach, als sie auf den ersten Blick scheint: mit der Befreiung vom Schulgeld und der Unentgeltlichkeit der Lehrmittel ist es nicht getan: das unbemittelte Kind muß während seines Lehrganges auch leben können und das kann es nicht — ohne einen Verdienst. Um nun diese Frage zu lösen haben wir zwei Mittel. Das eine bestünde darin, die unbemittelten (ehelichen und unehelichen) d. h. diejenigen Kinder, die von ihren Eltern nicht erhalten werden können, in staatlichen Erziehungsanstalten unterzubringen und so ihren Lebensbedarf während der Ausbildungszeit sicher zu stellen. Das wird an sich notwendig sein, da, wie wir sahen, aus anderen als pekuniären Gründen, nicht alle Unehelichen bei Vater oder Mutter erzogen werden können; und diese kann man nicht durchweg in Privatpflege unterbringen. Aber im Allgemeinen hielte ich es für einen großen Fehlgriff, alle Unehelichen (und Ehelichen), die auf Staatskosten ihre Ausbildung erhalten, in staatliche Anstalten zu stecken. Wir bekämen auf diese Art wieder Menschen erster und solche zweiter Klasse: solche die von ihren Eltern und solche die vom Staat in einer Anstalt ausgebildet werden. Und auch — abgesehen von der Frage der Berufsausbildung — halte ich es für einen Fehler, Kinder, die von ihren Eltern nicht mit deren Arbeitsverdienst erhalten werden können, einfach in ein Waisenhaus oder in eine andere ähnliche Anstalt zu bringen. Die Familienerziehung ist von zu hohem sittlichem Wert, als daß wir sie ohne weiteres ausschalten dürften, bloß, weil es der Familie an den nötigen Subsistenzmitteln gebricht. Das ist noch kein Grund, das Kind aus der Familie zu entfernen, da es kein Beweis für die Erziehungsunfähigkeit der Eltern ist.

Darum scheint mir ein anderer Modus weit empfehlenswerter und er ist schon durch die jüngste wirtschaftliche und soziale Entwicklung angedeutet: das erwerbende Wirtschaftssubjekt muß so für seine Arbeit entlohnt werden, daß es im Stande ist, seine Kinder zu ernähren. Die Gehälter der Beamten und zum Teil auch der Privatangestellten waren während des Krieges durch Teuerungszulagen gesteigert worden, die sich in ihrer Höhe nach dem Familienstand (verheiratet oder ledig) und nach der Kinderzahl richteten. War dieser Modus beim Beamten und Angestellten möglich, warum soll er nicht auch für den Arbeiter durchgeführt werden können? Umsomehr, als er bei der Arbeitslosenunterstützung in der Tat durchgeführt wurde — was dazu führte, daß kinderreiche Tagelöhner als Arbeitslose eine Unterstützung bekamen, die höher war, als der ortsübliche Lohn für ihre Arbeit! Und ferner —: was man für die eheliche Nachkommenschaft gewährt, warum soll das der unehelichen versagt bleiben?

Auch für diese letzte Forderung haben wir ein Präjudiz in der Kriegshilfe, die ausdrücklich auch unehelichen Abkömmlingen von Kriegsteilnehmern zugestanden wurde. Auf diese Weise wäre die soziale Unterstützungsfrage am besten gelöst —: wir brauchen nämlich dann viel weniger „Unterstützungen", d. h. Almosen, wenn wir jedem Menschen einen Rechtsanspruch auf das geben, was ihm gebührt und was er zum Leben für sich und seine Nachkommen unbedingt braucht. Es ist klar, daß in solchem Falle das Vormundschaftsgericht, dem ja alle Stellen zur Auskunft verpflichtet sind, die Kinderzulage des unehelichen Vaters zum Maßstabe seiner Leistungsfähigkeit nimmt.

Doch wird er die Unterhaltsbeiträge etwas höher als die Kinderzulagen bemessen. Teils deshalb, weil diese zum Unterhalt nicht ausreichen werden — oder nur notdürftig. (Auch der eheliche Vater wird für seine Familie mehr aufwenden müssen, als nur eben seine Familienzulagen.) Teils auch zur Stärkung und Erhaltung des Verantwortlichkeitsgefühls gegenüber der Nachkommenschaft. Das ist auch der Grund, warum man nicht, — was doch nahe läge — die Zulagen des unehelichen Vaters von vornherein dem gesetzlichen Vertreter des Kindes unmittelbar überweisen soll. Dies darf nur geschehen, wo der Vater erfahrungsgemäß nicht zahlt, dann wird seine Zulage — und mehr, als diese — für ihn gesperrt und dem Kinde unmittelbar überwiesen. Im Allgemeinen aber ist es weit besser — aus sittlichen Erwägungen — daß der Vater weiß, er habe für sein Kind zu sorgen, das Kind, es werde von seinem Vater ernährt.

Man hat von einer solchen Maßnahme keineswegs eine Schwächung des Ansehens der Ehe und eine Minderung ihrer Frequenz zu befürchten: da das uneheliche Kind von Vater und Mutter gemeinsam zu ernähren ist, so erhält der uneheliche Vater nur 1/2 der Gehalts- oder Lohnzulage, die auf ein eheliches Kind treffen würde. Ist die uneheliche Mutter ihrerseits auch erwerbstätig, so hat auch sie 1/2 der bei ihrem Lohn für ein eheliches Kind zuständigen Zulage zu erhalten. Würden die Eltern heiraten, so hätte der Mann allein die ganze Kinderzulage zu beanspruchen. Es besteht also für niemand ein besonderer Anreiz, sich lieber unehelich als ehelich fortzupflanzen.

Im Gegenteile; da Verheiratete eine Familienzulage, solche, die Kinder haben, außerdem eine Kinderzulage erhalten, wird, wenn auch diese Zulagen den Mehrbedarf gegenüber dem Junggesellenleben nicht völlig decken, doch der wirtschaftlich motivierten Ehe-Scheu einigermaßen gesteuert. Ja, da man bei gemeinsamer Wirtschaft im allgemeinen besser auskommt als bei getrennter, wird vielleicht die Frequenz der Legitimation per subsequens matrimonium gesteigert.

Trotz dieser Art der Regelung der Gehalts- und Lohnbezüge mag es noch genug Fälle geben, in denen eine Unterstützung des unehelichen Kindes aus öffentlichen Mitteln erforderlich ist. Sei es nun, daß der Vater nicht zu ermitteln ist, oder daß die Eltern kein Arbeitseinkommen haben, welches durch Kinderzulagen vermehrt werden kann. So verhält es sich vor allem bei jungen Leuten ohne zulagefähiges Einkommen (da doch die Familienzulagen erst von einem gewissen Alter ab in Frage kommen), dann auch bei Personen, die freien Berufen angehören und aus ihnen einen hinreichenden Erwerb nicht beziehen. Hier muß dann doch staatliche Hilfe eintreten und zwar in Form einer Unterstützung der Unterhaltspflichtigen. Auch in solchen Fällen erscheint die Anstaltsunterbringung nicht ohne weiteres angezeigt. Ist der eine Elternteil persönlich vertrauenswürdig genug, warum soll man ihm dann das Kind nicht lassen und ihm einfach die notwendige Hilfe in bar oder in Naturalien gewähren?

Hier allerdings wäre es vielleicht angebracht, die Unterstützung unmittelbar dem gesetzlichen Vertreter des Kindes zu überweisen. Es ist klar, daß unter Umständen der eine Elternteil nur teilweise leistungsunfähig ist, zur Unterstützung, die also dem Kinde für ihn vom Staate gewährt wird, noch eine Teilleistung seinerseits hinzutritt. Es braucht nicht besonders gesagt zu werden, daß bei Leistungsunfähigkeit — sagen wir des Vaters — die Unterstützung, welche die erziehende Mutter für ihr Kind bekommt, weder diesem noch ihr als Armenunterstützung anzurechnen ist (soweit das künftig überhaupt noch Bedeutung haben wird, — sondern dem leistungsunfähigen Vater. (So ausdrücklich norwegisches lov om forsorg for barn § 9 etc.).

Im übrigen wäre die nachträgliche Wiedererstattung von Armenunterstützungen ins Auge zu fassen, wenn der Unterstützte später in die Lage kommt, zu erstatten. Namentlich wäre daran zu denken bei jugendlichen unehelichen Eltern, die noch nicht imstande sind, irgend etwas Nennenswertes für das Kind zu leisten, die aber vielleicht später in die besten Verhältnisse kommen. Es ist nicht einzusehen, warum der Staat nicht die Rückzahlung der von ihm geleisteten Unterstützungen verlangen soll.

2. Etwas nicht minder Wichtiges, als die Unterstützung des unehelichen Kindes selbst ist die entsprechende Versorgung der unehelich Schwangeren und später der Mutter. Ist im allgemeinen die staatliche Anstalt keineswegs das Ideal einer Fürsorge, so muß sie doch in dieser Hinsicht als das Beste angesehen werden. Ist die Schwangere nicht hinreichend bemittelt, um im eigenen Heim entsprechende Pflege zu genießen, kann auch der (zunächst nur mutmaßliche) Vater ihr nicht die dazu nötigen Mittel gewähren, dann ist wohl meist die Unterbringung in einem Entbindungs- oder Mutterheim das Beste. Denn wenn es sich auch nicht um einen krankhaften, sondern — der Regel nach — ganz normalen Zustand handelt, so erfordert er doch eine der Krankenpflege ganz ähnliche Wartung und die wird, wo die häuslichen Verhältnisse nicht besonders günstig liegen, am besten und sachgemäßesten in einer hiefür eigens eingerichteten Anstalt gewährt. Wenn Spann a. a. O. betont, und mit Zahlen belegt, daß bei den in öffentlichen Anstalten geborenen Kindern die Säuglingssterblichkeit besonders hoch, bei den in Privatwohnungen geborenen dagegen am niedrigsten sei, so ist damit an sich nichts gegen die öffentlichen Anstalten gesagt. Die Sterblichkeit ist nur eben bei den sozialen Schichten am größten, die das Hauptkontingent der öffentlichen Entbindungsanstalten ausmachen. Aber die Sterblichkeit der Säuglinge bei ihnen wäre noch viel größer, hätten wir keine öffentlichen Entbindungsanstalten und müßten darum diese Kinder in den Privatwohnungen zur Welt gebracht werden.

Die Aufnahme der Schwangeren in ein öffentliches Entbindungsheim muß auf Verlangen immer erfolgen. Ist die Schwangere durch eigenes Vermögen oder durch Leistungen des mutmaßlichen Vaters dazu in der Lage, so hat sie für ihren Aufenthalt und die Behandlung zu bezahlen; andernfalls kommt der Staat selbst dafür auf; er kann in Ansehung seiner Aufwendungen gegebenenfalls gegen den unehelichen Vater, wenn dieser nachmals festgestellt wird, Regreß nehmen.

Die Aufnahme in das Entbindungsheim soll frühestens sechs Wochen vor der Niederkunft erfolgen. Den genaueren Zeitpunkt wird der Arzt bestimmen. Wielange die junge Mutter nach der Niederkunft im Heim verbleibt, richtet sich nach ihrem Gesundheitszustand.

Außer dieser Anstaltshilfe kommt natürlich noch eine besondere Unterstützung mit Stillgeldern in Betracht, deren Dauer gleich ist der Dauer der Verpflichtung des zahlungsfähigen Vaters zur Leistung von Stillgeld — nach unseren Vorschlägen wären es 6 Monate im Maximum. Das norwegische lov om forsorg for barn sieht in seinen §§ 1, 2 und 9 einen Anspruch der Mutter auf öffentliche Unterstützung für die Dauer von 6 Wochen vor und 3 Monaten nach der Geburt vor.

Auch diese öffentlichen Leistungen sollen nach § 9 des genannten Gesetzes dem alimentationspflichtigen Manne als Armenunterstützung angerechnet werden — nicht der unterstützten Mutter selbst. Da wir aber nur eine subsidiäre Leistungspflicht des Vaters gegenüber der unehelichen Mutter anerkannt haben, während zunächst für den in ihrer eigenen Person eintretenden Bedarf die Mutter (bezw. Schwangere) selbst einzutreten hat, so werden wir hier wohl diese selbst als öffentlich unterstützt anzusehen haben.

3. Eine soziale Hilfe aus öffentlichen Mitteln liegt auch darin, daß der Staat unter Umständen die Kosten des Prozesses um die Feststellung der unehelichen Vaterschaft trägt. Wir forderten, daß die Prozeßkosten, insoweit sie vom Staate selbst veranlaßt werden — durch den amtswegigen Zwang zur Klageerhebung usw. — auch von ihm getragen werden, insoweit sie nicht nachher dem etwa im Prozeß festgestellten Vater überbürdet werden können.

4. Endlich wäre noch eine weitere Form der Fürsorge zu erwähnen, die schon mehr auf das reine Gebiet der Wohltätigkeit und Volks-Hygiene hinüberspielt. Das soziale Hauptinteresse liegt darin, daß die Mutter ihr Kind möglichst bei sich behalten kann und nicht in fremde Hände geben muß; ferner, daß das Kind in der ersten Zeit vor allem, aber auch später, unter den wünschenswerten hygienischen Bedingungen für eine gesunde Entwickelung aufwächst.

Besondere Nachahmung verdient in dieser Hinsicht die schwedische und finnische Einrichtung der unter dem Namen „Mjölktroppan“ (= Milchtropfen) bekannten Anstalten. Es sind dies Anstalten, in denen nicht etwa Mutter und Kind Aufnahme finden, sondern die Mutter kommt morgens mit dem Kinde. Es wird dort gewogen und das Gewicht in eine Stammrolle eingetragen. In der Kinderpflege erfahrene Schwestern sehen hier das Kind und geben der Mutter Verhaltungsmaßregeln. Nötigenfalls überweisen sie das Kind dem Anstaltsarzt zur Untersuchung. Ist es erforderlich, so wird das Kind einem Kinderspital überwiesen, andernfalls ambulant in der Krankenabteilung behandelt. Der Hauptzweck der Institute aber ist die Verabreichung der Milch. Nach dem jeweiligen Gewichts- und Ernährungsbefund wird die Milch dosiert und der Mutter beim Verlassen der Anstalt die sterilisierte Milch in Flaschen für den laufenden Tag mitgegeben. Die Frequenz der Mjölktroppan-Anstalten soll auf die Säuglingssterblichkeit einen äußerst günstigen Einfluß gehabt haben.

Ist das Kind etwas herangewachsen, so ist es von wesentlichster Bedeutung, daß der Mutter die Erwerbsarbeit ermöglicht wird, ohne daß man sie vom Kinde zu trennen braucht. In den seltensten Fällen wird die uneheliche Mutter von sich aus in der Lage sein, sich ganz dem Kinde zu widmen; nur selten wird ihre Vermögenslage es erlauben, daß sie keinem Erwerb nachgeht und die Zahl der Erwerbsarten, welche Mutter und Kind während der Arbeit nicht notwendig trennen, ist sehr beschränkt. In Betracht kommen eigentlich nur Heimarbeit und Landarbeit. Bauernmägde haben es in diesem Punkte noch am leichtesten.

Wir werden über diese Frage im nächsten Abschnitt noch eingehender zu sprechen haben und wollen uns hier nur auf das Folgende beschränken: die in den Städten lebenden unehelichen Mütter sind vor die Wahl gestellt, ihr Kind wegzugeben oder auf Erwerb zu verzichten. Dem Manne kann man es weder zumuten noch wäre er meist dazu in der Lage, der unehelichen Mutter die Erwerbstätigkeit durch Unterhaltsgewährung zu ersparen. So kann nur abgeholfen werden durch Kinderheime und Kindergärten, in denen noch nicht schuldpflichtige und schulpflichtige Kinder tagsüber untergebracht werden können. Es handelt sich dabei ja auch wieder um uneheliche und eheliche Kinder in gleichem Maß. Die Mutter muß — gegen Leistung eines mäßigen Entgeltes — in der Lage sein, morgens auf dem Weg zur Arbeitsstätte das Kind in einem solchen Heim abzugeben und es abends dort wieder abzuholen. Die Mahlzeiten — wenigstens die Mittagsmahlzeit nimmt das Kind in der Anstalt ein. Für die Schulpflichtigen muß ein geeigneter Raum zur Anfertigung von Schulaufgaben vorhanden sein. Diese Tagesheime sind zugleich eine erhebliche Erleichterung der obervormundschaftlichen Kontrolle, die hier durch ständige Beobachtung des Kindes ausgeübt werden kann, ohne daß die Mutter es recht gewahr wird und sich dadurch belästigt fühlt. Sehr wesentlich sind solche Heime — auch für größere Kinder — in Ansehung der Fälle, wo der berufstätige Vater die Erziehung des Kindes übernommen hat.

Wir haben derartige Tagesheime schon in ziemlicher Anzahl, namentlich in den Großstädten — ich denke vor allem an Berlin, das überhaupt in puncto Kinderfürsorge relativ mustergiltig ist. Doch müßten die Anstalten noch bedeutend ausgebaut werden; ja sie müßten untereinander eine feste, engverbundene Organisation innerhalb je eines Regierungsbezirkes bilden. Damit wäre vor allem gemeinsame Personalversorgung ermöglicht und des weiteren die verbilligte Beschaffung der nötigen Bedarfsgegenstände und Lebensmittel nach Art eines Konsumvereins.

Besonders große Einzelbetriebe (Fabriken usw.) könnten auf ihrem eigenen Fabrikareal derartige Anstalten ausschließlich für die Kinder ihrer Arbeiter und Arbeiterinnen errichten. Die Arbeiterin hat dann nicht die Unannehmlichkeit, morgens und abends unter Umständen zwischen Wohnung und Arbeitsstätte (oder umgekehrt) einen großen Umweg machen zu müssen. Sie hat zudem die Möglichkeit, auch während der Mittagszeit ihr Kind zu sehen. Für Verheiratete, die doch häufig im gleichen Betrieb arbeiten, wäre die Möglichkeit geboten, daß die ganze Familie während des ganzen Arbeitstages räumlich nah vereinigt ist und es stellt für die Mutter zweifellos eine große Beruhigung dar, ihr Kind in nächster Nähe zu wissen.

Es ist keineswegs notwendig, daß der Betrieb sein „Tagesheim für Arbeiterkinder" als soziale Wohltat auffaßt. Das Heim kann — ja es soll sogar — an die allgemeine Organisation angeschlossen werden und nach gleichen Grundsätzen, wie die allgemeinen Kindertagesheime, wirtschaften. Es kann somit auch ein entsprechender täglicher Kostbetrag erhoben werden — unter Umständen im Verrechnungsweg durch Abzüge am Wochenlohn.

Inwieweit größere Betriebe derartige Einrichtungen schon haben, konnte ich nicht ermitteln. Doch möchte ich bemerken, daß m. E. sich so ein Betriebs-Tagesheim schon rentieren würde, wenn in einem Betrieb nur annähernd 50 verheiratete oder unverheiratete Frauen mit je einem Kind als Arbeiterinnen tätig sind.

5. Man wird in Ansehung dieser weitgehenden sozialen Forderungen die Frage aufwerfen: woher sollen die Kosten gedeckt werden, die dem Staate auf diese Weise erwachsen?

Ruth Bré („Keine Alimentationsklage mehr! S. 22 f.) redet einer allgemeinen Mutterschaftszwangsversicherung mit Versicherungszwang das Wort, um hieraus alle für Mutterfürsorge usw. entstehenden Kosten zu decken. Versicherungspflichtig sollen alle Frauen von 15—45 Jahren und alle Männer von 16—45 Jahren sein. Aus den Prämien soll der Staat die öffentliche Fürsorge für alle unehelichen Kinder und Mütter und die für die verwahrlosten ehelichen Kinder und armen verheirateten Mütter übernehmen.

Dieses Programm steht im unmittelbaren und unlöslichen Zusammenhang mit dem Gedanken der Restauration des Mutterrechts, der ja allen Erörterungen Ruth Bré's zugrunde liegt.

Ich für mein Teil glaube — ganz abzusehen von der Undurchführbarkeit des Bré'schen Programms in der gegenwärtigen Zeit (darüber mag noch viel Wasser in's Meer fließen!) — daß heute mit seiner Verwirklichung nur sozialer Schaden angerichtet werden könnte.

Eine allgemeine Mutterschafts-Zwangsversicherung hat nur Sinn, wenn in der Tat die Fürsorge für alle Kinder vom Staat übernommen wird. Das aber widerspricht nach meinem Empfinden dem Wesen der sozialen Fürsorge. Soziale Fürsorge ist Hilfe für Bedürftige: das uneheliche Kind eines leistungsfähigen Vaters aber ist nicht bedürftig, darf es nicht werden! Wollen wir das — an sich schon in bedenklichem Maße gelockerte — Verantwortungsgefühl der Eltern für ihre Kinder (der unehelichen und der ehelichen) durch eine allgemeine „Sozialisierung“ unseres Nachwuchses ganz zerstören? Wollen wir, aufatmend, daß endlich der verhaßte Militarismus sein klägliches Ende fand, in eben diesem Augenblick unser ganzes Familienleben, den letzten Rest persönlichen Daseins, militarisieren, reglementieren und aus unseren Nachkommen von Geburt an Nummern machen, in einem Grade, wie es der alte Militarismus niemals während der zwei Jahre Dienstzeit mit den ihm verfallenen erwachsenen Männern machte? —

Die ganze Kostenfrage löst sich, glaube ich, auf eine verhältnismäßig einfache Weise.

Wir haben zuerst zu erwägen, wie viele von den 150 000 bis 200 000 Unehelichen, die jährlich in Deutschland zur Welt kommen, überhaupt der Wahrscheinlichkeit nach unterstützungsbedürftig werden. Wenn wir uns an die schätzungsweise Berechnung nach Eilert Sundt (siehe Einleitung) halten, so werden, bei Heranziehung beider Eltern zum Unterhalt des Kindes nach ihrem Vermögen etwa 30 % aller Kinder in durchaus gute und gesunde pekuniäre Verhältnisse hineingeboren. Nach Otmar Spann's Angaben stammen nur 21,5 % aller Unehelichen von einem ungelernten Arbeiter als Vater ab. Nur für diese — und auch für sie nur zum kleinen Teil — kommt soziale Unterstützung in ausgedehnterem Maße in Frage. Allzugroß also kann die Zahl der Unterstützungsbedürftigen nicht werden.

Dann ist wohl zu beachten, daß die Ausgaben, mögen sie noch so hoch sein, irgendwie aufgebracht werden müßten. Denn es handelt sich um das Wertvollste, was wir haben: um die Zukunft unseres Volkes. Die aber liegt heute mehr denn je in einer gepflegten und tüchtigen Nachkommenschaft. Kein — noch so gewalttätiger Friede ist imstande, die Werte zu zerstören, die wir uns in unseren jungen Generationen schaffen. Und zwar wird in Zukunft — schon einmal war es gesagt — nicht mehr die Zahl der Kinder die Hauptrolle spielen, die Zahl derer, die einst Helm und Gewehr werden tragen können — wie wenig Rasse und Kraft man für die Waffentauglichkeit erforderte, sahen wir in den 5 Kriegsjahren zum Ueberdruß. Nein: der dynamische Wert unserer Nachkommenschaft wird es sein, worauf wir vor allem unser Augenmerk richten. Hiefür aber werden wir umso weniger aufzuwenden haben, je gerechter wir die beiden Eltern zur Alimentation heranziehen; d. h. wenn beide nach ihrem Vermögen für das Kind aufkommen müssen; umso weniger, je mehr eigenes elterliches Gefühl und Interesse wir in den unehelichen Eltern großziehen und wecken.

Endlich wird die Forderung, daß jeder Arbeiter und jeder abhängige Werktätige entsprechend der Zahl der ihm anhängenden Unterhaltsberechtigten bezahlt werde, nicht nur die Zahl der unterstützungsbedürftigen Unehelichen vermindern, sondern die Zahl der Unehelichen überhaupt; weil unter verbesserten Einkommensverhältnissen die Heiratsfrequenz steigt und manches Kind in Zukunft unter dem Schutz der Ehe geboren werden wird, das vordem unehelich zur Welt gekommen wäre.

Es liegt mir viel daran, dem Leser klarzumachen und ihn immer wieder daran zu erinnern, daß ich nicht soziale Fürsorge in's Blaue hinein fordere; sondern im Gegenteil, daß alle meine Forderungen zunächst dahin zielen, das Unterstützungsbedürfnis auf ein numerisches Minimum zu beschränken, dieser Minderzahl aber dann nicht ein Almosen als Unterstützung hinzuwerfen, sondern ihr ein menschenwürdiges Leben zu ermöglichen!

Endlich bedenke man, welch ungeheure Mittel jährlich notwendig waren für die Unterstützung und Versorgung körperlich und geistig verkrüppelter Menschen; welche Werte dem Staat dadurch entgingen, daß er es verschuldete, wenn Tausende von Unehelichen anstatt zu tüchtigen Arbeitern, zu Dirnen, Zuhältern oder Verbrechern heranwuchsen. „Was kosten die schlechten Rassenelemente den Staat und die Gesellschaft?“ Man lese die Antwort auf diese peinliche Frage bei Ludwig Jens (a. a. O.) nach!

Nimmt der Staat die soziale Unehelichenfürsorge mit Energie in die Hand, dann werden auch eine Menge von privaten Mitteln frei, die bisher im Wege der Wohltätigkeit gleichen oder verwandten Zwecken zuflossen; verzettelt und von hundert verschiedenen Organisationen aufgesogen, konnten sie nicht entfernt den Nutzen stiften, als wenn man sie durch Zentralisation gemeinschaft ich erfaßt und sinngemäß verteilt und verwendet.

Zum Schlusse möchte ich, um die Frage — die mit verwandten Fragen zusammen zum Gegenstand einer finanzwissenschaftlichen und verwaltungstechnischen Untersuchung zu werden verdiente — wenigstens in ihren Umrissen zu erschöpfen, auf ein beinahe lächerlich altes Problem zurückkommen: auf die Junggesellen- und — ich füge hinzu: — Altjungfern-Steuer.

Die Bezahlung abhängiger Wirtschaftssubjekte nach Maßgabe ihrer Alimentationspflichten ist ja schon die positive Umkehrung einer Junggesellensteuer. Für den gegen Lohn oder Gehalt arbeitenden Steuerpflichtigen käme sie also kaum mehr in Betracht. Sehr wohl dagegen nach wie vor für den in freiem Beruf Arbeitenden, dessen Einkommen nicht ohne weiteres nach seinen Lasten reguliert werden kann.

Der Steuergrund ist nicht etwa der, daß man eine Strafe für Ehelosigkeit einführen will, denn diese Strafe träfe dann gleichermaßen auch jene, denen der Staat dankbar sein muß, daß sie keine Kinder in die Welt setzen, weil sie krank und für die Fortpflanzung ungeeignet sind. Der Steuergrund ist sehr einfach der, daß keinem Menschen ein Uebermaß von Subsistenzmitteln zusteht, wo andere darben. Am wenigsten dem, der eine vornehme staatsbürgerliche Pflicht, die der Fortpflanzung seiner Art — sei es schuldhaft, sei es schuldlos — nicht erfüllt.

Dieser Gedanke — vordem vielfach angegriffen — wird heute verbreiteterem Verständnis begegnen, seitdem die deutschen Revolutionen uns gezeigt haben, wie ernst es dem Volke mit seinem Programm ist: nicht Eigentum ist Diebstahl, wohl aber **Luxus auf Kosten anderer; Uebermästung des Individuums auf Kosten der Art.**

Es ist somit kaum einzusehen, warum nicht der Junggeselle von einem bestimmten Alter an — man wird am besten das Normalalter der wirtschaftlichen Heiratsfähigkeit wählen — von seinem Ueberflusse abgehen soll, um den bedürftigen Ernährerlosen, d. h. den vaterlosen Kindern in erster Linie, das Leben zu ermöglichen. Umsomehr, als ein Teil der zu Unterstützenden — nämlich die unehelichen Kinder, deren Vater nicht zu ermitteln war — ihre Väter in den Reihen dieser Steuerpflichtigen zu suchen hätten.

Aus denselben wirtschaftlichen Gründen wären auch unverheiratete Frauen jenseits des normalen heiratsfähigen Alters zur erhöhten Besteuerung heranzuziehen. Solange man den Mann allein als erwerbendes Wirtschaftssubjekt betrachtete — wobei man die für Männer und Frauen gleichermaßen in Betracht kommende Kapitalrente sonderbarerweise außer Acht ließ — solange man aber insbesondere die Rechtfertigung der Ehelosensteuer noch in einer Art Strafe für Ehelosigkeit sah, konnte man die unverheiratete Frau nicht mit heranziehen; denn die Frau wird geheiratet und kann darum nicht mit wirtschaftlichen Nachteilen belastet werden, wenn sie nicht geheiratet wird. Sehe ich aber in der Ehelosensteuer nur eine wirtschaftliche Ausgleich Maßnahme, so steht der Heranziehung unverheirateter Frauen deren Schuldlosigkeit an ihrem Jungfernstand nicht mehr im Wege.

Bezeichnet man aber den minderen Aufwand in Ansehung des Fehlens von Unterhaltspflichten als den Steuergrund, so müssen von der Ehelosensteuer alle diejenigen ausgenommen sein, die ein eigenes uneheliches Kind ihrem Vermögen entsprechend alimentieren. (Weitere Unterhaltspflichten — gegenüber Eltern usw. sind ja insofern bei der Gesamt-Steuerveranlagung berücksichtigt, als entsprechende Beträge hiefür in der Steuererklärung eingesetzt werden dürfen.)

Wir kommen also zu dem Ergebnis: nicht eine Ehelosensteuer im eigentlichen Sinn, sondern eine Kinderlosensteuer ist das, was wirtschaftlich gerechtfertigt und sozial erstrebenswert ist.

b) Sonstige soziale Maßnahmen.

Die letzte Wurzel alles Elends der Unehelichen ist ihre soziale Stellung und die ihrer Mütter. In der Einleitung habe ich versucht einige hiefür besonders bezeichnende Punkte zu berühren. Nur aus dem sozialen Gesichtswinkel kann die ganze Frage gelöst werden und alle rechtlichen Aenderungen und Maßnahmen, die in diesen Blättern vorgeschlagen sind, zielen letzten Endes nur auf die soziale Hebung einer unschuldig gedrückten Menschenkategorie ab.

Doch kann der Staat — von seiner Gesetzgebung abzusehen — auch unmittelbar die sozialen Werturteile bis zu einem gewissen Grade beeinflussen und er muß es tun.

In Ansehung der Unehelichen hat er es auch versucht, als er die sogenannte „abgekürzte Geburtsurkunde" einführte. Auf Petition des Jugendfürsorgeverbandes der Berliner Lehrerschaft hat der Reichstag unterm 23. 7. 1909 diese Frage dem Reichskanzler zur Prüfung überwiesen und das preußische Kultusministerium verfügte hierauf, daß für uneheliche Kinder, welche durch nachfolgende Ehe oder durch Annahme an Kindesstatt ehelich geworden sind, abgekürzte Geburtsbescheinigungen für Schul- und Unterrichtszwecke ausgestellt werden dürfen; d. h. Geburtsbescheinigungen, welche die Tatsache der vorehelichen oder unehelichen Geburt verschweigen. In der Sitzung des Reichstages vom 3. Nov. 1916 (vgl. Münchner Neueste Nachrichten 1916 Nr. 562) hat nun der fortschrittliche Abgeordnete Kopsch angeregt: 1. diese abgekürzten Geburtsurkunden für alle Unehelichen, nicht nur die nachträglich ehelich gewordenen, zuzulassen; 2. ihre Verwendbarkeit auszudehnen auf alle „anderen Gebiete des bürgerlichen Lebens". Dr. Delbrück erklärte damals mit Recht den Antrag für unannehmbar; denn, wenn man bei nachträglich ehelich Gewordenen nur die Unehelichkeit zu verschweigen habe, so müßte man bei den unehelich Gebliebenen Ehelichkeit vortäuschen. Die einen Urkunden seien also nur unvollständig, was sich verantworten lasse, die anderen dagegen müßten unmittelbar unwahr sein.

Ich bespreche diese an sich recht nebensächliche Angelegenheit mit einiger Breite, weil mir der Gedanke der abgekürzten Geburtsurkunde überhaupt und der Erweiterungsantrag Kopsch hierzu typische Dokumente der Halbheit und des vollkommenen sozialen Unverstandes der liberalen und fortschrittlichen Richtungen zu sein scheinen: Was ist mit der abgekürzten Geburtsurkunde erreicht? Sie ist eine offizielle Bestätigung dafür, daß die uneheliche Geburt eine unauslöschliche Schande sei, die man aus Gnade und Barmherzigkeit mit dem Mantel der christlichen Nächstenliebe bedecken wolle; Brief und Siegel für das blödeste aller sozialen Vorurteile. Derartige Maßnahmen können nur immer das Gegenteil des Wünschenswerten erreichen. —

Hingegen wäre mit einer Besserung der sozialen Stellung der unehelichen Mutter, d. h. mit einer minder scharfen Abwertung des unehelichen Verkehrs gerade im Hinblick auf die Frau unendlich viel getan. Denn am meisten leidet das uneheliche Kind vielleicht nicht einmal darunter, daß es selbst, sondern darunter, daß seine Mutter von der bürgerlichen Gesellschaft verpönt wird. Hier liegt der Ausgangspunkt; hier geht der Pesthauch aus, der die Atmosphäre, in welcher das uneheliche Kind aufwächst, vergiftet, noch ehe es selbst das leiseste Bewußtsein und die dunkelste Ahnung seiner Lebensumstände und der Umstände seiner Geburt hat.

Viel ist in dieser Richtung schon getan, ja das Wesentliche ist getan, wenn die bürgerlichen Gesetze endlich einmal geändert sind. Aber man kann dem noch nachhelfen. So schlägt Ruth Bré vor, daß uneheliche, wie eheliche Mütter nicht mehr mit „Frau" oder „Fräulein", sondern mit „Mutter" als dem ihnen kraft Natur zukommenden Ehrentitel angeredet werden sollen. Das erschiene aber gesucht und auch wenig geeignet, insoferne der Name „Mutter" als reine Bezeichnung eines Familienverhältnisses auch dem Verkehr innerhalb der Familie vorbehalten bleiben soll. Doch entsprang der Vorschlag der vollkommen richtigen Beobachtung, daß die Verbindung von „Fräulein" und „Mutter" nicht nur ein Ausdruck für die Mißachtung ist, die man der unehelichen Mutter entgegenbringt, sondern umgekehrt auch zum Teil deren äußerer Anlaß. Es wäre somit recht gut, wenn man die Bezeichnung „Fräulein", die an sich etwas Lächerliches hat, für Frauen abschaffen würde, welche Mütter sind. Schon für unverheiratete Frauen in höherem Alter ist die Anrede „Fräulein" so töricht wie möglich. Um wieviel mehr gegenüber einer Frau, die Mutter ist. Geht man schon von der Anschauung aus, daß weibliche Personen erst mit dem Augenblick ihren Vollwert und ihre bürgerliche Reife empfangen, wo sie ihrem eigentlichen Beruf, dem der Mutter, zugeführt werden, so müßte man der unverheirateten weiblichen Person den Frauentitel als Ausdruck dieses ihres Vollwertes ebenfalls zuerkennen, sobald sie Mutter ist. Es ist kein stichhaltiger Grund, daß man einer äußeren Kennzeichnung zur Unterscheidung der verheirateten und unverheirateten Frauen bedürfe: auch beim Manne hält man das nicht für nötig. Und die Tatsache des Ehestandes an sich — von der Mutterschaft abgesehen — kann heute keine entscheidende Rolle mehr spielen, da doch die Frau durch die wirtschaftliche und bürgerliche Entwickelung der letzten Jahrzehnte, wenn sie wirtschaftlich tätig ist, ein dem Manne wirtschaftlich und bürgerlich vollkommen ebenbürtiger Faktor geworden ist. Man gebe also unehelichen Müttern den Anspruch auf den Frauentitel!

Selbstverständlich ist es im Verfolg der Anerkennung des unehelichen Kindesverhältnisses, wie wir sie fordern, daß das uneheliche Kind zusammen mit dem Elternteil, dem es zugesprochen ist, als Familie anerkannt wird. Da das rechtliche Fundament dafür, die elterliche Gewalt, vorhanden ist, so kann dem unehelichen Eltern-Kindesverhältnis seine gesellschaftliche Anerkennung als Familie kaum länger vorenthalten werden.

Hier mag noch einiger besonders hervorstechender sozialen Sottisen Erwähnung getan sein: der widerwärtige Tugenddünkel konfessioneller Sozialfürsorge hat es fertig gebracht, in Berlin und auch anderwärts Entbindungsheime für uneheliche Mütter aufzutun, welche zum Teil „Entbindungsheim für gefallene Mädchen", zum Teil sogar „Entbindungsheim für zum erstenmal gefallene Mädchen" heißen. Daß mit einer derartigen Benamsung mehr verdorben wird, als mit der Sache geleistet werden könnte, liegt auf der Hand. Solche Blüten wachsen nur am Baume evangelisch-pastoraler Weltansicht. Uebrigens ist die Bestimmung „zum erstenmal gefallen" besonders bezeichnend für den sexuellen Moralbegriff dieser Kreise: „zum erstenmal gefallen" ist natürlich identisch mit „erstmals hereingefallen". Nicht die Tatsache des außerehelichen Sexualverkehrs ist hier maßgebend, sondern die Tatsache der unehelichen Schwangerschaft. —

Daß die gemeinsame Unterhaltspflicht mehrerer Beiwohner sozial geradezu vernichtend wirken müßte, haben wir am einschlägigen Platz schon erwähnt. Besser, das Kind hat **keinen Ernährer** (und der Staat tritt ein) als **mehrere Väter**. Auch die Vorschrift des § 9⁴ des dänischen Gesetzes, wonach das von mehreren Beiwohnern der Mutter unterhaltene Kind an einem Ort zu erziehen ist, wo seine Verhältnisse nicht bekannt sind, auch diese Vorschrift kann nicht als soziale Kautel genügen, wie auch die schwedischen Motive (S. 161) einsehen. Hat das Kind mehrere Unterhälter, so ist damit gesagt, daß seine Mutter mehrere Beiwohner hatte. Hat das Kind keinen feststellbaren Vater, so ist das noch nicht gesagt. Zudem wird eine negative Tatsache, — das Fehlen eines Vaters — weit weniger publik und wirkt viel weniger stark, als eine positive: — die gemeinsame Unterhaltsgewährung durch mehrere.

Sozial ganz unmöglich ist es aber, sogar die Verheimlichung der Person der Mutter zu ermöglichen, wie es in Dänemark der Fall ist. (Vgl. § 12 dän. lov. om barn.). Der Muttername kann nämlich verheimlicht werden bei den in der königlichen Gebäranstalt stattfindenden Geburten. Es ist geradezu verbrecherisch, wenn sich der Staat selbst dazu hergibt, gewissenlosen Müttern dazu zu verhelfen, daß sie sich ihren Mutterpflichten entziehen. Die mögliche Vermeidung einer Kindstötung auf diese Weise kann meines Erachtens hier kaum als Motiv ins Gewicht fallen. Dagegen muß anders vorgegangen werden, zumal es recht fraglich ist, was schlimmer sei für ein Kind und für den Staat: daß es in der Geburt oder gleich danach getötet werde oder daß es ohne Vater und Mutter, ohne irgend einen sittlichen Halt, lebe.

Am besten ist für die unehelichen Kinder sozial gesorgt, wenn nachträgliche Legitimation eintritt oder wenn das Kind adoptiert wird. Wie man die Legitimationsfrequenz steigern, die Adoption erleichtern kann, wurde besprochen.

Im Uebrigen, wo Legitimation und Adoption nicht erfolgt, handelt es sich um geeignete Unterbringung von Mutter und Kind. Vor allem in einer Form, daß Mutter und Kind zusammenbleiben können, — eventuell bis zu dem Augenblick, wo der Vater das Kind übernimmt.

Mehrfach wurden hiefür ländliche Mütter-Siedlungen vorgeschlagen. Es ist kein Zweifel, daß der Aufenthalt auf dem Lande das weitaus günstigste für Mutter und Kind wäre. Nicht nur aus hygienischen, sondern auch aus sozialen Gründen: weil man auf dem Lande ein weniger erbarmungsloses Urteil über die Unehelichkeit fällt, Mutter sowohl als Kind infolgedessen auf dem Lande weniger zu leiden haben werden. Vor allem wird aber durch ländliche Unterbringung der unehelichen Kinder mit ihren Müttern die Säuglingssterblichkeit der Unehelichen erheblich sinken.

Doch scheint mir gegen die eigentliche Müttersiedelung der Umstand ausschlaggebend zu sprechen, daß es zu Unerträglichkeiten führt, wenn man eine Anzahl von Menschen, die durch ein gemeinsames Schicksal verbunden sind, für's Leben oder für längere Zeit auch unter gemeinsamen äußeren Lebensumständen räumlich zusammenkettet. Es muß das m. E. psychisch von den nachteiligsten Folgen sein und muß eine Art von Stimmung, eine Einstellung gegenüber der Welt herbeiführen, wie wir sie allenfalls, wenn das starke Bild erlaubt ist, bei den östlichen Juden im Ghetto erwachsen sahen. Ich glaube darum — sicher nicht dem Gedanken der Siedlung an sich — aber den Verbrecherkolonien, den Kriegskrüppelsiedlungen und allem ähnlichen ablehnend gegenüberstehen zu müssen.

Dagegen wäre es vom größten Segen, wenn es gelänge, uneheliche Mütter mit ihren Kindern e i n z e l n auf dem Lande unterzubringen. Und das wäre wohl ohne besondere Schwierigkeiten möglich, in der Eigenschaft als ländliche Arbeitskraft oder als Hausgehilfin („Jungfer“, „Mamsell“ u. dgl. mehr) auf ländlichen Gütern, wo man ein Kind leicht mit in Kauf nehmen kann, was in einem städtischen Haushalt so gut wie unmöglich ist. Durch eine gut organisierte Vermittlungstätigkeit könnte in dieser Richtung manches erreicht werden.

Vielfach freilich werden die unehelichen Mütter selbst wenig geneigt sein, auf dem Lande Beschäftigung zu nehmen: sie wollen ein Kinematographentheater und allsonntägliche Tanzgelegenheit in stets erreichbarer Nähe haben. Dagegen unmittelbar anzukämpfen wäre wohl aussichtslos. Doch werden unendlich viele für eine solche Zuflucht dankbar sein und ihr Beispiel wird manche anfangs Widerstrebende nachziehen.

Die Vereinigung von unehelichen Müttern in einer gemeinsamen Wirtschaft kann dagegen gesunderweise nur immer für kürzere Zeit in Betracht kommen: während der Schwangerschaft und für die erste Zeit nachher in Entbindungsanstalten. Ferner erschiene es allenfalls wünschenswert, wenn für stillende Mütter ländliche Heime gegründet werden könnten. —

Insoweit uneheliche Mütter nicht auf dem Lande untergebracht werden können oder wollen, könnte durch eine mit dem berufsvormundschaftlichen Fürsorgeapparat verbundene Berufsberatung in der Weise Abhilfe geschaffen werden, daß unehelichen Müttern, deren derzeitiger Beruf eine Trennung von Mutter und Kind notwendig machen würde, ein Berufswechsel ermöglicht wird.

Außer dem bloßen Stellennachweis käme vor allem die Erlernung von Berufen in Frage, deren Ausübung der Mutter erlaubt, das Kind bei sich zu behalten. Während der Lehrzeit wäre allenfalls vom Staat ein entsprechender Zuschuß zu leisten, um der Mutter die Nahrungssorgen zu erleichtern. Ein Lehrgang in einer sozialen Frauenschule oder Hauswirtschaftsschule, in Gartenbauschulen usw. wäre vielleicht das geeignetste. Oben sprach ich schon in ähnlichem Zusammenhange davon, daß auch die Verwendung hiefür geeigneter unehelicher Mütter als berufsvormundschaftliche Fürsorgeorgane in Aussicht genommen werden könnte.

Schlußwort.

Was in diesen Blättern zu sagen war, ist zum großen Teil nicht mehr neu und macht nicht den Anspruch es zu sein. Es sollte nur alles Wesentliche, was an gesetzgeberischen Gedanken verwirklicht oder vorgeschlagen ist, zusammengetragen, kritisch verarbeitet und daraus das Beste zu einem einheitlichen Ganzen zusammengefügt werden.

Der Klippen waren viele zu meiden und nicht immer war es leicht, den rechten Weg zu finden. Vor allem war es mir darum zu tun, nicht in den Hauptfehler der Meisten zu verfallen, die sich mit der Frage beschäftigt haben: in ein unverantwortliches Outrieren der „Billigkeit"; in einen Wust von sozialer Wehleidigkeit, die schließlich den Boden jeder sachlichen Abwägung verlieren muß. Man arbeitet mit der wohlfeilen petitio principii, der Mann sei der sozial Stärkere und lädt auf seinen Nacken, seinen Beutel, alle Verantwortung ohne eine Frage nach dem Recht und der Gerechtigkeit. Wir haben darin wohl ein Anzeichen für eine ganz neue Richtung im Recht zu sehen, die nicht mehr Gerechtigkeit, nicht mehr eine Moral zu ihrer Richtschnur nimmt, sondern die bloße soziale Zweckdienlichkeit. Daß dies der künftige Geist des Gesetzes sein wird, steht für den Verfasser, der sich seit langem mit Untersuchungen auf diesem Gebiet befaßt, außer Frage. Doch ist es ihm nicht minder klar, daß gerade in der vollkommenen Verwerfung jeder rechts-moralischen Erwägung eine große Gefahr liegt, die Gefahr in ein uferloses Chaos von kläglicher Kasuistik zu verfallen. Genug, hier ist nicht der Ort für weitläufige rechtsphilosophische Betrachtungen.

Es war kühl und ohne Empfindlichkeit zu untersuchen, wo das Recht liege — soweit Menschen von „Recht" sprechen dürfen. Es war zu untersuchen, wie der Staat ohne Verletzung des nach bestem Wissen und Gewissen gesuchten Rechtes am sichersten für die Gesunderhaltung seines Nachwuchses sorgen kann. Nur da, wo uns der klare und unmißverständliche Maßstab der Gerechtigkeit im Stiche ließ, durften wir bloßen Erwägungen der sozialen Zweckmäßigkeit unser Ohr leihen, durften wir unsere Maßnahmen auf den sozialen Effekt einstellen und jenes Evangelium der Juristen aufgeben: „Fiat justitia, pereat mundus!"

So war es insbesondere der Fall in Ansehung der Ansprüche der unehelichen Mutter, wo uns in der Tat die reinen juristisch-logischen Gesichtspunkte nicht zum Ende führen.

Auf der anderen Seite war es notwendig, gegen die übertriebenen Moralisten Stellung zu nehmen, gegen Förster und andere, die, unbelehrbar durch die Tatsachen, immer und immer noch glauben, alles Elend der Welt rühre von der moralischen Verderbtheit der Menschen her und könne durch Sittenverbesserung geheilt werden. Mag ein Teil der Mißstände moralischen Mängeln entspringen; es geht nicht an, die sozialen Realitäten zu übersehen, die mindestens gleichermaßen Wurzeln des Uebels sind; geht nicht an, mit ethischen Imperativen allein Krankheiten kurieren zu wollen, die offenkundig auch sozialen Erregern entstammen; wenn nicht gar gesagt werden muß, daß letzten Endes die ethischen Schäden selbst — nur soziale Sumpfkrankheiten sind. Es liegt eine traurige Wahrheit in den Worten, die Georg Büchner seinen Wozzek sagen läßt: „Ja, wenn ich ein feiner Herr wäre und hätt eine Uhr und ein Augenglas und könnt' vornehm reden, ich wollte schon gut sein! Aber wir gemeine Leut..."

Endlich aber ist es nicht Aufgabe des Staates, noch ist er dazu imstande, die Moral der Menschen unmittelbar zu bessern, zu heben. Was er tun kann, ist einzig dies: äußere Lebensbedingungen schaffen, in denen es dem Durchschnittsmenschen möglich ist, gut im sozialen Sinne, d. h. so zu leben, und zu handeln, wie es das Interesse der menschlichen Gemeinschaft erfordert. —

Noch eines: man könnte fragen, warum ich nicht, anstatt ein dickes Buch zu schreiben, mich mit dem einen Satz benüge: „Das uneheliche Kind ist dem ehelichen vollkommen und in allen Punkten gleichzustellen!" — Wer diese Forderung aufstellt, könnte sich einfacher fassen: „Die Ehe ist abzuschaffen!" Denn eine Gleichstellung von zwei Kategorien, die wesentlich von einander verschieden sind, ist nicht möglich. Die Ehe selbst unterscheidet das uneheliche und das eheliche Kind und kein Gesetz kann beide gleichstellen, unter Aufrechterhaltung der Ehe als solcher. Sie aber ist und bleibt zunächst die ethische Basis unseres sozialen Lebens, die Urzelle des bürgerlichen Daseins.

Was wir dem unehelichen Kinde geben können und geben wollen, ist ein möglichster Ausgleich für die Nachteile, die ihm aus der Tatsache seiner Unehelichkeit naturnotwendig erwachsen.

Ideale sind unerreichbar. Dies darf uns nicht hindern, in unserem Streben, uns ihnen möglichst anzunähern. Wenn diese Blätter auf der Annäherungskurve einen Schritt nach vorwärts bedeuten, so hat der Verfasser erreicht, was ihm am Herzen lag.